KB187790

이성과 비판의 철학

- 칸트와 독일관념론을 중심으로 -

이성과 비판의 철학

- 칸트와 독일관념론을 중심으로 -

강순전 · 김석수 · 김준수 · 맹주만 · 박영선 · 백훈승
연재흠 · 이광모 · 이 엽 · 최성환 · 최신한 · 홍병선

철학과현실사

서 문

이 책은 2006년 8월로 정년을 맞이하는 중앙대학교 철학과 권기철·임혁재 두 분 교수님의 업적을 기리기 위해서 중앙대학교 철학과 교수 및 제자들 그리고 후학들과 지인들이 마음을 모아 집필한 글들을 한데 모은 것이다.

권기철 교수님은 중앙대학교 문과대학 철학과에 1978년 3월 부임하여 정년에 임할 때까지 28년 6개월 동안 봉직하면서 헤겔 철학을 전공한 독일 유학의 경험과 학문적 역량을 전수하여 초창기 한국철학의 발전에 크게 이바지하였으며, 동시에 많은 제자들에게 학문적 이정표를 제시함으로써 학과 발전에 크게 기여하셨다.

임혁재 교수님은 총신대학교 교수를 거쳐 1980년 9월 중앙대학교 문과대학 철학과에 부임하여 26년 간 봉직하면서 정년에 임할 때까지 칸트 철학을 중심으로 교육과 연구 방면에 많은 업적을 남기셨다. 또한 교수님은 중앙대학교 부총장, 기획실장, 총무처장 등의 봉사를 통해 중앙대학교 발전에 크게 기여하셨다.

평소 대학 안에서나 밖에서나 남의 일을 자신의 일처럼 여기시며 살아오신 두 분을 기리기 위해서 많은 분들이 관심을 갖고 여러 행사들을 기획하였으나 두 분의 고사로 일을 이루지 못하다가 그나마 오래도록 기념이 될 저서 출간이 바람직하다고 판단되어 조용히 추진한 결실이 바로 이 책이다.

이 책은 특히 두 분 교수님의 전공 분야를 고려하여 칸트와 헤겔을 중심으로 그들의 철학의 중요한 주제들이 내적 연관성을 이룰 수 있도록 기획되었다. 아울러 이 책이 칸트와 헤겔의 철학을 중심으로 기획된 까닭에 이 책의 출간에 참여하고자 하는 적지 않은 분들의 의사를 모두 수용하지 못했다. 더욱이 이번 기회에 두 분 교수님이 직접 쓰신 글들을 모아 각각 『칸트의 철학』과 『헤겔과 독일관념론』이라는 제목으로 두 권의 저서를 함께 출간하게 된 터라 부득이 글의 편수를 제한할 수밖에 없었다.

이제 이 책을 내놓으면서 그 동안 두 분 교수님께서 크고 작은 실천을 통해 보여주셨던 인품과 학덕에 조금이라도 누가 되지 않았으면 한다. 그리고 이런 바람이 이 기념저서에 함께 담겨 전해졌으면 하는 마음 간절하다. 또한 이 자리를 빌려 귀한 논문을 허락해 주신 여러 선생님들께 감사의 마음을 전하고자 한다.

2006년 8월
필자들을 대표하여

차 례

칸트의 이성비판과 포스트모던 칸트

맹 주 만

1. 모던 칸트와 포스트모던 칸트

많은 사상가들이 빚어내는 칸트의 얼굴은 다양하다. 칸트와 적지 않은 시간을 함께 했던 독일관념론과 그 분파들이 빚어 놓은 칸트가 있는가 하면, 칸트와 근대 철학이라는 이름 아래 묶일 수 있는 주체성과 합리성, 의식철학과 계몽철학의 여전한 추종자들도 있으며, 또 이들과 대립각을 세우면서 주체의 해체와 죽음을 선언하며 탈주체의 철학, 차이의 철학, 존재의 철학, 타자 철학 등으로 치장한 탈근대의 선구자들, 이름하여 포스트모던 칸트주의자들도 있다.[1] 그러나 누가 뭐래도 칸트는 그 근거 짓기의 차이에도 불구하고 데카르트와 더불어 근대를 대변하는 의식철학과 주체철학의 대부가 아니었던가! 그러나 그것이 온고지신이든 환골탈태든 현대 철학의 포스트모던 사유 경향은 자신들의 갈증을 식히기 위해 적잖이 모던 칸트와 뒷거래를 시도하며 새로운 칸트, 이른바 포스트모던 칸트를 만들어내고 있다.

근대 철학을 종합한 칸트와 다시 이를 절대화한 헤겔, 이 두 철학자 중에서 포스트모더니스트들이 제물로 삼고 있는 이는 헤겔 혹은 헤겔주의다. 헤겔의 주체 중심의 절대성과 무한성의 철학, 이름하여 그의 사변철학을 희생양으로 삼고 있는 포스트모던 철학자들에게 헤겔이 푸대접받고 있는 것에 비하면 칸트 대접은 극진하다. 하지만 헤겔 역시 오늘의 신공동체주의자들에게 재평가받고 있듯이 헤겔이 없었다면 칸트 해석의 지형도도 사뭇 달라지지 않았을까! 또 오히려 칸트와 헤겔 양자 간에는, 특히 칸트와 독일관념론이라는 익숙한 결합이 시사하듯, 이질성을 넘어 동질성 또한 그에 못지않지 않은가! 때문에 이들은 그리 멀지 않은 곳에서 서로를 바라보고 있는 이웃사촌이 아니던가! 그럼에도 포스트모더니티를 둘러싸고 전개되는 칸트와 헤겔에 대한 극단적인 차별 대우는 어디에서 비롯되는 것인가? 분명 양자

---

1) 그러나 엄밀한 의미에서 필자가 보기에는 '포스트모던'과 '칸트주의자'라는 두 표현은 형용상의 모순이다. 그럼에도 나란히 병치시켜 놓을 수 있는 것은 여기에는 이미 칸트에 대한 비판을 담고 있으면서도 동시에 칸트에게서 적지 않은 것을 빚지고 있는 영향 관계가 존재하기 때문이다. 이런 점에서 필자는 이 글에서 포스트모던 칸트주의자라는 말을 열렬한 칸트 추종자들의 대명사가 아니라 넓은 의미에서 칸트와 함께 철학할 수밖에 없고 또 대적할 수밖에 없는 칸트 연구가들을 이르는 말로 사용할 것이다. 최근에 이런 흐름을 반영한 연구서가 국내 학자들에 의해서 단행본으로 출판되었다. 한국칸트학회 엮음, 『포스트모던 칸트』, 문학과지성사, 2006.

에 대한 상이한 평가와 대우에는 그만한 이유와 논거가 있을 것이다. 그러나 이 같은 예우에도 불구하고 포스트모던 이론가들의 칸트 독법에는 오독의 흔적도 발견된다.

근대의 칸트와 대결하면서 이로부터 적지 않은 자양분을 공급받았던 현대 사상가들에게 새로운 칸트 독법의 문을 열어 놓은 선구적인 철학자는 하이데거이다. 그리고 그로부터 데리다의 해체론, 들뢰즈의 차이 철학, 레비나스의 타자 철학, 푸코의 탈중심성의 철학 등 해체주의나 후기구조주의를 표방하는 포스트모던 철학자들도 적잖은 직접적인 영향을 받았다. 하지만 그 영향이 어떤 것이든 그들의 칸트 읽기는 다양하다. 그럼에도 그들 모두가 칸트를 문제 삼고 또 중요시하는 한 가지 이유를 든다면 하이데거를 포함해서 그들이 대체로 서구 전통 형이상학의 해체와 극복이라는 시각을 견지하고 있다는 데서 찾을 수 있다. 그런데 언감생심 생각조차 할 수 없었던 이런 싸움에 최초로 체계적으로 접근하고 또 공정한(?) 평가를 내렸던, 나아가 그 이후의 형이상학적 사유의 신기원을 활짝 열어 놓았던 거장이라면 칸트 말고 누가 또 있는가! 형이상학을 문제 삼고 이성 중심의 사유가 쌓아 놓은 견고한 성벽을 해체하려는 길목에 우뚝 버티고 서 있는 철학자가 바로 칸트가 아니던가? 그런 점에서 칸트가 자신의 주저 『순수이성비판』이 "형이상학의 형이상학(die Metaphysik von der Metaphysik)"[2]을 포함하고 있다고 한 말을 빌린다면 칸트를 포함한 이들 부류를 한데 묶어 '메타 형이상학자들'이라 부를 수도 있겠다. 하이데거의 형이상학자로서의 칸트 읽

---

2) I. Kant, *Briefwechsel*, Hamburg: Felix Meiner, 1972, 195쪽.

기 역시 예외가 아니다. 가령 칸트의 『순수이성비판』을 인식 주체의 근거 해명을 통해 형이상학의 가능성을 묻고, 이를 인간의 유한성 위에서 정초하려는 시도로 읽어내는 하이데거의 독법은 일견 정당하다.3) 하지만 동시에 칸트의 선험철학에서의 유한성의 의의를 단숨에 뛰어넘는 하이데거의 해석은 철저한 고의적인 오독이다.

칸트에게서 또 다른 칸트를 읽어낼 수 있는 원천은 역시 칸트 자신이다. 칸트의 철학에는 분명 서로 달리 읽힐 수 있는 두 가지 모습이 공존하고 있어 보인다. 그러면 두 얼굴을 하고 있는 모던 칸트와 포스트모던 칸트라는 지형도에서 칸트라는 인물은 어디쯤 어떻게 그려 넣어야 할 것인가? 필자가 보기에 비판적 계승이든 변형적 극복이든 칸트 해석의 정당성은 칸트의 이성비판을 어떻게 읽어내느냐에 달려 있다. 포스트모던 칸트주의자들도 예외는 아니다. 칸트는 분명 근대 철학의 대부이다. 한쪽으로 기울어질 수밖에 없다. 그럼에도 칸트 철학에 대한 상이한 해석과 평가의 타당성을 떠나서 칸트 철학이라는 커다란 저수지에서 다양한 해석을 길러온 주된 근원지는 충분히 완결되지 못한 칸트의 비판철학적 기획, 특히 이성비판 자체이며, 따라서 칸트 철학에 대한 정독과 오독의 주된 원인 역시 이에서 비롯된다는 것이 필자의 생각이다. 우리가 포스트모던 철학자들을 통해서 모던 칸트와 포스트모던 칸트라는 두 얼굴의 칸트를 동시에 만날 수 있는 것도 상당 부분 칸트의 이성비판의 철학에 내

---

3) M. Heidegger, *Kant und das Problem der Metaphysik*, in *Martin Heidegger Gesamtausgabe*, Frankfurt am Main: Vittorio Klostermann, 1951, 특히 193-200쪽 참조.

재되어 있는 비판의 불철저성 또는 모종의 불일치적 요소들과 관계가 있다. 더욱이 이들 중 어느 한 가지에만 주목해서 읽어 낼 때 칸트의 철학은 더욱 다양한 모습으로 채색되기도 한다. 그런 점에서 칸트의 철학에는 한계와 가능성이 함께 존재한다. 이 때문에 포스트모던 철학자들의 칸트 읽기는 한편으로는 그 토대에 있어서 그의 비판철학 자체의 한계와 불철저함에 대한 도전과 극복이라는 한 방향과, 다른 한편으로는 칸트 철학이 담고 있는 거부할 수 없는 관점과 비전의 적극적 수용이라는 또 하나의 방향이 상호 교차되면서 새로운 해석들을 낳고 있다. 칸트에 빚지고 있는 다양한 지류들이 (넓은 의미의) 칸트주의자라는 이름 아래 만날 수 있는 접합점도 여기에 있다.

이 글은 오늘날의 포스트모던적 사유 경향 속에서 적잖이 굴절된 모습으로 투영되고 있는 다양한 얼굴의 칸트를 칸트의 눈으로 바라보기 위해서 먼저 칸트 자신의 모습을 좀더 선명히 그려보려는 시도이다. 그리고 이에 덧붙여 칸트 철학의 근본 성격을 잘 파악하고 있으면서도 각자의 길을 걷고 있는 포스트모던 철학자 들뢰즈와 레비나스의 칸트 읽기의 일단을 비교·검토해 봄으로써 그들 간의 유사점과 차이점 또한 평가해 보려는 부수적인 효과도 겨냥하고 있다.

2. 칸트의 이성비판과 그 한계

1) 칸트의 이성비판

비판철학자라는 별명으로 불리기도 하는 칸트의 철학의 근간은 이성비판이다. 칸트의 3대 비판서인 『순수이성비판』, 『실천이성비판』, 『판단력비판』은 하나의 통일체인 이성의 서로 다른 기능과 능력에 대한 체계적인 비판적 검토이자 건축술적 기획의 산물이다. 이 중에서 『순수이성비판』은 칸트의 비판적 선험철학 체계의 기초를 닦고 틀을 세우는 초석이다. 순수이성비판은 감성에 근원을 둔 것이 아니라 이성에 근원을 둔 저 모든 개념들, 원리들 및 이로부터 형성된 판단들의 비판을 이른다. 따라서 『순수이성비판』은 이성능력 자체로부터 유래하는 개념들에 대한 비판서이며, 때문에 순수이성비판은 이성능력의 비판이자 이성의 자기비판이다.

그런데 칸트는 원래 『순수이성비판』에서 이론이성과 실천이성을 포함한 포괄적인 이성비판을 기획했다. 하지만 실제로 그가 자신의 비판철학적 의도에 가장 충실했던 것은 『순수이성비판』에서 시도한 이론이성비판이었다. 반면에 실천이성에 대한 비판은 『도덕형이상학 정초』와 『실천이성비판』을 통해서 소기의 목적을 달성했지만, 과연 그가 실천이성의 비판에 철저했는지는 의문스럽다. 필자가 보기에 이 점은 칸트 철학의 운명과 이후 독일관념론의 향배에 결정적인 영향을 미치는 결과를 초래했다. 독일관념론자들이 칸트 철학의 비판과 수용 그리고 극복을 위해 『판단력비판』에 가장 많이 주목하면서도 각자가 칸트와는 다른 길로 나갈 수 있었던 빌미도 이성의 사변적 관심과 실천이성에 대한 비판과 무관하지 않다는 것이 필자의 생각이다. 그러나 칸트와 독일관념론의 내연 관계를 넘어 칸트의 이성비판 자체만을 고려하면 칸트는 이론이성이든 실천이성이든 이성비판 일반에 있어서 그리 철저하지 못했다.

칸트의 이론이성비판은 철학사에 있어서 유래 없는 놀라운

성과를 거둔 혁명적인 기획이었다. 소위 코페르니쿠스적 전회라 명명되는 사물을 보는 인식 관점의 역전이야말로 이를 단적으로 특징지어 준다. 칸트가 이론적 관점에서 코페르니쿠스적 방식에 따라 시도한 세계 조망의 새로운 태도는 처음에는 『순수이성비판』과 함께 칸트 철학의 운명을 좌우하는 명제, 즉 "우리의 인식이 대상에 따르는 것이 아니라, 대상이 우리의 인식을 따른다", 다시 말해 "사물이 우리를 규정하는 것이 아니라 우리가 사물을 규정한다"라는 가정적 명제로 정립된다.[4] 이 '가정'과 함께 칸트는 가능한 경험의 대상으로서의 현상과 인식 불가능한 한계 개념으로서의 물자체의 '구별'을 도입한다.[5] 이 가정과 구별에 대한 올바른 이해는 칸트 철학의 본령으로 들어가는 관문이자 이성비판이 성취한 결정판이다. 칸트는 이를 통해 경험의 한계를 넘어서까지 무제약자를 추구하려는 이성의 월권을 폭로함으로써, 한편으로는 대상에 대한 우리의 인식을 경험 가능한 현상의 세계에 한정하고, 다른 한편으로는 무제약자에 대한 모순 없는 사고의 가능성을 열어 놓았다. 그 결과 칸트는 오랫동안 형이상학을 공황 상태에 빠지게 만든 전통적인 사변적 형이상학의 근본적인 한계에 대한 올바른 진단과 그 해결책을 제시할 수 있는 하나의 유력한 방도를 제시할 수 있었다.

---

4) I. Kant, *Kritik der reinen Vernunft*, B XVI-XX 참조. 바이셰델판 III, IV권. 칸트의 저술은 *Werkausgabe in zwölf Bänden*, Herausgegeben von Wilhelm Weischedel, Frankfurt am Main: Suhrkamp, 1968. 인용은 관례에 따라 초판/재판을 A/B로 나타내는 『순수이성비판』을 제외한 나머지 것들은 바이셰델판의 쪽수를 표기하였다.

5) 칸트에게 물자체는 이론적 인식에 있어서 '한계 개념'이자 현상에 대한 불가피한 '반대 개념'이다.

『순수이성비판』은 "새로운 자연과학과 고대 존재론이라는 두 거대한 물줄기가 흘러들어 가는 바다와 같다."[6) 이 같은 시대적 과제와 씨름하면서 순수이성비판이라는 과제 수행을 통해서 칸트가 도달한 성과는 한편으로는 사변적 인식의 한계를 분명히 함으로써 과학적 인식의 가능성을 정초하였으며, 다른 한편으로는 의지의 자유에 정당한 권리 근거를 마련해 줌으로써 "신, 자유, 영혼불멸과 같은 인간 이성이 결코 포기할 수 없는 전통적 형이상학의 근본 문제들"[7)에 새로운 해결책을 제시해 주었다는 데서 찾을 수 있다. 그럼에도 불구하고 칸트의 이성비판의 불철저함은 이 두 가지 성과 모두에서 나타난다. 먼저 인식의 범위와 한계를 경험 가능한 영역으로 제한할 때, 칸트의 사고처럼, 사물이 우리를 규정하는 것이 아니라 우리가 사물을 규정한다는 가정의 정당성은 이성이 자연에 투입해 본 가정적 실험, 즉 이성의 실험의 산물이다. 그리고 또한 이 실험은 물자체와 현상의 구별을 불가피한 것으로 만든다. 왜냐하면 이 구별의 정당성과 필연성은 그것이 우리의 인식의 입증 가능한 구성적 조건들의 경험적 타당성을 정초하기 위해서는 인식의 한계를, 즉 같은 말이지만, 이성능력의 한계를 인정해야 한다는 요구에 정확히 부합하기 때문이다. 이 같은 이성의 실험은 자연과학의 가능성과 사변적 형이상학의 불가능성이라는 예정된 목표에 도달한다.

그러나 이러한 이성의 실험은 곧 일종의 사고실험이다. 다시 말해 과학적 인식의 타당성을 무비판적으로 사전 승인하고 사후

---

6) G. Martin, *Immanuel Kant: Ontologie und Wissenschaftstheorie*, Berlin, 1969, 초판(1950) 서문.

7) *Kritik der reinen Vernunft*, B 395; G. Martin, 앞의 책, 151쪽.

에 그 정당성 조건을 제시하는 전략적 선택의 산물이다. 적어도 칸트는 이 점에 있어서 철저히 비판적이지 못했기 때문에 현대 논리실증주의자들의 칸트 해석을 설득력 있게 해주었다. 가령, 현대 논리실증주의자들의 검증 원리를 칸트에게서 기인하는 것으로 보는 스트로슨은 칸트가 자기 이전의 철학에 대해서 취한 혁신적인 조치의 열쇠를 '유의미성의 원리(principle of significance)'로 보면서, 그것은 '실재 그 자체의 본성'에 대한 통찰 가능성을 거부하는 것이며, 따라서 이를 칸트의 가장 커다란 공적으로 평가한다.[8] 그러나 칸트의 본래의 의도는 이성비판과 이성실험에 의한 아프리오리한 인식에 대한 해명을 통해서 이론적 인식의 한계와 가능 영역을 설정함으로써 과학적 인식의 가능성을 정초하는 데 머물지 않고 인간 이성의 근본 과제를 해결하기 위해서 실천적 인식의 타당한 근거와 출발점을 확립하려는 데 있었다. 그러므로 이성비판의 적극적인 성과에 비추어 볼 때, 아프리오리한 인식의 유의미성 여부는 이전의 철학적 주장들과 관련하여 오히려 중립적인 지위를 갖는다. 버클리나 흄과 같은 경험론자들은 인상으로부터 유래하는 관념을 도구로 하여 인식의 가능성을 해부하고 있지만, 이와 반대로 칸트는 개념에 기초하여 주관과 세계의 관계에 대한 인식 가능성을 문제 삼는다는 점에서 그의 근본 관심사는 유의미성 원리 자체가 아니라 이성인식과 세계의 관계맺음의 타당한 방식에 대한 근거 확립에 있다고 보는 것이 옳다. 따라서 물자체와 현상 간의 구분은 이론

---

8) P. F. Strawson, *The Bounds of Sense. An Essay on Kant's Critique of Pure Reason*, London: Methuen & Co. Ltd., 1966, 16-17쪽.

적 인식의 적용 가능성에 대한 한계 설정의 의미를 갖는 것이
지, 물자체의 세계를 무의미한 것으로서 전면 부정하거나 실재
세계의 통찰 불가능성을 목표로 하는 것은 아니다. 즉, 물자체
의 세계에 대한 참다운 접근 방식을 위한 하나의 예비적인 조치
인 것이다. 나아가 물자체의 상정과 예지계의 허용은 자연필연
성으로는 설명할 수 없게 된 의지의 자유의 구제를 가능하게 해
준다. 동시에 이는 전통적 형이상학이 고민해 왔던 신, 영혼불
멸, 세계에 이르는 올바른 그러나 새로운 통로를 마련할 수 있
게 해주며 이를 실마리로 삶의 문제를 현실 안으로 다시 끌어들
여서 인간의 실천적 이념들과 목표들을 적극적으로 해명할 수
있는 길을 열어준다.

　그러나 이처럼 인식의 한계 개념으로 설정된 물자체의 세계
가 실천이성이 관장하는 세계에서 적극적으로 사고되기 시작하
는 시점에서 칸트의 이성비판은 새로운 길을 개척하기 시작했
다. 칸트를 사로잡은 도덕적 명령(경험)과 도덕성의 정초 가능성
에 대한 뿌리칠 수 없는 확신이 그 주범이다. 그 결과 칸트는
순수한 이론이성에 대한 가차 없는 비판과는 달리 순수한 실천
이성에 대해서는 더할 수 없는 우호적인 태도를 취한다. 순수이
론이성비판에 치우쳐 있는 『순수이성비판』과 달리 '순수실천이
성비판'이라는 저서의 부재는 칸트의 이성비판의 철학이 무엇을
지향하고 있는지를 반증해 준다.9) 순수한 실천이성, 즉 순수한

---

9) 칸트는 '순수실천이성비판' 대신 『도덕형이상학 정초』와 『실천이성비
　판』을 썼다. 『도덕형이상학 정초』에서 칸트는 의지의 자유의 실재성을
　증명하지 못했다. 그것이 증명의 실패인지 아니면 의도된 귀결인지는
　불분명하다. 또한 『실천이성비판』에서는 도덕법칙의 존재를 통해 의지

도덕적 의지가 이미 사실로서 존재한다는 시인과 긍정의 길은 애초에 칸트가 『순수이성비판』의 초판에서 보여준 사태 인식 및 방법적 목표와 근본적인 차이를 보여준다. 이성인식과 정언명법의 상호연관성에 대한 비(非)비판적 확립이 단적인 예이다. 비록 처음부터 이성비판이 윤리학으로서의 도덕형이상학의 정초라는 목표하에서 기획되었다고 하더라도 칸트는 이성비판적 기획의 비일관성에 대한 변명을 단 한번이라도 분명하게 자백한 적이 없다.

2) 사고 가능성과 인식 가능성

이성비판이라는 본래의 목표에 충실하려면 칸트의 비판적 사업은 칸트 자신이 했던 것보다 더 철저하게 수행되었어야 했다. 우선 저서의 명칭대로 순수이성비판은 이성인식에 대한 비판적 검토이자 동시에 이성의 자기고백이다. 그러나 이론(사변)이성비판의 경우 칸트는 저 이성의 실험의 정당성을 동일한 이성비판이라는 관점에서 수행하지 않는다. 이른바 발견적 가정이라는 이성 사용의 정당성을 더 이상 묻지 않는다. 오히려 가능한 경험을 중심으로 주체와 대상 사이에서 성립하는 아프리오리한 필연적 조건들에 대한 발견과 정당화를 수행하는 선험철학은 그러한 조건들의 가능 근거를 더 이상 묻지 않고서 사고 주체와 대상 세계에 대한 인식 가능성 밖에 존재할 수 있는 실재의 세계를 사고 가능성으로 남겨 놓은 채 괄호로 묶어 놓는다. 이는

의 자유를 증명하고 있는데, 이때 도덕법칙은 순수한 실천이성의 사실 (Faktum)로서 파악되고 있으며, 논의의 주된 목표는 실천이성의 경험적 사용에 대한 비판이다.

"나는 내가 알 수 있는 것만 알 수 있다"는 자기고백이자 독백에 지나지 않는다. 인식 가능성 밖에 사고 가능성의 세계가 있다는 승인 혹은 자신이 모르는 세계가 있다는 이성의 자기고백은 자신에 쏟아지는 의심과 의혹에서 자유롭지 못하다. 심지어는 이성의 자기실험은 원칙적으로 과학적 인식만이 아니라 역사적 인식, 도덕적 인식, 종교적 인식에까지 이성의 자기실험이 가능함에도 불구하고 이에 대해서 칸트는 편향된 태도를 견지하고 있다. 정녕 이성의 실험 역시 사고 가능성의 산물이 아니었던가! 이 같은 태도는 한편으로는 비판정신의 이념에 어긋나며, 다른 한편으로는 비판이 이미 특정한 목적과 의도하에 실행되고 있다는 것을 의미한다.

칸트의 이성비판은 한계 설정이요 경계 긋기다. 그리고 그것은 "이성 스스로의 계획에 따라 야기되는 것만을 통찰하는 이성"10)으로 귀결된다. "사유는 오로지 차이와 함께할 때만"11) 사유 가능하기에 차이와 함께하는 이성의 타자에 대한 사고에 심혈을 기울이고 있는 포스트모던 철학자들에게 이 같은 칸트의 태도는 더할 나위 없는 표적이 되었다. 또한 칸트의 비판은 이성능력과 관련하여 한편으로는 사고 가능성(Denkbarkeit)과 인식 가능성(Erkennbarkeit)이라는 이원적 경계 위에서 수행되고 있으며, 다른 한편으로는 자연과 자유, 감성과 오성, 이론이성과 실천이성, 형식과 내용 등이 서로 조화와 통일을 이루지 못한 채 공존하고 있는 이원적 요소들 위에서 진행되고 있다. 이런

---

10) *Kritik der reinen Vernunft*, B XIII.
11) G. Deleuze, 김상환 옮김, 『차이와 반복』, 민음사, 2004, 579쪽.

이원성은 칸트의 철학에서 이성의 한계 밖에 있는 것들 혹은 주제화되지 못하고 주변에 머물러 있는 이질성과 바깥의 사유를 가능하게 하는 새로운 독해의 빌미가 된다.

우선 칸트가 고수하고 있는 것은 사고 가능성 자체가 갖는 이율배반적 귀결이다. 칸트에게 원칙적으로 인간이성의 본성적 소질이 그러하듯이 경험의 한계를 넘어서까지 무제약자를 추구하는 사고 가능성의 한계는 없다. 다만 그것이 인식 가능성을 넘어 무제약자에 도달하고자 할 때 필연적으로 이성은 변증법적 가상에 봉착하게 되고 그 원인을 폭로함으로써 인식 가능성의 한계를 분명히 하려는 것이 칸트의 이성비판 작업의 주요 목표이다. 그럼에도 불구하고 포스트모던 철학자들은 이 같은 경계를 원천적으로 무시한다. 오히려 인식의 범주에 포착되지 않는 것들을 적극적으로 사고한다. 그러나 그들의 주체와 사유 바깥에 있는 것들에 대한 적극적 허용은 애초부터 비칸트적이다. 그러나 칸트에게 이들 영역, 즉 주체에 의해서 주제화될 수 없는 것들, 이른바 사고 가능성과 사고 불가능성에 대한 경계 긋기는 인식 가능한 것에 의해서 정립된다. 가령 선험적 자아는 칸트적 인식 주체에게는 원칙적으로 사고는 가능하지만 인식은 불가능한 것이다. 그러나 주체를 가능하게 하는 사유 주체 밖에 있으면서 여전히 주제화되지 못하고 있는 사고 영역과 존재 영역이 있는지에 대해서, 비록 칸트의 눈으로 보면 사고 가능한 것들을 갖고 지적 유희를 즐기는 자들, 변증적 가상이라는 가면을 쓰고 등장하는 무희들로 보일 테지만, 그 여부를 정당하게 물을 수 있다. 반면에 칸트는 인식 가능한 것을 통해서 사고 가능한 것의 한계를 설정함으로써 동시에 사고 불가능한 것들의 경계 역시 분명히 한다.

포스트모던 철학자들은 칸트적 의미에서의 사고 가능한 것과 인식 가능한 것의 경계를 자유롭게 넘나든다. 그것이 곧 차이의 철학이나 타자 철학을 가능하게 하는 원동력이다. 그러나 칸트의 눈으로 보면 이 같은 시도는 칸트가 선험적 변증론에서 폭로한 "오성의 제약된 인식에서 무제약자를 찾고자"[12] 함으로써 이성이 영혼, 세계, 신과 같은 무제약자를 객관적 실재로서 실체화하는 가상에 귀착한다. 이 같은 월권은 하버마스도 지적한 바 있듯이 포스트구조주의자들처럼 이성에 포착되지 않는 그 무엇 내지는 이성의 타자를 무근거하게 신비화 내지는 실체화하는 태도에 지나지 않는다.

이런 칸트 넘어서기는 피히테나 헤겔과 같은 독일관념론자들에게도 똑같이 나타난다. 그들은 칸트가 포기하지 않았던 통일체로서의 이성, 통일하는 능력으로서의 이성(그러나 칸트에게 이것은 한계가 있는 이성능력이다), 그리고 과제로서 남겨진 이성의 다양한 기능들 간의 조화와 통일 문제들을 칸트가 물리치려 했던 사변 이성에서 오히려 문제 해결의 원천적 가능성을 확신하는 방향으로 나아갔다. 가령 물자체이며 무제약자이자 정신으로서 사고되지만 결코 그 자체는 인식 불가능한 근원적 통각으로서의 자아, 즉 칸트의 선험적 자아를 이론과 실천의 통일체로서 "절대적 자아"라든지 "절대자로 변해 가는 자아의 변증법", "인간적이면서 동시에 신적인 변증법"의 주체로 탈바꿈시키는 월권을 저질렀다.[13] 물론 그렇다고 우리가 이 같은 사고

---

12) *Kritik der reinen Vernunft*, B 364.

불가능성에 대해서 다시금 칸트로 돌아가야 한다는 것은 아니다. 다만 칸트의 이성비판에 충실하자면 어떤 길로 들어서야 하느냐가 문제가 될 뿐이다.

다른 한편으로 이성비판의 문제를 칸트 철학의 내부로 한정하면, 이는 실천이성비판과 관련하여 두드러진다. 다시 말해 이론이성이 무엇을 얼마나 인식할 수 있는지에 대한 비판적 사업과 관련하여 빚어진 불철저함은 실천이성의 경우에는 더 심해진다. 칸트는 순수한 실천이성이 있음을 무비판적으로 허용한다. 그리고 무엇보다도 그 기원을 알 수 없는 도덕법칙을 이성의 사실로서 승인하고 그것의 인식 가능성을 논증한다. 또한 자연 현상과 도덕 현상에 대한 해석상의 상이한 태도에도 불구하고 그 각각의 권리 근거를 추인한다. 자유가 이론적으로 파악할 수 없는 비밀이듯이 도덕법칙이나 도덕적 소질도 마찬가지다. 이처럼 상이한 이성능력에 대한 독립적이면서 독자적인 승인, 더욱이 실천이성의 사실에 대한 무비판적 승인은 『판단력비판』에서는 더 한층 강조되고 있는데, 그럼에도 불구하고 동시에 상이한 심성 능력(Vermögen des Gemüt)들 및 두 세계의 조화와 통일이 시도되고 있다. 이러한 이성비판의 불철저함과 비일관성은 결과적으로 독일관념론을 비롯한 현대의 포스트모던적 철학자들의 칸트 비판 및 변형적 수용이라는 '성과'를 허용하는 빌미가 되었다.

그러나 이런 칸트적 경계와 한계 뛰어넘기 혹은 자유롭게 넘

---

13) R. Kroner, *Von Kant bis Hegel*, 2 Aufl., Tübingen, 1961, viii-ix쪽. 그러나 크로너 자신의 견해에 따르면 이는 월권이 아니라 발전적 전개과정이다.

나들기의 원천 제공자는 칸트 자신이다. 칸트의 이성비판의 학문적 성과는 형이상학적-존재론적 개념 체계의 무근거성에 대한 폭로이다. 하지만 그럼에도 발견적 가정과 정당화를 통한 현상과 물자체의 구분, 이에 따른 인식 관점의 전도는 일종의 사고 실험이다. 칸트 이후, 특히 하이데거의 칸트 해석을 기점으로 쏟아진 포스트모던 칸트주의자들의 다양한 칸트 읽기 역시 또 하나의 사고 실험일 수 있다는 점에서 칸트에 대한 오독이라 할 수는 없다. 그러나 그렇다고 하더라도 칸트의 사고 실험과 저들의 사고 실험은 동일한 것이 아니다. 양자가 바라보고 있는 실험 대상은 정반대이다. 칸트에게는 이미 주어져 있는 확실성의 정체를 해명하기 위해서 그리고 이를 토대로 또 다른 확실성으로 나아가기 위해서, 반면 저들에게는 이 확실성을 가능하게 하는 원천이면서 그 자신은 아직 사유되지 않고 남아 있는 불확실성의 정체를 해명하기 위해서, 또는 저 확실성 자체의 한계와 편견을 폭로하고 규명하기 위해서 필요한 실험이다.

칸트의 이성비판이 안고 있는 문제들 중에서 중요한 내재적 문제로는 범주의 선험적 연역 문제와 더불어 선험적 도식론 내지는 순수오성개념의 도식론이 내포하고 있는 인식능력들의 일치 문제를, 외재적 문제로는 물자체의 상정과 관련한 이성의 타자 문제를 꼽을 수 있다. 그런데 이 두 가지 문제 모두에서 칸트를 가장 잘 읽어내면서 도전하고 있는 포스트모던 철학자로 들뢰즈를 들 수 있다.[14] 하지만 들뢰즈는 이질적인 감성, 오성,

---

14) G. Deleuze, *Kant's Critical Philosophy. The Doctrine of the Faculties*, trans. by Hugh Tomlinson and Barbara Habberjam, Minneapolis: University of Minnesota Press, 1984, 서동욱 옮김, 『칸트의 비판철학』,

구상력의 결합으로 성립하는 인식에 대한 독일관념론자들과 하이데거의 선택적 해석과 관련하여 어떤 능력이 더 근원적인지를 둘러싸고 전개되었던 해석상의 쟁점들을 칸트의 공통감(sensus communis; Gemeinsinn)[15]과 능력(Kraft)들의 일치라는 개념을 끌어들여 아예 해소시켜 버린다. 그러나 비록 들뢰즈 자신은 의식하지 않았겠지만, 이는 동시에 또 다른 문제를 야기하는데, 이는 그가 공통감 개념을 끌어들여 칸트를 문제 삼는 이유와 관계가 있다.

실제로 공통감 개념은 칸트가 취미판단의 문제를 다룰 때 도입하고 있는데 이 자리에서 칸트는 이들 능력들의 일치 문제를 비록 주목할 만하지만 아주 짧게 언급하고 넘어가고 있다.[16] 때문에 동시에 이 개념은 칸트의 철학에서 상당히 애매한 부분으로 남아 있다. 그럼에도 정작 칸트 자신이 능력들의 일치 문제

민음사, 1995.

15) 칸트는 공통감을 다음과 같이 정의한다. "오성과 구상력 두 인식능력의 조화는 주어지는 객체의 상이에 따라 상이한 균형을 가진다. 그럼에도 불구하고 어떤 하나의 조화가 있어야 한다. … 그리고 이런 조화는 (개념에 의해서가 아니라) 감정에 의해서 규정될 수밖에 없다. 그런데 이 조화 자체는 보편적으로 전달될 수 있는 것이어야 하며, 따라서 감정의 보편적 전달 가능성은 하나의 공통감을 전제하는 것이기에, 이것으로 공통감을 상정하는 근거가 될 수 있을 것이다. 그뿐만 아니라 그 경우에 공통감을 심리학적 관찰에 입각해서가 아니라 어떤 논리학이나 회의적이지 않은 인식의 어떤 원리에서든 전제되는 우리의 인식의 보편적 전달가능성의 필연적 조건으로서 상정하는 것이다." I. Kant, *Kritik der Urteilskraft*, 158쪽.

16) 실제로 칸트는 『판단력비판』의 제1부 「미감적 판단력의 비판」 중 § 20-22, 40에서만, 그것도 거의 대부분을 취미 문제와 관련하여 논의하고 있다.

를 스쳐 지나가듯 다루고 있는 것은 이것이 칸트의 이성비판의 내재적 문제일 수는 있어도 그 핵심 과제는 아니기 때문이다.[17) 그런 점에서 하이데거 역시 유사한 오류를 범하고 있는데, 들뢰즈에 비하면 훨씬 칸트적이다. 왜냐하면 하이데거는 칸트의 도식론의 근본 특징인 시간성의 문제를 현존재의 시간성 즉 존재론적으로 해석하면서 이와 내밀하게 결합되어 있는 존재의 시간을 말하려 한다는 점에서 같은 문제선상에 서 있기도 하기 때문인데, 들뢰즈는 공통감을 전제하고, 따라서 그 결과 그러한 능력들의 일치가 이루어지는 발생적 근원에 대한 추구를 포기함으로써 존재들의 차이, 또는 차이를 지닌 타자가 은폐되고 마는 전통 철학의 한계를 지적하려 하기 때문이다. 특히 그가 일치 문제와 관련하여 칸트의 도식론을 내재적 문제로 보는 것이 아니라 외재적 문제로 접근하는 이유도 이에서 찾을 수 있다.[18) 따라서 들뢰즈의 칸트 연구의 주된 목적은 다른 지점을 향하고 있는데, 그것은 공통감 문제를 통해 그것이 현대 철학의 중요한 경향이자 들뢰즈 자신의 철학을 특징짓는 차이와 타자의 문제와 연관지어 칸트의 철학을 근대 철학이 일반적으로 견지하고 있는

---

17) 그러므로 칸트의 비판철학에서 능력들의 일치(공통감) 문제를 칸트의 이론 철학의 가장 핵심적인 문제로 부각시키고 있는 들뢰즈의 해석은 과도한 측면이 있다. 왜냐하면 분석과 종합, 다양과 통일(일치) 구도는 이미 그 자체로 동일한 것의 두 측면이기에 그것은 문제가 아니라 오히려 전제되어 있다고 보아야 하기 때문이다. 즉, 그것은 설명의 문제이지 공통감의 문제는 아니다. 더불어 이를 그대로 답습하고 있는 시각도 마찬가지다. 이런 시각에 대해서는 다음을 보라. 서동욱, 『차이와 타자』, 문학과지성사, 2000, 46-48쪽.

18) G. Deleuze, 『차이와 반복』, 380쪽.

동일성의 철학, 혹은 차이를 배제하는 사유 태도와 관련지어 단죄하려는 데 있다. 결국 들뢰즈가 과도하게 능력들의 일치 문제 혹은 공통감 문제를 전면에 부각시키고 있는 이유도 차이와 타자의 철학에 대한 들뢰즈의 통찰과 애착(?)에서 연유한 것이라 할 수 있다. 그러나 반대로 들뢰즈의 사유 역시 칸트의 이성비판으로부터 자유롭지 못하다.

그런데 이성 스스로가 계획한 것, 그리고 이 세계에 투입한 것으로만 알려지는 대상 밖에 있는 낯선 세계, 즉 이성의 타자 또는 차이를 은폐시키는 공통감의 부재로서의 타자 문제는 칸트의 이성비판적 기획에 가할 수 있는 가장 신랄한 외재적 비판에 속한다.19) 더욱이 이는 들뢰즈의 사유의 이미지 이론이 지적하듯이 능력들의 일치의 필연적 발생의 문제로부터 칸트 역시 자유롭지 못하며, 따라서 공통감을 전제하는 모든 철학에 대한 비판이기도 하다.20) 그러나 이 문제가 칸트 자신에게서도 제기되지 않은 것은 아니다. 이성비판의 시금석이라 할 '가능성 모델' 즉 사고 가능성과 인식 불가능성의 문제가 바로 그것이다. 들뢰즈가 높이 평가하는 칸트의 상상력 개념의 경우에도21) 이 가능성 모델의 제약을 받는다. 또한 칸트의 물자체는 이미 이성에게는 자신의 타자가 있다는 것, 이성 자신의 목적에 흡수되지 않는 차이와 다름의 존재자들이 있다는 것의 별칭이다. 랭보를 인

---

19) 이 문제에 대한 가장 냉정하면서도 체계적인 비판으로는 다음을 보라.
   G. Böhme, *Das Andere der Vernunft; Zur Entwicklung von Rationalitätsstrukturen am Beispiel Kants*, Frankfurt, 1983.
20) G. Deleuze, 『차이와 반복』, 289-304쪽.
21) 같은 책, 319-320쪽.

용한 들뢰즈의 말을 빌리자면 칸트에게도 "나는 어떤 타자이다."[22] 이런 차이의 일치와 불일치를 칸트는 『판단력비판』의 숭고의 분석론에서 보여주고 있다.[23] 이렇듯 자아 자신에게도 타자가 있고 이성이 감당할 수 없는 무엇이 있다. 분명 우리 자신이 누구인지 알 수 있으면서 동시에 알 수 없는 그런 두 얼굴의 자아가 존재한다. 다만 칸트는 알 수 있는 것을 분명히 하기 위해 알 수 없는 것 또한 분명히 하려 했을 뿐이다. 알 수 없는 것에 대한 과도한 집착 그것이 오히려 차이와 타자를 제거할 수 있는 위협이 될 수도 있다. 우리에게 남은 것은 알 수 있는 세계를 조금씩 넓혀 가는 길이다. 칸트는 그것을 과학적 인식에서 발견했다.[24] 따라서 내재적 문제든 외재적 문제든 칸트의 이성비판이 갖는 약점들을 정당하게 평가하려면 인간에게 과학이란 무엇인지가 더욱 진지하게 성찰되어야 한다.

---

22) 같은 책, 203쪽.

23) 어디 그뿐이랴! 무엇보다도 예지계에서의 도덕법칙과 도덕적 자유는 칸트적 의미에서 타자의 승인이자 동시에 자아의 극복이다.

24) 그렇다고 칸트가 자아를 이렇게 반쪽짜리 주체로 남겨 놓고 나머지 반쪽을 방치해 둔 것은 아니다. 이런 오해는 포스트모던 철학자들에게서 일반적으로 발견되는 태도이다. 가령 푸코 역시 칸트의 유한성의 철학에서 투명하게 사고해 낼 수 없는 근대적 주체의 한계를 읽어내고 있다는 점에서 칸트에 대한 올바른 독법을 보여주지만 이를 칸트를 포함한 근대 철학 일반에 적용한 결과 칸트의 이성비판이 겨냥하고 있는 실천적 자아의 투명성에는 주목하지 않음으로써 그 역시 자의적 독법에서 벗어나지 못하고 있다.

3. 칸트의 이성비판의 궁극 목적과 그 귀결

1) 이성비판의 목적과 의의

앞서 지적했듯이 그 자신의 공언에도 불구하고 이성비판에 대한 불철저함과 비일관성을 뒤로 한 채 칸트의 이성비판과 선험철학적 기획은 굳건하게 예정된 수순을 밟아나간다. 이런 칸트의 발걸음은 그의 이성비판이라는 사업이 이미 사전에 어떤 목적과 의도하에 시도되고 추구되었음을 시사한다. 그렇다면 칸트의 이성비판의 진정한 목표는 무엇이었을까? 이에 대한 한 가지 실마리를 칸트의『순수이성비판』의 초판(1781)과 재판(1787)을 두고 상호 대립하는 해석들에서 찾아볼 수 있다. 통상 독일관념론은 감성과 오성이라는 두 상반된 능력의 통일과 관련하여『순수이성비판』의 재판의 칸트를 초판의 칸트보다 더 적극적으로 해석하고 수용한다. 구상력(Einbildungskraft)의 독자적 원천과 능력을 강조하는 초판과는 달리 재판에서 칸트는 우리 인식의 두 뿌리인 감성과 오성을 매개하는 기능으로서의 제 3의 능력인 구상력을 오성의 지배 아래 두는 다른 해명을 내놓고 있다. 대체로 독일관념론은 재판의 칸트를, 하이데거는 초판의 칸트를 강조한다. 이들 양자 모두 이런 해석상의 상반된 평가를 통해『순수이성비판』의 칸트를 독일관념론은 사변적 사유에 기초한 절대적 주체성의 철학으로 이행할 수 있는 발판으로 삼는 반면, 하이데거는 인간 이성의 유한성에 기초하여 형이상학의 근거를 정초한 형이상학자로 해석하여 존재 형이상학으로 나아가는 입각점을 마련해 놓은 것으로 보려 한다. 그러나 이들 모두가 저지른 해석상의 오류는 이 문제를 칸트의 이성비판적 기획이라는 의도와 목표라는 관점에서 보지 못했거나 무시한 데서 생겨난 것일 뿐이다.

그러면 칸트의 이성비판의 근본 목적이 무엇이기에 칸트는 저 초판과 재판에서 구상력에 대해서 상이한 해명을 내놓음으로써 이 같은 문제를 야기한 것인가? 감성과 오성의 이질성을 비롯한 인간 능력들 사이의 불일치 문제는 칸트가 지속적으로 고민하고 해결하고자 했던 골칫거리였다. 그럼에도 불구하고 칸트의 사유는 "감성과 오성이라는 두 줄기는 아마도 하나의 공통적인, 그러나 우리에게 알려지지 않은 뿌리에서 솟아나온다"[25]는 잠정적이면서도 유보적인 해명을 내놓은 채 발 빠르게 이보다 더 중요한 문제 해결로 넘어가곤 했다. 필자가 보기에 이는 칸트가 이를 위해 항상 고민해 왔지만 그것 때문에 자신의 의도를 포기해야 할 만큼 심각하거나 치명적인 문제가 아니었다는 것의 방증이다. 오히려 이런 칸트의 모습에서 우리는 칸트의 이성비판의 진정한 의도를 읽어낼 수 있으며, 또 그래야 한다.

칸트는 『순수이성비판』을 다음과 같은 유명한 구절로 시작한다. "인간의 이성은 자신의 인식의 성격상 회피할 수 없는 물음에 시달리는 특수한 운명을 지니고 있다. 이 물음을 회피할 수 없는 까닭은, 이 물음이 이성 자신의 본성에 의해서 이성에 부과된 것이면서도, 이성은 이 물음에 답을 할 수가 없는데, 그것은 인간 이성의 모든 능력을 초월해 있기 때문이다."[26] 이처럼 이성적 인간의 특수한 운명과 이로부터 생겨나는 절박한 물음들

---

25) *Kritik der reinen Vernunft*, B 29.
26) *Kritik der reinen Vernunft*, A VII.

30

과 문제들의 진상을 규명하고 인간이 걸어갈 수 있는 '확실한 길'을 모색하기 위해서 칸트가 스스로 마련해 놓은 법정이 곧 순수이성비판이다. 이 이성비판은 이성능력 일반의 비판, 더 정확하게는 "이성능력 일반의 원천 및 범위와 한계의 규정"[27]이다. 이를 통해 칸트는 이성의 자기오해에서 기인하는 현혹을 제거하는 임무를 이성비판에 부과하고 자신이 이를 정확하게 진단하고 치료하는 일을 성공리에 완수하였다고 자평하고 있다. 그러나 앞서 지적했듯이 이 같은 불철저한 임무 완수를 뒤로 하고 칸트가 성급히 걸어간 여정은 정확히 이성비판 자체가 아니라 이를 통해 달성하고자 한 칸트의 목표, 바로 저 인용 구절에 드러나 있는 인간 이성의 모든 능력을 초월해 있는 그 목표, 즉 이성이 본성적으로 추구해 마지않는 무제약자에 도달할 수 있는 확실한 길의 추구에 있다. 다시 말해서 칸트의 이성비판은 그 본성상 경험의 한계를 넘어서까지 초감성적인 무제약자를 추구하려고 하는 인간 이성의 자연적 소질에 대한 비판이면서 동시에 무제약자에 이르는 가능한 방도를 모색하는 과정에서 필연적으로 요구되는 작업이다. 그리고 그 결과 이론이성을 통해서는 경험의 한계를 넘어서 초험적인 것, 물자체, 무제약자에는 도달할 수 없다는 것, 전통적 형이상학이 가능하다고 사고한 이성능력은 그 점에 있어서 선험적 가상의 소재지이자 근원지라는 것을 밝혀냄으로써 전통 형이상학의 대표적 무제약자들, 이른바 자아(영혼), 세계, 신 존재에 이를 수 있는 (실천적으로) 가능한 길을 제시하게 된다.

---

27) *Kritik der reinen Vernunft*, A XII.

그런데 칸트에게 이들 무제약자 중에서 최고의 무제약자인 절대자 내지는 신은 이성 인식의 최종 결정판이다. 칸트가 말하는 추리하는 능력으로서의 이성이 추구하는 무제약자들, 즉 선험적 이념들은 영혼, 세계, 신이다. 영혼은 정언적 이성 추리와의 관계에서 성립하는 절대적 주관이며, 세계는 가언적 이성 추리와의 관계에서 성립하는 경험 세계의 조건들의 절대적 총체성이며, 신은 선언적 이성 추리와의 관계에서 성립하는 모든 대상 일반의 조건들의 절대적이며 완전한 체계이다. 칸트에 의하면, 이 이념들은 이성과 함께 필연적으로 주어진다. 그리고 이 선험적 이념들을 낳는 이성은 추리를 통해서 통일성을 수립하는 능력이다. 따라서 각각의 이성 이념들은 이성 추리의 세 가지 형식에 따라 각각의 무제약자에 도달하지만, 이 중에서 신은 모든 사물의 가능 근거로 사고되는 무제약자로서 모든 존재하는 것들의 총괄 개념이다. 그런데 칸트에 의하면, 이를 그릇되게 인식 가능한 대상으로 사고함으로써 이른바 순수이성의 오류추리가 발생한다. 선험적 가상은 바로 이 오류추리에서 기인한다. 결국 선험적 가상은 이성 추리에 기초한 사고의 주관적 조건들이 객관 자체의 인식으로 간주됨으로써 발생한다.

칸트의 이성비판은 인간 이성, 특히 이론이성은 이들 무제약자들에 대한 인식에는 결코 도달할 수 없다는 것을 폭로한다. 그럼에도 불구하고 칸트는 무제약자에 도달하려는 인간 이성의 자연적 요구를 포기하지 않으려 한다. 오히려 이들을 구제할 수 있는 새로운 길을 찾아 나선다. 결국 칸트가 이성비판을 통해서 겨냥하고 있는 목표도 여기에서 찾을 수 있다. 무제약자 혹은 신 존재에 이를 수 있는 가능한 방도의 모색이 그것이다. 이 같은 칸트의 의도를 단적으로 엿볼 수 있는 것이 바로 "나는 신앙에 설자리를 마련해 주기 위해서 지식을 제한하지 않을 수 없었다"[28]는 그 유명한 칸트의 선언이다. 『순수이성비판』 이후에 발표될 저술들이 떠맡아야 할 이 주장의 정당성을 충분히 입증하기도 전에 내뱉은 이 고백만큼 칸트의 이성비판의 의도와 목표를 압축적으로 드러내 주는 것은 없다. 하지만 칸트는 무제약자를 추구하는 인간 이성의 자연적 본성, 이른바 자연소질로서의 형이상학의 불가능성으로부터 가능한 형이상학의 모색으로 나아가는데, 그것은 인간 이성이 수긍할 수 있고 또 마땅히 그래야만 하는 이성적 신앙에 도달할 수 있는 확실한 길이어야 하며, 이를 위해서는 '제한된 지식'과 '이성 신앙' 사이를 다리 놓아줄 그런 형이상학이 필요하다. 그것이 바로 자유의 형이상학, 즉 도덕형이상학의 가능성이다. 따라서 이론이성으로는 다가설 수 없는 한계에도 불구하고 이성의 요구에 부응하면서 지식과 신앙을 자유와 도덕으로 매개하고 연결시켜 주는 일이야말로 칸트의 이성비판적 기획이 성취해 내지 않으면 안 되는 핵심 과제로 등장하게 되는데, 칸트는 비록 단편적이긴 하지만 그 방도를 역시 『순수이성비판』에서 마련해 놓고 있다. 이런 점들에 비추어 본다면, 칸트의 '순수한 이성비판'은 그 진정한 의도와 목표에 있어서 '존재-신학적 이성비판'이라 불러도 무방할 수 있다.

칸트의 이성비판이 도달한 도덕적 이성 신학은 무한성을 추구하는 유한한 인간 존재가 독단과 회의, 광신과 맹목, 타율과 억압적 지배에 빠지지 않으면서 이로부터 벗어나 현실에서 이룩

---

28) *Kritik der reinen Vernunft*, B XXX.

할 수 있는 가장 인간적이면서 이상적인 좌표이다. 이 좌표에 올바로 위치할 수 있는 입구이자 출구가 바로 이성비판이다. 순수이성비판이 일차적으로 전통 형이상학의 불가능성을 보이려고 했다면, 그 과녁은 전통적인 형이상학적 사유의 최후 근거가 되는 존재-신학에서의 무제약자 즉 신 존재를 향해 있다는 것은 자연스럽다. 결국 현실의 밑바닥에서부터 최고의 존재에 이르기까지 상호 긴밀히 결합되어 있는 존재와 인식의 관계에 대한 비판철학적 규명 역시 최종적으로 신 존재에 이르는 여정으로 이어지고 있다. 칸트는 그 방도를 전통 형이상학의 존재-신학, 특히 기독교 신학이 답습하고 있는 신으로부터 도덕이 아니라 도덕으로부터 신에 이르러야 한다는 것을 도덕형이상학이 성취한 코페르니쿠스적 혁명을 통해서 제시해 주고 있다.

이와 같은 칸트의 목표는 3대 비판서 중에서 앞서 언급한 두 비판서는 물론이고 『판단력비판』만을 살펴볼 때도 입증된다. 반성적 판단력을 다루고 있는 이 저서는 미감적 판단력과 목적론적 판단력을 고찰하면서 자연의 합목적성을 중심으로 미와 숭고, 유기체의 문제를 다루고 있다. 그런데 이 저서 역시 세부 논증들을 건너 뛰어 살펴보면 그 근간에는 자연과 자유의 통일이라는 비판적 선험철학의 대단원이 도덕과 신 존재 문제로 귀착되고 있음을 알게 된다.[29] 더욱이 칸트의 비판적 선험철학 체계를 떠받치고 있는 세 기둥이라 할 이성, 도덕, 신앙의 문제가 하나로 응집되어 있는 『이성의 한계 안에서의 종교』(1793)[30]에서

---

29) I. Kant, *Kritik der Urteilskraft*. 특히 제1부 「미감적 판단력의 비판」의 경우에는 '미감적 판단력의 변증론', 제2부 「목적론적 판단력의 비판」의 경우에는 '부록: 목적론적 판단력의 방법론'을 보라.

는 이보다 6년 전에 나타난『순수이성비판』의 재판(1787)의 서문에 명시한 "신앙을 위한 지식의 제한"이라는 비판적 사업의 목표와 관련하여 우리의 이론적 지식과 실천적 도덕이 허용할 수 있는 신과의 올바른 관계를 구체적으로 문제 삼고 있다.

2) 도덕적 신앙과 신 존재

칸트에 따르면, 이성적 도덕 신학은 세계와 자연에 대한 우리의 표상을 전체적으로 종결짓고, 자연 신학과 선험적 신학에 이르기까지 자연의 합목적적인 통일성과 모든 목적들의 체계적 통일이라는 방향을 제시한다. 그러나 무엇보다 중요한 것은 이 도덕 신학은 어떤 이론적 인식도 아니며, 주관적 확실성을 가지나 어떠한 객관적 지식도 포함할 수 없는 실천적 이성 신앙이다. 이 이성 신앙의 근거는 도덕법칙의 확실성이지 신 존재에 대한 이론적 인식이 아니다.31)

『순수이성비판』에서부터 겨냥하고 있는 칸트의 소위 지식과 신앙 사이의 줄타기 여정은 도덕성에 대한 확고한 근거짓기를 통해서 대단원의 막을 내리게 된다. 이성비판은 무제약자들에 대한 새로운 의미부여가 실천이성을 통해서 마련된 도덕성의 기초 위에서 가능하게 되자 칸트는 신앙의 문제를 적극적으로 해결해 나가는 여정을 밟았다. 거부할 수 없는 도덕적 이성의 사

---

30) 칸트는 이 저서의 초판(1793)과 재판(1794)의 서언에서 '도덕의 자족성' 과 '종교의 불가피성', 그리고 '도덕적 이성 신앙과 이성 종교의 필요성' 에 대해서 약술해 놓고 있다. I. Kant, *Die Religion innerhalb der Grenzen der bloßen Vernunft*, 649-661쪽.

31) *Kritik der reinen Vernunft*, B 842-847.

실과 명령에 칸트는 다음과 같이 단호한 어조로 고백한다. "나는 필연적으로 신의 현존과 내세의 삶을 믿게 된다. 그리고 그 무엇도 이 신앙을 흔들리게 할 수 없다는 것을 나는 확신한다. 왜냐하면 만일 이 신앙이 흔들린다면 나 자신이 혐오스럽게 느끼지 않고서는 그에 반대할 수 없는 나의 도덕적 원칙들 자체가 무너지기 때문이다."[32] 우리가 칸트의 이 절실한 고백을 다른 저서도 아닌 『순수이성비판』에서 발견한다는 것은 주목할 만한 일이다. 이 구절이 함의하고 있듯이 놀라운 것은 지식의 제한을 통해서 위험에 빠진 도덕을 구해 낸 칸트가 다시 도덕과 신앙을 위해서 신의 존재를, 그것도 강렬한 소망을 담아 확신하고 있다는 사실이다. 이처럼 칸트는 이성과 신앙, 도덕과 종교의 중심에 위치하고 있는 신 존재 문제를 『순수이성비판』과 『실천이성비판』에서는 그 이론적 및 실천적 근거들을 점검한 다음, 『이성의 한계 안에서의 종교』에서 본격적으로 다루게 된다. 이런 점에서 칸트의 전 철학 체계를 고려해 볼 때, 신 존재와 관련한 종교철학의 주제는 동시에 칸트의 전 철학의 주제라고까지 말할 수 있다.[33]

그렇다면 신이라는 절대자가 칸트의 철학에서 갖는 함의는 무엇인가? 『순수이성비판』과 『논리학』에서 밝히고 있듯이 칸트의 철학적 탐구의 최종적이면서 궁극적인 탐구 대상은 인간이다.[34] 그리고 이 인간이 추구하려고 하는 최고의 무제약자, 이

---

32) *Kritik der reinen Vernunft*, A 828/B 856.

33) G. Picht, *Kants Religionsphilosophie*, Stuttgart: Klett-Cotta, 1985, 1-2쪽.

34) 칸트는 『순수이성비판』(A 805/B 833)에서는 "(1) 나는 무엇을 알 수

론이성이 결코 답할 수 없는 무제약자가 신이다. 그리고 이 신에 도달할 수 있는 방도가 이른바 도덕적 신앙이다. 또 이 도덕적 신앙의 요체가 경이와 외경을 불러일으키는 도덕법칙이다. 이런 사태와 상호연관성 아래서 칸트를 지배하고 있는 사고는 도덕 자체는 결코 신과 종교를 필요로 하지 않지만 인간은 그렇지 못하다는 사실이다. 필자는 이 평범해 보이기까지 하는 사실이 칸트의 철학의 요체라고 생각한다. 인간과 도덕 그리고 신 사이에 놓여 있는 내밀한 관계와 함께 또한 그들 사이에 가로놓여 있는 심연이야말로 칸트를 오래도록 사로잡았던 고민거리였다고 생각된다. 이 고민을 칸트는 비판철학을 통해서 해소할 수 있었으며, 그 성과는 그의 철학적 여정, 특히 그의 말년의 정치적-역사적 주제들에 대한 철학적 사유 속에 녹아들어 있다.

칸트에게 도덕법칙은 신의 의지의 표현이요 "우리 안에 있는 신(Gott in uns)"[35]이다. 땅으로 내려온 신이요, 우리 가슴에 새

있는가? (2) 나는 무엇을 해야만 하는가? (3) 나는 무엇을 희망해도 좋은가?"라는 철학의 근본 주제를 제시하고 있으며, 『논리학(*Logik*)』(448쪽)에서는 이 세 가지 과제에다 "인간이란 무엇인가?"라는 네 번째 과제를 덧붙여 제시하고 있는데, 앞의 세 가지 물음들에 형이상학(또는 인식론), 윤리학, 종교철학을 대응시키고 있으며, 네 번째 물음에 대한 답을 다름 아닌 인간학이 담당하는 것으로 말하고 있다. 그러나 선행하는 세 가지 물음 각각이 넓은 의미에서 인간의 특수한 능력 및 기능과 관계한다는 점을 고려할 때, 정반대의 관점에서 볼 경우 그것은 곧 인간학을 구성하는 요소들이기도 하다. 따라서 그런 점에서 선행하는 세 가지 물음들은 이 마지막 네 번째 물음을 전제하며 또 최종적으로 이에 귀착한다고 할 수 있다.

35) W. Schultz, *Kant als Philosoph des Protestantismus*, Hamburg-Bergstedt, 1960, 50쪽.

겨진 신의 흔적이다. 그것은 신의 부름이며, 그 또 다른 이름을 칸트는 선의지(ein guter Wille)라 불렀다. 칸트는 이렇게 쓰고 있다. "우리에게 중요한 것은 신이 그 자신에게 있어서 (그의 본성에 있어서) 무엇인가를 아는 데 있는 것이 아니라, 오히려 신이 도덕적 존재로서의 우리에게 있어서 무엇인가를 아는 것이다."36) 거부할 수 없으며 물리칠 수도 없는 이성의 사실로서의 도덕법칙의 존재, 그것이 곧 우리가 알아나가야 할 신이다. 이론적 인식 주체로서의 인간에게 신의 존재는 비밀이며 도덕적으로만 접근할 수 있는 실천이성의 요청이다. 하지만 도덕법칙은 실천이성의 목적도 대상도 아니다. 그것은 우리의 삶의 목표에 방향을 제시해 주고 그 실현을 위해 부단히 노력해야 할 책무의 원천이며, 따라서 그것은 우리의 도덕적 의지를 규정하는 근거와 원리이다. 그리고 이것과의 연관성 없이 이루어지는 정치적-역사적 문제에 대한 칸트적 조망과 해법은 사유 놀이 그 이상도 이하도 아니게 된다.37)

그러나 칸트의 이성비판은 실상 무제약자인 신과 인간 사이에 무한한 거리가 존재한다는 것의 선언에 다름 아니다. 따라서 칸트의 이성종교는 철두철미 '이성의 한계 안에서' 모색되고 있

---

36) *Die Religion innerhalb der Grenzen der bloßen Vernunft*, 806쪽.
37) 칸트의 정치적 문제와 역사적 문제에 대한 관점과 독법에 대해서는 각각 다음을 보라. 맹주만, 「원초적 계약과 정의의 원리」, 『칸트연구』, 2002; 맹주만, 「칸트의 판단력비판에서의 최고선」, 『칸트연구』, 1997. 그리고 이 정치와 역사를 매개하는 도덕적 조망에 대해서는 다음을 보라. 임혁재, 「칸트의 영구평화론 ─ 역사와 도덕 및 종교 철학적 차원」, 『인문학연구』, 중앙대 인문과학연구소, 1990; 임혁재, 「칸트의 윤리적 공동체 이론」, 『인문학연구』, 중앙대 인문과학연구소, 1992.

다. 그리고 이 한계 밖에는 인간과 (기독교적) 신 사이에 파악 불가능하고 이해 불가능한 많은 역설과 신비 그리고 비밀스러움이 존재할 수밖에 없다. 그렇다고 칸트는 이 같은 계시신앙의 근본 요소들을 무조건적으로 배척하기만 하지는 않는다. 다만 인간이 신과 만나는 계시신앙적 현상들을 철저히 이성적-실천적으로 이해하기를 원했다. 이를 통해 칸트가 겨냥하고 있는 것은 다름 아닌 맹신과 광신이다. 그리고 이성적 독단처럼 종교적 독단이 초래할 수 있는 비극적 사태들이다. 그리고 이런 증상들은 칸트가 바라 마지않는 인간의 도덕화에 최대 장애가 되는 것들이다.

이 같은 인간과 신 그리고 도덕법칙의 상호관계가 칸트의 철학에서 차지하는 위치와 비중과 관련하여 또 한 사람의 포스트모던 철학자 레비나스가 시도한 칸트의 '순수한 실천이성의 우위'에 대한 독해는 주목할 만한데, 이를 통해 레비나스는 자신이 가장 칸트다운 칸트주의자임을 알게 된다.[38] 실제로 칸트와 레비나스 두 사람 모두 이론에 대한 도덕성의 우위, 경향성과 구별되는 도덕적 요구나 인격의 존엄성, 보상을 필요로 하지 않는 도덕적 수행, 종교를 본질적으로 도덕적인 것으로 보는 점 등에 있어서 유사하다.[39] 특히 저 논문에서 칸트 철학의 근본 특징을 극히 간결하면서도 정확하게 해명하면서 이를 현대 구조주의와 비교하여 "구조주의는 이론이성을 우위에 둔다"[40]는 말

---

38) E. Levinas, "The primacy of pure practical reason", trans. by B. Billings, *Man and World* 27, Netherlands, 1994, 446-447쪽.
39) 같은 논문, 445쪽 참조.
40) 같은 논문, 451쪽.

로 칸트의 순수한 실천이성의 우위가 갖는 함의를 마무리하고 있다. 또한 하이데거가 말하는 존재의 의미에 대한 물음을 단번에 "있으면서 나는 남을 죽이지 않는가?"[41]로 역전시켜 버리거나 신적인 성스러움의 하강이자 신을 비추는 성스러운 장소로 파악하는 타자의 얼굴에서 도덕적 책임을 발견하는 레비나스의 태도 역시, 그와 칸트 사이에 가로 놓여 있는 타자 책임과 자기 책임의 차이에도 불구하고, "나는 무엇을 해야만 하는가?" "나는 무엇을 희망해도 좋은가?"라고 묻고 답하려는 칸트의 그것과 상통한다. 하지만 무엇보다도 인식 불가능한 대상으로서의 무제약자이자 최고의 존재자인 신을 향한 인간 이성의 자연적 본성에 도덕적 신앙으로 대답하는 칸트와 달리 레비나스에게 신과 인간의 만남은 신의 음성이자 도덕적 명령을 들을 수 있는 성스러운 공간이며 또 신적 계시의 자리인 타자로서의 인간의 얼굴을 통해 이미 현재 여기에 현존한다.

그러나 다른 한편으로 레비나스는 칸트적인 윤리적 명령을 절대 타자(신)로 극대화시켜 버리고 있다. 존재론에 대한 윤리학의 우위를 주장하는 레비나스에게 전통 존재론은 이성의 타자를 전혀 인식할 수 없는, 아예 스스로 차단시켜 버리는 철학, 타자를 자아로 환원시켜 버리는 철학이다. 이 같은 타자에 대한 시각 자체가 이미 같은 문제에 다른 방식으로 접근하는 차이를 드러내고 있다. 하지만 무엇보다도 필자가 보기에 존재론에 대한 윤리학의 우위와 관련하여 칸트에게는 있지만 레비나스에게는 없는 결정적인 요소는 이론이성의 비판이 겨냥하고 있는 실천이

---

41) E. Levinas, 양명수 옮김, 『윤리와 무한』, 다산글방, 2000, 157쪽.

성에 대한 견제와 제한이다. 칸트는 이성비판을 통해서 비록 그것이 불철저성을 안고 있음에도 실천이성의 우위를 최소한도로 그러면서도 분명하게 확정짓고자 했다. 그러나 레비나스에게는 그것이 없다. 칸트의 눈으로 보면 레비나스의 절대 타자는 그가 "동지들의 집단성에다 그에 앞서는 자아와 너의 집단성을 대립시키고자"[42] 할 때에도 이성비판의 그물에 걸리지 않는 타자이면서 동시에 그물을 찢어버리는 가능성을 안고 있는 타자이다. 타자에 대한 책임을 명령하는 절대 타자의 음성이 누구의 것인지 불가해할 때, 이는 언제든 레비나스가 경계하는 전체성의 마력으로 흡수되고 말 수 있는 위험한 거래이다. 이처럼 철학적 전통과 유대교적 전통이라는 서로 다른 지반 위에 서 있는 양자의 차이만큼이나 포스트모던 칸트주의자로서의 레비나스는 실천이성의 우위와 관련하여 칸트가 서 있던 거점을 저 한편의 극단으로 몰고 간 (진실한!) 독단주의자다.

4. 맺음말

들뢰즈가 옳게 지적했듯이 칸트적 비판에서 "인식, 도덕, 반성, 신앙 등은 이성의 자연적 관심들에 상응한다고 간주되는 까닭에 그 자체로는 절대 의문시되지 않는다. 의문시되는 것은 단지 인식능력들의 사용일 뿐이고, 이 사용은 이러저러한 이성의 관심에 따라 그 정당성 여부가 결정된다."[43] 그러나 저 주제 대

---

42) E. Levinas, 서동욱 옮김, 『존재에서 존재자로』, 민음사, 2001, 160쪽.
43) G. Deleuze, 『차이와 반복』, 306쪽.

상들이 비판에서 전적으로 면죄된 것은 아니다. 철학이 불가피하게 어떤 하나의 출발을 가져야 한다면, 그것들은 바로 이에 해당한다. 들뢰즈가 전해 주듯이 "칸트 이후의 철학자들이 비난하는 것처럼, 칸트가 발생의 관점에 도달하지 못한 채 단지 조건화나 정당화의 관점에 머물고 마는"[44] 그런 이유 때문에 그 어떤 출발을 발생적으로 추적해 들어가는 사유의 전환이 필요하다면 어쩌면 그 대답을 철학적 사유에서 찾기란 불가능할지 모른다. 그런 점에서 칸트의 출발점은 충분히 변명의 여지가 있다. 더욱이 칸트는 이런 출발지점의 저 대상들을 새롭게 규정하고 의미 부여했다는 점에서 그것들에 면죄부를 준 것도 아니었다.

그런데 칸트의 철학에서 가장 온전한 형태로 살아남은 유일한 것은 철저한 이성비판에서 면죄된 스스로 도덕적이고자 하는 실천적 이성(의지)뿐이다. 아이러니컬하게도 이는 가장 불철저하게 다루어진 이성비판의 대상이면서도 동시에 우리가 이성의 무제약자들(신, 영혼, 세계)에 대해서 의미 있게 말할 수 있는 유일한 길이다. 그리고 이와 함께 도덕에서 신에 이르는 과정 속에 비판적-도덕적으로 조망된 정치와 역사, 혹은 정치적 이성과 역사적 이성의 현실 세계가 펼쳐진다. 그런 점에서 포스트모던적 철학자들의 칸트 비판과 수용 내지는 도전은 한편으로는 칸트가 완수하지 못한 불완전하고 불철저한 이성비판적 기획과의 다툼이며, 다른 한편으로는 이성비판의 목적의 과도한 적용이나 자의적 짝짓기이거나 이로부터 빗나간 오독과 오해의 산물

---

44) 같은 책, 373쪽.

이다. 그리고 이를 허용한 장본인은 이성비판에 철저하지 못했거나 많은 변용의 여지를 남긴 칸트 자신이다. 그러나 정작 칸트 자신은 말이 없다.

철학은 학문(Wissenschaft)인가?

칸트와 헤겔을 중심으로

이 광 모

1.

　'철학은 학문인가'라는 물음은 철학이 시작되면서부터 제기된 문제이다. 학문이 어떤 보편적인 것을 추구하는 한, 이 문제는 소피스트들에 맞서 소크라테스가 고민하던 문제이며 중세의 보편자 논쟁의 배후에 숨어 있던 문제이고, 근대의 출발점에서 데카르트의 철학을 이끌었던 문제이다. 이렇게 본다면 어떤 의미에서는 철학을 학문으로 정립시키려는 노력의 역사가 곧 서양 철학사라고 말할 수도 있다. 그렇다면 문제는 철학이 그렇게 학문이고자 할 때, 그 학문은 도대체 무엇인가 하는 점이다.

　우리는 철학사 속에서 학문이론에 대한 최초의 체계적인 서술을 아리스토텔레스에게서 찾을 수 있다. 아리스토텔레스는 '학문(Wissenschaft)'의 일반적인 형식을 고찰하는 『분석론 후서』에서 학을 증명을 통해 획득된 지(Wissen)로 규정한다.[1] 이때 증명이란 추론(apodeiksis)을 의미한다. 따라서 학문이란 추론의 전제로부터 결론에 이르게 되는 지의 체계를 일컫게 된다. 이렇게 이해된 학문에는 추론의 출발점으로서 즉 증명의 전제(das Erste)로서 항상 원리들(Prinzipien)이 선행하게 되는데, 이때 원리들이란 각각의 학문들을 다른 학문들과 구분되게 하는 것일 뿐만 아니라 각각의 학문들이 고찰하고자 하는 대상으로서의 류(Gattung)이다.[2] 이러한 원리들은 결코 그 해당 학문 내에서는 증명될 수 없는 것이며,[3] 그렇기 때문에 학적 탐구란 해당 학문들에게 전제된 고유한 원리로부터 이루어지는 추론과정 외에 다른 것이 아니게 된다.[4] 하지만 여기서 우리가 이와 같은 아리스토텔레스의 학문이론을 '철학은 학문인가'라는 문제를 해결하기 위한 토대로 받아들인다면, 다음과 같은 의문이 생기게 된다. 만일 각 학문들의 고유한 원리들이 그 학문 내에서는 증명될 수 없는 것이라고 한다면, 각 학문들에게 전제되는 고유한 원리들 자체를 다시 통일적으로 고찰하는 학문이 있는가? 그리고 있다면 그 학문은 앞서 말한 '증명된 지'의 의미에서 학문이라고 할 수 있는가?

---

1) Aristoteles, *Zweite Analytik*, Felix Meiner Vlg. Hamburg, 1990, 71b, 15.
2) 같은 책, 76b, 1-15.
3) 같은 책, 76a, 15.
4) 같은 책, 77a, 35-40.

아리스토텔레스에 따르면 증명의 첫 번째 원리들을 해명하는 학문은 다름 아닌 철학(Philosophie)이다.[5] 그렇다면 철학은 증명된 지라는 의미에서 학문인가? 사실 이 물음은 그 자체 풀리지 않는 딜레마를 함축하고 있다. 왜냐하면 한편에서 철학이 학문이라고 한다면 철학은 고유한 학문의 원리를 가져야 할 것이고, 그 경우 다시 이 원리의 정당성을 탐구하는 '철학의 철학'이 전제되어야 하며, 결국 그것은 증명의 무한퇴행(regress ad infinitum)으로 나가게 될 것이며, 다른 한편에서 철학이 학문이 아니라고 한다면 '어떻게 학문이 아닌 것이 학문의 출발점이자 증명의 전제인 원리를 정당화할 수 있는가?'라는 물음이 제기되기 때문이다.[6]

사실 '철학이 학문인가?'라는 물음 속에 놓여 있는 이러한 근본적인 문제는 철학의 출발점에서부터 드러난 것은 아니다. 오히려 이 문제는 증명을 수행하는 인식능력의 한계에 관계되는 것이기 때문에, 철학적 활동을 증명체계로 이해하고 그 체계를 수행하는 인간 지성에 대한 반성이 시작되면서부터 주제화되기 시작한 것이다. 철학사를 볼 때, '철학이 학문인가'라는 물음이 궁극적으로 인식능력의 한계에 관련된다는 것을 우리는 칸트 철학을 통해 확인할 수 있다. 칸트는 어떤 대상을 인식하기 이전에 먼저 우리의 인식능력 자체를 비판해야 한다고 주장하며, 그 비판의 문제란 다름 아닌 '학으로서의 형이상학은 가능한가?'라

---

5) Aristoteles, *Metaphysik*, trans. H. Bonitz, Hamburg, 1994, 1005b, 5-11.
6) '증명된 지'로서의 학의 규정에 따른 『형이상학』의 이해를 위해 T. H. Irwin의 논문 "Aristoteles's Discovery", in *The Review of Metaphysics* 31, 1977/78 참조.

는 물음이라고 요약한다. 그에게 있어 철학이 형이상학이라는 것을 염두에 둔다면,[7] 결국 이 물음은 바로 위에서 던져진 '철학은 학문일 수 있는가?'라는 물음과 동일한 것이 된다.

우리는 이 글에서 '철학은 학문일 수 있는가?'라는 물음에 대한 헤겔의 입장을 살펴보고자 한다. 이때 이 입장을 좀더 심도 있게 이해하기 위해서 칸트 철학을 짚고 넘어가고자 한다. 왜냐하면 헤겔은 스스로 "칸트에게서 결과인 바는 이[자신의] 철학함 속에서는 직접적인 출발점을 이룬다"고 말하고 있기 때문이다.[8] 그리고 이러한 논의과정 속에서 우리는 칸트 철학과 헤겔 철학의 차이뿐만 아니라 공통점이 무엇인지 확인할 것이며 더 나아가 독일관념론 철학의 인식형이상학적 기초가 무엇인지 알게 될 것이다.

2.

칸트는 *Metaphysische Anfangsgründe der Naturwissenschaft* 의 서문에서 '학문(Wissenschaft)'에 대한 자신의 견해를 밝힌다. 그에 따를 때 어떤 인식이 '학문적'이기 위해서는 두 가지 조건을 충족시켜야 한다. 첫째, 그 인식은 '필증적 확실성(die apodiktische Gewißheit)'을 지녀야 한다. 만일 그 인식이 '필증적 확실성'을 지니지 않고 단지 '경험적 확실성'만을 지닌다면 그 인식은 결코 학문적이라 할 수 없고, 단지 '교설(Lehre)'이라 불

---

7) I. Kant, *Metaphysische Angfangsgruende der Naturwissenschaft*, in Kant Werke Ba. 8, Darmstadt, 1983, S. 12. 이후 MAdN으로 표기함.

8) MAdN, S. 47-48.

러야 한다.9) 그렇다면 하나의 인식이 어떻게 필증적 확실성을 지닐 수 있는가? 칸트에 의하면, 어떤 인식이 필증적 확실성을 지니기 위해서는 반드시 '선천적 원리들(Prinzipien apriori)'에 근거해야 한다.10) 다시 말해 경험적으로 주어진 어떤 사실에 대한 인식이 학문적 인식이 되려면 그 사실을 설명하는 설명의 근거들이 '선천적 원리들'이어야 한다. 물론 이때 이 선천적 원리들은 경험적으로 주어질 수는 없다.

그렇다면 철학은 경험적 사실에 대해 필증적 확실성을 제공하는 선천적 원리들과 어떤 관계를 갖는 것일까? 칸트에 따르면 어떤 사실에 대해 필증적 확실성을 제공하는 선천적 원리들 자체를 고찰하는 것이 바로 '철학' 혹은 '형이상학'이다.11) 칸트에게 있어 경험적으로 주어진 사실들을 학적 인식이게끔 하는 토대로서의 '선천적 원리들'이란 바로 『순수이성비판』에서 주어지는 '순수오성개념들'이다.12) 따라서 결국 그에게 '철학'이란 필연적 인식을 위한 원리들로서의 '순수오성개념'에 대한 고찰이 된다.13)

둘째로 어떤 인식이 학문적이기 위해서는, 그 인식은 '필증적 확실성'을 갖는다는 것 외에 또 다른 조건을 충족시켜야 한다.

---

9) MAdN, S. 12.

10) MAdN, S. 12.

11) MAdN, S. 13. 칸트에게 철학은 "개념으로부터의 이성인식"이라고 할 수 있다.

12) MAdN, S. 19.

13) 이에 상응해서 칸트는 『순수이성비판』에서 자신의 '선험철학'을 "모든 순수이성의 원칙들의 체계"로 규정한다. *Kritik der reinen Vernunft*, B 27. 이후 KdrV로 표기함.

그 조건이란 다름 아닌 '체계'이다. 즉 학이란 인식들의 단순한 집합(ein Aggregat von Erkenntnissen)이 아니라 "질서지어진 인식들의 체계"라는 것이다.[14] 인식들이 체계를 이루려면 먼저 그 체계의 원리(Prinzip)가 선행되어야 한다. 이때 이 원리란 아리스토텔레스가 말하는 '증명된 지'로서의 학문에서 증명의 전제와 같은 것이다. 따라서 학문이 체계라는 것은 이 증명의 전제로부터 필증적으로 도출된 결과들의 연관이 학문이라는 것이다. 물론 교설도 시간적인 혹은 공간적인 질서에 따라 '체계적으로 배열된 사실들(systematisch geordnete Facta)'을 포함할 수 있다. 하지만 그럼에도 불구하고 그렇게 정렬된 사실들을 학이라 하지 않고 교설이라 부르는 이유는 바로 그 체계화의 방법에 문제가 있기 때문이다. 그렇다면 어떤 인식들을 학문으로 만드는 체계화의 방법은 무엇인가?

칸트에 의하면 필연적 인식들이 "이성적인 학(rationale Wissenschaft)"이 되려면 그 인식들은 "근거-결과의 연관(ein Zusammenhang von Gründen und Folgen)" 속에 놓여야 한다.[15] 이때 근거관계는 단지 '이성'을 통해서만 가능하므로[16] 필연적 인식을 체계로 만드는 것은 결국 이성이라고 할 수 있다. 그렇다면 이미 말했듯이 순수오성개념을 고찰하는 철학이 학문으로 규정될 수 있기 위해서는 결국 순수오성개념들이 이성에 의해 하나의 체계로 형성되어야 한다. 이때 순수오성개념들을 체계로 만드는 이성에 대하여 칸트는 다음과 같이 말한다. "이성은 추론

---

14) MAdN, S. 11.

15) MAdN, S. 12.

16) MAdN, S. 11.

함 속에서 오성인식의 많은 다양성을 가장 적은 수의 원칙들로 가져가며 그러한 방법으로 오성인식에 통일을 부여한다."[17] 그렇다면 이렇게 형성된 오성개념들의 통일은 근거, 결과로 이루어진 체계 즉 학문으로 이해될 수 있는가? 사실 이 물음은 칸트가 '순수이성비판'에서 던졌던 '학으로서의 형이상학은 가능한가?'라는 바로 그 물음이다. 형이상학을 '개념으로부터의 이성인식'으로 간주하는 칸트는 '순수이성비판' 속에서 범주들에 기초한 순수오성인식들의 체계가 하나의 학으로서 가능한가라는 물음과 함께 특히 이성의 순수 '사변적' 사용에 관한 문제를 집중적으로 검토하고자 한다.[18]

칸트는 먼저 경험적 인식들의 필연성을 가능하게 하는 선천적 순수오성개념들은 무엇이며 그 정당성은 어디에서 주어질 수 있는지를 해명한다. 특히 그는 필연적 인식으로서의 순수오성개념의 발견과 그 타당성에 대한 해명을 위해 '형이상학적 연역'을 전개시키는데, 형이상학적 연역은 이미 '연역'이라는 말이 함축하듯이 단순히 순수오성개념들을 발견하는 것이 아니라 그 범주들의 체계를 사유의 통일 속에서 완전하게 주어진 것들임을 정당화하는 작업이다. 즉 이 연역의 핵심은 "선천적인 범주들의 근원을 사유의 일반적이며 논리적인 기능들과의 완전한 연관을 통해서 해명하는 것"이다.[19] 이러한 형이상학적 연역을 통해 범주들은 우연히 발견되고 경험적으로 조합된 것이 아니라 필연적인 것임이 밝혀짐으로써 철학이 학이 되기 위한 첫 번째 조건,

---

17) KdrV, A 305.
18) KdrV, B XXII, 재판 서문 참조.
19) KdrV, B 159.

즉 그 대상은 '필연적 인식'이어야 한다는 조건을 충족시킨다.

다음으로 나오는 문제는 선천적 원리인 순수오성개념들이 근거, 결과로 이루어진 '체계'인가 하는 점이다. 칸트는 순수오성개념들에 대한 형이상학적 연역을 시도한 후, 계속해서 이 오성개념들이 어떻게 객관적 타당성을 지닐 수 있으며, 더 나아가 이 오성개념들에 기초한 인식들이 어떻게 필연적 통일성을 지닐 수 있는지를 다룬다. 특히 오성개념들의 객관적 타당성을 고찰하는 문제가 '선험적 연역'에서 다루어진다고 한다면, 그것을 통해 성립된 인식들의 체계적 통일의 문제는 '선험적 변증론'에서 다루어진다. 여기서 철학의 학으로서의 가능성과 관련해서 우리의 관심을 끄는 것은 '선험적 변증론'의 문제이다.

'선험적 변증론'에서 나타나는 칸트의 설명에 따르면, 오성은 규칙(Regeln)의 능력으로서 현상들의 잡다에 통일을 주려고 하는 반면, 이성은 원리(Prinzip)의 능력으로서 오성인식들을 하나의 원리 아래로 통일하고자 한다. 이때 제약된 것으로서의 오성인식들이 통일을 이루기 위해서는 원칙(Grundsatz)이 전제되어야 하는데, 이 원칙이 바로 이성개념으로서 '선험적 이념들'이다. 이러한 선험적 이념들에 대해 칸트는 다음과 같이 말한다. "선험적 이성개념들이란 주어진 제약된 것들에 대한 제약들의 총체성의 개념 외에 다른 것이 아니다. 이제 무제약자만이 제약들의 총체성을 가능하게 만들며, 제약들의 총체성은 항상 그 자체 무제약적이므로, 순수이성개념은 그것이 제약된 것들의 종합의 근거를 포함하는 한 단지 무제약자의 개념을 통해 설명될 수 있다."[20]

제약된 인식인 오성인식들이 이성개념에 의해 통일되는 한,

'철학은 학문인가?'라는 문제는 이 통일이 필연적 체계인가 하는 물음으로 귀결된다. 그러나 이 문제에 대한 칸트의 결론은 회의적이다. 다시 말해 이성개념에 의해 성립된 오성인식들의 통일은 필연적 체계가 아니라는 것이다. 그 결정적인 이유는 오성인식에 통일을 부여하는 '원리의 능력' 즉 '추론하는 능력'으로서의 이성의 사용에 문제가 있기 때문이다. 그렇다면 이성이 어떻게 사용되기에 오성인식의 체계로서의 철학은 필연적 체계가 될 수 없으며 그 결과 학으로서의 철학은 불가능하다는 것인가?

이성개념에 의해 이루어진 오성인식들의 통일이 필연적 체계가 되기 위해서는, 그 통일의 근거인 이성개념은 추론의 근거로서 원리(Prinzip)가 되어야 하고, 오성인식들은 그 원리로부터 도출된 결과들이 되어야 한다. 이때 어떤 인식들이 근거와 결과의 관계를 갖는다는 것은 하나의 인식이 다른 인식에 의해 매개된다는 것과 동일한 의미를 지니는데, 이렇게 매개된 인식이 바로 '종합적(synthetisch)' 인식이다.[21] 문제는 바로 여기에 놓이게 된다. 왜냐하면 칸트에 따를 때, 선천적인 개념들이 종합명제를 이루는 것은 유일하게 경험을 매개로 해서만 가능하며, 결코 순수개념들로부터는 가능하지 않은데,[22] 그럼에도 불구하고 이성개념은 근거로서 오성인식들을 매개하는 한, 종합적인 것으로 이해될 수 있기 때문이다. 칸트는 다음과 같이 말한다. "그러나 순수이성의 그와 같은 원칙은 분명히 종합적이다. 왜냐하

---

20) KdrV, B 379.
21) KdrV, A 308.
22) KdrV, B 765.

면 제약자들은 그 어떤 제약하는 것에 대해서는 분석적으로 관계하지만 무제약자에 대해서는 그렇지 않기 때문이다."23)

칸트는 이미 '선험적 감성론'과 '선험적 분석론' 속에서 수학적 인식과 경험적 인식이 어떻게 종합적 인식일 수 있는지 설명했다. 그에 따를 때, 종합적 인식이 가능한 것은 오로지 선천적 개념이 감성적 직관을 통해 매개될 때이다. 그렇다면 이미 "철학적 인식이란 개념들로부터의 이성인식이며 수학적 인식이란 개념들의 구성으로부터의 인식"이라고 주장하는 칸트에게 있어서는,24) 출발 자체부터 철학적 인식은 학으로서 불가능한 것일지 모른다. 특히 칸트는 "개념으로부터 직접적으로 이루어지는 종합명제"를 도그마(Dogmata)라 부르며,25) '선험적 변증론'에서 도그마는 결코 현실적인 인식이 될 수 없음을 역설한다. 다시 말해 순수이성은 그 사변적 사용에 관해서 결코 이러한 '도그마'를 포함할 수 없다는 것이다. 그가 '비판'이라는 이름 아래서 수행하고자 한 것은 바로 이러한 도그마를 현실적 인식으로 주장하는 기존의 '독단적(dogmatisch)' 형이상학에 대한 비판이었다. 그렇다면 이제 다음과 같은 물음이 나올 수 있다. 만일 이성개념이 추론의 원리로 사용될 때 도그마가 산출된다면, 오성인식들의 체계적 통일을 위해 이성개념은 전혀 사용될 수 없다는 것인가?

칸트에 따를 때, 이성개념인 이념들은 결코 경험 속에서 확증

---

23) KdrV, B 364.

24) KdrV, B 741.

25) KdrV, B 764. 칸트는 '개념으로부터의 직접적인 종합명제(ein direkt synthetischer Satz aus Begriffen)'를 '도그마'라 부른다.

될 수 있는 것은 아니지만, 그럼에도 불구하고 오성인식들의 통일을 위해 모든 경험적 인식 속에서 전제되어야 하는 규칙이다. 만일 이념들을 오성개념들처럼 경험인식을 규정하는 규칙들로 사용한다면 변증법적 모순이 발생한다. 따라서 이념들은 경험을 규정하는 원리로 사용되어서는 안 되며, 단지 '무제약자'로서 제약적 인식인 오성인식들의 체계를 위해 '요청'될 수 있을 뿐이다.[26] 칸트는 이성개념의 이러한 사용을 오성개념의 '구성적(konstitutiv)' 사용과 구분하여 '규제적(regulativ)' 사용이라 부른다.[27] 하지만 여기서 중요한 것은 이념이 오성인식들을 체계로 통일하기 위한 요청으로서 규제적으로 사용된다는 것은 곧 그 이념에 의해 이루진 체계가 객관적이며 현실적인 것이 아님을 의미한다. 이에 대해 칸트는 다음과 같이 말한다. "이성통일이란 체계의 통일이다. 그리고 이와 같은 체계적 통일이란 객관적인 것이 아니라 격률로서 단지 주관적인 것일 뿐이다."[28] 이처럼 체계의 통일이 주관적인 것이라면 그것은 "주어진 것으로서가 아닌(nicht als gegeben) 문제로서(als Problem) 고찰해야 할 단지 기획된 통일(nur projektierte Einheit)"이 된다.[29]

이제까지의 고찰 속에서 우리는 철학이 학으로서 가능한가라는 물음에 대한 칸트의 대답을 분명히 정리할 수 있다. 즉 학이란 칸트에게 있어 '필연적인 인식들의 체계'이다. 이때 필연적인 인식들이란 순수오성개념들이다. 따라서 순수오성개념들을 고찰

---

26) KdrV, B 537.

27) KdrV, B 765.

28) KdrV, B 708.

29) KdrV, B 765.

하는 철학은 학의 첫 번째 조건인 그 대상이 필연적 인식들이어야 한다는 것을 충족시킨다. 하지만 철학은 학의 두 번째 조건인 필연적 체계라는 개념을 충족시키지 못한다. 왜냐하면 순수 오성개념들에 근거한 오성인식들을 체계로 통일하는 이성은 단지 규제적으로만 사용될 수 있기 때문이다. 결론적으로 칸트에게서 철학은 현실적이며 객관적인 체계가 아니라 단지 기획된 따라서 주관적인 체계이므로 학이라 불릴 수 없다. 칸트의 이러한 결론은 분명히 학으로서의 철학의 한계가 무엇이며 동시에 그 의미가 어디에서 주어질 수 있는지에 대한 탐구의 이정표가 되기도 하지만, 반대로 많은 철학자들의 비판대상이 되기도 한다. 특히 칸트의 뒤를 이은 피히테나 헤겔에 의해 집중적으로 학으로서의 철학의 가능성의 문제는 새롭게 탐구되기 시작한다.

3.

그렇다면 이제 헤겔에게 있어 철학은 학인가? 이 물음에 답하기 전에 먼저 헤겔은 철학과 학을 어떻게 이해하는지 생각해 보자. 우선 헤겔은 철학의 목적이란 대상의 진리(das Wahre)를 파악하는 것이라고 생각한다. 그런데 이때 진리란 단지 대상에 대한 '개념적 사유(Begreifen)' 속에서만 파악된다. 따라서 진리를 파악하는 철학은 대상에 대한 '개념적 고찰(die begreifende Betrachtung)'로 규정된다.[30] 다음으로 학에 대해서 살펴보면,

---

30) G. W. F. Hegel, *Enzyklopaedie der Philosophische Wissenschaften*, Felix Meiner Vlg. Hamburg, 1991, § 2 그리고 § 246. 이후 Enzy로 표기함.

헤겔은 학문을 칸트가 규정하듯이 그렇게 단적으로 정의하지는 않는다. 왜냐하면 그는 학의 개념이란 전제되는 것이 아니라 증명되어야 할 것이라고 생각하기 때문이다.[31] 하지만 그가 비록 학의 개념은 증명의 결과로 제시되는 것이라고 주장할지라도, 결과적으로 본다면 그 스스로 칸트 철학의 결과가 자신의 철학의 출발점을 이룬다고 말하듯이 학의 개념은 칸트의 그것과 크게 다르지 않다. 다시 말해 칸트가 학을 필연적 인식의 체계로 보았듯이 헤겔도 학을 '진리의 체계'로 간주한다.[32] 헤겔은 이것을 해부학에 비유해서 다음과 같이 말한다. "육체의 부분들을 단순히 그 죽은 모습에 따라 고찰한 인식들은 아직 학의 내용을 소유할 수 없다."[33] "체계 없이 철학한다는 것은 결코 학적인 것이 될 수 없다."[34]

학이 이처럼 '진리의 체계'라고 한다면 이제 이 진리를 파악하는 철학은 학인가라는 물음을 살펴볼 수 있다. 먼저 이 물음에 앞서 대상의 진리가 무엇인지를 밝혀야 하는데, 헤겔은 여러 곳에서 분명하게 진리란 '사상(Gedanken)' 혹은 '개념들(Begriffen)'이라고 말한다.[35] 따라서 우리는 칸트에게서 대상에 대한

---

31) Enzy, § 17.
32) Enzy, § 9. 헤겔은 어떤 인식을 경험적 '확신(Gewissheit)'으로부터 '진리(Wahrheit)'로의 고양을 『정신현상학』에서 서술하며, 그렇기 때문에 그는 『정신현상학』을 '학'에 대한 근거지음이라고 말한다. *Phaenomenologie des Geistes*, Felix Meiner Verlg. Hamburg, 1988, S. 6, 23 그리고 21, 23-24. 이후 PhdG로 표기함.
33) PhdG, S. 3, 23-26.
34) Enzy, § 14 Anm.
35) Enzy, § 5.

필연적 인식을 가능하게 하는 것이 바로 순수오성개념이었듯이, 헤겔에게서 필연적 진리는 '선천적인 것(das Apriorische)'으로서의 '순수사유규정들(Denkbestimmungen)' 혹은 '개념들', '범주들'이라고 말할 수 있다.[36] 그렇다면 문제는 이러한 순수사유규정들 혹은 범주들이 칸트에서처럼 단지 '기획된(projektiert)' 것으로서가 아니라 현실적으로 하나의 체계를 이루는가이다.[37]

헤겔은 '순수사유규정들', '개념들'을 '논리학' 속에서 체계적으로 고찰한다. 그리고 이러한 '논리학'이 학이라는 것을 강조하기 위해 그 제목을 '논리학의 학(Wissenschaft der Logik)'이라고 붙인다. 이러한 '논리학의 학' 속에서 헤겔은 먼저 순수사유규정들에는 어떤 것들이 있는지 연역한다. 그에 의하면 '형이상학적 연역'을 통해 판단기능으로부터 순수오성개념들인 범주를 도출하고 그 정당성을 확보한 칸트의 방법은 더 이상 범주에 대한 연역으로 받아들여질 수 없다. 왜냐하면 그러한 방법 속에는 이미 판단과 개념의 구분 자체가 정당한 것으로 전제되고 있는데, 이러한 구분 자체는 전제될 것이 아니라 오히려 정당화되어

---

36) G. W. F. Hegel, *Wissenschaft der Logik, Die Lehre vom Sein*(1832), Hrsg. von Hans-Jürgen Gawoll, Hamburg, 1990, S. 19(이후 Logik I로 표기함); Enzy, § 12 Anm; G. W. F. Hegel, *Wissenschaft der Logik, Die Lehre vom Begriff*, Felix Meiner Verlg. Hamburg, 1994, S. 19, 13-17(이후 Logik III로 표기함). 이러한 '사유규정들'을 헤겔은 '범주들', '사상들(Gedanken)' 혹은 '개념들'이라고 부른다(Enzy, § 3 Anm.). 철학의 내용이 개념들이라는 것은 헤겔이 철학을 대상에 대한 '개념적 고찰'이라고 부르는 것과 일치한다(Enzy, § 2 그리고 § 246). 왜냐하면 대상을 개념적으로 고찰한다는 것은 어떤 대상을 파악함에 있어 그 개념을 파악하는 것을 말하기 때문이다(Logik III, S. 14, 20-30).

37) Enzy, § 14; PhdG, S. 3, 18 그리고 6, 10-11.

야 할 내용 가운데 하나이기 때문이다.38) 다시 말해 "그 모든 내용의 필연성을 증명해야 하는 철학"은 어떠한 정당화도 없이 단적으로 전제하는 그러한 구분을 받아들일 수는 없다는 것이다.39)

헤겔은 순수사유규정들을 도출하고 정당화하기 위한 방법으로서 '형이상학적 연역' 대신 '내재적 연역(immanente Deduktion)'을 제시한다.40) 내재적 연역이란 아무런 전제 없이 그리고 덧붙이거나 빼는 것 없이 순수사유 자체를 단지 서술함(Darstellung)으로써 하나의 개념들이 다른 개념들로부터 어떻게 생성되고 전개되는지를 보여주는 방법이다. 하지만 여기서 우리는 범주들을 도출하는 헤겔의 '내재적 연역'에 대한 더욱 구체적인 설명과 더불어 그 연역이 얼마나 성공적인가에 대한 물음은 잠시 미루어 두고, 학으로서의 철학의 가능성과 연관해서 먼저 이성의 구성적 사용에 관한 문제를 고찰해 보자. 왜냐하면 결국 칸트에게 필연적 인식의 원리인 순수오성개념들을 고찰하는 철학이 학이 될 수 없었던 이유는 이성의 구성적 사용에 문제가 있었기 때문이다.

칸트에 따를 때, 순수오성개념들을 체계화하려면 그 원리로서 이성개념이 반드시 필요한데, 단지 규제적으로만 사용되어야 할 이성개념이 마치 오성개념처럼 경험적 대상들에 대하여 구성적으로 사용됨으로써 변증법적 결과를 가져오게 되고, 그렇게 형

---

38) Logik I, S. 40.

39) Enzy, § 1.

40) *Wissenschaft der Logik, Die Lehre vom Begriff*(1816), Hrsg. von Hans-Jürgen Gawoll, Hamburg, 1994, S. 12.

성된 체계는 결국 기획된 통일로 머무르게 된다. 헤겔이 볼 때, 칸트의 이러한 설명 속에서 나타나는 문제는 무엇보다도 체계의 원리로 사용되는 이성개념과 그 체계의 내용인 오성개념들을 본성적으로 구분한다는 데 있다. 다시 말해 칸트에게 오성은 규칙의 능력으로서 현상들을 하나의 개념으로 통일하는 것임에 반해, 이성은 원리의 능력으로서 오성인식들을 하나의 원리로 통일한다. 그리고 오성개념은 직관을 매개로 한 종합적 인식이 될 수 있는 반면 이성개념은 그와 같은 인식이 될 수 없다. 하지만 헤겔은 오성개념과 이성개념이 근본적으로 구분되는 것으로 간주하지 않는다. 그것들은 오히려 단지 하나의 '논리적인 것(das Logische)'의 계기일 뿐이다.[41] 다시 말해 하나의 개념규정을 고찰하는 태도에 따라 그것은 오성개념으로 이해될 수도 있고 이성개념으로 이해될 수도 있다. 문제는 어떤 개념을 '오성적이다' 혹은 '이성적이다'라고 규정하기 전에 그 개념들이 어떻게 생성되며, 규정되는지를 아무런 전제 없이 먼저 고찰하는 것이 선행되어야 한다.

이렇게 볼 때, 이성개념이란 순수사유규정들의 총체 외에 다른 것이 아니며, 역으로 순수사유규정들이란 이성개념으로서의 이념의 구체적인 내용 외에 다른 것이 아니다. 그는 다음과 같이 말한다. "이념이란 형식적인 것으로서가 아니라 사유가 스스로 발전하는 가운데 자신에게 부여하는 고유한 규정들과 법칙들의 총괄로서의 사유이다."[42] 만일 이처럼 체계의 원리일 수 있

---

41) Enzy, § 79.
42) Enzy, § 19 Anm.

는 이성개념과 그 체계의 내용인 순수사유규정들이 본성적으로 다른 것이 아니라 원리와 그 원리의 자기규정들로 이해될 수 있다면, 체계와 그 내용에 대한 이해도 달라져야 한다. 따라서 헤겔은 체계의 원리와 그 내용을 구분하지 않으며, 오히려 체계란 원리가 "그 자체 내에서 스스로를 전개시키고 그리고 통일 속에서 (그 전개된 것들을) 함께 받아들이고, 묶어 두는 것(sich in sich entfaltend und in Einheit zusammennehmend und - haltend)" 외에 다른 것이 아니라고 주장한다.[43] 만일 헤겔의 주장대로 체계의 내용이 원리의 자기규정들(Selbstbestimmungen) 외에 다른 것이 아니며, 그렇기 때문에 그 내용들이 원리로서의 통일 속에서 함께 묶여 있다고 한다면, 그때 성립되는 체계란 결국 원리 자체에 대한 해명 외에 다른 것이 아니게 된다.

이것을 원리의 관점으로부터 보자면, 체계란 원리가 스스로 원리로 자신을 '구성한 것'인데, 왜냐하면 헤겔은 '구성'을 "내용규정의 산출(das Herbeibringen des Materials)"로 이해하기 때문이다.[44] 결국 이념인 원리의 자기구성이란 체계의 형성이며, 이 체계가 궁극적으로 원리의 통일 속에 묶여 있는 한 원리는 그 과정에서 산출되는 사유규정들에 대한 정당화의 근거가 된다. 바로 이런 이유에서 원리가 스스로를 산출하는 과정은 순수사유규정들에 관한 '내재적 연역'이 되며 이 내재적인 연역은 철학을 체계로 만드는 과정이기도 하다. 따라서 헤겔은 철학이 학이 될 수 있는 길은 단지 체계의 원리가 "스스로를 구성하는

---

43) Enzy, § 14.
44) Enzy, § 231.

방법(auf diesem sich selbst konstruierenden Wege)"으로만 가능하다고 말한다.45)

여기서 우리는 잠시 다음과 같은 물음을 던져볼 수 있다. 즉 헤겔이 말하는 '구성'이란 칸트가 사용했던 것과 같은 의미를 지니는가? 칸트가 "개념으로부터의 인식(Vernunfterkenntnis aus Begriffen)"인 철학적 인식과 "개념의 구성으로부터의 인식 (Erkenntnis aus der Konstruktion der Begriffe)"인 수학적 인식을 구분했을 때, 그가 의미하는 '구성'이란 "개념에 부합되는 선천적 직관을 서술하는 것"이다.46) 이러한 구성개념은 피상적으로 본다면 원리가 스스로에게 내용을 부여하는 헤겔의 구성개념과 동일하지 않은 것처럼 보인다. 하지만 한 걸음만 더 나아가 생각해 본다면 그 구성이 갖는 근본 의미는 칸트나 헤겔에게 있어 동일한 것임을 알 수 있다.

우선 칸트가 말하는 개념구성의 근본적인 특징은 그 개념이 직관을 통해 매개된다는 데 있다. 왜냐하면 '일반적 표상'으로서의 개념에 대해 그에 부합하는 '개별적 표상'으로서의 직관을 서술한다는 것은 곧 그 개념이 추상적이며 공허한 것이 아니라 감성적으로 규정된다는 것을 말하기 때문이다.47) 이것은 칸트가 "이성개념은 구성적으로 사용될 수 없다"고 말할 때도 마찬가지

---

45) Logik I, S. 7, 19-20.

46) KdrV, B 741.

47) '구성'의 문제를 학으로서의 철학의 성립의 핵심적인 문제로 간주하는 헤겔 혹은 셸링은 구성을 보편자와 개별자의 통일로 간주한다. "Über die Construktion in der Philosophie", in *Hegel Gesammelte Werke* 4, Felix Meiner, Hamburg, 1968, S. 278-279 참조.

이다. 왜냐하면 그 말은 곧 이성개념은 감각적 표상에 의해 매개될 수 없다는 것 외에 다른 의미가 아니기 때문이다. 그런데 헤겔이 원리가 스스로를 구성한다고 할 때, 그가 염두에 두는 것은 바로 이와 같은 매개상황이다. 이때 문제는 개념이 단지 직관을 통해서만 매개 혹은 규정될 수 있는가, 아니면 순수개념으로부터 매개될 수 있는가인데, 헤겔이 볼 때, 개념은 스스로를 매개할 수 있다. 그리고 오히려 이러한 매개만이 진정한 의미에서의 '개념구성'이다. 왜냐하면 칸트가 말하는 의미의 구성은 개념의 구성이 아니라 개념에 대해서는 외적인 것의 구성이기 때문이다. 그는 다음과 같이 말한다. "그때 문제가 되는 것은 개념 자체가 아니라 감각적 직관의 추상적인 규정들이다."[48] 결론적으로 말하면, 헤겔은 칸트가 거부했던 '원리의 능력'으로서의 이성의 자기규정만을 진정한 의미에서의 개념구성이며, 오직 그와 같은 방법으로서만이 학으로서의 철학은 가능하다고 생각한다. 물론 칸트도 이성이 스스로의 개념을 구성한다는 것을 간파하였다. 하지만 그렇기 때문에 그것을 비판하고자 하였다. 바로 이런 이유로 헤겔은 칸트 철학에서 도달된 결과가 자신의 철학의 출발점이라고 말한다.

헤겔이 이처럼 이성의 구성개념을 받아들여 학의 가능성을 주장한다면, 이제 칸트와 연관해서 설명되어야 할 다음과 같은 문제가 남는다. 즉 칸트는 이성의 자기구성은 도그마를 산출한다고 말하는데, 이에 대해 헤겔은 어떤 생각을 가지고 있으며, 또한 도대체 어떤 근거로 헤겔은 과감하게 이성의 자기구성을

---

48) Enzy, § 231 Anm.

오히려 철학이 학이 되기 위한 진정한 방법이라고 주장하는가? 결국 헤겔의 사변철학은 칸트적인 의미에서의 독단론(Dogmatik)은 아닌가? 이 물음에 답하기 위하여 우리는 왜 헤겔이 도그마의 산출일 수도 있는 원리의 자기구성을 학으로서의 철학의 유일한 가능성으로 제시하는지 생각해 보자.

4.

앞에서 말했듯이 헤겔에게 철학이란 대상에 대한 '개념적 고찰(die begreifende Betrachtung)'이다. 이 개념적 고찰이란 대상의 진리인 개념을 파악하는 것일 뿐만 아니라 그 파악된 개념의 필연성을 증명하는 것이기도 하다.[49] 이때 개념이란 어떤 대상을 그러한 대상이게끔 해주는 '토대(die Grundlage)'로서 순수사유규정들이다.[50] 따라서 철학이 대상에 대해 개념적으로 고찰한다는 것은 곧 순수사유규정들 즉 범주들을 파악하고 그 필연성을 증명한다는 것을 의미한다. 사실 철학의 과제가 이처럼 범주와 그 필연성을 증명하는 데 있다고 하는 것은 단지 헤겔만의 생각이 아니다. 이미 칸트가 지성의 능력과 한계를 해명하는 비판의 과제란 다름 아닌 순수오성개념들에 대해 그 필연성과 객관성을 밝히는 것 즉 연역하는 것이라고 말하고 있다.[51]

하지만 문제는 헤겔이 칸트가 시도한 범주연역에 대해서 전혀 만족하지 못한다는 데 있다. 왜냐하면 첫째로, 형이상학적

---

49) Enzy, § 1.
50) Logik I, S. 19
51) KdrV, A XVI.

연역에서 도출된 12개의 범주가 과연 완전한가라는 의문이 제기될 뿐만 아니라, 둘째로 선험적 연역을 통해 비록 범주들의 객관적 타당성(die objektive Gültigkeit)이 증명된다고 할지라도 아직 범주들 자체가 지니는 그 '가치(Wert)'의 필연성은 제시된 것이 아니기 때문이다.[52] 다시 말해 이러한 문제들은 다음과 같은 물음들로 환원된다. 왜 순수사유규정들이 꼭 12개이어야 하는가? 왜 질 범주보다 양 범주가 먼저 나와야 하는가? 왜 각각의 범주들은 다시 세 가지로 분리되어야 하는가? 그리고 그 필연성은 어디에 있는가? 헤겔이 볼 때, 칸트는 이러한 물음들에 대하여 정당한 대답을 전혀 하지 않는다. 따라서 순수오성개념들의 체계는 필연적인 것이 아니라 자의적인 것이다.[53]

그렇다면 헤겔은 범주들의 완전성과 그 필연성을 어떻게 보장하는가? 우선 범주표가 완전한 것으로 증명되기 위해서는 하나의 범주가 그 이전 단계의 범주로부터 필연적으로 도출되어야 할 뿐만 아니라, 동시에 범주들이 도출되는 사슬의 과정에서 맨 마지막에 오는 범주는 그 출발점의 범주와 일치하여야 한다. 왜냐하면 그 경우에만 범주들의 모든 규정들이 해명된 것으로 볼 수 있기 때문이다. 다음으로 범주들이 그 자체 지니는 가치는 그것들이 전체와의 연관 속에서 어떤 위치를 차지하는지가 해명될 때 비로소 확증된다. 이러한 두 가지 요구는 단지 하나의 원리로부터 모든 범주들이 필연적으로 도출되며 그 도출된 전체가 바로 그 원리 자체에 대한 해명으로서 하나의 통일 속에 묶이게

---

52) Logik III, S. 27 여기서 헤겔은 자신의 『논리학』이란 다름 아닌 'Wert der logischen Form'에 대한 고찰이라고 생각한다.

53) Logik I, S. 39-40.

될 때 충족될 수 있다. 헤겔이 '논리학'에서 택하는 방법이 바로 이와 같은 것이다. 다시 말해, 한편에서 전개된 모든 규정들은 처음의 원리 자체에 대한 해명이 되고, 다른 한편에서 그 전개된 규정들이 하나의 원리로 통일된 것으로 드러나는 한 그 내용은 원리의 자기구성이 된다. 그리고 원리의 자기구성은 동시에 내용에 대한 증명이 된다. 이런 이유로 헤겔은 '구성'과 '증명(Bcweis)'을 동일시한다.54) 그리고 구성과 증명이 동일시되는 한, 원리의 자기구성은 순수사유규정들 혹은 범주들을 고찰하는 철학을 '증명된 학(die demonstrierte Wissenschaft)'으로 근거짓는 방법이 된다.

사실 헤겔이 이처럼 원리의 자기구성을 통해 철학을 '학'으로 근거지으려는 시도의 배후에는 아리스토텔레스의 학문이론에서 나타난 문제를 해결하려는 의도가 놓여 있다. '증명된 지'인 아리스토텔레스의 학문 규정에서 문제가 되는 것은 증명의 첫 번째 전제 자체가 증명될 수 있는가 하는 점이었다. 하지만 증명의 첫 번째 전제인 원리 스스로가 자신을 원리로 구성한다면 그 원리를 증명하기 위한 또 다른 원리가 더 이상 필요 없게 된다. 뿐만 아니라 원리의 자기구성 속에서 주어지는 사유의 제 규정들이 하나의 통일 속에 묶여 있는 것으로 드러나는 한, 원리의 자기구성은 동시에 원리의 자기 '현시(Exposition)'가 된다. 증명으로서의 구성과 그 현시가 일치하는 이러한 방법이 바로 헤겔이 의도하는 범주들에 대한 '내재적 연역'이다. 하지만 이제 이

---

54) Enzy, § 231. 사실 수학에서 어떤 개념의 구성은 곧 그 개념에 대한 존재증명이 된다.

와 같은 방법으로 구성된 학이 과연 칸트가 비판하는 독단으로 부터 벗어나 객관적 학문이 될 수 있는가라는 물음은 전혀 별개의 것이다. 따라서 마지막으로 원리의 자기구성은 칸트가 말하는 도그마의 산출일 수 있다는 점에 대해 헤겔은 어떻게 생각하는지 살펴볼 필요가 있다.

헤겔은 이 문제에 대한 해결을 칸트의 주장 자체로부터 찾고자 한다. 칸트에 따르면 체계가 완성되기 위해서는 반드시 이성개념이 요청된다. 이때 요청된 이성개념은 체계를 위해 단지 규제적으로 사용되어야 하며, 결코 구성적으로 사용될 수 없다. 하지만 이성은 본성적으로 이 개념을 구성적으로 사용한다. 따라서 그 결과는 '변증법적(dialektisch)'이 된다. 헤겔은 누구보다도 칸트의 이와 같은 주장에 대하여 동의한다.[55] 그렇기 때문에 그는 "칸트는 변증법을 더 높이 제시하였다. 그리고 바로 이러한 측면이 그의[칸트의] 업적 가운데 가장 위대한 것이다"라고 말한다.[56] 그러나 문제에 대한 처방은 칸트와 다르다. 즉 칸트가 그 결과가 변증법적이기 때문에 그것은 "가상의 논리(die Logik des Scheins)"라고 주장하는 데 반해, 헤겔은 만일 이성이 본성적으로 변증법적이라면 우리는 그것을 사유의 참된 현실성으로 받아들여야 한다는 것이다. 그에 따를 때, 칸트는 사유규정의 변증법적 특성을 제거하기 위해, '비판'이라는 이름 아래서 우리의 인식을 '경험적인 것'과 '선천적인 것'으로 구분해서 사유규정을 '경험적인 것'에 제한시키려고 하였다.[57] 하지만 이

---

55) Logik I, S. 41.
56) Logik I, S. 41.
57) Enzy, § 41; Logik I, S. 51.

러한 것은 참된 비판이라 할 수 없다.[58] 왜냐하면 이러한 시도
는 순수개념은 단지 직관을 매개로 해서만 구성될 수 있으며,
직관에 부합되지 않는 개념은 제약되어야 한다는 전제에 기초를
둔 것인데, 이러한 전제는 근거지어지지 못한 "심리학적 반성
(der psychologische Reflex)"에 불과할 뿐이기 때문이다.[59] 만
일 칸트가 말하듯이 사유가 본성적으로 '변증법적'이라면, 참된
비판은 전제 없이 변증법적인 것 자체를 고찰해야 한다.[60]

근거지어지지 않은 반성에 의존하지 않고 사유를 그 자체에
서 고찰하려는 태도를 지닌다면 이성의 구성적 사용에 의해 산
출된 명제는 더 이상 부정적 의미의 도그마로 파악되지 않는다.
오히려 헤겔이 볼 때, "대립된 두 개의 주장들 가운데 유한한
규정의 본성에 따라 단지 하나만이 진리이고 다른 하나는 거짓
이라고 생각하는 것"이 도그마이다.[61] 따라서 칸트가 도그마를
산출하는 이성을 '사변적'이라 불렀다면, 이제 이 사변적 이성이
야말로 철학이 진정한 의미의 현실적인 학이 되기 위해 파악해
야 할 내용이 된다.[62] 다시 말해 철학은 '사변철학(die spekula-
tive Philosophie)'으로서만 진정한 의미의 학이 될 수 있다.

이제까지의 논의를 돌이켜 볼 때, 학으로서의 철학을 정초시
키려는 헤겔의 노력은 '사변철학'으로 귀결된다. 이때 사변철학
은 사유규정을 그 자체로 고찰하고자 하는 철학이 학으로서 도

---

58) Enzy, § 48 Anm.
59) Logik III, S. 20; Enzy, § 41.
60) Enzy, § 47 Anm., § 48.
61) Enzy, § 32.
62) Enzy, § 82.

달하게 되는 마지막 모습일 뿐만 아니라 현실적인 학 자체가 된다. 이것을 헤겔은 "이제 철학은 더 이상 지(Wissen)에 대한 사랑이 아니라 현실적인 지이다"라고 표현한다.[63] 물론 우리는 여기서 사변철학을 가능하게 하는 이성의 구성적 사용에 대해서 다시금 의심의 눈초리를 보낼 수 있다. 그 의심의 토대는 인간의 인식은 감각적 경험을 넘어설 수 없다는 칸트의 전제일 수도 있고, 그와는 또 다른 형태의 인식형이상학적 전제일 수도 있다. 하지만 분명한 것은 그것이 우리의 논의에서 의미를 가지려면 철학을 '증명된 학'으로서 설명할 수 있어야 하는데, 이것은 결코 쉬운 일이 아니다. 따라서 헤겔의 사변철학을 다른 전제 속에서 비판하고 의심하는 것보다는 오히려 그 사변철학이 함축하고 있을 의미와 그 한계를 찾는 것이 더욱 생산적인 논의가 될 수 있다. 이런 맥락에서 우리는 다음과 같이 말하고자 한다. 즉 사변철학으로서의 헤겔 사상에 대한 이해는 헤겔 연구의 귀결점이 아니라 오히려 출발점이어야 한다.

---

63) PhdG, S. 6, 13-15.

칸트의 도덕형이상학의 필연성과 그 의의*

이 엽

1. 들어가는 말

칸트는 종래의 윤리학과 그 모습을 전혀 달리하는 자신의 새로운 윤리학을 '도덕형이상학'이라고 부른다. 그는 새로운 윤리학을 완성하기에 앞서 이 윤리학의 토대와 필연성에 관해 논하는 『도덕형이상학 정초』(1785)를 출간한다. 이 논의는 이 책의 서언에서 집중적으로 행해진다.[1] 그는 서언을 철학 일반을 분류

---

* 이 글은 2005년 12월에 발간된 『칸트연구』 제16집에 발표한 것이다.
1) 이에 관한 상세한 논의는 이엽, 「칸트 『도덕형이상학 정초』에서 제시된 윤리학에 대한 새로운 규정」, 『인문과학논집』 제22집, 청주대학교 인문과학연구소, 2000, 184-186쪽 참조.

하면서 시작하는데, 이는 도덕형이상학이 철학 일반의 분류에서 어떤 위치를 차지하고 있는지를 보여줌으로써 새로이 소개되어야 할 이 분과의 필연성과 특징을 드러내고자 했기 때문이다.

첫 번째 단락에서 시작한 철학 일반의 분류는 다섯 번째 단락에 이르러 완성된다. 이것을 도표로 작성하면 다음과 같다.

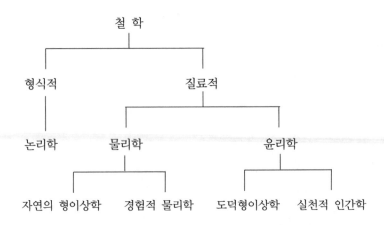

칸트는 철학 일반을 "객관(Objekt)의 구별 없이 단지 오성과 이성 자체의 형식과 사고 일반의 보편적 규칙"만을 다루는, 그러니까 보편적이고 필연적인 주관(Subjekt)의 사고 법칙만을 문제 삼는 '**형식적**(formal)'인 철학과, 객관을 문제 삼는 '**질료적**(material)'인 철학으로 구분한다(B III).[2] 형식적 철학을 일컬어

---

2) 칸트 생존 시 출판된 인쇄물은 바이셰델이 편집한 칸트 전집 *Immanuel Kant, Werke in sechs Bänden*, Herausgegeben von Wilhelm Weischedel (Darmstadt, ⁶1983[¹1956-1964])에 의거해 인용한다. 그리고 이곳에 나온 원판 쪽수를 사용한다. A는 초판, B는 재판을 의미한다. 『도덕형이상학 정초』의 경우에는 책명을 생략한 채 원판 쪽수만으로 인용한다.

'논리학'이라고 하고, 질료적 철학을 다시금 **'물리학(자연학)'**과 **'윤리학'**으로 구분한다(B III 이하). 여기서 '질료적'을 일반적인 설명 방식에 따라 '재료적'으로 이해하거나 또는 '질료적 철학'을 단순하게 '경험적 철학'[3]으로 간주하는 경우, 위의 구분은 이해할 수 없게 된다. 그러나 '질료적'의 의미를 '주어지는 것'[4]으로 이해할 때, 칸트의 구분은 정확히 파악될 수 있다. 주어지는 것에는 경험을 통해 주어지는 것도 있지만, 이성을 통해 주어지는 것도 있을 수 있기 때문이다.

　칸트는 질료적 철학 각각을, 즉 물리학(자연학)과 윤리학을 다시 이성적 부분과 경험적 부분으로 구분한다. 그러니까 '이성을 통해 주어지는 것에 관한(또는 의한)' 철학과 '경험을 통해 주어지는 것에 관한(또는 의한)' 철학으로 구분한다. 그리고 전자를 '형이상학'이라고 부르는데, 물리학의 경우는 '자연의 형이상학'으로 그리고 윤리학의 경우는 '도덕형이상학'이라고 지칭한다. 자연의 형이상학이 논의하는 이성을 통해 '주어지는 것'에는 순수오성개념(범주)과 같은 것이 있다. 이에 관한 논의가 자연의 형이상학인 까닭은 이성(오성)에 의해 원천적으로 획득된

---

3) 정진 교수는 『도덕형이상학 정초』 번역본에서, 'material'을 '실질적'이라고 번역하고(7쪽), '실질적'을 역주(譯註)에서 다음과 같이 설명한다. "실질적(material)은 형식적(formal)에 대한 것이며, 실질 즉 내용, 또는 일정한 대상을 가진다는 뜻이다. 그런데 이 실질은 **경험에 의해서만 주어진다.**"(칸트, 정진 옮김, 『도덕철학원론』, 을유문화사, 1970, 17쪽, 강조는 필자)

4) Carl Christian Erhard Schmid, *Wörterbuch zum leichtern Gebrauch der Kantischen Schriften*, Jena und Cröker ⁴1798(¹1786), 363쪽 참조. 슈미트는 '질료(Materie)'를 '주어진 것 일반(überhaupt das Gegebene)'으로 정의하고 있다.

범주가 다름 아니라 자연 현상(현상계)의 존재 원리이기 때문이다.5)

존재하는 것의 존재 원리를 탐구하고자 하는 자연의 형이상학이 바로 형이상학의 전통적인 모습이었다. 그런데 위의 도표는 칸트가 이러한 자연의 형이상학 이외에 도덕형이상학이라고 하는 새로운 분과를 철학의 체계에 포함시키고자 한다는 것을 말해 주고 있다. 왜 그는 형이상학에 관한 전통적인 생각과는 한참 동떨어진6) 이러한 구상을 하게 되었는가? 이와 관련해서 무엇보다도 『도덕형이상학 정초』, 「서언」의 7-9번째 단락을 주목해 볼 필요가 있다. 그러나 여기서는 지면의 제약으로 7-8번째 단락에 관한 분석에 논의의 초점이 맞추어질 것이다.

2. 「서언」 7번째 단락

나의 의도는 본래 여기서 도덕철학을 논하는 데 있기에, 앞서 제기했던 문제를 다만 다음의 것으로만 제한시키고자 한다. 즉

---

5) 자세한 것은 이엽, 「오성개념의 원천적 획득과 칸트 존재론의 출발점」, 『칸트연구 제1집: 칸트와 형이상학』, 한국칸트학회, 민음사, 1995 참조.

6) Wilhelm Traugott Krug, *Allgemeines Handwörterbuch der philosophischen Wissenschaften, nebst ihrer Literatur und Geschichte*, 2. Aufl. Leipzig 1832-1834 in 4 Bdn. nebst 2 Bdn. Suppl. 1838(1. Aufl. in 5 Bdn. 1827-1829) (Nachdruck: Stuttgart-Bad Cannstatt 1969), Bd. 2, Artikel 'Metapysik', 870쪽 참조. "칸트가 형이상학을 자연의 형이상학(이론적 또는 사변적 형이상학)과 도덕의 형이상학(도덕적 또는 실천적 형이상학)으로 구분한 것은 전적으로 허용되지 않은 것이다. 왜냐하면 형이상학이란 본래 고대 자연학의 자리에서 등장한 것이고, 따라서 항상 이론적 또는 사변적 학문으로 간주되었기 때문이다."

오직 경험적이기에 인간학에 속하는 모든 것으로부터 완전히 깨끗하게 된 순수 도덕철학을 한번 만들어보는 것이 대단히 필요하지 않겠느냐고 생각할 수는 없느냐는 문제이다. 왜냐하면 이러한 학문이 있어야만 한다는 것은, 의무와 도덕법칙에 관한 일상적인 이념으로부터 저절로 명백하기 때문이다. 누구나 다음과 같은 사실을 인정해야만 한다. 즉 하나의 법칙은 그것이 도덕적으로 다시 말하면 책임의 근거로서 타당해야 한다면, 이것은 절대적인 필연성을 지니고 있어야만 한다는 것과, 너는 거짓말해서는 안 된다는 명령은 단지 인간에게만 타당한 것이 아니라 다른 이성적 존재도 이 명령을 유념해야 한다는 것을, 또한 이외의 모든 본래적인 도덕률의 경우도 그러하다는 것을, 따라서 여기서 책임의 근거는 인간의 본성에서나 또는 인간이 놓여 있는 세계의 상황에서가 아니라 선천적으로 단지 순수이성의 개념에서 찾아져야만 한다는 것을, 그리고 단순히 경험의 원리에 근거하고 있는 모든 다른 지침은, 이것이 심지어 어떤 점에서는 보편적인 지침이라고 할지라도, 이것이 극히 적은 부분에 있어 혹 단지 동인 (動因)의 경우일지라도, 경험적 근거들에 의존하는 한, 이 지침은 실천적 규칙이라고 불려질 수는 있으나 결코 도덕적 법칙이라고 불릴 수는 없다는 것을 인정해야만 한다(B Ⅶ 이하).

칸트는 앞 단락인 6번째 단락에서 분업(分業)을 매우 긍정적으로 평가한다. 분업은 주어진 과제를 완전하게 그리고 손쉽게 수행하는 것을 가능하게 해주기 때문이다. 분업이 지닌 긍정적인 기능을 언급하고 나서 그는 경험적 물리학과 자연의 형이상학 그리고 실천적 인간학과 도덕의 형이상학을 분리해서 탐구하는 문제를 제기한다. 이어서 7번째 단락에서 도덕철학에 관한 논의로 이루어진 이 책에서는 후자의 문제만을 다루기를 원한다고 하고 나서, 이 문제를 좀더 구체적으로 다음과 같이 표현한다. "오직 경험적이기에 인간학에 속하는 모든 것으로부터 완전히 깨끗하게 된 순수 도덕철학을 한번 만들어보는 것이 대단히 필요하지 않겠느냐고 생각할 수는 없느냐는 문제이다."

(실천적) 인간학은 어떤 특정한 목적, 궁극적으로는 행복에 이르기 위한 수완에 관해 다루는 학문이다. 수완에 관한 행위 지침을 우리는 '충고'라고 한다. 그런데 충고는 인간 삶의 경험에 그 근거를 두고 있는 것이다. 따라서 (실천적) 인간학은 경험적인 학문에 속한다. 칸트는 여기서, 즉 7번째 단락에서 실천 학문의 영역에서 이러한 경험적인 학문과는 완전히 분리된 순수 도덕철학, 즉 도덕형이상학을 정립해야 할 필연성 그러니까 『도덕형이상학 정초』의 중심 주제를 본격적으로 문제 삼기 시작한다.

칸트는 순수 도덕철학, 즉 도덕형이상학의 필연성은 "의무와 도덕법칙에 관한 일상적인[7] 이념[8]"으로부터 저절로 드러난다고

---

7) '일상적'의 독일어 원문은 'gemein'이다. 형용사 'gemein'은 당시에는 주로 오늘날의 'täglich'의 의미로 그러니까 '일상적' 또는 '통상적'의 의미로 사용되었다.

8) 표상 일반의 분류, 특히 경험의 가능성의 조건인 '범주(오성개념)'와 경험의 가능성을 초월한 '이념(이성개념)' 사이의 명확한 구분은, 칸트 철학의 가장 핵심적인 부분에 속한다(이엽, 「마이어와 칸트」, 『칸트연구 제5집: 칸트와 그의 시대』, 한국칸트학회, 철학과현실사, 1999, 137쪽 이하 참조). 이념이라는 용어를 가지고 표상 일반을 지칭했던 당시의 일반적인 언어 사용에 대해 칸트는 이 용어를 엄격한 의미로 그러니까 이성개념으로 한정해서 사용할 것을 주장한다(같은 논문, 140쪽 이하; 이엽, 「플라톤의 숨은 계승자로서의 칸트」, 『플라톤 철학과 그 영향』, 한국서양고전철학회, 서광사, 2001, 286-292쪽 참조). 정진 교수의 『도덕형이상학 정초』 번역본에 나오는 해당 역주(譯註)도 이념을 이러한 엄격한 의미로 해석하고 있다. "이념(Idee)은 무제약자(특히 무제약적 전

한다. 따라서 이러한 일상적 이념에 관한 분명한 규정과 자세한 분석은 매우 중요하다고 여겨진다. 여기서 "의무와 도덕법칙에 관한 일상적 이념(생각)"이란 다름 아니라 **누구나** 도덕법칙은 마땅히 **이러저러해야만 한**다고 일상적으로 생각하고 있다는 것을 의미한다.9)

우리의 흥미를 끄는 것은, 칸트는 '누구나'를 인간 이외의 '다른 이성적 존재'도 포함한 모든 이성적 존재로 여기고 있다는 점이다. 이성적 존재라고 하면 일반적으로 인간을 가리키는 것이기에, 인간 이외의 다른 이성적 존재라는 표현은 우리의 관심을 자극한다. 과연 칸트는 다른 이성적 존재로 무엇을 생각하고 있었는가? 가능한 하나의 답은, 칸트가 일생을 보낸 쾨니히스베르크(Königsberg)가 경건주의(Pietismus)에 의해 지배되던 도시였다는 것을 그리고 더욱이 그의 부모가 매우 독실한 경건주의 신자였다는 것을 염두에 두면서, 그가 '천사'를 그러한 존재로

체 또는 총체)의 개념을 위한 전문어이다. 그런데 여기서 칸트의 생각으로는 의무가 무제약적(절대적)이라는 것이다."(『도덕철학원론』, 20쪽) 그러나 여기서의 이념은 문맥상 이러한 엄격한 의미로 이해해서는 안 될 것 같다. 왜냐하면 이와 같은 이념은 '일상적인' 것이 아니기 때문이다. 칸트는 여기서 이 용어를 당시의 일반적인 언어 사용에 따른 표상 일반 그러니까 단순히 '생각 일반'을 의미하는 용어로 사용했다고 보아야 할 것이다.

9) "의무와 도덕법칙에 관한 일상적인 이념"이란 더 정확하게 이야기하면, "누구나 **도덕법칙**은 마땅히 이러저러해야만 한다고 그리고 이러한 도덕법칙을 지키는 것이 **의무**라고 일상적으로 생각하고 있다는 것"을 의미한다고 할 수 있다. 그러나 칸트가 이어지는 설명에서 도덕법칙에 한정해서 논의를 전개시키고 있기에, 우리의 논의 또한 '의무'에 관한 것을 제외한 '도덕법칙'에 관한 논의로만 국한시킬 필요가 있다.

간주하지 않았겠느냐고 추측해 보는 것이다.[10)]

또 다른 가능성으로 칸트가 동시대인들과 더불어 태양계 밖의 다른 천체에 있을 수 있는 이성적 존재를 염두에 둔 것은 아니겠느냐고 생각해 볼 수 있다. 프랑스 계몽 철학자인 퐁트넬(Bernard le Bovier de Fontenelle, 1657-1757)은 독일어로는 1727년에 출판된 그의 『세계의 다양성에 관한 대화(*Entretiens sur la pluralité des mondes*)』(Paris, 1686)에서 무수히 많은 세계가 있고, 이 세계들에는 우리의 세계에서처럼 누군가가 살고 있을 가능성이 있다고 주장한다. 칸트도 『보편적 자연사와 천체 이론(*Allgemeine Naturgeschichte und Theorie des Himmels*)』(1755) 제3부에서 이러한 이론을 전개시키고 있다.

두 번째 가능성이 높지만 그러나 이것은 추측에 불과한 것이고, 철학적으로는 다음과 같이 해석되어야만 할 것이다. 즉 어떤 존재이든 간에 이성을 지니고 있다면, 그는 도덕법칙은 마땅히 이러저러해야만 한다고 생각하고 있다는 것이다.

우리는 "의무와 도덕법칙에 관한 일상적인 이념"이란 "누구나 도덕법칙은 마땅히 이러저러해야만 한다고 일상적으로 생각하고 있다는 것"을 의미한다고 했는데, 여기서의 "이러저러해야만 한다고"는 본문에 의하면 "절대적인 필연성을 지니고 있어야만 한다"고 생각한다는 것이다. 칸트의 이러한 언급은 '도덕법

---

10) 이러한 견해는 최재희 교수와 페이튼에 의해서 언급되고 있기도 하다. 칸트, 최재희 옮김, 『도덕철학서론』(『실천이성비판』에 합본), 박영사, 1975, 185쪽; H. J. Paton, 김성호 옮김, 『칸트의 도덕철학(*The Categorical Imperative: A Study in Kant's Moral Philosophy*)』, 서광사, 1990, 32쪽 참조.

칙'이라는 개념 자체가 지닌 성격에 주목할 때 충분히 이해할
수 있다. 충고는 예외가 가능하나, 도덕법칙은 예외를 생각할
수 없다. 왜 그런지는 우리가 상대주의로부터 비롯되는 윤리적
위기 상황을 살펴볼 때 분명히 이해할 수 있다. 이때의 위기란
우리가 지니고 있던 삶의 기준이 다른 문화와의 접촉 등을 통해
그 자명성을 상실하게 되고 우리는 더 이상 확실한 삶의 기준을
지니지 못하게 되는 데서 비롯되는 위기를 가리킨다. 이를테면
우리의 삶의 기준이었던 '남녀칠세부동석'이 서양 문화와의 접
촉을 통해 상대화가 되고, 우리는 따라서 남녀 교제에 관한 한
어떠한 기준도 지니지 못하게 되는 위기를 가리킨다. 전통 사회
에서 남녀칠세부동석이 도덕법칙(규범)으로 여겨질 수 있었던
것은, (물론 우리가 지니고 있는 본능 때문에 가끔 어기기도 했
지만) 이 기준이 꼭 따라야 할 절대적으로 필연적인 것으로 간
주되었기 때문이다. 그런데 현대에 들어서서 이 행위 지침이 더
이상 확고한 삶의 기준으로 그 역할을 수행할 수 없게 된 까닭
은, 도덕법칙은 마땅히 절대적 필연성을 지니고 있어야 함에도
불구하고 상대화를 통해 이 행위 지침이 이러한 것을 상실했기
때문이다. 그리고 이 경우 우리는 이 행위 지침에 따라 반드시
행위해야만 하는 '책임'을 더 이상 느끼지 않게 된다. 이처럼 우
리는, 도덕법칙은 마땅히 절대적 필연성을 지니고 있어야만 한
다고 일상적으로 생각하고 있다.

칸트는 이러한 절대적인 필연성을 지닌 도덕법칙은 "인간의
본성에서나 또는 인간이 놓여 있는 세계의 상황"에서 찾을 수는
없다고 한다. '인간의 본성(Natur des Menschen)'에서, '본성
(Natur)'은 다양한 의미를 지닌 개념으로서 'Natur des Men-

schen'은 인간의 본성, 성품, 천성, 성격, 기질 등 다양한 해석이 가능하다. 그런데 이에 관한 논의의 대상에서 우선 배제해야 할 것이 형이상학적 내지 종교적 해석일 것이다. 이를테면 성리학(性理學)에서 이야기되는 천품(天稟)으로서의 성(性), 즉 하늘로부터 부여받은 인간 본래의 성품으로 이해해서는 안 될 것 같다. 우리는 그 까닭을, 칸트 윤리학과 종래의 윤리학 간의 특징적 차이점 중의 하나를 언급함으로써 제시할 수 있을 것이다. 윤리적 근거를 마련하는 데 있어서 서양 고대나 중세에는 형이상학적 사변을 통한 우주적 질서나 종교적 관점이 중요시됐다. 방금 언급한 성리학은 전자의 경우에 해당한다. 반면 칸트는 윤리적 근거를 정립하는 데 있어, 적어도 그 출발점에 있어서는 이러한 형이상학적 통찰이나 종교적 고려를 하고 있지는 않다.

그렇다고 여기서 '인간의 본성'을 별다른 생각 없이 쉽게 식욕이나 성욕과 같은 '인간의 자연적 본성' 그러니까 칸트의 표현을 빌리면 '경향성(Neigung)'으로 이해하는 것은, 굳이 할 필요가 없는 너무나도 당연한 이야기를 칸트가 하고 있는 셈이 되므로, 지극히 소박하고도 단순한 해석일 가능성이 크다.

필자의 생각으로는 '인간의 본성'에서의 '본성'은 '자연으로부터 부여받은 성질'을 가리키는 것으로, 『도덕형이상학 정초』1장 앞부분에서 이야기되고 있는 "용기, 단호함, 끈기"(B 1), "절제", "자제"(B 2)와 같은 인간의 타고난 "성품(Eigenschaft)"(B 1 이하)을 의미한다고 여겨진다. 이러한 해석이 맞는다면, 이 구절은 암암리에 모범적인 성품에서 인간 행위의 기준을 찾고 있는 전통적인 '덕론(德論)'이 지닐 수 있는 문제점을 지적하고 있는 셈이 된다. 덕론에서 이야기되고 있는 바람직한 성품(덕)

들, 이를테면 정의, 용기, 자제력, 이웃사랑, 겸손, 끈기 등과 같은 성품들은 "여러 모로 좋은 것일 뿐만 아니라 더욱이 인간의 **내면적** 가치의 한 부분을 이루고 있는 것같이"(B 2) 보이나, 이러한 성품들에서 절대적인 필연성을 지닌 도덕률을 이끌어낼 수 있는 것은 아니다. 게다가, 이 책의 1장 앞부분에서 '선의지'와 연관해서 칸트가 이야기하고 있듯이, "이 성품들을 제한 없이 선한 것으로 단언하기에는 (고대인들은 이것들을 무조건적으로 찬양했는데) 많은 것이 결여되어 있다."(B 2) "왜냐하면 선의지라는 원칙이 없이는 이것들은 극도로 악하게 될 수도 있기 때문이다. 악인의 침착함은 그가 이런 것 없이 악인으로 여겨지는 것보다 그를 훨씬 더 위험하게 만들 뿐만 아니라, 또한 우리가 보기에도 더 혐오적으로 만든다."(B 2 이하)

칸트는 또한 절대적 필연성을 지닌 도덕법칙은 "인간이 놓여 있는 세계의 상황"에서 찾을 수는 없다고 한다. 그의 이러한 언급은 다음과 같이 간단하게 설명될 수 있다. 인간 각자가 또는 특정한 인간 공동체가 놓여 있는 세계의 상황은 분명 서로 다르고 또 처해 있는 세계의 상황도 끊임없이 변하고 있기에, 이러한 상황을 고려해서 제시되는 행위 지침은 결코 절대적 필연성을 지닌 도덕법칙일 수는 없다. 이러한 행위 지침들이란 주어진 상황에 조화롭게 순응하기 위한 또는 경우에 따라서는 반대로 주어진 상황을 잘 극복할 수 있는 일종의 '전략'에 불과한 것이다. 전략은 상황에 따라 각기 다른 모습을 지닐 수밖에 없게 된다. 이러한 전략들이 어떤 경우에든 마땅히 따라야만 하는 절대적인 필연성을 지닌 도덕법칙을 물론 대신할 수는 없다. 이처럼 간단하게 설명될 수 있기에 오히려 그냥 지나치기 쉬운 칸트의 이 언급은 그러나 우리가, 특히 오늘날의 윤리적 담론과 연관해서, 매우 심각하게 주목해 볼 필요가 있는 지적이다.

우리 대부분은 인간은 마땅히 선하게 살아야 한다고 생각하고 있으나, 선한 삶에 관한 이러한 일상적인 신념은 위기 상황이나 한계 상황에 봉착하게 되면 그리고 우리 자신의 욕구와 갈등을 빚게 되면 쉽사리 붕괴되기도 한다. 따라서 우리는 이러한 일상적인 신념을 흔들리지 않도록 확립할 필요가 있다. 철학이란 우리의 신념들을 비판적으로 검토하고 옳다고 생각되는 경우 그 근거를 마련하는 작업이다. 철학의 한 분과인 윤리학은 왜 인간은 선하게 살아야만 하고 악하게 살아서는 안 되는지를 정초해야만 하는 과제를 갖고 있다.

왜 우리는 선한 삶을 살아야만 하는가라는 물음에 대한 답은 여러 방향에서 주어질 수 있다. 아마도 가장 간단하고도 분명해 보이는 답은, 사회에 그 초점을 맞추는 방식이다. 공동체를 더 잘 유지시키기 위해서는 구성원 각자가 선한 삶을 살아야만 한다는 관점에서 도덕의 문제를 접근하는 것이다. 이는 또한 오늘날의 대부분의 윤리적 담론들이 취하고 있는 방식이기도 하다. 그러나 이처럼 바람직한 사회의 유지 내지는 건설이 선한 삶의 주목적이 되는 경우, 현재 처해 있는 공동체적인 삶의 제반 여건들을 반영한 실천적 행위 지침들이 주로 문제가 될 수밖에 없게 된다. 그렇지만 이러한 행위 지침이란 어떠한 조건하에서도 지켜질 것이 요구되는 진정한 의미의 도덕적 규범은 아니다. 이것은 다만 공동체를 더 잘 유지하기 위한 유용한 수단에 불과한 것이다. 공동체의 바람직한 유지란 도덕의 목적이 아니라, 다만 뒤따르는 결과에 불과한 것이다. 만약에 도덕이라는 것이 단지

82

'공동체를 더 잘 유지시키기 위해 필요로 하는 그 무엇'이라고 간주한다면, 로빈슨 크루소나 내가 홀로 방안에 있을 경우 도덕은 필요 없을 것이다.

공동체를 더 잘 유지시키기 위해 우리가 선한 삶을 살아야 한다는 생각은 도덕적 삶의 의미를 축소시키는 결과를 낳게 할 뿐만 아니라, "윤리적 선의 의미를 왜곡하고 윤리적인 것을 역사적 그리고 사회적 상황의 추이에 맡겨버려서 결국에는 윤리학의 자리에 사회학이 들어서게"[11] 할 것이다. 이러한 문제 상황은 우리에게는 이미 현실이다. 이를테면 "현재의 교육 과정에서 '도덕·윤리과'의 교육 목표와 '사회과'의 교육 목표가 차별성을 보여주지 못한다는 사실"[12]은 우리가 처해 있는 상황을 잘 이야기해 주고 있다.

칸트는 절대적 필연성을 지닌 도덕법칙은 "선천적으로 단지 순수이성의 개념"에서 찾을 수밖에 없는 것으로, "단순히 경험의 원리에 근거하고 있는 모든 다른 지침은, 이것이 심지어 어

11) Johannes Hirschberger, *Kleine Philosophiegeschichte*, Freiburg im Breisgau, 1983, 149쪽. "아마도 칸트의 가장 위대한 업적은 윤리학에 대한 기여, 그러니까 그의 실천이성의 비판에 있을 것이다. 여기서 그는, 윤리적 선의 의미를 왜곡하고 윤리적인 것을 역사적 그리고 사회적 상황의 추이에 맡겨버려서 결국에는 윤리학의 자리에 사회학이 들어서게 한, 영국의 행복주의와 공리주의에 대립해서 윤리적인 것의 순수성과 절대성을 탁월한 방식으로 해명하는 것을 시도함으로써, 사태를 다시 정상으로 되돌린다."

12) 윤찬원, 「제6차 교육과정 중고등학교 도덕·윤리 교사 양성 현황과 교과서 문제」, 『한국 도덕·윤리 교육백서』, 도서출판 한울, 2001, 444쪽; 안광복, 「위기에 처한 중등학교 도덕·윤리과 교육. 그 원인과 대안」, 같은 책, 482쪽 참조.

떤 점에서는 보편적인 지침이라고 할지라도, 이것이 극히 적은 부분에 있어 혹 단지 동인(動因)의 경우일지라도, 경험적 근거들에 의존하는 한, 이 지침은 실천적 규칙이라고 불릴 수는 있으나 결코 도덕적 법칙이라고 불릴 수는 없다"고 한다.

경험적 원리에 근거하고 있는 행위 지침은, 설사 그것이 보편적인 지침이라고 할지라도 그러니까 인간 모두에게 적용될 수 있는 예외를 허락하지 않는 지침이라고 할지라도, 다만 규칙일 뿐이지 절대적 필연성을 지닌 법칙의 영역에 속한 것은 아니다. 이러한 행위 지침이 다름 아니라 "충고"(B 43)이다. 충고가 기반으로 하고 있는 이제까지의 삶의 경험과는 다른 경험이 가능할 수 있기에, 충고는 원리적으로 예외의 가능성을 내포하고 있다. 그럼에도 불구하고 누구에게나 항상 예외 없이 타당하다고 여겨지는 충고도 있을 수 있다. 이를테면 '건강이 중요하다'와 같은 충고는 남녀노소 모두에게 언제나 타당할 수 있다. 그러나 충고는 "경험적 목적들을 전제"하고 있는 "가언적"[13]인 것으로 다만 상대적으로 필연적일 뿐이다.

이성은 그 실천적 사용에 있어 감각적 경향성의 강제로부터 벗어나 의지의 사용에 관한 **"자주적 입법"**[14]을 할 수 있는 능력이다. 그리고 이러한 입법 활동을 통해 도덕법칙이 산출된다. 따라서 도덕법칙은 자유(自由)의 법칙으로서, 그러니까 자신을 원인으로 해서 입법된 법칙으로서 어떤 전제도 그 기반에 두고 있지 않다. 즉 무조건적 내지는 정언적인 것으로 모든 경우에

---

13) 『순수이성비판』, B 835.
14) 『실천이성비판』, A 59.

"필연적"15)이라고 할 수 있다. 이런 이유로 칸트는 절대적 필연성을 지닌 도덕법칙은 단지 순수이성의 개념에서 찾아질 수 있다고 한다.

3. 「서언」 8번째 단락

그러므로 모든 실천적 인식에 있어서 도덕법칙들은 물론 그 원리들도, 그 안에 경험적인 것을 포함하고 있는 모든 여타의 것과 본질적으로 구별될 뿐만 아니라, 모든 도덕철학은 전적으로 실천적 인식의 순수한 부분에 근거하고 있으며, 그리고 도덕철학이 인간에게 적용되더라도 인간에 관한 지식(인간학)을 조금도 차용하지 않고, 이성적 존재로서의 인간에게 선천적 법칙들을 제공한다. 이 선천적 법칙들은 물론, 그것들이 어떤 경우에 적용되는지를 분별하거나 또는 이 법칙들이 인간의 의지를 움직이고 그리고 실행하게끔 하기 위해서는, 또한 경험을 통해 연마된 판단력을 필요로 한다. 왜냐하면 인간은 그 자신 그렇게 많은 경향성에 의해 촉발되었을 때, 실천적 순수이성의 이념을 지닐 수 있기는 하나, 이 이념을 그의 처신에서 구체적으로 작용하게 하는 것은 그렇게 용이하지 않기 때문이다(B IX).

이 단락의 핵심적인 내용은 다음과 같이 요약될 수 있다: 도덕법칙들은 경험을 가지고 근거지을 수도 없고 또 그렇게 해서도 안 되나, 그 사용은 경험을 통해서 연마된 판단력을 필요로 한다. 요약문의 전반부에 해당하는, 숨표 이전의 내용은 앞 단락인 7번째 단락에서 논의된 내용을 다시금 정리하고 있는 것

---

15) 『순수이성비판』, B 835.

이기에 더 이상 특별한 설명이 필요 없을 것 같다. 그러나 요약문의 후반부에 해당하는 내용, 즉 "도덕법칙들의 사용은 경험을 통해서 연마된 판단력을 필요로 한다"는 새로운 내용으로서 설명을 필요로 한다. 게다가 이 내용은 오해를 불러일으킬 수 있는 여지가 있는 부분이기도 하다. 왜냐하면 경험이 도덕법칙과 연관해서 어떤 형태로든 일정한 역할을 할 수 있다는 칸트의 언급은, 도덕법칙에서 경험적인 요소를 철저하게 배제시키고자 하는 그의 기존의 태도와 모순된 것처럼 보이기 때문이다. 칸트의 이 언급을 오해 없이 제대로 이해하기 위해서는, '경험을 통해 연마된 판단력'은 도덕법칙의 '사용'을 위해 필요한 것이라는 점을 우선 분명히 해둘 필요가 있다. 여기서의 사용은 두 가지 측면에서 고찰해 볼 수 있다.

(1) 칸트는 "그것들[= 선천적 법칙들]이 어떤 경우에 적용되는지를 분별"하기 위해 "경험을 통해 연마된 판단력"이 필요하다고 한다. 그는 이 구절에서 복수 형태의 '선천적 법칙들'을 이야기하고 있는데, 우리는 이와 연관해서 무엇보다도 도덕성의 최고의 원리에 해당하는 도덕법칙들을 떠올릴 수 있을 것이다. 칸트는 이러한 도덕법칙들을 '세 종류'의 정언명법으로 표현하고 있다(B 79).[16) "너의 준칙이 보편적 법칙이 될 것을 네가 동시에 의욕할 수 있는, 오직 그러한 준칙에 따라서만 행위하라."(B 52) "너 자신의 인격에서나 다른 모든 사람의 인격에서 인간

---

16) 칸트가 소개하고 있는 이러한 도덕법칙 내지는 정언명법의 개수(個數)에 대해서는 다양한 의견이 있기는 하다. 이에 관해서는, 문성학, 「칸트 윤리학의 정언명법론」, 『철학논총』 제20집, 새한철학회, 2000 봄, 50쪽 이하 참조.

(성)을 언제나 동시에 목적으로서 [대하고], 결코 한낱 수단으로서 사용하지 않도록 행위하라."(B 66 이하) "의지가 자신의 준칙을 통해 동시에 자기 자신을 보편적 법칙을 수립하는 존재로 간주할 수 있도록 [행위하라]."(B 76) 그러나 이러한 도덕법칙들은 서로 뉘앙스를 달리하기는 하나 "근본에 있어서는 동일한 법칙의 여러 공식들에 불과"한 것으로 볼 수 있다(B 79). 사실 엄격한 의미에서의 법칙은, 이것이 모든 경우에 적용되어야만 하는 것이다. 이런 까닭에 '그것들[= 선천적 법칙들]'을 도덕성의 최고의 원리에 해당하는 도덕법칙들로 간주하는 경우, 우리는 복수 형태의 '법칙들'을 설명하는 데 어려움을 겪을 수밖에 없을 뿐더러, 그 무엇이 '어떤 경우에 적용되는지를 분별'할 필요가 없게 된다. 따라서 우리는 본문 2번째 문장의 '또는' 이전에 나오는 '그것들[= 선천적 법칙들]'에, 이러한 도덕성의 최고 원리와 관계를 맺고 있는 또는 이러한 원리로 환원될 수 있는 개별적인 도덕법칙 내지는 규칙들, 이를테면 '거짓말하지 말라' 또는 '살인해서는 안 된다' 등과 같은 도덕적 명제들도 포함시켜 생각할 필요가 있다.

현재 내가 처해 있는 상황에서 도덕성의 최고 원리로 환원될 수 있는 여러 개별적인 도덕법칙 내지는 규칙들이 주어질 수 있다. 이를테면 내가 한 의인(義人)이 숨어 있는 거처를 알고 있는데, 이 의인을 죽이기 위해 어떤 사람이 그가 있는 곳을 아느냐고 물었을 때, '거짓말하지 말라', '살인을 방조해서는 안 된다' 등과 같은 것들이 내 앞에 제시될 수 있다. 이 경우 우리는 "주어진 규칙"에 자신이 처한 상황이 "속하느냐 속하지 않느냐를 판별"하거나,17) 어떤 특정한 도덕법칙이 "어떤 경우에 적용되는지를 분별"해야 한다. 그리고 이를 위해서는 "경험을 통해 연마된 판단력"이 요구된다.

우리가 의과 대학을 갓 졸업한 따라서 최신 의학 이론을 배운 젊은 의사보다는 일정 기간의 경력을 쌓은 경험이 풍부한 의사를 선호하는 까닭은, 그가 의학 이론을 아는 데 그치지 않고, 어떤 특정한 이론이 이 경우에 해당되는지를 판별하거나 이 이론을 어떤 경우에 적용해야 하는지를 분별할 수 있는 판단력을 지니고 있기 때문이다. 플라톤은 철인 치자가 되기 위해서는 오랜 세월 동안의 실무적 경험을 쌓아야 한다고 하는데, 우리는 그 주된 이유를 같은 맥락에서 설명할 수 있을 것이다.[18]

(2) 칸트는 선천적 "법칙들이 인간의 의지를 움직이고 그리고 실행하게끔 하기 위해서는" "경험을 통해 연마된 판단력"이 필요하다고 한다. 인간은 '많은 경향성'을 지니고 있다. 경향성이란 인간의 자연적 본성에서 비롯되는 그 무엇으로 이끌리는 성향을 가리킨다. 경향성 자체가 나쁜 것은 아니나, 경향성은 개인적인 욕구 추구로 빠질 가능성이 매우 크다. '**경향성들**'은 인간의 자연적 본성에 자리 잡고 있는 것이기에 "언제나 첫 발언권을 차지하며 우선 자신들을 만족시킬 것을 … 요구할 것이다."[19] 경향성의 만족은 우리에게 즐거움을 주기에 우리는 경향

---

17) 칸트는 『순수이성비판』 B 171에서 '판단력'을 "그 무엇이 주어진 규칙에 속하느냐 속하지 않느냐를 판별하는 능력"이라고 정의하고 있다.

18) 플라톤은 철인 치자가 되기 위해서는 예비 교과목들을 배우고 나서 학문의 최종 단계인 선의 이데아를 인식하는 디알렉티케(dialektikē)를 5년 동안 익힌 후, 35세에서 50세에 이르기까지 무려 '15년' 동안 '실무'의 '경험'을 쌓을 것을 요구하고 있다(『국가(Politeia)』, 539e 이하). 인용은 박종현 역주, 『국가(政體)』(서광사, 1977)에 따른다.

성의 요구에 따라 행위하곤 한다. 그러나 경향성의 집요한 요구에도 불구하고 우리는 이 요구에 대한 실행을 유보한 채 "실천적 순수이성의 이념"을, 그러니까 실천이성에 그 원천을 두고 있는 실천적 이념인 도덕법칙을 의식할 수도 있다.[20] 그렇지만 이 도덕법칙을 우리의 "처신에서 구체적으로 작용하게 하는 것은 그렇게 용이하지" 않다.

왜 칸트는 도덕법칙을 우리의 처신에서 구체적으로 작용하게 하는 것이 용이하지 않다고 했을까? 우리는 실천적 이념은 일종의 이상(理想)이고, 이 이상과 현실 사이에 존재하는 괴리 때문에 그가 이러한 언급을 한 것이 아니겠느냐고 생각해 볼 수 있다. 그러나 그가 여기서 생각하고 있는 이유는 그런 것은 아닌 것 같다. 우리는 칸트가 위와 같은 언급을 한 까닭을 다음과 같이 이해해 볼 수 있다.

실천적 이념인 도덕법칙은 질료적 원리들을 포함하고 있지 않은 순수한 선천적 원리로서 단지 하나의 "순전한 형식"일 뿐이다.[21] 여기에는 어떤 구체적인 내용이 담겨 있지 않다. 그런데 형식일 뿐인 도덕법칙이 다만 내 앞에 주어져 있는 경우, 우

---

19) 『실천이성비판』, A 264. 여기서 인용된 내용은 8번째 단락에 나오는 '경향성'에 의한 '촉발'을 더 구체적으로 설명하는 데 도움을 줄 수 있을 것이다.

20) 우리는 "실천적 순수이성의 이념"에서의 '이념'을 당시의 일반적 언어 사용에 따라 '생각'으로도 그리고 칸트가 이 용어에 부여했던 엄격한 의미로도 해석할 수 있다(앞의 주 8 참조). 여기서는 후자의 의미로 해석하고 있는데, 어떤 의미로 해석하든 "실천적 순수이성의 이념을 지닐 수 있다"가 뜻하는 바는 같다. 전자의 의미로 해석할 경우, "실천이성의 생각인 도덕법칙을 의식할 수 있다"로 이해하면 될 것이다.

21) 『실천이성비판』, A 71.

리는 사실 막막할 수밖에 없다. "이 법칙들이 인간의 의지를 움직이고 그리고 실행하게끔 하기 위해서는" 이 형식에 내용이 담겨야만 한다.[22] '형식'인 도덕법칙을 그 원리로 하고 있는 '내용'을 지닌 도덕적 명제가 확정될 때, 도덕법칙에 담겨 있는 '이념'이 비로소 현실 속에서 구체적으로 실현될 수 있게 된다. 여기서 "보편(규칙, 원리, 법칙)이 주어져 있는 경우, 특수를 이 보편 아래에 포섭하는" 규정적 판단력이 요구된다.[23] 그리고 이러한 "실천적 판단력을 통해 규칙에서 보편적으로(추상적으로) 말해진 것이 한 행위에 구체적으로 적용된다."[24] 이것이 "경험을 통해 연마된 판단력"이 도덕법칙의 '사용'을 위해 필요한 또 다른 이유이다.

4. 맺는 말

이 연구는 『도덕형이상학 정초』 「서언」의 7-9번째 단락에 관한 상세한 분석을 목표로 출발했으나, 지면상의 제약으로 7-8번째 단락에 관한 분석에 논의의 초점이 맞추어질 수밖에 없었

---

22) 이 문장을 "형식적인 의지의 선천적 원리"에 "질료적인 의지의 후천적 동기"가 결합 내지는 보충되어야만 한다는 식으로 오해해서는 안 될 것이다(B 14). "의무에 의한 행위", 즉 도덕적 행위에서 "의지는 모든 질료적 원리로부터 벗어나" 있고 "의지는 의욕 일반의 형식적 원리에 의해 규정되어야만 한다"는 것은, 칸트 윤리학에서 너무나도 분명하다(B 14). 여기서는 다만 도덕원리 내지는 도덕법칙의 삶의 현장에서의 적용이 논의되고 있을 뿐이다.

23) 『판단력비판』, B XXVI.

24) 『실천이성비판』, A 119.

90

다.[25] 같은 이유로 7-8번째 단락에 관한 분석에서 몇몇 논의는 제외될 수밖에 없었다. 7번째 단락에서 칸트가 절대적 필연성을 지닌 도덕법칙의 예로 제시하고 있는 "너는 거짓말해서는 안 된다"와 연관해서 제기될 수 있는 여러 종류의 난문들[26]과 8번째 단락에 관한 분석에서 다루어져야 할 칸트의 '형식주의'에 관한 논의[27]는 제외될 수밖에 없었다. 이 주제들은 후에 각각 하나의 독립된 논문으로 논의될 필요가 있다.

---

25) 9번째 단락에 관한 상세한 분석은 상당한 분량의 지면을 필요로 한다. 이는 적어도 하나 이상의 독립된 논문으로 작성해야만 하는 내용이다. 이에 관해서는 필자에 의해 이미 어느 정도 논의된 것이 있기에, 9번째 단락에 관해서는 우선 이 부분을 참조할 수 있다. 이엽, 「윤리학의 새로운 명칭으로서 도덕형이상학과 칸트 윤리학의 근본 동기」, 『칸트연구 제2집: 칸트와 윤리학』, 한국칸트학회, 민음사, 1996, 23-31쪽 참조.

26) 문성학, 「칸트 윤리학의 네 가지 문제점」, 『칸트연구』 제13집, 한국칸트학회, 2004, 88-114쪽; 문성학, 『칸트 철학의 인간학적 비밀』, 울산대학교 출판부, 1997, 365-413쪽 참조.

27) 김수배, 「칸트의 『도덕형이상학』과 형식주의」, 『칸트연구 제2집: 칸트와 윤리학』, 한국칸트학회, 민음사, 1996, 37-39쪽; 문성학, 「칸트 윤리학의 정언명법론」, 앞의 책, 59쪽 이하 참조.

'지적 직관'과 철학의 과제

독일관념론을 중심으로

최 성 환

1. 시대정신과 '철학의 필요성': '체계'로서의 철학

오늘날 우리가 목도하는 철학의 현실은 '파편화된 담론들의 향연'으로 가득 차 있는 포스트모던적 '혼돈의 철학'이다. 철학적 지식의 체계(화)는 해체와 모멸의 대상이며, 둥지를 틀기 싫어하는 철새처럼 철학적 사유는 자유로운 사상의 비행을 만끽하고 있다. 물론 포스트모던적 사유가 철학의 시대 비판적인 자기 반성으로서 나름대로의 '역사성'을 가진다는 점에서 그 기여가 결코 과소평가될 수는 없을 것이다. 그러나 '모든 것이 가능하다(anything goes)'는 구호처럼 사색의 질서를 거부하는 흐름은 탐구 대상에 천착한 철학적 깊이보다는 자기정당화의 근거로 활용되기 쉽다. 철학이 '논증의 힘' 대신에 수사적 기예로 덧칠되고 애매한 이미지를 발산하게 된다면 이것은 정신적 자기만족의 도구로서는 제격이라 할 수 있을 것이다. 더욱이 그러한 '철학적 이야기'가 더 이상 세계에 대한 질서정연한 이해보다는 존재의 중층적 차원만을 혼란스럽게 드러낸다면 철학은 자신의 눈에는 화려해 보이는 존재의 뿌리를 향해 갈지도 몰라도 세상과의 단절을 각오해야 할지도 모른다. '세상과의 단절'이라는 표현을 통해 세속적인 효용성을 머리에 떠올리는 것이 아니다. 오히려 화려한 수사로 가득 찬 책들이 더욱 높은 '경제적 가치'를 가지고 있다는 것은 이미 잘 알려진 사실이다. '단절'은 '철학의 필요성'이 더 이상 제기되지 않는 상황의 도래를 의미한다.

역설적이지만 포스트모던적 해체주의의 선구자로 추앙받고 있는 니체는 철학의 본질적 과제를 회피한 채, '끊임없는 현학적 문화(haltlose Gelehrtenkultur)'를 따르는 시대정신을 날카롭게 비판하고 있다. 니체는 철학이 "시대역사의 혼잡함" 속에 침잠하고, "개미떼 같은 웅성거림"에 휩쓸리는 대신 '영원한 물음들'의 해결을 위해 끊임없이 노력해야 한다고 주장하였다.[1] 이런 배경에서 그는 철학이 "바라건대 다가오는 시대를 위하여"[2] "시대라는 수레바퀴에 있어서의 제동기로서(als Hemmschuh im Rade der Zeit)"[3] 작동하기를 기대하였다. '현학적 문화'라는 표

---

1) F. Nietzsche, *Nietzsche Werke, Kritische Gesamtausgabe*(Hg. G. Colli u. M. Montinar), Drite Abteilung vierte Band, Berlin, 1978, Nr. 19/21, 19/9, 19/11, 19/7. 이후 *Nachlaß-Heft IV*로 표기함.

2) F. Nietzsche, *Vom Nutzen und Nachteil der Historie für das Leben*, Stuttgart, 1991, 5쪽.

현으로 오늘날 철학의 담론 전체를 매도해서는 안 되겠지만 적어도 일부의 그런 경향에 대한 비판은 충분히 가능하다고 판단된다. 이 경향은 하이데거가 세인(世人)의 특징으로 말하는 '지껄임(Gerede)', '쏠림(Neugier)' 그리고 '부실함(Zweideutigkeit)'과 같은 의미로 이해할 수 있다. 철학의 과제는 마치 하이데거가 실존의 회복을 위해 '선구적 결의'를 통해 도달하고자 하는 지평과 결코 무관하지 않을 것이다. 작금의 시대정신은 우리가 포스트모던적 사유의 세속적인 기호(嗜好)에 눈이 멀어 때로는 철학의 본질적 과제를 간과하고 있는 것은 아닌가 하는 염려를 부채질한다.

헤겔은 그의 유명한 「차이논문(Differenzschrift)」에서 '철학의 필요성(das Bedürfnis der Philosophie)'이 제기되는 상황을 철학과 인간 삶과의 연관성에서 다음과 같이 서술하고 있다: 철학의 필요성은 "인간의 삶으로부터 통일의 힘이 사라져버리고 인간 사이의 생생한 관계나 상호작용을 상실하면서 상반성이 독자화되는 경우에" 항상 발생하게 된다. 이러한 (철학의) 필요성은 "그러한 점에서 하나의 **우연이지만** 분열이 이미 나타난 상태에서는 굳어진 주관성과 객관성의 상반성을 지양하고 지적이고 구체적인 세계의 완성을 생성으로서, 생산물로서의 세계 존재를 하나의 생성과정으로서 파악하려는 **필연적인** 시도이다."4) 철학

---

3) *Nachlaß-Heft IV*, Nr. 19/9.

4) G. W. F. Hegel, *Gesammelte Werke* Bd. 4, *Jenaer Kritische Schriften*, "Differenz des Fichte'schen und Schelling'schen System der Philosophie"(Hg. O. Pöggeler), Hamburg, 1968, 30쪽. 이후 *Differenzschrift*로 표기함.

앞에 던져진 '물음으로서 현실'은 항상 우연적이고 상황 종속적인 형태로 다가오지만 이러한 물음에 대해 적절한 해명을 제공함으로써 삶을 조화와 질서 속으로 인도하는 것은 시대를 향한 철학의 필연적인 책무라고 할 수 있다.

철학적 사유들의 난립을 경험하는 오늘과 같은 지적 상황에서는 다시금 철학과 시대의 관계가 중요한 의미를 가지게 된다. 헤겔은 철학과 시대의 상호관계에 대한 본질적인 의의를 규명하였다. 이 관계를 헤겔은 그의 유명한 문장 속에 함축적으로 표현한다. "철학은 사상으로 포착된 그 시대이다(Philosphie ist ihre Zeit in Gedanken erfaßt)."5) 그러나 이 관계는 쉽게 오해되는 것처럼 어떤 외적인 종속성을 의미하는 것이 아니라, 인간의 철학적 사유 활동을 통하여 매개된 관계를 나타낸다. 철학은 스스로 시대 속에서 성취된 것을 의식으로 가져오는 한, 이 철학이 등장하는 시대의 정신과 '동일한' 것으로 간주할 수 있다.6) 그러나 철학이 시대의 단순한 반영에 불과한 것은 결코 아니다. 오히려 시대의 모순과 문제점을 향한 적극적인 '기투(Entwurf)'이다. "철학의 본질적, 전체적 내용과 의미는 오직 한편으로는 분열(Entzweiung der Zeit)과 이 분열에 기인한 소외(Entfremdung), 그리고 또 다른 한편으로는 바로 이와 같은 분열의 요인을 구체적 현실분석을 통해서 인식하고 비판하는 소외극복을 향한 자기의식의 자유라는 두 측면의 통합 속에 찾을 수

---

5) G. W. F. Hegel, *Grundlinien der Philosophie des Rechts*(Hg. V. J. Hoffmeister), Hamburg, 1955. 16쪽.

6) G. W. F. Hegel, *Einleitung in die Geschichte der Philosophie*(Hg. V. J. Hoffmeister), Hamburg, 1959, 149쪽.

있다."7)

철학이 시대로부터 강하게 영향을 받는다는 측면은 정신의 다른 형태들(종교, 예술, 과학, 국가, 법 그리고 도덕 등)과 다를 바 없다. 그러나 중요한 것은 철학이 단순히 맹목적으로 시대로부터 전승되지도, 우둔하게 시대 속에 침잠하지도 않으며, 오히려 적극적으로 시대와 비판적 대결을 벌인다는 점이다. 이것이 바로 우리가 '철학의 필요성'에 대해 말할 수 있는 근거이다. 그런 배경에서 정신의 비판적인 반성 행위로서의 철학은 자신을 생각을 객관화함으로써 시대와 세계를 형성하는 힘을 표출하는 것이며, 이런 의미에서 창조적 행위이다. 헤겔적인 의미에서 철학은 정신의 다른 형태들과 비교해 볼 때 하나의 특수위치를 부여받는다. 철학은 정신의 다른 형태들(혹은 수많은 담론들)이 이미 드러난 후에, 그리고 이 형태들이 시대의 요구를 더 이상 충족시키지 못할 때 비로소 자신의 모습을 드러내는 것이다.8)

그러면 '전체의 조망'으로서의 철학은 시대착오적인가?

다양하게 유포되어 있는 '상대주의'가 철학의 최후의 언어처럼 보이는 오늘날의 철학의 상황을 고려할 때 전체를 '체계적으로' 조망하려는 시도는 과거 회귀적이며 철학적 신화의 세계로 되돌아가려는 '불합리한' 집착처럼 보일 수도 있다. 그러나 철학이, 아니 '철학들'이 세계에 대해 나름대로 일관성 있는 관점을 보여주지 못한다면 철학은 인간의 눈을 혼란스럽게 만드는 자기 도취의 향연에 불과할 것이다. 따라서 '전체에 대한 조망'은 세

---

7) 임석진, 「헤겔 역사철학의 근본문제」, 『헤겔연구』 제3집, 중원문화, 1986, 21쪽.

8) G. W. F. Hegel, *Einleitung in die Geschichte der Philosophie*, 153쪽.

계에 대한 체계적 이해의 제공이라는 철학의 기본적 과제를 고려할 때 적어도 개별적인 지식들의 (서로 연관되고, 이해 가능한) 종합을 유도하는 '규제적 이념'으로서 당연히 요구되는 것이다.

이 글은 독일관념론의 화려한 철학적 절정을 함축하고 있는 '지적 직관(die intellektuelle Anschauung)'의 개념을 통해 오늘날 철학이 나아갈 방향과 과제설정에 대한 간접적인 시사를 확보하려고 한다. 물론 '지적 직관'은 서양 철학사에 보기 드문 매력적인 표현이지만 동시에 철학의 한계를 넘어선, 비합리적인 발상으로 비판되는 개념인 관계로 지적 직관의 긍정적 측면을 조명하려는 시도는 상당한 위험부담을 안고 있는 것도 분명하다. 그러나 지적 직관이 화려한 '수사(修辭)'가 아니라, 독일관념론, 특히 피히테와 셸링 철학의 '원리(Prinzip)'와 '기관(Organ)'으로서의 위상을 보유하였다는 것은 결코 과소평가될 수 없는 의미내용을 담고 있는 것이다. 지적 직관의 개념은 칸트 철학의 유산의 청산이자 완성이라는 독일관념론의 목표 설정과 함께 등장한다. 이 개념은 우월감에 사로잡힌 몇몇 철학적 천재들의 독단적인 구상이라기보다는, 해명되지 않은 문제 앞에서 책임을 회피하지 않으려는 적극적인 철학적 사유의 발로로 평가하는 것이 정당하다. 따라서 지적 직관의 개념을 통해서 우리는 (칸트) 철학의 '비판적 정신'을 계승한 독일관념론의 사유 세계를 체험할 수 있을 것이다. 그와는 별도로 셸링의 지적 직관의 개념에는 오늘날 다양한 관점에서 논의되고 있는 이해와 행위의 '사건 성격(Geschehenschatakter)'이라는 '해석학적 발상의 단초'를 발견할 수 있다는 점에서 새로운 현재성과 신선함을 보여줄 것이라고 기대한다.

2. 독일관념론의 여정: ‘체계’를 위한 ‘전제’와 ‘결론’의 변주곡

칸트와 독일관념론의 관계를 가장 함축적으로 나타내주는 표현을 우리는 헤겔에게 보낸 셸링의 편지(1795년 1월 6일) 속에서 발견할 수 있다. "철학은 아직 끝나지 않았다. 칸트는 결론을 주었다. 그러나 그 속에는 전제가 빠져 있다. 누가 전제 없이 결론을 이해할 수 있겠는가? 한 사람의 칸트, 그러나 [이 전제의 해명 없이] 커다란 성과가 무슨 의미가 있겠는가?"9) 여기서 우리는 적어도 도식적으로나마 칸트 철학과 독일관념론의 관계를 이해할 수 있고, 더 나아가 독일관념론의 과제설정의 방향을 선취할 수 있다. 절대적 자아설정을 통한 ‘이성의 근원화’(피히테), 정신과 자연의 동일성을 기반으로 하는 ‘이성의 보편화’(셸링), 정신발전의 변증법을 통한 ‘이성의 절대화’(헤겔)라는 각각의 철학적 방향에서 독일관념론은 칸트 철학을 비판적으로 계승하면서, 궁극적으로는 ‘칸트를 넘어서서’ 그들의 철학적 사유를 전개하였다. 특히 이들에게 공통적으로 나타나는 특징은 이들이 일관되게 철학을 ‘체계’로서 구성하려는 시도를 펼쳤다는 점이다.10)

우리가 다양한 독일관념론의 사상가들의 철학적 성과들을 각각의 개별적인 특수성과 차이, 또한 의식적인 대립과 쟁점에도

---

9) F. W. J. Schelling, *Briefe und Dokumente*(Hg. H. Fuhrmans), Bd. II., Bonn, 1962 ff., 57쪽.

10) A, Schurr, *Philosophie als System bei Fichte, Schelling und Hegel*, Suttgart-Bad Cannstatt, 1974, 7쪽.

불구하고 '독일관념론'이라는 표현을 통해 통일적으로 다룰 수 있는 것은 무엇보다도 그들이 공통적인 문제 상황과 마주하고 있다는 점에 근거하고 있다. 주지하다시피 그들의 출발점은 모두 칸트 철학이다. 칸트 철학이 제공하는 사상의 풍요로움과 문제점들이 다양한 각도에서 완결을 도모하거나 대안을 모색하는 사색의 향연을 가능하게 한다. 칸트 철학과의 비판적 대결을 통하여 그들이 추구하는 최종적이 목표는 더 이상 의심할 수 없는 확실한 토대 위에 기초하고 있는 '통일적이며 포괄적인 철학 체계의 창출'이다.11)

독일관념론 사상가들은 기본적으로 '통일적인 체계 형성의 의지'를 보유하고 있었다. 그들은 칸트가 그의 '심오한 형이상학적 근본 입장'에도 불구하고 최후에 이르기까지 체계로서의 면모보다는, 체계의 전제를 제공하는 데 그치고 있다는 인식을 공유한다. 따라서 칸트 이후의 철학적 전개는 칸트와의 현저한 대립 속에서 이루어진다. 칸트가 성취한 '비판의 사업' 속에는 그것의 긍정적인 평가에도 불구하고 독일관념론의 새롭게 각성하는 사변적 형이상학적 정신이 볼 때, 통일적인 철학적 체계의 예비적 서술에 국한되고 있다는 것이다. 이런 배경에서 칸트의 후계자들은 체계에 대한 요구를 그야말로 시대적 선결과제(Desiderat)로 간주하였다. "그것은 축소되어 가는 비판에 대해서 증축해 가는 체계사상이 행한 역사적인 반응인 것이다. 또는 만약 이 대립을 그 대표자들이 느낄 수 있었던 것보다 더 날카롭게 표시

---

11) N. 하르트만, 이강조 옮김, 『독일관념론 철학 I』, 서광사, 1989, 17쪽 아래 참조.

하고자 한다면, 비판주의에 대한 체계주의의 반작용이라고 말할 수 있다."[12]

아래에서는 칸트와 독일관념론의 가교를 형성하는 철학적 논쟁의 현장을 재구성함으로써, 독일관념론 철학자들의 문제의식, 특히 피히테와 셸링의 철학에서 지적 직관이 차지하는 위상을 평가할 수 있는 지평을 확보하고자 한다. 여기서는 특히 칸트 철학에 대한 라인홀트(K. L. Reinhold), 야코비(F. H. Jacobi) 그리고 슐체(G. E. Schulze)의 문제 제기와 다양한 대안들 그리고 피히테의 반응을 살펴보고자 한다.[13]

1) 최종 근거로서의 '근본 명제'

먼저 라인홀트는 그의 『칸트 철학에 관한 서한(*Briefen über die Kantischen Philosophe*)』에서 무엇보다도 칸트의 『순수이성비판』의 인식론적인 문제를 분석하였다. 그에 따르면 칸트적인 비판은 증명되지 않는 전제에 기인하며, 이 전제들은 서로 결합되지 못한 채 단순히 열거되어 있다고 한다. 따라서 라인홀트는 칸트적인 비판의 분석적으로 엄밀한 서술을 통해 칸트의 문제와 그 극복방안을 제시하려고 추구한다. 그는 칸트의 개념과 명제들이 최상의 근본 원칙으로부터 연역적으로 추론된 개념과 원칙들의 체계로서 전개되어야만 한다고 한다. 그의 숙고에는 학문은 체계, 대부분 연역적으로 유도된 명제들의 연관으로 파악될 수 있으며, 학문적인 철학의 토대는 최고의 근본 명제(Grund-

---

12) 같은 책, 18쪽 아래.
13) H. M. Baumgartner, H. Korten, *Schelling*, München, 1996, 30쪽 아래 참조.

satz)에서 성립해야만 한다는 생각이 깔려 있다. 이렇게 요구된 근본 명제는 자기 자신을 통해 규정되어야만 하며, 또한 명백해야만 한다. 이런 조건들을 충족시킨다면 이 명제는 더 이상 그 배후를 캐물을 필요가 없는 최후의 것이며, 유일한 것일 수 있다. 이로써 데카르트적인 계기, 소위 흔들림 없는 토대에 대한 요청이 명백히 칸트 철학의 문제점을 비판하면서 도입된 것이었다. 『인간의 표상능력에 관한 새로운 이론의 시도(*Versuch einer neuen Theorie des menschlichen Vorstellungsvermögen*)』(1789)에서 라인홀트는 기초적인 개념으로서 표상 개념을 제시한다. 『엄밀학으로서의 철학의 가능성에 대하여(*Über die Möglichkeit der Philosophie als strenge Wissenschaft*)』(1790)와 『철학적 지식의 기초에 관하여(*Über das Fundament des philosophischen Wissens*)』(1791)에서 라인홀트는 철학의 명제에 대한 그의 숙고를 통하여 전체적으로 이 시대에 특징적인 '체계사상'의 문제를 철학에 도입하였다. "의식에서의 표상은 주관을 통하여 객관과 주관으로부터 분리되고, 그리고 이 둘에 관계된다"고 하는 '의식의 명제(Satz des Bewußtseins)'는 지금까지 탐구된 것 가운데서 최상의 근본 명제라고 주장되었다.[14] 피히테는 철학이 최고의 근본 명제 위에서 구성되어야 한다는 점은 라인홀트의 불멸의 업적이라고 평가하였다. 칸트 이후에 최고의 근본 명제의 의미내용(Gehalt)에 대한 물음이 절대자의 철학의 본질적이고 중심적인 출발점을 형성하였다는 것은 결코 잘못된 길이 아니었

---

14) K. L. Reinhold, *Über das Fundament des philosophischen Wissens*(Hg. W. H. Schrader), Hamburg, 1978, 78쪽.

다. 그러나 칸트는 주지하다시피 『순수이성비판』의 「변증론」에서 영혼, 세계 그리고 신에 대한 형이상학적-이론적 언명의 가능성을 비판적으로 거부하였다.

2) '이원론'의 극복

앞에서 다루어진 '근본 명제에 대한 추구'와 같은 맥락에서 칸트 철학을 관통하는 이원론이 또 하나의 근본적인 문제를 형성한다. 이원론의 형태는 후험적-선험적, 감성-오성, 수용성-자발성, 현상계-예지계, 질료-형식 등이 있다.15) 칸트의 이원론은 무엇보다도 형식과 질료의 연관성에 대한 관점이 문제시되었다. 형식과 질료가 이른바 상이한 원천에 나누어진다면, 즉 형식은 선험적 계기로서 증명되고 질료는 소여로서 규정된다면 물자체를 통한 심성의 촉발(Affektion des Gemüts)에 관한 칸트의 학설은 비판을 야기한다. 이것을 야코비가 1787년에 출간된 『신앙에 관한 흄의 입장 또는 관념론과 실재론. 대화(*David Hume über den Glauben, oder Idealismus und Realismus. Ein Gespräch*)』와 이 책의 부록인 『선험적 관념론에 관하여(*Über den transzendentalen Idealismus*)』16)에서 명확히 표현하였다. 야코비에 따르면 물자체에 의한 촉발이라는 관계를 해명하기 위해서는 '인과성의 형식'이 관건이 될 수 있다고 한다. 그러나 이 인과성의 형식은 현상에만 제한된 범주의 사용을 물자체로 확장하

---

15) 이러한 이원론과 밀접한 연관성이 있어 보이는 것이 칸트의 이분법적 구분의 방식(Dichotomie)이다.

16) F. H. Jacobi, *Werke* Bd. 2(Hg. F. Roth, F. Köppen), Leipzig, 1815, 125-310쪽.

는 결과를 낳게 된다. 그에 따라 이 인과성의 형식은『순수이성비판』의 기본 입장과는 모순되는 결과를 초래하게 된다. 야코비는 칸트의 철학에서 이런 문제가 발생하는 이유는 칸트가 "어떠한 전제 없이는 체계 안으로 들어서지 못하지만, 그러나 그 전제와 더불어 그 안에 머물 수 없다는 사실에 의해서 끊임없이 현혹된다는 점"에 놓여 있다고 한다. 당연히 이러한 문제 상황에서 피히테의 선택은 분명해 보인다. 칸트와는 대립적인 관점에서 제시된, "지금까지 설파되어 온 가장 강력한 관념론을 주장하는 것, 그리고 스스로 사변적인 유아론의 비난을 두려워하지 않는 것"17)이라는 제안은 피히테에 있어서 지식론의 원칙(근본 명제)에 관한 세부적인 규정과 구상에 있어서 본질적인 지침이 되었다.

3) 회의주의의 망령

슐체(G. E. Schulze)는 '애네지데무스(Änesidesmus)'라는 가명으로 1792년 '회의주의'를 칸트와 라인홀트에 의해 시도된 극복으로부터 방어하려고 하였다. 이러한 '극복'은 슐체의 관점에서는 월권적인 발상이었다. 그에 있어서 근본 문제의 하나는 그 안에 직관과 오성의 선험적인 형식들이 이미 부설되어 있어야만 한다는 '심성의 위상(Status des Gemüts)'에 놓여 있다. 슐체가 보기에 칸트의 비판은 경험적 혹은 능력-심리학(Vermögens-Psychologie)과 선험적, 즉 경험적으로 장소가 부재한 주관성에 관한 이론 사이에서 불안정하게 놓여 있다. 우리의 판단함에 있

---

17) 같은 책, 304, 310쪽.

어서 필연성이 근거될 수 있다고 한다면 심성이 경험적일 수 없는 까닭에, 심성이 물자체, 예지계 혹은 선험적 이념으로서 사고될 수 있는지에 대한 검토가 필요하다. 그러나 그것은 부정적인 결과에 도달한다. 세 가지 경우 모두에 있어서 칸트의 이론에 근거하여 부정적인 결론에 도달하지 않을 수 없는 것이다. 여기에서 슐체는 당연히 피히테의 경험적이지도, 심리학적이지도 않은 주관성 이론, 즉 절대적 자아에 대한 학설이 도출되는 접근 방식을 언급한다. 그러나 피히테는 이러한 논쟁으로부터 다음의 사실을 분명히 인식하였다. 칸트 철학에 대한 반론들이 칸트의 입장을 '근본적으로' 그리고 '실제로' 이해하지 못하고 있으며, 따라서 칸트는 여전히 정당하며 그의 선험철학은 범접할 수 없는 대상이라는 것이다.

4) 철학적 지식의 근거 놓기

피히테는 그의 서평(Aenesidemus-Schulze-Rezension, 1794)에서 칸트와 라인홀트에 대해 제기된 반론들을 면밀하게 조사하였으며, 특히 라인홀트에 따라서 '그 자체의 의미에서 스스로 해명되는 의식의 명제(sich in seinem Sinn selbst erklärenden Satz des Bewußtseins)'에 관계한다. 애네지데무스는 이것과 관련해서 적용된 개념의 비규정성(Unbestimmtheit)을 강조하였다. 피히테는 이 근본 명제를 더 탐구될 수 있는 더 높은 근본 명제, 즉 동일성과 반대정립의 명제의 실재적 타당성에 관련시킨다. 그리고 다음과 같은 비판적인 물음을 제기한다. "구별함(Unter-scheiden)과 관계함(Beziehen)의 개념이 단지 동일성 그리고 반대의 표상을 통해서만 규정되는가?"[18] 게다가 표상함은 심성

(Gemüt)의 경험적 규정이다. 의식에 대한 반성이 경험적 표상들을 대상으로 가진다는 사실이 피히테에 있어서는 주관성의 학설이 경험적 심리학의 위상을 가져야만 한다는 것을 함축하지 않는다. 주관성은 "표상을 가져오기 위하여 필연적으로 사고되는 심성의 어떤 행위방식"을 특징짓는다.[19] 라인홀트가 '의식의 사실(Tatsache des Bewußtseins)'로 정식화한 것은 피히테에 의해서 시행(Tathandlung), 즉 자아의 자기정립 혹은 지적 직관에서의 절대적 주관의 정립에서 근거된다. 그에 따라 심성의 경험적인 규정에는 (그것의 조건으로서의) 더 기초적인 주관성이 근저에 놓여 있다. 학문으로서의 형이상학의 가능성에 대한 자신의 비판적 탐구의 지침으로서 칸트가 명확히 표현했던 '선천적 종합 판단의 가능성'에 대한 물음에 대하여 피히테는 야코비의 관점에 의지하여 이것이 개념적 사고와 연역적인 확실성을 통해서 획득될 수 없다는 것, 오히려 논증 가능한 것은 논증 불가능한 것을 근거에 두고 있다는 사실을 강조한다. 의식에 초월적인 어떤 것에 대한 설명이 어렵다는 관점에 따라 불가피한 '철학의 내재주의(der Immanentismus der Philosophie)'는 애네지데무스로부터 기인하여 피히테에 있어서 필연성에 대한 의식의 원천에 관한 물음으로서 서술된다. 그러나 이 필연성은 심성에서도 물자체에서도 근거될 수 없는 것이다. "그러나 질문은 바로 외부로부터 내부로의, 혹은 그 반대로의 이행으로부터 제기된다. 비

---

18) J. G. Fichte, *Gesamtausgabe der Bayerischen Akademie der Wissenschaften*(Hg. R. Lauth, H. Jakob, H. Gliwitzky), Bd. I, 2, Stuttgart-Bad Cannstatt, 1962 ff., 44쪽.

19) 같은 책, 48쪽.

판적 철학의 과제는 우리가 어떤 이행이 불필요하다는 것, 우리의 심성에 등장하는 모든 것이 그 자신으로부터 완전히 설명되고 파악될 수 있다는 것을 제시하는 것이다."[20] 심성에 등장하는 모든 것을 완전히 그 자체로부터 해명하고자 하는 시도는 그것을 비감각적인 자아의 자발적인 행위로부터 연역해 낼 것을 요구한다. 바로 여기에서 지적 직관의 사고가 등장하게 된다.

철학적 기초의 체계적인 형식과 확실성은 '탁월한 의미에서 학문'으로 이해되는 철학에 있어서 본질적인 근본 문제이다. 학문 일반에 대한 학문으로서의 지식론에 대한 피히테의 구상은 어떻게 학문 자체가 가능한가라는 물음을 중점적으로 제기한다. 그 까닭에 철학은 지식 그리고 특히 철학적 지식의 근거에 대한 질문에 답해야만 하는 학문이다. 여기서도 독일관념론의 체계에 대한 열망을 분명히 읽을 수 있다.

3. 지적 직관의 '유혹'과 한계

위에서 언급된 다양한 형태의 '파장'이 다시금 새로운 철학적 '기관(Organ)'의 도입이 요구되는 방향으로 철학적 사유를 전개하도록 자극하였다. 더 솔직하게 말하자면 포기할 수 없는 칸트 철학의 성과가 사실상 지적 직관을 유혹하였던 것이다. 왜냐하면 칸트 철학 이외의 대안을 그들이 상정할 수 없었고, 따라서 그들은 칸트 철학의 문제점을 극복하여 완전한 철학의 체계를 제시하는 것이 그들의 지상과제이며 최고의 도전이라고 생각했

---

20) 같은 책, 55쪽.

기 때문이다. 그런 배경에서 '지적 직관'은 '사색적 도전의 상징'이자, 벗어날 수 없는 칸트 철학의 중압감에서 비롯된 '불가피한 선택'이라는 이중적 성격을 가진다. 그러나 적어도 그들의 노력이 나름대로 '탁월한 의미에서 학문으로서의 철학'을 정초하려는 노력에서 비롯되었다는 사실은 의심의 여지가 없다. 단지 그러한 철학 개념이 여전히 유효한지를 답하는 것은 이제 우리의 몫이라고 여겨진다. 아래에서는 지적 개념의 변천사를 독일관념론을 중심으로 서술하면서 지적 개념을 통해 드러나는 철학의 과제를 간접적으로 규명하고자 한다.

1) 지적 직관 개념의 원천과, 칸트와 야코비에 있어서 지적 직관의 명암

쿠자노스(Nicolaus von Cues)가 자신의 최고의 행복을 향한 것으로서 인간이 추구하는 신의 지식(scientia Dei)을 서술하는 표현인 'visio intellectualis'와 에리우게나(Joh. Scotus Eriugena)의 'intuitus gnosticus'이 '지적 직관'의 전단계 개념을 형성한다. 이러한 지적 직관 개념은 그것의 유래에 비추어 볼 때 고전 형이상학에 속하는 것이며, '무한 지성에 대한 인식'이라는 사고와 관계한다. 칸트 또한 전비판기에 이러한 전통에 여전히 머물고 있다는 것은 잘 알려진 사실이다. 많은 연구에서 칸트의 형이상학적 근본 태도, 신, 자유, 영혼의 불멸성, 즉 본질적인 물음들(Kardinalfragen)에 대한 그의 긍정적인 태도가 '억제된' 경향으로서 '전비판 시기'에서 '비판 시기'로 넘어왔다는 점이 밝혀졌다.[21] 칸트는 대상들로부터 독립적인 신적인 직관(divinus autem intuitus)에 대해 말하고 있다. 이것이 바로 "완전히 지성

108

적인 것(perfecte intellectualis)"이다.[22] 그러나 『순수이성비판』
에서의 물자체의 인식 불가능성이라는 비판적이고 선험적인 관
점에 상응하는 입장은 다음과 같다. 우리가 그에 대한 가능성도
통찰할 수 없는 어떤 지적 직관 즉 비감각적 직관은 이 직관이
우리의 인식 능력 밖에 놓여 있기 때문에 그것의 개념적 성질
(Diskursivität)에 의거해 일반적인 인간의 이해 능력은 아닌 것
이다.[23] 칸트는 무한한 지성에 대한 인식의 사고를 담고 있는
지적 직관의 개념이 (경험에 기초한 인식을 문제 삼는) 직관에
대한 학설에는 어떠한 역할도 하지 못한다고 분명히 못 박는다.
지적 직관에 대한 칸트의 입장은 그 이후의 철학적 전개에 있어
서 피히테와 셸링을 예외로 한다면 이 개념을 대부분 철학사적
관심사항에 속하는 것으로 제한되게끔 하는 데 결정적인 기여를
하게 된다. 감성의 조건으로부터 추상하려는 어떤 지적 직관이
있다고 가정한다면 그것은 단지 '개념을 통하여' 그리고 '자유
속에서' "대상을 직접적으로 그리고 한꺼번에 파악하고" 묘사하
는 능력이라고 할 것이다.[24]

필연적으로 무신론으로 귀결될 수밖에 없는, 신과 초감각적인
것의 파악을 위한 "단순히 사변적인 노선"을 방어하면서 야코비

---

21) Berhard S. J. Jansen, *Die Religiosphilosophie Kants*, Berlin/Bonn,
   1929, 17쪽 참조.
22) I. Kant, De mundi sensibilis atque intelligibilis forma et principiis
   § 10, in ders., *Werke in zehn Bänden*(Hg. W. Weischedel), Bd. 5,
   42-43쪽.
23) I. Kant, *Kritik der reinen Vernunf*, B 307.
24) I. Kant, *Werke* Bd. 8(Akademie-Ausgabe), *Abhandlugen nach 1781*,
   Berlin, 1969, 389쪽.

(F. H. Jacobi)는 "모든 철학과 종교의 최초의 그리고 직접적인 근거"를 위한 감각(Sinn)을 '감정과 직관'을 통해서 묘사하였다. 이것은 그가 지적 직관을 비감각적 직관으로서 규정하였다는 것을 의미한다. 비록 야코비가 지적 직관에서 절대자를 인식하려는 (피히테, 셸링의) "새로운 스피노자주의"에 대립각을 세웠지만, 칸트의 입장에 대해서는 인정하는 태도를 취했다. 칸트에 있어서는 "이념, 이성의 최상의 요구들"은 '객관적인 타당성'이 없는 것이지만, '감각적 직관이 없는 객관적 표상'을 위한 지적 직관의 개념에 정당성을 부여하고 있다.[25] 칸트는 『판단력비판』에서 자연에 대한 초감성적인 실재적 근거의 성립과 연관해서 물질적 세계를 한갓된 현상으로서 고찰하고, 물자체로서의 어떤 것을 기체로서 사유하며, 그러한 기체에 대하여 그에 대응하는 지적 직관을 인정한다는 것은 적어도 가능하다고 말하고 있다. 그러나 칸트는 이러한 직관이 '우리의 직관'은 아니라고 분명히 제한하고 있다.[26]

2) 피히테와 셸링에서의 지적 직관: 자아의 문제와 절대자의 파악

칸트의 이론적-실천적 철학의 후계자인 피히테는 이미 1794년 그의 철학 체계의 주저라고 할 수 있는 『전체지식론의 기초

---

25) J. Ritter, Hg., *Historisches Wörterbuch der Philosophie*, Bd. 1, Basel/Stuttgart, 1971 ff., 349쪽. 나중에 슐라이어마허는 감정을 '자아가 무한자로서의 우주와 연결될 수 있는 유일한 매체'로서 의미 부여하고 있다. 이에 대해 F. Schleiermacher, *Über die Religion*, Berlin, 1799, 65쪽 아래 참조.
26) I. 칸트, 이석윤 옮김, 『판단력비판』, 박영사, 1980, 311쪽.

(*Grundlage der gesamten Wissenschaftslehre*)』를 출간하였다.
이 저서에 제시된 학설의 기본 개념은 '자아(Ich)'였다. 그러나
이 자아에서 문제가 되는 것은 흔히 잘못 받아들이고 있는 것과
같이 개별적-경험적 자아가 아니라 순수 자아, 의식 일반이다.
이 추상적이고 아무 내용 없이 사유된 자아, 즉 '자아성(Ichheit)'
은 결국 의식의 종합적인 기능을 표현하는 것에 불과하다. 이러
한 근본 관계에서 그것은 순수 사고, 순수 행위, 지적 직관, 곧
사유의 직관 혹은 사유의 사유, 따라서 자의식-존재 일반이었다.
이러한 관점에서 고찰해 볼 때 사고는 사고되는 것에, 주관은
객관에, 그리고 자아는 자아에 동일한 것으로 나타난다. 구체적
인 의식으로부터 추출된, 사고의 변증법적인 근본 관계, 곧 자
아 = 자아의 동일성과 더불어 헤겔이 「차이논문」에서 "과감하게
진술된, 사변의의 참된 원리(das kühn ausgesprochene ächte
Princip der Spekulation)"라고 서술한 근본 원리가 제시되는 것
이다.27) 이 원리는 독일관념론의 혁명적 사고가 담고 있으며,
그것은 이성의 자율, 모든 외적 권위에 대한 인간의 독립성에
대한 철학적 선언인 것이다.28)

피히테와 셸링을 통해서 지적 직관은 절대자를 철학적으로
파악하려는 것을 포기하려 하지 않는 철학의 중심적 범주가 되
었다. 피히테에 있어서 '자아(das Ich)'를 절대적 주관, 그를 통

---

27) G. W. F. Hegel, *Differenzschrift*, 6쪽.
28) G. 비더만, 강대석 옮김, 『헤겔』, 서광사, 1999, 58쪽 아래. 피히테의 지
    식론은 프랑스 혁명의 이론적인 측면이자, 동시에 특별한 형식으로 자
    코뱅 지배의 몰락에 이르기까지 독일 부르주아 계급의 해방 계획이라고
    정당하게 불릴 수 있었던 철학적 기획이라 평가된다.

해 선험철학의 최종적 원리로 고양하는 '사행(Tathandlung)'은 단지 지적 직관을 통해 정립될 수 있다.[29] 지적 직관은 피히테에 있어서 "생의 원천이며, 철학을 위한 유일한 확고한 기점이다." "지적 직관은 내가 행위하고 내가 무엇을 행위한다는 사실에 대한 직접적인 의식이다. … 그러한 지적 직관의 능력이 있다고 하는 것은 개념을 통해 논증되지 않으며, 그것이 무엇인지가 개념에서 전개되지 않는다. 각각은 이 능력을 자기 자신에게서 발견해야만 하며, 혹은 각각은 그것과 결코 친숙하게 되지 못하게 될 것이다."[30] 지적 직관의 개념은 피히테의 이해에 있어서 (자아의) 자기의식과, 이를 통해 대상에 대한 의식의 실행함, 즉 사고의 단순히 기초하는 반성 양태를 파악한다. 이것이 바로 칸트와의 차이이다.

피히테의 야심 찬 기획은 곧 비판에 직면하게 된다. 특히 헤겔은 「차이논문」에서 이러한 문제점을 면밀하게 검토하고 있다. 그에 따르면 피히테적인 자아는 추상성, 곧 일면적인 규정성을 벗어나지 못한다. 그것은 주관이나 선험적인 의식으로서 그 자신의 객관인 자기 자체에 한정되어 있다. 따라서 이 자아는 주관적인 주관-객관이며, 경험적인 자아와 연관하여 상상적으로 설정된 양자의 통일일 뿐이다. "객관, 곧 비아의 개념 속에 추상적으로 종합된 주변 세계의 다양성은 주관, 곧 최고의 (인간적인) 완전성의 이상으로서의 자아와 동일해야 한다." 주관과

---

29) J. G. Fichte, *System der Sittenlehre*, in *Fichtes Werke*(Hg. I. H. Fichte), Bd. IV, Berlin, 1971, 47쪽.

30) J. G. Fichte, *Grundriss des Eignetümlichen der Wissenschaftslehre*, in *Fichtes Werke*(Hg. I. H. Fichte), Bd. I, Berlin, 1971, 463쪽.

객관의 관계가 모두 동일한 차원에서 이루어져야만 정신과 자연의 연합, 직관된 것과 직관하는 것의 통일이 가능한 것이다. 그러나 피히테에 있어서는 주관이 객관을 정립하고 규정하지만 반대로 객관은 주관을 결정짓지 못하는 일면적인 관계로 나타나며, 이들의 상반성이 절대적으로 고착되게 된다. 이런 맥락에서 헤겔은 "자아가 스스로 객관화되지 못한다(Ich wird sich nicht objektiv)"고 말하고 있다.[31]

잘 알려진 바와 같이, 직접적으로 피히테의 관점에서 출발하여 이러한 양면성을 극복할 수 있는 시야를 확보하려고 셸링은 노력하였다. 그는 활동적이며 행위하도록 규정지어진 피히테의 자아, 즉 유아론적 차원에 머물고 있는 자아를 객관화하였으며 그것을 '자연'으로 연장하였다. 다시 말해서 셸링은 자연을 '근원적인 생산력'으로 간주되는 절대적인 자아로부터 상승하는 산물들의 계열 속에서 발생하도록 하였다. 실로 자연에 대한 셸링의 관점은 그의 '동일철학'으로 전개에 이르기까지 매우 독창적인 사유의 면모를 보여주고 있다. (셸링에 대한 스피노자의 영향을 통해 어느 정도 선취할 수 있듯이) 셸링은 자아의 절대적인 정립과 더불어 자아(정신)란 보이지 않는 자연이고 자연은 보이지 않는 정신이어야 한다는 원칙에 따라 피히테의 주관적 관념론을 객관적 관념론으로 이끌어 갔다.[32]

---

31) G. W. F. Hegel, *Differenzschrift*, 37쪽.

32) G. 비더만, 앞의 책, 59쪽 아래. 흥미로운 것은 셸링 자신이 피히테의 관점을 넘어섰다는 사실을 오랫동안 의식하지 못하고 있었다는 점이다. 『선험적 관념론의 체계』가 출간된 해인 1800년 11월에도 셸링은 피히테와 피할 수 없는 견해 차이에도 불구하고 "모든 본질적인 관점에서" 피히테의 "체계와 … 일치하고 있다"고 생각하였다. 독자적으로 셸링과

셸링은 『선험적 관념론의 체계』(1800)에서 지적 직관을 "모든 선험적 사고의 기관(Organ)"으로 묘사하고 있다.[33] 이 시기에 "객관적으로 된 선험적 직관"으로서 "미적 직관"은 예술에서 절대자의 묘사를 위한 가능성의 조건이다.[34] '절대자의 철학'이라고 불리는 그의 체계에서 있어서 지적 직관은 매우 중요한 위상을 부여받는다. 주관성, 마찬가지로 객관성의 "인식함과 존재함의 총체적인 무차별성(totale Indiffrenz des Erkennens und des Seyns)"[35]으로서 절대자를 규정하는 셸링의 전체 동일철학에서 "직접적으로 직관하는 인식"으로서의 지적 직관이 이러한 동일철학의 과제의 수행을 유일하게 만족시키는 인식방식이다.[36] 셸링은 지적 직관의 이러한 사용을 통해서 오래된 '관조(contemplatio)' 개념을 새롭게 갱신하였다. "절대자에 대한 인식방식은 그것이 절대적이라고 한다면 또한 관조적인 것이다. — 모든 직접적인 인식 일반은 직관과 같으며(Jede unmittelbare

---

피히테의 철학적 견해 사이의 근본적인 차이를 개념적으로 발견해 내고 그 차이를 예나에서 엄밀하게 규정하고 공식적으로 공개한 사람은 헤겔이었다. 이것은 셸링이 피히테에게 보낸 1801년 10월 3일의 서간에서 확인되고 있다. "아주 뛰어난 어떤 두뇌에 의해 최근에야 비로소 한 권의 책이 간행되었는데, 그 제목은 『피히테와 셸링의 철학 체계의 차이』이며 거기에 나는 어떤 관여도 하지 않았고 동시에 어떠한 방식으로도 그것을 방해할 수 없었다."

33) F. W. J. Schelling, *System des transzentalen Idealismus*, Hamburg, 1957, 37쪽.

34) 같은 책, 297쪽.

35) F. W. J. Schelling, *Werke*(Hg. K .F. A. Schelling), Bd. 4, Stuttart/Augusburg, 1856 ff., 127쪽.

36) F. W. J. Schelling, *Werke*(Hg. K .F. A. Schelling), Bd. 6, Stuttart/Augusburg, 1856 ff., 23쪽.

Erkenntniß überhaupt = Anschauung), 그런 한에서 모든 관조는 직관이다. 그러나 여기서 이성이 인식하는 자(者)이므로 이 직관은 하나의 이성이며, 혹은 일반적으로 칭해지듯이 하나의 지적 직관이다."[37] 셸링에게 있어서 지적 직관은 영원한 것 그리고 절대적인 것에 대한 선험적인 내성(Introspektion)에서 귀결되는 파악이라고 이해할 수 있다.

3) 셸링의 『선험적 관념론의 체계』에서의 지적 직관: '선반성적' 지평

이제 여기서 위에서 간략히 언급된 셸링의 관점을 다시 한 번 다루고자 한다. 그것은 지적 직관을 통한 선험적 관념론의 체계를 구성하는 노력에서 오늘날 우리가 해석학적 사유에서 일반적으로 받아들이는 이해와 행위의 '사건성격(Geschehenscharakter)'에 대한 논의를 발견할 수 있으며, 이런 논의는 해석학적 사유의 가장 중요한 특징 중 하나인 선의식적(vorbewußte), 선반성적(vorreflexive) 차원에서 이루어지고 있다. 이러한 차원을 우리는 '근원적(ursprüngliche)' 차원이라고도 말할 수 있을 것이다.

먼저 셸링의 선험적 관념론의 체계에서의 지적 직관의 개념을 살펴보면 일견 피히테와 아무런 차이가 없는 것처럼 보인다. 헤겔이 「차이논문」에서 명확히 표현했듯이 피히테와 셸링의 철학의 (절대적) 원리는 지적 직관이다. "절대적 원리, 철학의 유일한 실제 근거이며 확실한 입점은 피히테에게서와 마찬가지로

---

37) 같은 책, 153쪽.

셸링의 철학에서 지적 직관이다. — 반성을 위해 표현하자면, 주관과 객관의 동일성."38) '절대적 원리'와 '지적 직관'을 동일시함으로써 헤겔은 직관하는 자, 이른바 모든 객관 연관적 표상으로부터 분리되며 지적 직관을 실행하였던 철학자들로부터 추상하였다. 셸링 자신은 주관적인 활동으로부터의 이러한 분리를 단지 순수한 이론적 철학, 자연철학을 위해서만 수행하였다. 『선험적 관념론의 체계』에서 셸링은 자유에서 야기되는 지적 직관을 자아와 동일시하였다. 지적 직관에서는 시간의 변화로부터 가장 내면적인 것에로 숨어 들어간, 산출하며 직관하는 자아가 산출된 것과 직관된 것과 하나이며 같은 것이다. 이것은 당연히 순수한, 시간 외부에 놓인, 스스로 그리고 단지 스스로에 대해서만 대상이 되는 산출함의 활동성으로 파악되었다. 이 세계에 등장하는 어떠한 대상들에 의해 제한되지 않는 완전히 무전제적인 실행, 이 비대상적인 것은 모든 존재자로부터 분리되며, 자신의 존재에서 스스로 담지하는 절대적으로 자유로운 것이다. 그리고 그러한 것으로서 그것은 그 안에서 '유일하게' 그리고 '홀로' 주관적인 것과 객관적인 것이 '전적으로' 그리고 '매개 없이' 하나이며 동일한, '절대적으로 동일한 것'이다. 이러한 전적으로 자기충족적인 것으로서 그것은 결코 지식의 대상일 수 없으며, 단지 "행위에서, 즉 믿음의 영원히 전제함(ewigen Voraussetzens im Handlen, d,h, des Glaubens)"의 대상일 수 있는 것으로서 절대적 동일성은 주관-객관으로 분리되는 지식과 알려고 하는 행위의 '원리'이다. 이것은 하나의 무조건적으로 정

---

38) G. W. F. Hegel, *Differenzschrift*, 76쪽 아래.

립된, 그리고 단지 스스로를 통해 규정되는 근본 명제에서 표현되는 것이다. 이 근본 명제는 바로 그 안에서 형식과 내용이 상호적으로 전제하는 까닭에 학문의 전체 내용, 무엇보다도 자신의 통일성의 형식, 학문으로서의 철학의 체계적인 것을 근거할수 있는 것이다.[39]

그러나 셸링에게 있어서 이 원리가 왜 '지적 직관'으로 불리는가라는 물음을 통해 그가 피히테보다는 스피노자와 신비주의(Mystik) 그리고 휠덜린(F. Hölderlin)의 영향을 더 받은 것을 확인할 수 있다. 이 직관이 '지적'인 것은, 직관되는 것이 직관하는 것과는 상이한 '감각적(sinnliche Anschauung)' 직관과는 달리, 직관된 것이 직관하는 것을 자유에서 제한하지 않으며, 오히려 지성(intellectus), 곧 이성의 자발성의 실현을 나타낸다는 것이다. 그것은 '절대적으로 자유로운 앎(absolut-freies Wissen)'으로서의 실행(Vollzug)이다.[40] 지적 직관이 '신적 지성(intellectus divinus)'의 직관처럼 사물들을 무로부터 창조하지는 않는다고 하더라도 지적 직관은 스스로를 모든 자신의 규정성들을 자유롭게 산출하는 자아성(Ichheit)으로서 야기한다.[41] 셸링은 직관에 대해서 '지적'이라고 말한다. 왜냐하면 이 직관이 자유로운 이성이기 때문이다. 이 자유로운 이성은 자기 자신의 구성에 스스로 활동한다. 이런 의미에서 그는 다음과 같이 말한다.

39) W. Marx, *Schelling: Geschichte, System, Freihei*t, Freiburg/München, 1977, 66쪽 참조,

40) F. W. J. Schelling, *System des transzendentalen Idealismus*, Hamburg, 1957, 37쪽.

41) 같은 책, 36쪽.

"이 철학의 처음과 끝은 자유, 절대적으로 논증될 수 없는 것, 단지 자기 자신을 통해서만 증명되는 것이다."[42]

'자유'라는 개념과 더불어 독일관념론에 고유한 사상의 면모가 드러난다. 이것은 아쉽게도 오늘날 철학함에 있어서 거의 망각되거나 더 이상 큰 의미를 부여하지 않는 사유라는 점에서 우리의 철학적 경향을 반성하게 만든다. 피히테, 헤겔 그리고 젊은 셸링은 유한한 의식에서, 무로부터의 창조처럼, 근원적인, 자기 자신을 야기하는 그리고 객관을 통해 제한되지 않는, 이런 의미에서 자유로운 차원이 있다는 점에 확신하고 있다. 이 차원은 그들에게 그것의 기초 위에 학문으로서의 철학에 대한 칸트의 기대가 충족하려고 했던 원리로서 간주된 것이다.[43]

그러나 왜 이 자발성이 셸링에게 있어서 '사변(Spekulation)'의 의미에서 말해질 수도 있는 합리적인 반성(verstandmäßige Reflexion) 또는 이성적인(vernünftige) 반성의 자발성이 아니라 '직관'인가? 셸링의 발생론적으로 태도하는 관념론의 고유성은 그가 이성의 자발성을 선반성적(vorreflexiv)으로 파악했고, 더 나아가서 이성의 작용을 '일상적인 의식의 피안에서' 발견하고자 시도했다는 점, 그것의 결과로서만 우리에게 의식되는 '선의식적인 작용(vorbewußtes Wirken)'이 탐구의 대상이었다는 사실이다. 바로 여기에 오늘날 그 어느 때보다 이해와 행위의 사건 성격(Geschehenscharakter), 즉 그것들의 '수동성'을 이해하고자 시도하는 우리에게 있어서, 그의 시도가 현재적이고 환상적인

42) 같은 책, 44쪽.
43) W. Marx, 앞의 책, 67쪽 아래.

면이 놓여 있다.[44] 셸링은 이미 1979년의 『자연철학의 이념들 (*Ideen zu einer Philosophie der Natur*)』에서 의식과 더불어 실행된 직관의 능력을 인간 정신에서 최상의 것으로서 높이 평가하였다. 왜냐하면 여기서 직관을 형성하는 것의 본질은 객관적 세계의 표상과, 특수한 것에서 질료의 표상을 산출하는 활동성에 놓여 있기 때문이다.[45] 셸링은 『선험적 관념론의 체계』에서 이제 바로 자유롭게 활동하는 자기의식을 가능하게 하는 모든 선의식적인 활동성들을 그것들이 근원적으로 매개되지 않았으며 그리고 단순히 주관-객관의 객관적인 것, 즉 의식되는 지성의 의식 없는 합법칙성을 산출하는 한, '직관(Anschauung)' 또는 '직관함(ein Anschauen)' 또는 '직관하는 자(das Anschauende)'로 칭하였다. 직관의 폭넓은 개념은 오성적으로 분석하는 반성뿐만 아니라, 부정적인 자기관련의 관계들을 서로 간에 매개하는 하나의 사변적인 반성과의 비교를 통해서 그 의미가 잘 드러날 수 있다. 이런 배경에서 셸링은 『선험적 관념론의 체계』에서 열정적으로 "우리의 전체 철학은 반성이 아니라 직관 위에 서 있다"[46]고 말한다.

4) 지적 직관에 대한 열광(낭만주의)과 결별(헤겔): '시인의 능력'과 '망상'

피히테와 셸링을 통한 인간 인식의 무한한 확장은 낭만주의 사고의 환영을 받았다. 낭만주의 사고는 개념적 사고에 우리의

---

44) F. W. J. Schelling, *System des transzentalen Idealismus*, 195쪽.
45) W. Marx, 앞의 책, 68쪽 아래 참조.
46) F. W. J. Schelling, *System des transzentalen Idealismus*, 123쪽.

철학함을 제한하려는 강단철학과 칸트 철학을 통해 부과된 입장에 대항하였다. 그리하여 예를 들면 노발리스에게 있어서 자아의 '근원적 행위(Urhandlung)'로서 감정과 반성의 상호관계에서 지적 직관은 '삶의 열쇠'이며, 그를 통해 대립이 매개된다. 이제 감정은 자신의 우연성에 대한 반성에게 지적 직관의 질료를 제공한다. 감정이 자신의 최초의 형식들의 제시에서 반성에게 도움이 되어야 하는 것과 마찬가지로 반성은 자신을 위해 작업하는 어떤 가능한 것을 소유하는 데 함께 작용하여야 하며, 그렇게 하여 지적 직관이 생겨난다. 이것이 반성에서 철학의 질료가 된다. 횔덜린 또한 지적 직관을 통한 '매개의 가능성(die Möglich-keit der Vermittlung)'을 인식한다. 지적 직관은 부분들의 분리와 그것들의 탈피에 반하여 합일(Einigkeit)을 지각하는 시인의 능력이다.47)

지적 직관에 대한 낭만주의의 열광적인 태도와는 달리 헤겔은 이미 비판적인 관점에서 일정한 거리를 두고 지적 직관에 대한 자신의 시대의 경험을 되돌아보고 있다, 헤겔은 몇몇의 "인간들이 순수한 의지행위와 지적 직관을 산출하려는 출발점을 넘어서서 망상에 빠져들게 되었다"고 회고하고 있다.48) 왜냐하면 그들이 지적 직관이 "저속하고 단순하다"는 것, 즉 "의식에서의 모든 낯선 것"으로부터의 추상이라는 것을 주의하지 않기 때문이다.49) 그러나 헤겔 또한 지적 직관의 매력을 알고 있다. 그에

---

47) J. Ritter, Hg., *Historisches Wörterbuch der Philosophie*, 350쪽 참조.

48) G. W. F. Hegel, *Jenaer Kritische Schriften*, in *Hegel Gesammelte Werke*, Bd. 4, 390쪽.

49) 같은 책, 같은 곳.

120

따르면 지적 직관, "순수한 지식의 관점으로의 고양"[50]은 모든 외적인 조건들을 거절하는 올바른 계기를 가지고 있으며, 그렇게 현존재를 자신의 "지속적인 실재성과 진리"에서 고찰한다.[51] 그러나 지적 직관은 "주관적인 요청"에 머물며 개념의 객관적인 운동에 서 있지 않다는 단점이 있다.[52] 셸링의 지적 직관이 특별한 것이며, 모든 사람이 도달할 수 있는 것이 아니라는 점에서 그리고 "모든 것이 직접적으로 스스로 발견되며", 그것에 "차후적인 반성이 결합할" 수 있는 그것에서 결코 "학문의 발전"이 시작할 수 없다는 정도로 지적 직관의 의의가 평가될 수 있다.[53] 그러나 헤겔의 지평에서 지적 지관은 비교적(秘敎的, esoterisch)으로 머물러 있으며, 정신의 객관적 전개의 결과가 아니다. 지적 직관에 대한 헤겔의 비판은 (지적 직관이 철학적 기관으로서 기능한) 셸링 철학 자체에 대한 비판이라는 것은 자명하다.[54] 헤겔의 비판은 냉정하다. 그는 셸링 철학이 사변적 이념의 발전이 아니며, 셸링의 철학에는 절대자의 발전의 형식과 전진의 필연성이 결여되어 있다고 비판한다.[55] 셸링의 철학

---

50) G. W. F. Hegel, *Wissenschaft der Logik*, Erster Band, in *Hegel Gesammelte Werke*, Bd. 11, 38쪽.

51) G. W. F. Hegel, *Wissenschaft der Logik*, Zwiter Band, in *Hegel Gesammelte Werke*, Bd. 12, 42쪽.

52) G. W. F. Hegel, *Wissenschaft der Logik*, Erster Band, in *Hegel Gesammelte Werke*, Bd. 11, 38쪽.

53) 같은 책, 39쪽.

54) 셸링의 지적 직관 개념에 대한 헤겔의 비판에 대해서는 권대중, 「헤겔의 정신론에서 '감각적 인식'으로서의 직관」, 『미학』 제36집, 한국미학회, 108쪽 아래 참조.

55) G. W. F. Hegel, *Werke in zwanzig Bänden*, Bd. 20, *Vorlesungen über*

에서 절대자는 단순히 전제되었을 뿐이며, 그런 방식으로 지적 직관은 "절대자에 대한 인식을 누군가에게 떠오르는 것 위에 정립하는 가장 편리한 수법"이 된다고 헤겔은 보고 있다. 셸링의 천재성에 대한 미련을 표현하듯 헤겔은 지적 직관이 단지 소수, 즉 천재와 '행운아'에게만 접근 가능하다고 말한다.[56] 지적 직관에서에서는 모든 '증명함'과 '개념적으로 만듦'이 중지되며, 올바른 이해가 직접적으로 요구되며, 그런 연유로 개념과 논리의 과정으로 이해되는 (칸트적인 의미에서의) 철학의 영역을 벗어나고 있다고 평가된다.[57] 하이데거는 이런 문제점을 "지적 직관이란 의미에 있어 지식에의 요청과 더불어 독일관념론은 칸트 이전의 철학의 상태로 되돌아간 듯이 보인다"고 지적하고 있다.[58]

---

die Geschichte der Philosophie III, Ffm, 1971, 454쪽

56) 같은 책, 428쪽.

57) 같은 책, 434쪽. 헤겔 이후의 지적 직관 개념의 전개에 대해서는 J. Ritter, Hg., *Historisches Wörterbuch der Philosophie*, 350쪽 아래 참조. 헤겔 이후에는 지적 직관은 프란츠(C. Franz)가 셸링에 기대어 개념이 더 이상 현재적 의의를 가지지 못한 상황에 직면하여 (지적 직관 개념의) 보편화를 통해 대항하려고 시도하였지만 더 이상 철학적 반성의 중심적 대상은 아니었다. 프란츠에게 있어서 지적 직관은 신의 인식("신에 있어서 자아의 자기정립은 절대적인 지적 직관이다."), 개별적인 자아, 우주진화론(Kosmogonie) 그리고 영원한 것의 지각을 위한 수단이다. 지적 직관은 오성을 통해 결코 습득할 수 없는 것이다. 지적 직관에서 정신은 어떻게 그의 영원한 원상태에서 시간성 안에 나타나며 그리고 다시 되돌아가는지 인식한다. 그곳에서 정신은 자신의 생을 또한 생으로서 인식한다. 쇼펜하우어는 그 안에서 각각이 정직함이 없이 철학하고 신비화할 수 있었던 피히테와 셸링의 지적 직관을 상상물과 몽상으로서 형용하지만, 지적 직관의 개념을 감각적 직관에 대립하는 순수한 오성의 인식방식의 의미에서 타당한 것으로 간주한다.

4. '전체적 조망'(체계)으로서의 철학과 이성의 개방성

지금까지 우리는 독일관념론의 문제의식을 칸트 철학의 문제점을 극복하려는 노력과 지적 직관의 개념(사)을 통해 조명하였다. 칸트 철학의 성과를 물려받은 칸트 이후의 독일 사상가들이 취할 수 있는 선택은 사실상 그렇게 많아 보이지 않는다. 그들에게는 칸트 철학의 문제점으로 해결하여 칸트 철학을 '체계'로서 완결짓는 것이 거의 유일한 과제설정의 방향이었다. '체계'를 향한 노력(집착)이 찾아낸 사유의 도구는 '지적 직관'의 개념이었고, 특히 피히테와 셸링에게 있어서 이 개념은 위상은 철학의 원리 그 자체를 의미하였다. 지적 직관의 개념은 낭만주의의 문학적 절정을 경험한 후 헤겔 철학에서는 그 위상이 극도로 위축되는 철학사적 경험을 하였다.

우리는 지적 직관의 개념의 역사를 추적하면서 이 개념이 철학적 지식의 체계화를 위한 불가피한 선택으로 취해졌다는 사실과 이러한 체계화의 요구는 시대의 요구이자 '철학의 필요성'에 의해 제기된 결과라는 점을 확인하였다. 물론 우리가 그러한 개념을 오늘날 단순히 반복하거나 수용하는 것은 무비판적인 태도라 할 수 있을 것이다. 그러나 '파편화된 담론들'이 전체 세계에 대한 이해를 어렵게 만드는 철학적 현실을 고려할 때 지적 직관

---

58) M. 하이데거, 최상욱 옮김, 『셸링』, 동문선, 1997, 70쪽. 물론 셸링은 자신의 입장이 독단론과는 다르다는 점을 다음과 같이 주장하고 있다. "우리가 절대자 안에 있다는 사실이 아니라, 지식 안에서 사유의 존재의 절대적 통일성을 주장하고, 그리고 그를 통해 지식 안에서 절대자의 존재를, 그리고 절대자 안에서 지식의 존재를 주장한다는 점이다."(같은 책, 71쪽)

의 개념은 아득한 기억 속에 자리하고 있지만 우리의 것에 속했고 어쩌면 우리에게 필요할지도 모르는 철학적 세계를 바라볼 수 있는 '전망대'의 역할을 할 수 있을 것이다. 독일관념론의 철학자들이 가졌던, 유한한 의식에서 근원적이며, 자기 창조적이고 대상에 의해 제한되지 않는 자유로운 차원에 대한 확신은 오늘날 현실에 고착되어 사유의 본질적 과제를 망각한 우리에게 철학의 이정표를 제시한다. 지적 직관이라는 (철학의) 원리는 이성의 자율, 모든 외적 권위에 대한 인간의 독립성에 대한 철학적 선언으로서 독일관념론, 특히 피히테와 셸링의 혁명적인 철학적 정신의 표현인 것이다. 이로부터 이제 우리가 목도하는 (철학적) 현실을 고려할 때 우리의 철학적 과제가 과연 어떤 원리로 표출될 수 있을 것인가라는 물음이 자연스럽게 제기된다.

이제 다시 출발점이었던 칸트와 독일관념론의 철학적 관계로 되돌아가서 생각해 볼 때 칸트를 통해서, 그리고 또한 관념론 이후의 철학적 전개를 통해 정당화된 인식을 우리가 확인할 수 있다. 인간 이성은 유한하고 한계 내에 머물러 있다. 이 한계가 인간 이성에게 절대자와 초월자의 차원으로의 (인식적으로 완수될 수 있는) 접근을 방해한다. 이것으로 모든 것이 해명된 것인가? 진정 주의가 필요한 부분이 바로 여기이다. 만약 인간 이성이 제한된 것으로 간주될 수 있다면, 또한 적어도 오늘날의 포스트모던적 흐름도 스스로를 잘못 이해하고 과대평가할 수 있는 것이라면, 전체적 조망을 추구하는 '형이상학의 종말'이라는 주장도 내적인 자기모순 때문에 너무 성급한 것일 수 있다. 인간이 마주한 전체 세계를 그 세계에 대한 체계적 조망에서 완결짓고자 하는 인간의 철학적 욕구는 여전히 유효한 것이다. 마찬가지로 상대주의의 일반성에 관한 주장도, 철학이 의심의 눈으로 보아야 할 '이성의 월권(eine Anmaßung der Vernunft)'일 것이다. 그래서 철학적 체계에 대한 집착과 마찬가지로 상대주의에 일방적으로 의탁하는 태도 또한 똑같이 지나친 것이며, 그런 연유로 비판을 필요로 한다. 따라서 철학은 시대적 현실을 외면하지 말고 철학의 필요성을 제기하여, 열린 태도에서 끊임없는 사색적인 모색을 추구해야만 하는 것이다. 그런 의미에서 철학은 우리의 삶과 유리될 수 없는 통일적 세계 이해를 향한 희망을 담고 있다.

셸링의 자연철학과 주체로서의 자연

박 영 선

1. 들어가는 말

오늘날 자연과 인간은 서로 분리됨으로써 그 관계가 매우 부정적일 뿐 아니라 더 나아가 오늘날 인간은 세계를 상실한 채오직 자기 자신에만 대면하고 있다고 볼 수 있다. 인간은 자연과학적 연구에 기반을 둔 기술적 실험도구에 의해 자연이 지닌고유한 형식조차 남기지 않고 탐구할 정도의 수준에 도달하였다. 이는 기술에 의한 인간의 점증하는 자연 정복에 의해 인간이 자연 전체를 인간적 산물로 변화시킬 수 있음을 의미하는 것이다. 그럼에도 불구하고 과연 인간이 자연의 암호를 모두 해독할 수 있을까라는 의문이 제기될 수 있다. 이러한 의문은 인간이 자연의 고유한 형식조차 남김없이 해명할 수 있다는 오만에 반하여, 자연은 그럴수록 자신의 본질로 움츠러든다는 인식에 기원한다. 인간과 독립적인 본질이 자연에 있다는 관점은 근대 이후의 자연관에 모순된다. 하지만 셸링의 자연철학은 근대적 자연관이 지닌 문제점에 대한 철학적 반성을 통해 주체로서의 자연의 본질을 해명한다.

이 글은 셸링이 자연철학을 통해 인간과 자연과의 이원적 관계를 극복하려 하였다는 점과 자연은 그 극복의 근거를 이미 자연 자체 안에 내포하고 있다는 점을 밝히려는 데 있다. 셸링은 한편으로 자연이 인과율에 종속된 기계적 결합으로 되어 있다고 보았지만 그렇다고 해서 자연을 인간적 자유가 넘어서지 못하는 한계로 파악하지 않는다. 셸링에게 자연은 오히려 생명적인 것을 내포한 포괄적인 영역이기 때문에 인간의 역사조차 가능하게 하는 근거로서 파악된다. 물론 그렇다고 해서 셸링이 기계적 필연에 따른 자연의 발생을 도외시하였던 것은 아니다. 왜냐하면 객관과 주관, 물질과 정신, 자연과 인간, 자연과 역사의 이원화는 사실상 인간의 철학적 반성과 함께 시작되기 때문이다. 인간이 자신을 외부 세계와 대립된 것으로 정립하자마자 인간은 철학으로의 첫걸음을 내딛은 것이다. 이 분리와 더불어 반성이 시작된다. 이렇듯 인간과 세계의 분리는 필연적이기는 하지만 그렇다고 해서 이 이 분리가 궁극적일 수는 없다.

분리는 단지 수단일 뿐이지 목적이 아니다. 철학은 그런 근원적 분리를 전제해야 시작할 수 있지만 진정한 철학은 인간 정신 안에 본래 필연적으로 통합되어 있던 것을 반성적으로 분리한 후 자유에 의해 다시 통합시키는 데 있다. 자연철학의 역할은 반성적 사유와 함께 자기 자신을 자연으로부터 분리하였지만 자연과의 동일성의 인식에 의해 인간을 자연으로 되돌리는 데 있다. 순진무구한 자연으로의 회귀, 즉 인간의 자연과의 통일은 이런 점에서 인간 역사 가운데 하나의 혁명과 같은 것이다.

자연을 주체의 관점에서 보려는 셸링의 자연철학을 드러내기 위해 제일 먼저 '피히테와의 대결' 과정과 극복의 문제가 논구될 것이다. 이어서 '자연철학으로의 전환' 및 '자연철학의 이념'에서 셸링의 자연철학의 본래 모습을 다룬다. 그리고 나오는 말에서 결론을 대신하여 '셸링의 자연철학과 현대 자연과학'의 연관성을 시론적 수준에서 다룬다. 셸링의 자연철학이 기계론적 자연관의 극복에 주안점을 두고 있고, 현대 자연과학 역시 과학적 유물론으로부터 전향하면서 새로운 패러다임을 전개하기 때문에 셸링의 자연철학으로부터 도래하는 자연과학의 변화를 예견할 수 있어 보인다.

2. 피히테와의 대결

셸링 철학의 주제는 발전 단계에 따라 변한다. 1단계의 주제가 자아와 자연이었다면, 2단계에서는 자연과 정신의 동일철학, 3단계에서는 계시와 신화로의 변전이었다. 첫 단계인 1794-1800년에 셸링의 중심 과제는 피히테 철학의 영향 아래 있다. 셸링은 이미 튀빙겐 시절 칸트와 피히테를 연구하였고 19세 나이에 처음으로 출간한 철학논문『철학 일반의 하나의 형식의 가능성에 관하여』(1794)는 완전히 초기 피히테의 정신에 따라 쓰인 것이다. 이후 셸링의 첫 시기를 종결짓는『초월적 관념론의 체계』

(1800)는 피히테의 『학문론』(1794)에 대한 주석으로 여겨질 정도였다.[1]

칸트에서 참된 지식은 객체에 관한 인식이 주관에 의해 정립되는 데 있으며, 이는 피히테에게 직접적으로 영향을 끼쳤다. 하지만 칸트와는 다르게 피히테는 인식 주관에 대한 지식은 객체에 관한 지식을 추구하는 것과 같을 수 없다고 본다. 피히테가 보기에 칸트는 인식 주관에 대한 철학적 반성을 끝까지 밀고 나가지 않았다. 칸트 철학의 한계는 주체가 타자에 의해 제약된 것임에도 불구하고 순수이성을 "완전한 통일체"[2]로 보았다는 데 있다. 따라서 피히테는 자기반성의 행위 위에 새로운 형이상학의 정초를 시도하면서, 인식 주체는 자기인식의 순간에 모든 것을 정립하는 존재자, 즉 절대자를 직시하게 된다고 보았다. 도그마(실재론)적 형이상학이 자아를 객관의 관점에서 파악하려 하였다면 새로운 비판적 형이상학은 자아로부터 출발해야 한다. 자아는 사물에 의해 규정되는 단순한 이론적 인식 행위에 따르는 것이 아니라 사물 자체를 산출하는 능동적 활동이라는 것이다.[3] 이런 이유로 피히테에서는 실천철학이 우선시되며, 실천철학은 자아가 객관세계를 형성하려는 시도에 다름 아닌 것으로 파악되었다.

새로운 형이상학은 "내적 직관의 자유"[4]를 소유한 자에 의해

1) Walter Schulz, "Einleitung zum System des transzendentalen Idealismus", in *System des transzendentalen Idealismus*, Hamburg, 1962, X쪽.

2) Kant, *Kritik der reinen Vernunft*, Hamburg, 1990, A XIII

3) Fichte, *Grundlage der gesamten Wissenschaftlehre*, in Fichtes Werke, Bd. I, Berlin, 1971, 256쪽.

서만 수립될 수 있다. 새로운 형이상학적 관점에 의하면 객체와 결합에서 오는 자아의 제한은 본래적으로 자아가 스스로 정립한 제한일 뿐이다. 즉 자아가 절대자이다. 자아의 절대성은 자아가 행위를 통해서 자아에 대립한 객체를 극복함으로써 수행된다. 그래서 피히테는 『인간의 존엄에 관하여』에서 "모든 대상이 인간의 작용이 끼친 특성(도장, das Gepräge seiner Einwirkung)을 담아낼 때까지"[5] 인간이 행위할 것을 요구한다.

셸링의 초기 철학은 피히테의 영향에서 출발한다. 그러나 초기의 셸링을 완전히 피히테의 반복이라 여기는 것은 옳지 않다. 그가 최초의 저서 『철학 일반의 하나의 형식의 가능성에 관하여』에서 정관사 2격 'der'를 사용하지 않고 부정관사 'einer'를 사용하여 '하나의 형식의 가능성(Möglichkeit einer Form der Philosphie)'이란 제목을 붙인 것은 피히테의 자아 중심의 철학은 '하나의' 가능적 형식일 뿐이지 최종적인 결론은 아니라는 것을 의도한 것이다. 셸링에 고유한 철학의 뿌리는 피히테와 차이를 지니며, 이는 이미 셸링의 초기 철학에도 적용된다.[6] 즉 셸링의 초기의 논문은 피히테의 영향권에서 쓰였지만 이미 그의 글에는 피히테의 주관주의적인 관점과 일치할 수 없는 계기가 내포되어 있다. 셸링의 사유는 절대적인 것(das Absolute)을 지식의 최상의 원리로서 추구하되, 동시에 절대적인 것을 **모든 존재자에 내속된 원리**로 파악한다는 점에서 피히테와 차이가 있

---

4) 같은 책, 88쪽.

5) Fichte, *Über die Würde des Menschen*, in Fichtes Werke, Bd. I, Berlin, 1971, 415쪽.

6) Schulz, 앞의 책, X쪽.

다. 세계 전체란 무엇인가의 문제 앞에서 피히테는 자기의식 (Selbstbewußtsein)의 확실성을 최상의 원리로 파악하였으나 셸 링은 이에 만족할 수 없었다. 철학적 반성이 비록 자기의식의 주위를 맴돌며 이를 결코 벗어날 수 없고, 또 이 자기의식이 모 든 사유의 저변에 놓여 있는 것이 사실이지만 셸링은 사유를 한 걸음 더 진전시킨다. 즉 그는 자기의식의 근거를 문제 삼은 것 이다. 이러한 셸링의 문제 설정은 세계와 자기의식의 절대적 근 거로서 초반성적(반성 이전의, transreflexiv) 존재를 가정할 것 을 요구한다.

셸링은 『철학의 원리로서의 자아』(1795)에서 세계와 자기의 식의 절대적 근거로서 절대적 자아는 "모든 사유와 표상에 선행 하는 존재를 포함한다"[7]고 봄으로써 반성 이전의 존재를 설정 한다.[8] 피히테 역시 반성 이전의 근거를 전제한다는 점에서 셸 링과 유사하다. 하지만 피히테에서 의식과 자연이 본질적으로 동일한 것이므로 의식은 결국 자연에 대립한 저항을 포기해야 함에도 불구하고 피히테는 이것에 관해 결말을 짓지 않았다. 셸 링 역시 피히테와 유사한 길을 걷지만 셸링에서 주관과 객관의 분리는 이미 자연에 내포되어 있었다. 즉 자연은 스스로 활동적 이므로 하나의 주체로 파악된 것이다. 셸링에서 자아는 초반성

---

7) Schelling, *Vom Ich als Prinzip der Philosophie*, I/1, 167쪽, in Sämtliche Werke, hrsg, von K. F. A. Schelling, I. Abteilung: 1-10 Bände, II. Abteilung: 11-14 Bände, Stuttgart/Augsburg, 1856-1861. 이하의 각주에 서 셸링 전집에 관한 표시는 생략하며, 논문 제목, 원본의 I, II부/권수와 쪽수만을 기입한다.
8) Manfred Frank, *Eine Einführung in Schellings Philosophie*, Frankfurt am Main, 1985, 50쪽 참조.

적이기 때문에 주관, 객관의 분리 이전에 존립한다. 이것은 셸링이 피히테의 관점, 즉 인간이 전체 자연에 자아의 '도장(das Gepräge)'을 찍어야 한다는 관점에 의문을 제기했음을 의미한다.

그러나 피히테와의 결별이 이미 초기 셸링에 내포되어 있을지라도 전적으로 그의 입장에 대립된 것만은 아니다. 초기 논문『독단주의와 비판주의에 관한 철학적 편지』(1795)에서 셸링의 의도는 피히테와 전체적으로 일치한다. 일관된 독단주의(스피노자)가 "절대적 객체에 대한 자아의 무언의 승복, 즉 객체에 대한 투쟁이 아니라 예속을, 강압에 의한 승복이 아니라 자율에 따른 승복"9)을 요구함에 반해서 비판주의는 모든 타자를 주체의 자율로 지양할 것을 요구한다. 초기 셸링의 과제는 "무한적인 것(무한자, 무한성, das Unermeßliche)에 대한 투쟁"10)의 실천적 필연성을 증명하는 것이었다. 절대자의 초반성적 특성은 행위하는 주체의 자율이라는 의미의 자유를 신장시켜야 한다. 왜냐하면 자아가 객체에 자율적으로 자신을 맡기더라도 이것조차 자율적으로 행위하는 주체의 결정에 따른 결과이기 때문이다. 이렇듯 초기 셸링의 극단적인 주의주의적(主意主義的) 관점은 피히테보다 더 피히테적이다.

셸링은 비판철학의 최종 목표는 인간의 자유의 장애물인 객관 세계의 한계를 폐기하며 인간적 주체의 본질을 이루는 인간적 활동성의 해방에 있다고 본다. 피히테에서 역시 자아는 세계를 이성에 적합하도록 재편성할 의무를 지녔다. 인간성의 최상

---

9) Schelling, *Philosophische Briefe über Dogmatismus und Kriticismus*, I/1, 284쪽. 이후 *Philosophische Briefe*로 표기함.
10) 같은 책, 같은 곳.

목표는 자연을 합리적으로 완전히 지배하고 하나의 이성적 국가에서 절대적 조화를 이루는 데 있다. 피히테는 지성이 아니라 자유가 인간적 주체의 본질을 이룬다고 보았고, 참된 비판적 정신은 오직 자유를 함양하는 데 있다고 보았다. 이성은 의지가 정립하는 것을 쫓을 뿐이며, 의지는 이성에 종속될 수 없다.

초기의 논문『자연법의 새로운 연역』(1796)에도 셸링의 무정부주의적 관점이 그대로 드러난다. "나는 내 자신이 자연의 주인임을 선언하며, 자연이 내 의지의 법칙에 따라 단적으로 규정됨을 요구한다. 나의 자유는 모든 객체를 현상의 한계로 배척하며, 객체로 하여금 거부해서는 안 되는 법칙을 객체에게 지정한다. 오직 부동의 **자아**에만 자율성이 주어지며, 자아가 아닌 모든 것 — **객체**가 될 수 있는 모든 것 — 은 타율적이며 나에게는 현상일 뿐이다. 전체 세계는 도덕적으로 나의 소유물이다."[11] 이 글에서 놀라운 것은 셸링이 국가에 대해서도 자신의 입장을 정당하다고 선언했다는 점이다. 그는 모든 인간들의 도덕적 합일이라는 이성 이념을 인정하면서도, 도덕적 합일이 의지의 개체성을 위협하지 않아야 한다고 보았다. 따라서 셸링에게 중요한 것은 일반 의지가 아니라 개인 의지이다. 자연법의 연역에서 그는 단지 개인의 자유를 위한 공간을 확보하려 하였다. 개인의 자유를 제한하는 국가를 상대로 투쟁하는 한 개인은 항상 정당하다고 파악한 것이다.[12]

이렇듯 셸링은 피히테의 기본 입장을 수용하여 이를 더욱 극

---

11) Schelling, *Neue Deduktion des Naturrechts*, I/1, 248쪽.
12) 같은 책, 267쪽 이하 참조.

단화하였다. 하지만 셸링은 결정적인 면에서 이미 피히테로부터의 전향을 준비하였다. 셸링은 무엇보다 자유의 우위성을 강조함으로써 정신이 영원히 스스로 새로운 형식을 창출할 수 있다는 것을 전제한다. 그러나 이것이 가능하기 위해서는 정신이 무한적인 것과의 관계를 갖고 있어야 한다. 셸링의 초기 단계에서 무한적 원리가 무엇인지는 아직 파악되지 않았다. 하지만 이미 자연과의 투쟁을 "가장 숭고한 것"13)으로 간주하였다는 것은 셸링이 이미 무한적 원리가 무엇인지 언급한 것과 다름없다. 정신이 자신의 자유를 유지할 수 있는 것은 오직 **자연**이 폐기되지 않을 경우에만 가능하다. 피히테도 자연을 언급하지만 그에게서 자연은 자아에 의해 제약된 것으로서의 자연이다. 하지만 셸링은 자연이 만일 자아에 의해 제약된 것으로 파악된다면 무한적일 수 없다고 본다. 인간적 자유의 무한성은 인간이 항상 대결할 수밖에 없는, 자연이 가지고 있는 "무한성(das Unermeßliche)"14)의 증명 여부에 달려 있다. 왜냐하면 정신과 자연은 반성 이전의 절대자에 뿌리는 두고 있으며, 인간에 대립해 있는 "운명의 위력"15)의 원천이 되는 절대자는 철학적 사유의 갱신을 요구하기 때문이다. 즉 무의식적인 것이 의식화되어야 하는 것이다. 바로 셸링 사유의 전환은 '운명의 위력'으로 파악된 절대자가 철학적 사유의 갱신을 요구하면서 나타나기 시작하였다. 이렇게 자유의 본래적 조건으로서의 자연의 '무한성'이 의식될 것을 요구하면서 셸링에서 자연철학이 시작된다.

---

13) Schelling, *Philosophische Briefe*, I/1, 284쪽.
14) 같은 책, 같은 곳.
15) 같은 책, 336쪽.

3. 자연철학으로의 전환

셸링은 가정교사로 활동하면서 라이프치히에 머물던 1796-1798년에 수학, 물리학, 의학 등 자연 연구에 몰두한 바 있다. 이렇듯 자연에 대한 관심은 셸링의 초기부터 자연 연구와 철학적 물음 사이에 내면적 연관을 수립하도록 한다. 그는 자연과학을 철학적으로 정초하면서 이 작업을 "자연철학" 또는 "고차적 물리학(höhere Physik)"[16]이라 불렀다.

셸링이 자연 연구를 이론철학에 구체적으로 편입하는 작업은 『학문론의 관념주의를 설명하기 위한 논문』(1797)에서 최초로 이루어진다. 셸링의 전체 체계 가운데 자연철학이 지닌 근본적인 의미를 밝히기 위해서는 이 논문이 필수적이다. 이 논문은 원래 '최신의 철학적 문헌에 관한 일반적 개괄'이라는 제목으로 발표되었다. 이 논문은 피히테의 관심을 끌었고, 셸링이 예나 대학으로 초빙되는 데 피히테의 후원을 끌어내는 계기가 되었다.

그는 이 논문에서 어떻게 영혼이 단계적으로 자기의식적 정신으로 발전하는지를 밝힌다는 점에서 아직 피히테의 『학문론』에 의지하고 있다. 이 논문보다 2년 전에 나온 『독단주의와 비판주의에 대한 철학적 편지』(1795)에서 자연은 인간에 마주한 낯선 차원에서 취급된다는 점에서 아직도 피히테적이며, 이런 자연은 인간적 자율성을 제한하는 것으로서 가능한 한 극복되어

---

16) Schelling, *Von der Weltselle*, I/2, 346쪽. 부제 : Eine Hypothese der höheren Physik zur Erklärung des allgemeinen Organismus.

야 할 대상으로 파악되었다. 『철학적 편지』에서 셸링은 자연을
아직 지양 불가능한 것으로 파악하기 때문에 자연은 인간적 자
유를 위해서 "비극적"17) 의미의 근원으로 간주되었다. 그러나
『학문론의 관념주의를 설명하기 위한 논문』에서 자연은 단순한
객체 이상이라는 관점에서 새롭게 파악된다. 여기서 셸링은 피
히테의 주관주의적 관념론에서 객관적 관념론으로 전향하였음
을 보여준다.

셸링은 영혼의 발전을 자연과 연관시키면서 피히테를 벗어나
기 시작한다. 발전의 최하위 단계에서 영혼은 자기 자신이 스스
로를 규정하고 조직화(Organization)18)하는 힘이라는 사실을 파
악하지 못한다. 영혼은 자연물 가운데서 — "생산적인 힘이 이
객체 속에 존재함"에도 불구하고 — 자기 스스로를 단지 외면적
으로 파악할 뿐이다. 자연에 존재하는 모든 조직화는 정신을 상
징한다. 즉 "모든 조직화에는 어떤 **상징적인** 것이 존재하며, 그
리고 모든 식물은 소위 **영혼이 얽혀 있는 활동**(der verschlungene
Zug der Seele)이다."19) "우리 정신에는 자기 자신을 조직화하
려는 끊임없는 노력이 있으므로, 이와 마찬가지로 외부 세계에
도 조직화하려는 일반적 경향이 있음이 드러나야 한다."20) 자연

---

17) Schelling, *Philosophische Briefe*, I/1, 336쪽.
18) 독일어 'Organisation'은 조직화 또는 유기화로 번역될 수 있다. 생물체
    와 연관되는 경우에 유기체라는 용어를 사용하지만, 그렇지 않고 자연
    일반의 상호 연관적 특성을 지칭하는 경우에 조직화를 사용한다. 그러
    나 셸링은 자연 전체에 대해 유기체적 관점을 견지한다는 점에서 조직
    화는 넓은 의미의 유기체에 포함되는 개념이라 할 수 있다.
19) Schelling, *Abhandlung zur Erläuterung des Idealismus der Wissen-
    schaftslehre*, I/1, 386쪽; Schulz, 앞의 책, XX쪽 참조.

의 조직화 작용과 정신의 조직화 작용은 서로 분리된 두 가지 작용이 아니라, 자연의 조직화는 단지 자기 자신에로 회귀하는 영혼의 상징이라는 것이다. "영혼이 응시하는 것은 항상 영혼에 고유한, 스스로 전개하는 자연이다. ⋯ 자연은 자신의 생산물을 통하여 영혼이 점차적으로 자기의식에 도달하는 도정(der Weg)을 지시한다. 이 과정이 일반인의 눈에는 드러나지 않지만 철학자에겐 명백하고 확실하다. 외부 세계에서 우리 정신의 역사(die Geschichte unseres Geistes)를 다시 발견할 수 있도록 외부 세계는 우리 앞에 열려 있다."21)

셸링은 외부 세계에서 "우리 정신의 역사"를 발견하고, "영혼이 점차적으로 자기의식에 도달하는 도정"을 발견한 것이다. 외부 자연은 인간에 대한 타자 혹은 정신의 소외로 파악된 것이 아니라 우리 인간이 한때 거쳐 지나온 것으로 파악된다. 이것이 이른바 셸링이 말하는 자연의 "선험적 과거성(transzendentale Vergangenheit)"22)이며, 이 개념을 통해 셸링은 인간과 자연의 친화성을 표현하였다. 인간의 자유는 자연의 '무한성'에 대립하지 않으며, 오히려 자연 속에서 자신의 필연적 근거를 발견하게

---

20) Schelling, *Abhandlung zur Erläuterung des Idealismus der Wissenschaftslehre*, I/1, 386쪽.

21) 같은 책, 383쪽.

22) 셸링은 "자아와 이것에 필연적으로 표상되는 외부 세계와의 끊을 수 없는 연관을 경험적 의식에 선행하는 자아의 선험적 과거성(transzendentale Vergangenheit dieses Ich)"에 의해서 설명한다. 셸링이 말하는 "자아의 선험적 역사(transcendentale Geschichte des Ich)"는 결국 헤겔에 의해 절대정신의 선험적 역사로 변환되어 수용된다. Schelling, *Zur Geschichte der neuen Philosophie*, I/10, 94쪽 참조.

되는 것이다.

셸링의 초기 자연철학은 한편으로 선험철학에 편입되어 전개된다. 즉 자연은 외부에서 자신을 직관하는 정신의 상징으로 파악된다. 그러나 다른 한편 자연철학이 선험철학에 편입되어 논의될 때 둘 사이의 관계를 변증법적인 관점에서 볼 것이 요구된다.23) 즉 자연이 자신에게 회귀하는 정신의 가시적 비유로 파악된다면, 마찬가지로 정신은 자신을 자연 속에서 혹은 자연으로서 직관적으로 드러냄으로써만이 다양한 발전 상태에 있는 자신을 파악할 수 있다. 정신이 객관 세계에서 자신을 파악할 수 있는 것은 오직 자연이라는 필연적인 매개에 의해서만 가능하다.

자연에 대한 변증법적인 고찰 방식에 의해 자연철학은 더 이상 선험철학에 편입되지 않으며, 두 영역은 동등하게 취급된다. 자연은 자신에게 돌아가는 정신의 회귀를 반영한다. 말하자면 우리가 자연을 그 자체로 고찰하면 자연은 무의식적 정신임이 드러난다는 말이다. 초기 발전 단계에서 자신을 아직 파악하지 못하는 정신은 그 자체로 보자면 자연 이외의 아무것도 아니다. 하지만 셸링의 최종적인 결론은, 우리가 정신의 객관적인 도정을 파악하려면 자연의 발전이 정신에 선행해야 한다는 것이다. 객관적으로 보면 정신의 자기의식도 자연의 발전에서 결과적으로 도출되는 최종적인 생산물인 것이다. 자연이 정신의 과정을 객관적으로 지시함으로써 자연철학은 선험철학에 앞선다. 우리가 전체 자연의 발전 과정 안에서 정신의 위치를 지정하게 되면, 이 지점으로부터 비로소 선험철학이 수행될 수 있는 것이다.

---

23) Schulz, 앞의 책, XXI쪽.

이렇게 자연에 관한 객관적이며 자율적인 고찰 방식에 따라 자연철학의 의미가 규정되면서 셸링은 피히테로부터 멀어진다.[24]

셸링의 사유는 헤르더와 괴테의 것과 유사하다. 그러나 철학적으로 논의를 전개할 때 그는 무엇보다 라이프니츠의 단자론에 의지한다.[25] 라이프니츠에 의하면 모나드는 창이 없다. 셸링의 문맥에서 이것은, 사물의 발전이 압력과 저항이라는 기계적 관계나 혹은 세계와 분리된 의식적인 신의 개입에 따르는 것이 아니라 스스로 조직화하는 내면적 운동에 따른다는 것을 의미한다. 또 이것의 모범적인 사례가 인간 정신의 구조에서 발견된다는 것이다. "인간의 정신이 **스스로를 조직화하는 자연**이라면 아무것도 **외부에서** 기계적으로 정신 안으로 들어올 수 없다. 정신 안에 있는 것은 정신이 **자신의 내부에서** 내적 원리에 따라 형성한 것이다."[26] 이어서 셸링은 기본틀을 자연 전체에 확장하여 적용하면서, "우리 정신에는 자기 자신을 조직화하려는 끊임없는 노력이 있는 것과 마찬가지로 외부 세계에도 조직화하려는 일반적 경향이 있음이 드러나야 한다"[27]고 주장한다. "세계 조직은 하나의 공통의 중심으로부터 형성된, 일종의 조직체이다. 화학적 물질이 가지고 있는 힘들은 이미 단순히 기계적인 한계를 넘어 존재한다. 공통의 매개체에서 분리된 단순한 물질조차 규칙에 맞는 형상을 이룬다. 자연이 가지고 있는 보편적 형성충

---

24) 같은 책, XXII쪽 참조; 최신한, 「태초에 자유가 있었다」, 셸링, 최신한 옮김, 『인간적 자유의 본질 외』, 한길사, 2000, 175쪽 참조.

25) Schelling, *Philosophische Briefe*, I/1, 357쪽.

26) 같은 책, 386쪽.

27) 같은 책, 같은 곳.

동은 최종적으로 무한성 가운데 분산되기 때문에, 이 무한성은 아무리 예리한 시선에 의해서도 측정되지 않는다. 하지만 조직화를 향한 자연의 지속적이고 빈틈없는 운동은 활동적인 형성충동을 명백히 충분하게 드러낸다는 것을 알 수 있다. 왜냐하면 형성충동은 단순한 물질과 싸우면서 한때는 상승하기도 하고 어느 때는 하강하며, 지금은 자율적인 형상을 이루다가 어느 때는 제한된 형상으로 발현하기 때문이다. 단순한 물질로 하여금 일정한 형상을 갖추도록 하는 것은 다름 아닌 자연의 정신이다."[28] 인용문에 드러나듯이 셸링은 이미 피히테를 벗어났다. '비자아'가 자아에 장애물이 아니라는 것, 비자아는 자아에 대립한 이질적인 것이 아니라는 것이다.

여기서 우리는 자연이 왜 자기 조직화의 경향을 가지는지에 관해 물을 수 있는데, 셸링은 그 근원을 '의욕(das Wollen)'으로 파악한다. 이런 점에서 셸링은 지극히 피히테적이다. 피히테는 '욕구(das Streben)'를 자아가 "객체를 넘어서서 나아가는 활동성"[29]으로 규정하면서, 욕구는 하나의 객체가 현존한다는 제약 하에 성립한다고 본다. 피히테에서 자아의 활동성이 욕구임에 반해서 셸링에서는 자연이 지닌 정신이 인간의 의식적 정신으로 고양하려는 의지를 '의욕'이라 부른다. 말하자면 정신은 자신을 직관하려 하고,[30] 이로부터 세계의 다양성이 유래한다. 의욕은 보편적인 조직화의 형식이다. 하지만 피히테와의 차이는, 셸링의 의욕은 원래 무의식 가운데 뿌리를 내리고 있다는 점이다.

---

28) 같은 책, 같은 곳.

29) Fichte, *Grundlage der gesamten Wissenschaftslehre*, I, 271쪽.

30) Schelling, *Philosophische Briefe*, I/1, 395쪽 이하 참조.

셸링은 이 의욕을 하나의 원리라고 부르며, 이 원리는 "우리의 지식과 인식보다 더 고차적"이라고 본다. 이 원리는 "유일한 파악 불가능한 것, 해명되지 않는 것, 그 성격에 따라 보면 최상의 근원 없음, 최상의 증명 불가능성이다."[31]

이로써 셸링의 초기 논문에 나타난 초반성적 존재가 형이상학적 관점에서 의욕이라고 번역할 수 있는— 셸링은 이를 이후 동일철학의 단계에서 이념적인 것과 실재적인 것 사이에 있는 '무차별성'이라고 부르는데— 가능성이 열렸다. 무한한 정신은 자기의식으로 돌아오려는 과정 중에 제한될 수밖에 없으나, 그렇지만 진리 가운데 자신을 직관하기 위해서 또다시 유한성을 넘어서야 한다. 이렇듯 무한한 정신은 자신을 직관하기 위해 자신의 동일성을 이원화해야 하는 문제에 직면해 있다. 자신의 근원적 동일성을 회복하리라는 희망도 없이 무한한 정신은 자신을 직관하려는 근원적인 의욕으로 인해 자신을 벗어나 이원화한다. 절대자에 대한 셸링의 이러한 생각은 통용되는 관점과는 다르다. 절대자에 대한 일반적 관점에 따르면, 완전히 자율적인 절대자는 전체 현실을 완전히 자유로 규정한다. 하지만 셸링은 절대자를 역사적으로 제한된 존재, 즉 수동적(leidend) 존재로 파악함으로써 일반적인 절대자의 개념과 다르다.

선험철학에서 자연철학으로의 전환은 자연을 절대자의 활동의 본질적인 계기로 파악되면서 이루어진다. 절대자에 의해 자

---

31) Schelling, *Abhandlung zur Erklärung des Idealismus der Wissenschaftslehre*, I/1, 400쪽. 한자경, 「피히테의 자연관—무한과 유한 사이에서 유동하는 자아」, 『철학연구』 제53집, 대한철학회, 1994, 47쪽 이하 참조.

연이 정립되었을지라도 자연은 절대자가 무화시킬 수 있는 경직된 형식이 아니다. 셸링에서 자연은 절대자가 지나온 흔적이며, 나아가 자연은 절대자가 비로소 현실성을 획득하게 되는 어둠에 싸인 근원인 것이다. 그래서 셸링은 『자연철학과 개선된 피히테 이론과의 참된 관계에 대한 해설』(1806)에서 피히테를 향한 논점을 명확히 한다. "철학이 유일한 긍정성으로서의 신에 관한 학문이라면, 철학은 또한 현실적인 세계 혹은 자연세계 가운데 유일하게 현실적인 것으로서의 신에 관한 학문이다. 다시 말해 그 철학이 자연철학인 것이다."[32] 따라서 절대자의 활동은 자연 외부에 혹은 자연 너머 존재하는 것이 아니라, 자연 가운데 추구되어야 한다. 이것이 셸링의 자연철학의 핵심이다.

피히테에 대한 비판을 더욱 구체화하면서 셸링은 인간과 자연의 왜곡된 관계를 지적한다. "결국 자연에 대한 피히테의 전체 생각의 진수는 무엇인가? 그의 생각은 자연이 이용되고 사용되어야 한다는 것이다. 다시 말해 자연은 이용되는 것 외에 다른 것을 위해 존재하는 것이 아니라는 것이다. 그가 자연을 바라보는 원리는 경제적-목적론적(ökonomisch-teleologisch) 원리인 것이다."[33] 셸링은 그 자체 생명적인 자연이 인간적인 목적에 봉사하는 한 자연은 사멸한다고 보았다. "만일 피히테 씨가 6마리의 말을 자기 마차에 매어 자신이 마치 24개의 다리를 가진 것처럼 마차를 몰며, 또 마치 그가 이성적인 결단을 통해 24개의 다리를 움직이게 한다고 생각한다면, 그는 오히려 다리의

---

32) Schelling, *Darlegung des wahren Verhältnisses der Naturphilosophie zu der verbesserten Fichteschen Lehre*, I/7, 30쪽.
33) 같은 책, 17쪽.

생명력을 제한한 것이 아닐까? 만일 그가 책상이나 의자를 만들고 깃털펜을 깎아 책상에 앉아 자연의 생명력을 깨우는 작품을 쓴다고 하더라도, 이것으로써 생명이 살아나지 않는다. 그런 행위는 단지 파멸행위일 뿐이다."[34] "사물을 목적론적 관점을 갖고 관찰하는 것보다 참된 내면의 영혼을 지닌 자연과학자에 어긋나는 것이 있을까? 과거의 사상체계를 보면 자연의 근원 목적으로 파악되었던 것은 적어도 영원한 존재가 갖고 있는 선함, 지혜, 능력의 계시였다. 이에 반해 피히테의 체계에서 자연은 숭고성의 마지막 흔적조차 상실하였다. 자연의 전체 현존재는 인간을 통한 조작과 경작의 목적으로 수렴되었다. … 피히테의 물리학의 연역에 따르면 자연의 힘들은 인간의 목적에 종속하기 위해서 존재할 뿐이다. 이런 자연의 종속은 한편으로 인간에 의한 (현실적) 자연의 점진적인 폐기와 절멸로 표현되고, 다른 한편으로는 이성적 삶을 통한 자연의 소생으로 표현된다. 이렇게 함으로써 피히테는 마치 인간의 목적에의 종속이 생명적인 것의 사멸이 아니거나, 또는 한계로서의 자연이 마치 되살려질 수 있는 것처럼 생각한다."[35]

4. 자연철학의 이념

셸링의 자연철학은 1797년에 발표된 『자연철학의 이념』에서 본격적으로 시작하는데, 괴테와 피히테는 이 논문을 읽고 셸링

---

34) 같은 책, 18쪽.
35) 같은 책, 110쪽.

이 예나 대학에 초빙되는 데 적극적으로 개입한다. '자연철학 연구의 입문(서론)'이라는 부제가 첨가된 이 논문에서 셸링은 자연에 고유한 적극적인 활동의 가능성을 철학적으로 규명하려 했을 뿐 아니라 특별한 자연 현상의 세부에 이르기까지 이 활동을 추적한다.

『독단주의와 도그마주의에 관한 철학적 편지』에서 언급하듯이 자연은 "측량할 수 없는" 특성을 지닌다. 이런 자연 앞에서 인간은 "자연의 주인이어야 한다"라고 주장하지만, 이런 바람은 영원히 성취될 수 없다. 자연의 무한성은 근원적으로 인간의 차원에서 지양될 수 있는 것이 아니다. "인간이 객체를 **표상함**으로써, 인간이 객체에게 형식과 목록을 제시함으로써 인간은 객체를 지배한다. … 그러나 인간이 인간과 자연 사이에 놓인 빗장을 제거하자마자 대상은 더 이상 **표상될 수 없다**. 즉 인간이 표상의 경계를 넘어서자마자, 인간은 자신을 상실하게 된다. 객관적 세계의 끔찍함이 인간을 엄습한다."36) 인간의 표상에 의해 자연을 '객체'로 규정하는 것은 곧 자연을 한계짓는 것이다. 하지만 이 경계가 폭파되어 제거되자마자 자연은 예기치 않은, 더 나아가 "공포스럽기까지 한"37) 계기를 드러낸다. 자연의 공포스러운 계기는 유한적인 개념으로 이해될 수 없다. 자연이 지닌 이런 계기는 스스로 열어 보이는 자연의 내부에 시선을 돌릴 때에만 직관될 수 있다. 이런 시선에 의해서 비로소 절대자가 세계 현상의 파악하기 어려운 무한한 다양성을 위한 공간을 성립

---

36) Schelling, *Philosophische Briefe*, I/1, 337쪽.
37) 같은 책, 같은 곳.

시킨다는 것을 알 수 있다.[38]

하지만 무한한 정신이 유한하게 됨으로써 비로소 자연이 도출될 수 있는 차원이 열린다. 자연이 자신을 우리에게 드러내 보이는 것은 무한한 정신이 제함됨으로써 가능하다. 그래서 셸링은 『자연철학의 이념』 서두에서 이렇게 주장한다. "자연의 탐구와 자연의 풍요로움의 단순한 향유에 빠져 있는 사람은 자연과 자연에 관한 경험이 어떻게 가능한 것인가를 결코 묻지 않는다. 그에게는 자연이 그를 위해 그곳에 존재한다는 것만으로도 충분하다. … 우리 외부의 세계는 어떻게 가능한가? 자연과 자연에 관한 경험은 어떻게 가능한가? 이러한 물음을 우리는 철학 덕분에 갖게 된다. 아니 오히려 이 물음과 함께 철학은 시작된다. 이 물음을 던지기 이전에 인간은 (철학적인) 자연상태에 살고 있었다. 그때 인간은 여전히 자기 자신과 자신을 둘러싼 세계와 합일되어 있었다. 이런 상태가 혼동스러운 사유자들에게 희미한 기억 속에 아직도 부유하고 있었다."[39]

철학의 탄생은 역사의 시작과 궤를 같이한다. 인간이 자연을

---

38) 아래 '5. 주체로서의 자연'에서 설명하겠지만, 셸링은 반성적 사유가 이 것이 지닌 수동적이고 이분화하는 사고의 특성 때문에 자연의 본질을 해명할 수 없다고 본다. 즉 경험은 외부 자극에 수동적으로 반응하는 데 있는 것이 아니라 자연 속에서 자기 스스로를 지각하는 데 있다고 본 것이다. 이런 점에서 뷔란트는 셸링에게서 반성적 사유의 비판이 곧 자연의 경험과 연관된다고 본다. Wolfgang Wieland, "Die Anfänge der Philosophie Schellings und die Frage nach der Natur", in *Materialien zu Schellings philosophischen Anfängen*, Frankfurt am Main, 1975, 261 쪽 참조.

39) Schelling, *Ideen zu einer Philosophie der Natur*, I/2, 12쪽. 이후 *Ideen* 으로 표기함.

철학의 대상으로 삼고 결국에 자신을 대상으로 만들게 된 것은 다름 아닌 "반성"[40]적 사유이며, 그 결과 인간은 자연과의 근원적 합일 상태를 상실하고 말았다. 이로부터 자연과의 관계가 역사의 본질적인 지평을 형성하게 되었으며, 그리고 역사는 단지 인간 행위의 연속이라는 차원에서 성립되는 것이 아니라 오히려 우리 인간이 어디로부터 유래하는지에 관한 물음에서 성립한다. 그래서 셸링은 한편으로 우리를 자연과 이분화하는 반성을 "인간의 정신병"[41]이라고 부르면서도 이러한 분리가 없었다면 "철학하려는 욕구"[42]도 없었을 것이라고 지적한다. 따라서 철학의 과제는 반성에서 성립한 이원화를 극복하는 데 있으며, 철학 자체를 철학에의 욕구와 함께 "영원히 인간의 기억으로부터 사라지도록 하는 데"[43] 있는 것이다.

이성의 목표는 모든 사물의 통일성을 드러내 보여주는 데 있다. 하지만 반성적 사유가 드러낸 직접적인 결과는 자연의 이분화이기에, 분리는 철함함의 과정을 통해 극복되어야 한다. 반성적 사유는 사유의 근원을 자율적인 행위 가운데 숙고해야 한다. "자연은 자발적으로 누군가를 그의 미성숙 상태로부터 내쫓지 않으며 천성적으로 타고난 자유의 자식이란 존재하지 않는다."[44] 길 잃은 자식과 같이 인간은 오랜 방황 끝에 자연적 고향을 고

---

40) 강영안, 「셸링의 자연개념」(『철학』 제34권, 한국철학회, 1990) 중 '자연과 반성'(203쪽 이하) 참조.
41) Schelling, *Ideen*, I/2, 13쪽.
42) 같은 책, 14쪽.
43) 같은 책, 15쪽.
44) 같은 책, 12쪽.

향으로 다시 발견하기 위해 자기의 고향을 떠난 것이다. 자유의 완전한 전개를 위해서 인간을 세계로부터 분리시킨 것은 곧 자유의 행위이다. 인간이 다시 생명적 자연으로 되돌아갈 수 있는 것도 바로 자유인 것이다. 셸링의 자연철학은 자연으로의 회귀를 준비함으로써 새로운 역사적 단계를 열어 보이려는 작업인 것이다.

　인간과 자연의 분리는 주관적인 표상을 사물이 감각기관에 미친 영향이라고 간주하는 방식에서 시작된다. 하지만 "우리가 외부로부터의 작용을 인정한다 하여도, 색이나 향기 등 당신 외부에 있는 감각의 원인이 당신의 정신과 과연 어떤 연관성을 가질 수 있겠는가? 당신은 어떻게 빛이 물체로부터 반사되어 당신의 시각에 작용하는지, 그리고 어떻게 망막 위의 거꾸로 된 상이 당신의 영혼에는 바르게 나타나게 되는지를 아주 분명하게 설명한다. 그러나 망막 위의 상 자체를 다시 바라보며 그것이 어떻게 영혼 안에 나타나는지를 탐구하는 당신 안의 정신은 과연 무엇인가? 그것은 이 경우 외적 인상으로부터 완전히 독립적이지만 그럼에도 그 인상에 대해 모르는 것이 없는 그런 어떤 것임이 분명하다."45) 주관과 객관의 데카르트적인 분리는 어떠한 매개 항에 의해서도 결코 지양되지 않는다. 그래서 셸링은 『세계혼』에서 "정신과 육체 사이의 상호작용을 둘 사이에 존재하는 매개체로서 섬세한 에테르 같은 것을 상정하여 파악 가능하다고 믿는 사람들이 있다. 그러나 이들은 에움길을 돌아가면 언젠가 결국에 영국에 도착하리라고 믿는 사람보다 결코 현명하

---

45) 같은 책, 26쪽.

지 못하다"[46]고 주장한다.

셸링은 라이프니츠에서 자연을 절대자의 원천으로서 이해할 수 있는 가능성을 포착하고, 이 기반 위에 자연철학을 건립하였다.[47] 자연의 다양성이 절대자의 동일성으로부터 산출된 것(스피노자)이 아니라, 자연은 그 내부에 자연이 의욕하는 목표로서의 절대성을 지니고 있는 것(라이프니츠)으로 파악된다. 셸링은 라이프니츠에 의지해 스스로 유기화하는 정신의 모나드적 원리로부터 전체 자연을 해석하려 하였다. 자연이 인간 정신의 분석에서 드러나는 원리에 따라 파악될 수 있다고 봄으로써 인식론적 문제를 해결하려 한 것이다. 즉 인간이 세계에 관해 경험을 할 수 있다는 것, 인간과 직관되는 세계 사이에 연결끈이 존재한다는 사실은 인간과 세계 사이의 깊은 근친성이 있음을 말해주는 것이다. "유사한 것은 오직 유사한 것에 의해 인식된다."[48] 그에 반해서 우리가 인간과 세계와의 관계를— 소박한 경험주

---

46) Schelling, *Von der Weltseele*, I/2, 564쪽.

47) 셸링은 외적 사물을 전제하고 이것이 주관에 미치는 영향을 전제한 칸트주의자를 비판한다. 이에 반해 스피노자와 라이프니츠는 정신과 물질의 동일성을 이해하였는데, 스피노자는 무한자로부터 시작하면서 유한적 사물과의 매개를 허락하지 않았고 정신과 물질의 통일을 통찰할 수 없었기에 셸링에 의해 비판된다. 헤겔이 나중에 셸링에 가한 "모든 소가 검게 보이는 밤"의 비유는 이미 셸링이 스피노자에게 가한 비판에서 유래한다고 볼 수 있다. 라이프니츠는 유한성과 무한성의 근원적 동일성으로서의 개체성의 원리에서 출발하기 때문에 스피노자가 받은 비난을 피해 갈 수 있었다. Schelling, *Ideen*, I/2, 36쪽 이하 참조.

48) Schelling, *Philosophische Untersuchung über das Wesen der menschlichen Freiheit und die damit zusammenhängenden Gegenstände*, I/7, 337쪽.

의가 그렇게 하듯이 — 기계주의적으로 설명하려 하자마자 인간의 정신은 인과율적 고리에 사로잡히며 인간 정신도 객체가 되고 만다.

소박한 경험주의는 인간의 자유를 부정하며 이와 동시에 자연을 근본적으로 왜곡한다. 사물이 주관에 미치는 영향을 오직 사물이 비로소 **운동**— 운동은 힘[49]을 전제로 하는데 — 가운데 있을 때에만 가능하다고 보는 관점이야말로 자연을 왜곡하는 것이다. 힘이라는 개념은 역학적 사고방식이 적용되는 도처에 사용되기는 하지만, 실상 역학적 사고로는 힘의 본질이 파악될 수 없다. 만일 모든 운동이 영향을 주는 사물의 충격에 의해서 설명된다면 근원적인 운동의 차원은 해명되지 못한다. 어떤 사물이 움직인다. 이 사물이 다른 힘에 의해 — 예컨대 중력에 의해 — 움직인다. 하지만 이 힘은 무엇에 의해 움직인단 말인가? 이 힘은 수많은 원자의 운동에 의해 이해될 수 있을까? 물리적 설명 근거로서의 힘에 관한 역학적 표상 — 예컨대 중력을 만드는 물질 — 은 셸링에 의하면 "불명료한 성질"[50]일 뿐이다. 자연철학의 목표는 이런 모든 허구를 — 이것이 역학적으로 표상된 중력이든, 산화이론이 플로지스톤을 열기를 품은 물질로 설명하든지 간에 — 제거하는 데 있다.[51] 특히 셸링의 연구는 관성의 법

---

49) 뉴턴 물리학에 대한 셸링의 상세한 비판은 Schelling, *Ideen*, I/2, 23쪽 이하 참조.

50) Schelling, *Ideen*, I/2, 24쪽.

51) Schelling, *Über die erste Kraft der Natur*, I/2, 405쪽 참조. 셸링은 이 논문에서 플로지스톤, 열물질 등에 관해 논하기 때문에 마치 그가 이런 물질의 존재를 용인하는 것으로 오해할 수 있다. 그가 이런 물질에 관해 언급하는 것은 이런 물질에 어떠한 질료적 기반도 존재하지 않음을

칙을 부정하는 것처럼 보이는 자기성, 전기성, 화학적 상호작용에 따라 자연을 설명하는 자연철학에 있다. 관성의 법칙은 방법적으로 강제적인 조작(충격)에 의한 운동만을 인정하며, 스스로 움직이는 물질의 가능성을 원천적으로 배제한다. 이에 반해 자연철학은 "충격 없이 움직이는 운동"과 "중력의 법칙과는 독립적인 상호작용"에 관심을 기울인다.[52]

물론 셸링의 자연철학이 지닌 경험적 성격의 문제점을 언급할 수 있다. 셸링이 경험적 지식을 언급한다는 것은 경험의 개념을 전제한다는 것을 의미하며, 경험의 개념을 전제한다는 것은 인간을 수동적 존재로 파악함을 의미한다. 하지만 이런 의문에 대해 셸링은 라이프니츠에 의지해 인간 존재를 외부와의 상호작용을 배척하는 자체적 존재로서 이해한다. "나로부터 오직 작용이 시작한다. 나의 내부에 수동성(das Leiden)은 존재할 수 없다."[53] 하지만 창문 없는 모나드성이 인간에게만 허용된 것이 아니다. "모든 유기적 산물은 자체 스스로 존립하는 것이므로, 그의 존재는 다른 존재자에 의존적이지 않다."[54] 전체 자연은 유기체로서 파악된다는 것이다.

유기적 산물과 자연 일반의 합목적성은 외부에서 — 사물의 제작자로서의 창조자에 의한 것과 같이 — 부가될 수 없으며, 자

보이기 위한 것일 뿐이다. 셸링은 철두철미한 경험주의는 물질개념을 해체시켜야 한다고 본다. 그래서 그는 플로지스톤은 "절대적으로 그 자체로 생각해 보면 존재하지 않는다"(I/2, 405쪽)라고 언급한 것이다.

52) Schelling, *Ideen*, I/2, 27쪽 이하 참조.
53) 같은 책, 17쪽.
54) 같은 책, 40쪽.

연 산물은 근원적으로 자기 자신에 의해서 합목적적이다. 칸트의 『판단력비판』은 셸링 사유의 결정적인 원천이 된다.[55] 돌과 같은 비유기적 사물은 인간의 노동에 의해서 비로소 집으로 완성되듯이 무기물은 자신의 형식을 외부에서 받아들인다. 이에 반해 유기적 산물은 외부적인 원리의 부가 없이 자신의 형식을 스스로 형성한다.[56] 이것은 유기적 산물의 모든 부분들이 — 완전히 자신에 고유한 방식으로 — 전체의 형식을 반영한다는 것을 의미한다. 한 나무의 모든 잎들이 서로 같은 모양은 아니지만 각각의 잎은 나무 전체의 형식을 나름의 고유한 방식으로 반영한다. 자연의 이런 현상 때문에 우리는 스스로 유기화하는 질료라는 생각에 이르게 되며, 이러한 질료는 "우리가 그것에 대하여 반성적 사유를 적게 하면 할수록"[57] 이해될 수 있는 그런 것이다. 반성적 사유는 항상 질료로부터 형식을 분리한다. 그렇기 때문에 스스로 형식을 부여하는 질료(즉 유기체)에 관한 고찰은 반성적 사유를 거부할 수밖에 없다.

신학적으로 신적인 오성의 창조에 의하든 또는 선험철학적으로 주관적 정신의 자율적 행위에 의하든, 세계의 경험은 형식을 그 사물에 부가한다고 하여 설명되는 것이 아니다. 이와 반대로 질료와 형식이 이것들의 공통의 근원으로부터 파악되어야 하며,

---

55) 셸링은 『철학의 원리로서 자아에 대하여』에서 "아마도 어떠한 것도 목적론적 판단력비판과 같이 몇 장 안 되는 얄팍한 책이 그렇게 풍요로운 사고를 담고 있는 경우는 없을 것이다"라고 말할 정도로 칸트의 『판단력비판』을 적극적으로 수용한다. Schelling, *Vom Ich als Prinzip der Philosophie*, I/1, 242쪽 참조.

56) Schelling, *Ideen*, I/2, 43쪽.

57) 같은 책, 47쪽.

그럼으로써 자연에 주체적 절대성이 부가되어야 한다. 살아 있는 유기체는 자신의 성립 근거를 자신의 내부에 지닌다. 자연을 유기체로 이해한다는 것은 우리가 자연과의 동일성을 잃지 않는다는 것을 의미한다. "내가 자연으로부터 나를 그리고 이념적인 것을 나와 함께 자연으로부터 분리하자마자, 나에게는 죽은 객체 이외에는 아무것도 남지 않게 되며, 나는 어떻게 나의 외부에 생명이 가능한 것인지를 전혀 이해하지 못하게 된다."[58] 오직 행위하는 세계-내-존재의 관점으로부터만 자연의 생명성은 응시될 수 있다.

따라서 우리가 자연에 관하여 반성을 통해서가 아니라 행위함으로써 접근 가능한 진리가 관건인 것이다. 우리는 관찰하는 주관으로부터 완전히 독립해 있는 스스로 유기화하는 산물에 관하여 과학적 모델과 같은 개념을 만들 수 없다. 유기체에 관하여 제기될 수 있는 물음은 어떻게 유기적 산물에 관한 표상이 우리 내부에서 생성되었는지에 관한 물음일 뿐이다. 이 물음은 물론 스스로 형성하는 과정으로서의 생명에 대한 직접적 체험으로부터만 답해질 수 있다. 정신과 함께 생명적 유기체는 원인과 결과의 개념들이 적용될 수 없다. 정신은 어떤 다른 존재자보다 더 오래된 것이기에 직접적 체험으로부터만 이해될 수 있다.

5. 주체로서의 자연

소박한 경험주의가 가정하는 기계론적 전제들로부터 생명을

---

58) 같은 책, 47쪽.

생각하는 것이 불가능할 뿐 아니라 주관과 세계의 이분화를 극복할 수 없기 때문에 셸링은 기계론적 전제를 거부한다. 그는 자연을 그 자체 독립적인 구조로 본다는 점에서 세계의 통일성을 염두에 두고 있으며, 자연의 주체적 독립성은 이론적으로 파악 불가능하며 단지 실천을 통해서 증명될 뿐이다. 셸링은 『자연철학 체계의 제1 기획』(1799)에서 주체로서의 자연에 관해 다음과 같은 언급을 한다. "자연은 자신에게 영역을 지정하기 때문에 어떤 낯선 힘도 자연에 영향을 끼칠 수 없다. 모든 자연의 법칙은 내재적이다. 또는 자연은 그 자신의 입법자이다(자연의 자율성). 또한 자연 안에서 발생하는 것은 자연 자체에 있는 활동적이고 운동하는 원리들로부터 설명될 수 있어야 한다. 또는 자연은 그 자체로 충분하다(자연의 자족성)."[59]

『자연철학의 이념』이전의 논문에서, 예컨대 『도그마주의와 비판주의에 관한 철학적 편지』에서 철학의 목표는 전체 현실을 주체의 자기규정 가운데 끌어들여 파악하는 것이었다. 그러나 『자연철학의 이념』에서 셸링은 철학의 목표를 역전시킨다. 이제 철학의 목표는 인간을 주관성의 감옥에서 해방시켜 세계와의 실천적 관계 — 새로운 경험적 관계 — 를 회복하는 것이다.

셸링의 '경험으로의 전환'은 『자연철학의 이념』에서 언급된다. 셸링이 "이 논문은 (원리들의 수립과 함께) **위로부터** 시작하지 않고, (경험 및 지금까지의 체계의 검토와 함께) **아래로부터** 시작한다"[60]고 언급하듯이 그는 경험의 의미를 새로이 한다. 즉

59) Schelling, *Erster Entwurf eines Systems der Natruphilosophie*, I/1, 17 쪽; 강영안, 「셸링의 자연개념」, 206쪽 이하 참조.
60) Schelling, *Ideen*, I/2, 56쪽.

경험은 외부적 작용에 대한 저항에 달려 있지 않기 때문에 경험은 수동적일 수 없다. 경험은 내부적으로 끊임없이 형성되는 것이다. 요컨대 경험은 외부적 자극에 정신이 반응하는 데 있는 것이 아니라 정신이 자신을 둘러싼 세계에서 자신 스스로를 지각하는 것이다. 경험은 종래의 소박한 경험주의가 주장하듯 인간과 세계의 일치를 주장한다고 하여 가능한 것이 아니라 주관성에 대립하여 전적으로 타자로 드러나는 자연이 한때 주관이 지나온 흔적이라는 깨달음에 도달해서야, 더 나아가 이 사실을 완전히 망각했다는 인식에 도달해서야 비로소 가능해진다. 자연과 정신의 관계는 『자연철학의 이념』의 마무리 부분에서 헤르더의 말을 인용함으로써 더욱 명확해진다. "자연은 가시적 정신이며, 정신은 비가시적 자연이어야만 한다."[61]

종래의 경험주의에서 물질의 형식은 외부적인 작용에 의해서만 설명될 수 있음에 반해, 새로운 경험주의에 의하면 물질은 이것 내부의 정신적 활동성에 의해서 끊임없이 산출되고 소멸되는 산물로 파악된다. 즉 물질은 정신의 산물인 것이다. 따라서 인간도 모든 존재자와 동일한 기반 위에 있는 것이고, 그렇기 때문에 인간 역시 스스로 형성하는 자연의 거대한 유기체의 지절들 가운데 하나일 뿐이다. 결과적으로 자연을 보는 인간이 갖고 있는 형식도 세계 자신이 우리 내부에 발생시킨 것에 불과하다.

셸링은 『자연철학의 이념』에서 철학적 반성을 극한으로 밀고 나감으로써 반성 활동의 한계를 보여주려 하였고, 이 한계의 극

---

61) 같은 책, 같은 곳.

복은 오직 독립적인 대화 파트너로서의 자연에 실천적으로 접근할 때만 극복된다고 보았다. 이는 곧 자연이 갖고 있는 고유한 주체성이 사유를 새로이 전개하는 데 주도적인 개념이 되었다는 것을 의미한다.

자연의 주체성은 자연을 이론적인 관점에서가 아니라 실천적인 관점에서 불 때 확보된다. 우리가 타인과의 교제에서 대화 파트너의 주체성을 인정하듯이 자연과의 관계에서 우리는 자연의 주체성을 인정해야 한다는 것이다. 하지만 나와 다른 인간 사이에 이런 관계는 가능하지만 인간적 존재가 아닌 자연과의 이런 관계는 불가능해 보인다. 셸링은 자연 자체가 지닌 주체성은 인간이 자연에 부여한 형식의 적용을 거부한다고 보았음에도 불구하고 어떻게 자연의 주체성에 관해 말할 수 있을까?

주체로서의 자연의 이념이 우리 안에 나타나게 된 근거를 밝히기 위해 셸링이 도입한 개념이 소위 칸트의 '합목적성'이며, 이것에 의해 셸링은 자연과 인간 정신 사이의 "신비한 끈"[62]을 설명한다. 주지하듯이 칸트는 유기적 자연 및 전체 자연의 구조를 『판단력비판』에서 합목적성의 원리를 도입하여 해명한다. 하지만 이 원리는 자연 자체가 무엇이지에 관한 정보를 제공할 수 없기에 구성적으로 사용될 수 없으며 단지 자연을 체계적으로 반성하기 위한 규제적 원리일 뿐이다. 셸링 역시 칸트가 제시한 설명을 준수하여 합목적성의 개념을 "구성적 법칙으로 변경시킬 수 없다"[63]고 보았다. 그럼에도 불구하고 셸링은 자연에서 "목

---

62) 같은 책, 55쪽.
63) 같은 책, 54쪽.

적과 수단의 결합을 전제하는 것은 반성적 이성의 필연적 준칙이며" 이것에 의해 "자연 자체가 자발적으로 우리의 노력에 접근해 오는 것"을 전제할 수 있으며, "분리된 자연 현상에 대해서조차 공통의 원리에 의해 서로 연관되리라는 것을 **선험적으로** (필자 강조) 전제할 수 있다"64)고 보았다. 덧붙이자면 셸링은 합목적성의 개념과 관련하여 칸트의 설명을 따르고 있어 보이지만 실상 이 개념을 더 이상 칸트 식으로 적용하지 않는다. 셸링은 합목적성의 개념을 '절대적'이고 '선험적'인 것으로 보기 때문에 범주의 차원으로 간주하여 "절대적 합목적성"65)이라 부른 것이다.

셸링은 자연이 합목적성의 원리에 따라 이해되는 한 자연의 주체성은 "필연적으로 사유해야 하는 이념"66)이며, 이 이념에 따라 자연을 하나의 전체로 사유할 수 있는 필연성이 확보된다고 본다. 특히 후기 셸링은 『인간적 자유의 본질』에서 자연의 주체성 개념을 피히테와 결별하여 자연철학으로의 전향을 이루는 중심 계기로 강조하는데, 여기서 합목적성의 선험성은 명확히 드러난다. "활동성, 생명 그리고 자유만이 유일하게 참된 실재라고 주장하는 것은 체계 수립을 위한 관념론에게 충분하지 않다. 그렇게 형성된 관념론은 (피히테에 의해 오해된 관념론으로서) 주관적 관념론이다. 오히려 그와는 반대로 모든 실재(자연, 사물의 세계)는 활동성, 생명 그리고 자유를 근거로서 가지고 있음이 지적되어야 한다. 또는 피히테 식으로 표현한다면,

---

64) 같은 책, 54쪽 이하.
65) 같은 책, 54쪽.
66) 같은 책, 같은 곳.

자아성만이 모든 것이 아니라, 그 반대로 모든 것이 자아성을 지닌다고 말해야 한다."[67] 헤겔이 자연을 정신으로부터 소외된 외면성의 범주로 파악하였음에 반해서 셸링은 자연의 고유성을 인정하면서 그와의 대화를 요청한다. 이러한 생각은 후기 셸링에서 예술과 신화가 고유한 진리내용을 갖고 있음을 인정하는 것으로 이어진다. 이런 점에서 자연철학은 '긍정적 철학' — 철학을 비철학적인 원천에 의존함을 인정하는— 을 위한 첫걸음이다.

6. 나오는 말: 셸링의 자연철학과 현대 자연과학

셸링의 자연철학은 자연을 기계적으로 결합된 '객관적' 대상으로 간주할 것이 아니라 자연을 스스로 조직화하는 유기적 전체 내지 주체로서의 자연으로 볼 것을 제안한다. 기계적 자연관에 대한 비판[68]은 기계론적으로 설명이 불가능한 사실 — 예컨대 주체성에 관한 물음이 과학적 탐구로는 불가능하듯이 — 이 존재한다는 것에서 시작한다. 주체성은 나 자신의 반성 가운데 직접적으로 드러난다. 사유가 세계와 연관을 맺고 있는 한 사유

---

67) Schelling, *Philosophische Untersuchung über das Wesen der menschlichen Freiheit und die damit zusammenhängenden Gegenstände*, I/7, 351쪽.

68) 기계론적 자연관에 대한 셸링의 거부는 『자연철학의 이념』에서 특히 강조되어 언급되는데, "르 사주(George-Louis Le Sage, 1724-1803, 필자 첨가)의 기계적 물리학은 … 모든 원자론적 이론과 마찬가지로 … 경험적 허구와 임의적 가정에 짜맞춤"으로, 베이컨과 뉴턴의 자연관은 "물리학의 타락"으로 비판된다. Schelling, *Ideen*, I/2, 70쪽.

는 사유되는 대상과 근원적으로 일치되어 있기 때문에, 데카르트의 이분법은 사유되는 대상을 결코 설명할 수 없다. 사유 활동이 자연에 관해 숙고함으로써 자연을 사유 자신의 내부에 지닌다는 점을 고려하면 사유와 대상은 이미 동일한 것이다.

이로부터 기계론은 오직 파생된(abgeleitet) 운동만을 인지한다는 점에서 한계를 지닌다. 운동의 근원에 대한 물음은 다른 사물로부터의 충돌에 의해서 설명될 수 있는 것이 아니다. 왜냐하면 충격을 가하는 운동은 도대체 어디에서 오는지에 관한 물음이 다시 제기되기 때문이다. 이런 물음은 결국 정지 자체에서 발생하는 운동, 즉 동역학적(dynamisch) 운동의 관점에 의해서만 해결될 수 있다. 『자연철학 체계의 기획 서설』에서의 다음의 인용문은 셸링의 주장을 뚜렷이 한다.

기계론적으로 보면 무한히 계속되는 운동은 오직 운동으로부터만 나올 수 있으므로, 운동의 절대적 원인을 (이 원인이 없다면 자연은 그 자체 종결된 전체가 아니게 된다) 탐구하고자 하는 이 학문의 제1 과제는 기계론적으로는 단적으로 해결될 수가 없다. 따라서 사변적 자연학의 실제적 설립을 위해서는 오직 단 하나의 길, 즉 동역학적 길만이 남아 있을 뿐이다. 이 동역학적 길에는 운동이 단지 운동으로부터만 나오는 것이 아니라 오히려 정지로부터도 나올 수 있으며, 따라서 자연의 정지에도 역시 운동이 있다는 것, 그리고 모든 기계론적 운동은 기본적이고 근원적인 유일한 운동으로부터 도출된 단지 이차적 운동이라는 것, 그리고 이런 근원적 운동은 자연 일반을 구성하는 제1 요소들(근원력)로부터 이미 발생한다는 것 등을 함께 가정해야 한다."69)

69) Schelling, *Einleitung zu dem Entwurf eines Systems der Naturphilo-*

이는 자연이 하나의 전체로서 생각되어야 한다는 형이상학적 입장의 표현으로서, 셸링은 근원적 운동은 자연의 외부에 있는 원인으로 돌릴 수 없다고 보았고, 어떠한 원인도 필요하지 않은 자연의 참된 본질이 운동 가운데 있다는 것이다. 셸링의 인과율의 거부는 현대 자연과학(특히 양자역학)이 결정론적 인과법칙을 인정하지 않는 경향과 유사하다. 그는 자연의 참된 본질이 외부적 충격에 의하지 않은 운동에 있다고 보았다. 이는 곧 자연이 정지 상태에 있다가 운동으로 돌발할 수 있음을 의미한다. 이렇듯 자연은 스스로 산출하는 자연(natura naturans)으로서 자신을 드러내며, 이것이 곧 "주체로서의 자연"을 의미한다.[70]

셸링의 기계적 역학에 대한 비판은 당시의 자연과학적 발견과 밀접히 연관된다. 그는 "자기성과 전기성과 화학적 과정의 단계 안에는 그것이 개체적 물체에 있어서 아무리 구분될 수 있다고 할지라도, 그 스스로 전개되는 자연(전체 자연)의 생산비밀이 있다"[71]고 보았는데, 이는 외르스테드(Oersted, 1777-1851)의 전류에 의한 자기현상과 패러데이(1791-1867)의 자기장의 변화에 의한 유도전류의 발견과 밀접히 연관된 언급이다. 셸링 자신도 언급한[72] 이들의 발견은 이후 맥스웰에 의해 전자장을 수학적으로 취급하는 방정식(맥스웰 방정식)에서 통합되며 빛이 전파라는 발견으로 이어지면서 현대 자연과학의 전환을 이루는 혁명적 사상이 된다.

---

sophie, I/3, 274쪽.
70) 같은 책, 284쪽.
71) 같은 책, 312쪽.
72) 같은 책, 320쪽 이하.

전자기력의 발견은 뉴턴 물리학을 넘어서는 사건이다. 양전하와 음전하가 뉴턴 역학에서처럼 두 질량 사이의 인력으로 간주되는 대신 각 전하는 다른 전하가 나타나면 어떤 힘을 느끼도록 그 주위의 공간에 어떤 힘을 일으키는 잠재력을 가진 장을 형성한다. 뉴턴에게서 힘은 작용하는 실체로서의 물체와 연관되어 있음에 반해, 전자기력에서의 힘은 물질적 실체와는 독립적인 힘의 장(力場)들의 상호작용으로 파악되는데, 이는 결국 영향사적으로 하이젠베르크가 묘사하듯이 "유물론적 이해의 위기"[73]를 가져왔다. 주지하듯이 빛의 전자기이론은 상대성이론과 양자역학의 탄생에 직접적으로 연관된다.

고전물리학에서 원자 구조는 천체의 구조와 유사한 것으로, 그리고 원자는 기계론적 법칙성에 따라 상호 연관된 것으로 간주되었다. 그러나 현대 원자론은 기계론적 모델을 포기하고 대신 에너지 과정의 불연속성(Unstetigkeit)의 이론으로 대체하였다. 불연속성이란 원자적인 과정에서 발생하는 다양한 계기들이 연속적인 발생으로 파악될 수 없기 때문에 결국 자연이 지녔다고 여겨지는 과정적 특징이 원칙적으로 객관화될 수 없다는 것을 의미한다. 이에 반해 칸트는 실체의 지속성의 범주나 혹은 자연의 두 사건 간에 가역적인 관계를 언급한 인과율의 범주는 자연에 적용될 수 있다고 보았다. 그러나 칸트의 이런 전제는 양자물리학에서 포기될 수밖에 없었고, 칸트의 전제는 단지 우리의 경험 세계의 가능성을 위해 정태적인 법칙성에만 타당한

---

73) 하이젠베르크, 이필렬 옮김, 『현대물리학의 자연상』, 이론과실천, 1991, 12쪽.

것으로 이해된다. 따라서 양자물리학은 근원적 창조성으로서의 자연고찰 방식과 경험 가능한 산물로서의 자연고찰 방식을 분리하게 된다. 말하자면 물질적 대상들은 역설적으로 그것의 본질로서 "비물질성"[74]을 드러내고 있는 것이다. 이는 셸링이 스피노자에 기대어 자연의 근본 구조를 능산적 자연(natura naturans)과 소산적 자연(natura naturata)으로 구분한 것과 유사하다. 양자물리학이 비록 경험의 한계 너머 존재하는 비존재성을 열어 보이기 때문에 일상적 경험과는 거리가 멀지만, 하지만 양자물리학적 세계에 의해서 일상적 경험 세계가 지니고 있는 다양한 지각적 특성이 비로소 설명될 수 있는 것이다.

자연 인식에 관한 셸링과 현대 물리학의 공통점은 『자연철학 체계의 제1 기획』에 나타난다. "근원적인 것으로서 존재에 관한 개념은 자연철학에서 절대적으로 제거되어야 한다."[75] 따라서 존재는 동력학적으로 파악되어야 한다. 존재는 스스로 모든 것을 구성하는 활동성으로서 생각되어야 하며, 이 활동성은 이것에 의한 생산물 가운데 상실되어서는 안 된다. 그렇기 때문에 우리는 존재 자체에 관해서 '존재가 있다'라고 말할 수 없다. 개별적인 존재는 "오직 근원적 활동성이 규정된(bestimmt) 형식이거나 근원적 활동성의 제한일 뿐이다." 셸링의 관점은 원자물리학에서 발견된다. 원자물리학은 안정된 물질도 이것이 만들어질 때에는 에너지-장으로부터 탄생한 것으로 파악하듯이 셸링에 따

---

74) 송병옥, 『형이상학과 자연과학』, 에코리브르, 2004, 144쪽, 특히 23-163쪽 참조.

75) Schelling, *Erster Entwurf eines Systems der Natruphilosophie*, I/3, 12쪽.

르면 산출하는 비규정적인 에너지 이외에는 "어떠한 근원적인 존재"도 존재하지 않는다. 그래서 셸링은 "자연철학이 다루는 주요 물음은 자연에서의 **활동성**을 설명하는 데 있는 것이 아니라 … **정지해 있는 것**(das Ruhende), **불변적인 것**(das Permanente)을 설명하는 것이다"76)라고 주장하기까지 한다. 자연은 절대적 활동성이 스스로를 제어함(sich-hemmend)으로써 드러나는데, 자연철학은 바로 이 절대적 활동성을 기술하는 데 있다. 대립된 활동성의 상호 엮임으로서의 자연의 본질은 존재자를 넘어서는 존재 원리를 지니기 때문에 자연의 근원적 구조는 통일에 도달하지 못하는 차이의 통일성(die Einheit einer nie zu vereinigenden Differenz)을 지닌다. 사물은 정지한 것처럼 보이지만 본질에 있어서는 끊임없는 재생산에 있다.

셸링 당시의 자연과학의 수준은 오늘날과는 다르다. 하지만 셸링이 고전적 자연관으로부터 전향하여 전자기적 현상을 적극적으로 수용하였다는 사실은 현대 물리학의 태동에 시사하는 바가 크다. 주지하듯이 최대광속의 제한성('광속 불변의 법칙')은 아인슈타인에 의해 빛에 관한 고전물리학적인 전제를 극복하게 하였다. 갈릴레이의 고전물리학에서는 예를 들어 운동하는 물체에서 빛을 발사하면 최종적인 빛의 속도는 움직이는 물체의 속도에 빛의 속도를 더한 것으로 가정하였다. 하지만 빛의 최대속도가 한정되어 있다면 뉴턴의 절대공간과 절대시간에 의한 절대적인 기준계라는 가정은 의문시될 수밖에 없으며, 이는 곧 아르키메데스의 점으로서의 객관적 관찰이라는 전제는 포기될 수

---

76) 같은 책, 18쪽.

밖에 없음을 의미한다. 자연은 더 이상 관찰하는 주관의 위치와 무관하게 객관적 시간을 관통하는 기계로서 표상되는 것이 아니라, 자연은 '상대적으로' 때에 따른 다양한 장소 — 이 장소 역시 자연의 전체 구조의 일부분으로서 — 에서 접근 가능하다. 이는 곧 무한으로 연장된 시간과 공간 체계라는 전제가 곡선적 우주라는 상대적 표상 — 정확히 말해서 관찰하는 주관의 특수한 위치를 위해서 — 을 위해 포기됨을 의미한다. 고전물리학은 우주의 무한성을 전제하지만 상대성이론은 무한적이면서 동시에 유한적인 우주를 전제한다.[77]

물론 셸링이 패러데이 등에 의한 전자기적 현상을 설명하고 나아가 전자기의 발견은 결국 양자물리학이나 상대성이론으로 발전되지만, 과연 그의 자연철학이 오늘날 현대 자연과학의 상황을 모두 담아내고 있는지에 대해 더 세심한 연구가 필요하다. 그럼에도 불구하고 셸링이 칸트를 비판하며, 자연의 완결된 산물에서 시작하여 이 산물로부터 분석적으로 척력과 인력(중력)이라는 근본힘을 도출하는 것을 오류로 간주한 점은 시사적이다. 셸링의 자연철학은 오히려 "정반대의 길을 취한다. 자연철학은 **산물**에 대하여 원래부터 아무것도 모른다. 산물은 자연철학에게 존재하는 것이 아니다."[78] 예컨대 열복사의 경우 칸트는

---

77) 하이젠베르크에 의하면 "공간이 유한하다는 말은 어느 위치에 가면 우주의 끝이 있을 것이라는 것을 의미하는 것이 아니다. 이것은 우주의 어느 한 지점에서 출발하여 한 방향으로 무한 진전을 하면 결국 출발 지점으로 다시 되돌아온다는 사실을 의미한다." 하이젠베르크, 『철학과 물리학의 만남』, 도서출판 한겨레, 1985, 117쪽.

78) Schelling, *Erster Entwurf eines Systems der Natruphilosophie*, I/3, 101쪽.

인력과 척력이라는 두 근본힘을 상정하고 열이 나타내는 모든 질적인 성질이 두 힘들 간의 측정 가능한 양적인 정도로 환원될 수 있다고 본다. 즉 칸트적 설명은 따뜻함이라는 성질을 사물의 질량과 밀도로 설명할 수 있다고 보았다. 그러나 셸링은 질량과 밀도의 항상적 관계에 의해 열복사가 설명될 수 없다고 보면서, 대신 화학적 결합력에서처럼 "반응성의 정도"[79]라고 주장한다. 예컨대 태양열이 대지를 덥히는 것은, 태양열이 대지에 있는 힘(die in der Erde ruhende Kraft)을 일깨워(erwecken) 중력(인력)의 힘으로부터 해방시키기 때문이다.

현대 물리학이 열(에너지)을 가하면 어떤 물질이 고유한 열(빛, 전자파)을 발산하는 문제를 수학적으로 설명하기 위해 '양자도약(Quantensprung)' 개념을 발전시켰지만, 셸링의 자연철학이 과연 현대 자연과학의 물음에까지 해답을 제시할 수 있는지에 관해서는 논의의 여지가 있다. 그렇지만 현대 자연과학이 과학적 유물론에 의거한 결정론적 세계관에 의문을 제기한 것과 같이 셸링 역시 완결된 사물로부터 시작하는 자연관찰을 거부하였다는 점에 유사성이 있다. 또 셸링이 결정론이 주관적 정신과는 절연된 객관적 대상의 실체적 존재를 설정한 것에 대해 거리를 둔 것과 마찬가지로 현대 자연과학에서는 주관이 대상에 참여하는 작용 과정('불확정성 원리')이 중시된다.

이제 맺음말로 넘어가자. 하이젠베르크에 따르면 자연철학이라는 용어는 특히 셸링에 의해 도입된 후 한때 영향력을 행사했다고 한다. 그러나 곧이어 자연철학은 '사변적'이라는 딱지가 붙

---

79) Schelling, *Von der Weltseele*, I/2, 419쪽.

으면서 혐오의 대상이었고, 그 영향은 오래지 않아 대신 영국과 프랑스에서 형성되고 있었던 역학적-유물론적 해석으로 대치되었다. 19세기 자연과학 발달의 주된 동인이었던 역학적-유물론적 해석은 실제적 결과를 제시할 수 있었음에 반해, 소위 자연철학은 성과 없는 아이디어의 찌꺼기만을 양산하였던 것이다. 하지만 하이젠베르크의 진단에 의하면, 현대 자연과학이 역학적-유물론적 자연 해석에 의문을 제기하기 시작하면서 과학 활동이 철학적 문제에 필연적으로 접근하게 되어 철학과 물리학이 만나게 되었다는 것이다. 그렇다면 이제 셸링의 자연철학도 하이젠베르크가 진단한 것처럼 현재 자연과학의 맥락 가운데 자리매김될 수 있지 않을까?

이성과 관념론

『정신현상학』 이성 장의 서론 9개 문단의 해석

강 순 전

『정신현상학』은 실로 읽기 매우 어려운 저작이다. 앞뒤 연관을 숨기고 있는 맥락들, 많은 의미를 포함하고 있는 함축적 표현들을 이해하는 것은 마치 암호를 해독하는 작업과 같다. 이러한 작업은 어려운 것이지만 텍스트의 의미가 밝혀지면서 난해함은 흥미로움으로 전환된다. 하지만 때때로 튀어 나오는 불분명한 지시 관계는 모든 텍스트를 다 해독하기는 힘들다는 사실을 고백하지 않을 수 없게 한다.

『정신현상학』은 난해한 만큼 깊은 함의를 지니는 텍스트이다. 암호와 같은 텍스트를 이해하면 할수록 『정신현상학』은 우리에게 더 많은 것을 전달한다. 이 점에서 『정신현상학』이야말로 한 문장 한 문장 이해하는 작업이 필요한 텍스트이다. 특히 서설과 서론뿐만 아니라 각 장의 서론에 해당하는 부분들은 매우 함축적이어서 난해하지만 전체의 논의를 이해하기 위해 정확히 이해할 필요가 있는 중요한 부분들이다.

이성 장의 서론은 본문에 비해 극히 적은 분량이지만, 칸트의 관념론과의 비판적 대결이라는 헤겔 철학 전체의 과제를 이해하는 데 매우 긴요한 논의를 제공한다. 칸트는 전통적인 이성을 감성에 제약된 이성인 '오성'과 감성으로부터 독립한 '이성'으로 구분하고, 전자에만 자연적 대상에 대한 인식의 권리를 부여한다. 이성에 대한 감성의 제약을 거부하는 헤겔은 이러한 구분을 무시하고 칸트의 오성을 이성이라는 이름 아래 다루면서 그것의 이성으로서의 불충분성을 비판한다. 여기에 초월론적 철학과 사변철학의 대결의 관건이 놓여 있다. 이 글은 이성 장의 서론에 해당하는 9개 문단을 해석하면서 헤겔이 이성의 관점에서 칸트의 관념론을 어떻게 비판하고 있는지를 해명하려고 한다. 헤겔에게 의식의 형태는 항상 의식의 경험의 전개과정의 한 국면에 있기 때문에, 이성에 대한 이해도 자기의식 장의 마지막 의식형태인 불행한 의식의 결과로부터 시작된다. 이 글은 우선 불행한 의식이 어떻게 이성과 같은 논리적 내용을 갖는지를 살피고, 관념론의 특성과 한계를 이성의 관점으로부터 조명한 후, 관념론을 보충하여 완성하기 위한 이성의 역할을 고찰한다.

1. 자기의식의 진리로서의 관념론

불행한 의식의 진리, 즉 불행한 의식의 경험을 통해 도달한 진리는 개별적 의식이 바로 자체존재라는 사실이다. 의식이 이

168

러한 사실을 파악하게 될 때, 의식은 자체존재와 대립하여 자신의 본질로부터 벗어나 있던 불행한 의식에서 자기 자신으로 돌아온다. 이 자기 자신으로 돌아온 의식이 다름 아닌 이성이다.

불행한 의식은 자체존재, 그 자체로 있는 불변자를 피안으로서 자신에게 대립시키는 분열된 의식이다. 하지만 불행한 의식이 수행한 운동을 잘 살펴보면, 현실적 개별성으로서의 신, 피안을 자신의 부정태, 자신의 대상화된 극으로 마주세운 것이다. 말하자면 피안은 불행한 의식 자신이 고유한 자신의 내면을 외부로 외화하여 존재로 만든 것과 다름 아니다. 불행한 의식의 말미에서 헤겔은 이러한 사실을 "의식은 자신의 자아라는 진리 속에서 자기를 외화하여 자신의 직접적인 자기의식을 사물로, 대상적인 존재로 만들었다는 확신을 갖는다"고 표현하고 있다.[1] 여기서 자아의 진리란, 자아는 불변적 피안에 비하면 가변적이고 우연한 존재라는 자아의 무상성을 말하며, 이러한 불완전한 자아는 자신을 부정하고 피안의 불변자에게 기도와 감사의 방식으로 자신을 봉헌한다. 이같이 현실적(객관적, 외적) 봉헌을 통해서 완전히 자기를 포기하고 자신을 교회라는 제도(사물)를 통해서 피안의 불변자에게 내맡기는 것은, 가변자로서의 자신을 불변자로서의 진정한 존재로 만드는 행위이다. 헤겔은 이제 이러한 행위를 불행한 의식이 자신의 내면을 외화하여 피안을 정립하는 것이라고 해석한다. 피안은 사실은 불행한 의식 너머에 있는 의식 초월적인 피안이 아니라 의식에 의해 정립된 것, 의

---

1) G. W. F. Hegel, *Phänomenologie des Geistes*, Werke in zwanzig Bänden, Theorie Werkausgabe, Bd. 3, Frankfurt am Main, 1969 ff., 175-176쪽. 이후 본문에 쪽수만 표기함.

식 자신이 외화된 것에 다름 아니다.

개별적 의식은 자신의 독자성을 모두 포기하고 현실적 봉헌을 통해 그것을 보편자에게로 돌린다. 그런데 개별성이 지양된 보편자란 개별성의 외화에 다름 아니다. 가령 개별적 의식은 자신이 노력하고 수고하여 거둔 성과를 감사하며 보편자에게로 돌린다. 하지만 보편자의 내용은 개별적 의식의 것이기 때문에, 봉헌을 통한 개별자와 보편자의 합일은 개별적 의식 외부의 보편자에게서 일어나는 것이 아니라 개별자 안에서 일어나는 것이며, 이 통일은 다름 아닌 개별적 의식의 본질을 형성하는 내용이다. 불행한 의식의 형태를 띤 의식은 이러한 사실을 알지 못한다. 불행한 의식의 운동을 통해 도달한 진리가 이러한 내용을 지니는 것이지만 이것은 우리 철학자에게만 파악된다. 그렇기 때문에 불행한 의식으로서의 의식은 대립 속에서 불행하지만, 그 가운데 통일의 진리를 보는 철학자는 불행한 의식의 진리가 이성의 직접적인 형태와 같은 내용을 지니고 있음을 안다. 그리하여 철학자에 의해 불행한 의식이라는 의식 형태와 이성이라는 의식 형태의 연결이 이루어진다.

개별성을 포기하고 보편자에게 봉헌하는 불행한 의식의 진리는 개별자와 보편자를 매개하는 중간자로서의 교회의 의미 속에 있다. 부패하고 타락한 현실의 교회가 아니라 개별자와 보편자를 매개하는 제도로서의 교회의 개념은 양자를 통일하는 불행한 의식의 진리이다. 불행한 의식의 말미에서 이것은 다음과 같이 표현된다. "그러한 간접적인 관계가 부정적 운동의 본질을 이루는데, 이러한 부정적 운동 속에서 의식은 자신의 개별성에 등을 돌리지만, 이 부정적 운동은 관계 자체로서 마찬가지로 긍정적이며 의식 자체에게 이러한 의식의 [불변자와의] 통일을 산출하게 된다."(174) 교회를 매개로 한 매개적 관계는 개별적 의식이 자신의 개별성을 포기하는 부정적인 운동이지만 그것은 관계 자체로서 긍정성을 지니며, 그 속에서 자기 자신과 불변자와의 통일이 일어나는 운동이라는 것이다.

불행한 의식의 진리는 자기 자신을 포기하고 자신을 매개체로서의 교회라는 제도에 모두 내맡기고 사물화, 객관화하는 것이다. 이것은 인식론적으로 볼 때 관념론이 마치 자신의 내용을 주관으로부터 자연의 법칙으로 외화시키는 작용과 같다. 불행한 의식은 신 중심주의적으로 자신을 포기하고 자기를 외화하여 신의 것으로 돌리는데, 관념론은 저 외화된 것이 모두 나의 것, 나의 의식이라고 거꾸로 설명한다. 이성 장의 첫 문단에서 헤겔은 이 두 가지, 즉 불행한 의식의 관점과 관념론의 관점을 연결시킨다. 앞 장의 불행한 의식에서 서술한 대로 가변적 의식은 자신을 희생하여 봉헌하는 불변자와 종교적 형태에서는 분리된 것이지만, 철학적으로 볼 때 이것은 보편자와 개별자, 불변자와 가변자의 합일이 일어나는 것이다. 양자의 통일을 매개하는 중간자를 중세에 현존했던 타락한 제도로서의 교회가 아니라 개념적 형태에서 파악하게 된다면, 중간자로서의 교회는 양 극단을 관계시키는 통일이다. 역사적으로 중간자는 교회라는 제도로 나타났는데, 실제의 역사적 전개를 보면 시간이 경과하면서 그것은 실정적으로 굳어져서 타락한다. 하지만 교회는 본래적으로는 개념의 제도적인 표상이다. 가변자와 불변자, 양자를 연결시켜주는 개념이 객관적 제도로 드러난 것이 교회이다. 헤겔은 역사에 나타난 제도의 개념적 의미를 파악하고 거꾸로 절대정신이 이 제도를 통해 표현된 것이라고 설명하는 것이다.[2] 매개자로서의 교회라는 개념에 나타나는 이 통일에 대한 의식은 근대 관념론적 입장에서 본다면 자기 자신을 모든 진리라고 확신하는 것이다. 여기서 진리는 뒤에 실재성이라고 표현된다.

지금까지 서술한 내용을 요약하면, 자기 포기에 의해 불변자와 화해하는 통일 의식은 자신을 모든 실재성으로 확신한다는 것이다. 이로써 헤겔은 자기의식 장의 결과가 관념론의 주장과 같음을 보여주면서, 자기의식 장의 결과로부터 관념론을 내용으로 하는 이성으로 이행한다.

2. 대상을 자기 자신으로 확신하는 관념론

"자기의식이 이성이라는 사실과 함께, 지금까지 자기의식이 지녔던 타자존재에 대한 부정적 태도는 긍정적 태도로 바뀐다." 이 문장에 근거하여, 『정신현상학』의 서술이 이성 장부터 근본적인 성격의 변화를 가져온다는 주장이 제기된다. 『정신현상학』의 각 장은 로마자에 의해 표시되어 있으면서, 동시에 A. 의식, B. 자기의식, C. (AA) 이성, (BB) 정신, (CC) 종교, (DD) 절대지라는 알파벳 구분에 의해 분류되어 있다. 푀겔러(O. Pöggeler)는 헤겔이 본래 『정신현상학』의 서술을 A. 의식, B. 자기의식, C. 보편적 자기의식이라는 3단계로 기획하였다고 주장한다. 이성, 정신, 종교, 절대지 장을 통괄하는 C. 부분의 전체 제목이

---

2) 불행한 의식에서 이성으로의 이행은 중세의 교회에서 르네상스와 근대로의 이행이라는 세계사와 관련된다. 이뽈리뜨, 『헤겔의 정신현상학』, 문예출판사, 1986, 276쪽 참조.

출판된 목차에는 없지만 보편적 자기의식이어야 한다는 것이다.[3) 그에 따르면 자기의식이『정신현상학』의 중심이며 자기의식 장에서 이미『정신현상학』서론(Einleitung)의 마지막 문단에서 말하는 "현상과 본질이 일치하고 의식이 가상을 벗어 던지는" 정점에 도달하며, 이성, 정신, 종교 장은 자기의식의 추상적 형식이 구체적으로 실현된 형태들로서 전개된다.[4) 트레데(J. H. Trede)는 본문의 이 문장을 근거로 하여,『정신현상학』의 자기의식 장까지를 부정적 변증법, 즉 헤겔의 초기 철학에서 논리학 혹은 회의주의라고 일컬어지는 부분에 해당하는 것으로, 이성 장부터를 긍정적 변증법으로 해석한다.[5) 자기의식의 운동의 결과로서 보편적 자기의식인 이성에 이르러 지와 그것에 부정적인 대상성 사이의 대립이 소멸한다는 이러한 주장들은『정신현상학』 이후의 저작『뉘른베르크 시절의 예비학(Nürnberger Pro-pädeutik)』 중 1809-1811년의 의식론(Bewußtseinslehre)과『철학전서(Enzyklopädie der philosophischen Wissenschaften)』(1830)에서 정신현상학의 서술이 의식, 자기의식의 상세한 서술 후 이성에 대한 간단한 서술로 종료된다는 사실에 의해 뒷받침된다.

3) O. Pöggeler, "Zur Deutung der Phänomenologie des Geistes", *Hegels Idee einer Phänomenologie des Geistes*, Freiburg/München, 1973, 209쪽 참조.

4) O. Pöggeler, "Hegels Phänomenologie des Selbstbewußtseins", *Hegels Idee einer Phänomenologie des Geistes*, 293쪽 참조.

5) J. H. Trede, "Phänomenologie und Logik", *Hegel-Studien* 10, Bonn, 1975, 199쪽 이하 참조. 이상에 대한 종합적인 상세한 해설은 강순전,「정신현상학과 논리학 - 헤겔『정신현상학』에서 의식의 형태들과 논리적 규정들의 상응관계」,『철학』제79집, 2004 여름, 170-173쪽 참조.

자기의식 장에서 자기의식의 자유와 자립성이 문제되었을 때에는 대상성이라는 외부의 것은 다 부정되었다. 주인과 노예 관계에서 자신의 외부의 다른 자기의식을 부정하려고 하는 것이나, 스토아주의가 가변적인 무상한 것들을 부정하고 순수한 자기의식을 확보하려는 것이나, 회의주의가 개별적인 모든 것을 부정하는 가운데 확실한 자기 주체를 확보하려는 것이나, 이 모든 것들은 외부의 것인 세계 혹은 현실성을 부정하고 자신을 유지하려는 노력들이었다. 이때 자기의식은 외부의 세계에 대해 부정적인 관계를 취한다. 그러나 이성으로서의 자기의식은 자신의 사유가 바로 현실성이 되는 의식이다. 이러한 방식으로 세계에 관계 맺는 의식은 관념론의 태도이다. 관념론은 자신의 사유가 바로 현실성이기 때문에 외부의 세계(현실성)에 대해 부정적인 관계를 가질 수 없다. 사유를 통한 산출행위든 행위를 통한 산출행위든 간에 자기 자신의 외화가 세계이므로, 이러한 거침없는 자기의식의 활동태에 있어서는 더 이상 이전의 경우가 갖던 대상과 자기의식, 자기와 타자존재 사이의 부정적인 관계는 소멸한다.

이성으로서의 자기의식이 자신을 실재성으로서 파악하는 관념론에서, 실재성으로서의 세계는 관념론으로서의 이성에게 이성 자신의 사유와 함께 생겨나는 것으로 간주된다. 하지만 자기의식 장에서 자기의식은 세계와 부정적인 관계 속에 있었다. 노예로서 노동하는 자기의식은 세계를 욕구하고 가공하며, 세계의 구체적 구별을 무시하고 주관의 추상적 사유의 자유를 구가하던 스토아주의는 세계로부터 나와서 자기 자신 안으로 퇴각하고, 세계의 개별성을 부정하는 회의주의는 자신을 위하여 세계를 말

174

살시키며, 가변적 자신을 부정하고 불변자에게 봉헌하는 불행한 의식은 세계를 본질로 의식하든 무의미한 것으로 의식하든 가변적 의식으로서의 자기 자신을 말살시킨다.

하지만 이성은 이러한 세계와의 부정적 관계를 다시 부정하여 세계와 긍정적 관계에 접어든다. 헤겔은 불행한 의식에서 기독교적 태도의 첫 번째 형태인 명상적인 종교적 태도가 "의식에게 단지 의식의 삶의 무덤만이 현재화될 수 있을 뿐"(169)인 결과를 가져온다고 비판한다. 이 태도는 스토아주의를 반영하는 불행한 의식으로서, 모든 것을 피안에 맡기는 태도는 현실의 차안적 삶을 모두 무덤으로 만든다. 이러한 "의식의 현실적, 불변적 본질이라는 무덤은 어떠한 현실성도 갖지 않는다."(169 이하) 이제 이러한 피안을, 즉 자기의식의 진리인 삶을 묻어버리는 무덤을 부정하고 피안이 아닌 개별적 의식이 절대적 본질이 되는 이성으로서의 자기의식에 이르러서야, 세계는 부정자나 피안이 아니라 바로 자기 자신의 세계로서 새로이 발견된다.

이 새로이 발견된 세계는 이성으로서의 자기의식이 스스로를 외화한 내용이다. 그렇기 때문에 이제 세계는 이전처럼 소멸하는 세계로 간주되고 그것의 부정으로서의 절대적 본질이 추구되는 것이 아니다. 절대적 본질인 자기의식이 외화된 세계는 외화된 본질이며, 세계의 질서를 구성하는 불변적인 것으로서 존속한다. 자기의식은 외화된 세계 속에서 자기 자신만을 경험하며, 세계는 자기의식의 진리이자 자기의식의 외적 현재이다.[6]

---

6) 푀겔러와 풀다는 『정신현상학』의 근저에 놓여 있는 논리학이 1805/06년의 『정신철학』의 끝 부분에 나오는 "존재, 관계, 생과 인식 – 인식하는 지, 정신, 정신의 자기인식"이라는 논리학 구분에 상응한다고 한다.

3. 자신의 경험을 망각하고 직접적으로 등장하는 이성으로서의 관념론

이성이 최초로 출현하는 형태는 자신이 모든 실재성이라는 확신이다.[7] 관념론도 마찬가지로 이러한 확신을 갖는다. 피히테의 관념론의 정식 '나는 나이다'는 이러한 확신을 표현한다. 주어의 나는 절대적 정립행위이며, 술어의 나는 이 정립행위를 통해 정립된 실체성의 총체성이다. 말하자면 자아가 모든 실체성을 산출하고 자아로부터 모든 것이 연역되기 때문에, 자아로부터 모든 총체적 실체성이 비롯될 수 있다. 이렇게 주어인 나의 절대적 정립행위에 의해 정립된 자아로서의 대상은 외부의 대상을 무상한 것으로 보거나 부정하는 자기의식 일반에서처럼 공허한 대상일반이 아니며, 주인-노예 관계의 노예의 노동에서처럼 자기의 밖에 여전히 타당한 타자를 남겨두고 있는 상대적 대상도 아니다. 피히테의 관념론적인 대상은 타자의 비존재에 대한 의식을 갖는, 즉 다른 것을 모두 지워버리는 절대적이고 유일한 대상이며 온전한 실재이고 온전한 현재이다. 피히테는 자아에

여기서 이성 장은 인식하는 지에 상응한다. 코코베스는 인식하는 지를 자신이 인식하는 것을 인식하는 지, 즉 세계가 인식될 수 있다는 것을 확신하는 지, 세계 속에서 자신의 고유한 합리적 구조를 발견하려는 지라고 생각한다. M. Bisticas-Cocoves, "The Path of Reason in Hegel's Phenomenology of Spirit", *G. W. F. Hegel, Phänomenologie des Geistes*, hrsg. D. Köhler u. O. Pöggeler, Berlin, 1998, 168쪽 참조.

7) 이종철은 '이성이 곧 자신의 실재이며 현실성이라는 것'이『정신현상학』이성 장의 기본 명제일 뿐만 아니라, 논리학과 법철학의 중심명제라고 본다. 이종철,『헤겔 정신현상학의 이성 장 연구』, 연세대학교 박사학위논문, 2005, 42쪽 참조.

실재성의 절대적 총체성을 부여하는데, 그것은 주어인 자아의 절대적 정립에 의해 술어인 자아에 정립된다.

그러나 이성적 자기의식이 그 자체 실재성이 되기 위해서는 피히테의 정식에서처럼 단순한 확신을 통해서가 아니라 자기의식이 자신을 드러내는 생성의 도정을 통해야 한다. 자기의식은 자기 자신을 실재성으로서 드러냄으로써, 자기 자신 안에서만 홀로 실재성인 것이 아니라 그 자체로도 실재성이 된다. 이성적 자기의식의 모델인 피히테의 관념론은 실재성에 대한 확신을 직접적으로, 단적으로 표현하지만, 철학자 헤겔은 이렇게 직접적으로 표현되는 진리는 사실은 의식과 자기의식의 경험의 도정을 통해서 비로소 도달되는 것이라고 말한다. 이성에 이르는 의식과 자기의식의 운동에서 의식은 항상 매 단계에서 타자존재와 대립해 있지만, 철학자는 타자성이 자기성이라는 점을 파악한다. 우리 철학자의 관점(für uns)에서 의식의 타자존재는 항상 이미 의식 자신의 것이다. 하지만 의식은 자신이 도달한 진리를 모르기 때문에 매번 새로이 그것을 타자존재로서 대상화하고 끊임없이 그것과 부정적인 관계를 맺는다. 따라서 타자존재는 의식에게만(nur für es) 있는 것, 더 정확히 말하면 타자존재와 대립해 있는 의식에게만 타자존재로서 존재하는 것이다. 하지만 철학자의 관점에서 보면 의식 자체에 있어서(für es selbst)는 존재하지 않는 것이다. 각각의 의식은 자신의 타자존재로서의 대상을 파악하는 활동을 하지만, 철학자가 보기에 이것의 총체로서의 의식 자체에게서는 의식이 자신의 총체성을 드러내는 작업이 수행되는 것이다.

지금까지 지와 그에 부정적인 대상 사이의 끊임없는 상호작용으로서 전개되어 온 의식, 자기의식의 경험의 과정은 의식이나 자기의식이 부정성으로서의 대상을 산출하는 과정이었지만, 그것은 동시에 의식이 부정적인 대상성을 떨쳐내면서 타자성이 자기성으로 되는 과정이었다. 이렇게 도달된 이성의 관점에서 보면, 혹은 의식의 운동을 관망하는 철학자의 관점에서 보면 이미 의식과 대상은 동일한 본질이다. 하지만 의식의 운동 과정에서 이 동일한 본질은 이중적으로 현상한다. 그것은 한편으로 의식과는 독립적으로 존재하는 자체적인 것(Ansich)으로서, 다른 한편으로 의식에 대해 존재하는 자체적인 것(Ansich für das Bewußtsein)으로서 현상한다. 하지만 의식의 운동 과정을 거치면서 자체존재와 의식을 위한 존재라는 두 측면은, 자체존재가 의식을 위한 존재이고 의식을 위한 존재가 자체존재라는 한 가지 진리로 환원된다. 우리의 관점에서, 즉 이 운동 과정을 통해 도달한 진리로서의 이성에서 양자는 동일한 것이다.

그러나 이러한 진리를 담지하는 이성적 의식은 이러한 길을 걸어왔지만 그것을 잊어버리면서 직접적으로 등장한다. 이렇게 직접적으로 등장하는 이성은 진리를 진리로서 파악하지 못하고 단지 확신으로서만 갖는다. 자신을 모든 진리, 실재성으로 확신하는 관념론적 이성은 실재성을 확신의 형태로만 이야기하지, 아직 개념파악(begreifen)하지는 못한다. 헤겔은 칸트, 피히테의 관념론의 정신사적 위상을 높이 평가하면서도 그것이 이성의 직접적인 형태일 뿐이며, 이성의 본래적 형태인 개념파악하는 작업이 여기서는 아직 성취되지 못하고 있다고 평가한다.[8] 이성

---

8) 이뽈리뜨는 관념론을 정신의 역사에서 등장하는 한 현상으로서 서술한

자신은 의식이 곧 실재성이라는 진리를 확신으로서만 표상할 뿐이지만, 철학자의 입장에서 볼 때 이것을 개념파악하기 위해서는 앞에서 얘기했던 길, 이성이 망각하고 있지만 철학자만이 볼 수 있는 길을 서술해 주어야 한다. 이러한 서술이 바로 이성이 관념론이라는 입장으로 표현하고 있는 주장, 확신에 대한 개념파악이다.

보편적인 자기의식으로서의 이성이 자기 자신을 실재성으로 파악하게 되는 것은 바로 이런 과정, 즉 타자성을 떨쳐내고 자기성을 확인하는 과정에서이다. 그래서 이러한 운동 과정의 진리는 관념론의 주장, 즉 타자성이 나 자신이 산출해 낸 실재성이라는, 나는 모든 실재성이고 진리라는 주장과 다름 아니다. 그런데 '자신이 모든 실재성'이라는 주장이 순수한 형식, 즉 단언이나 확언의 형태로 주어질 때, 이러한 주장이 있게 된 도정을 걷지 않은 사람은 이 주장을 이해하지 못한다. 하지만 그 역시 이 길을 걷는다면 그 길의 결과를 마찬가지로 저러한 내용의 주장으로 표현할 것이다. 관념론의 주장 자체는 틀린 것이 아니다. 단지 그것이 어떻게 해서 그런지를 보여주어야만 그 주장이 이해될 수 있다. 달리 말하면 그것이 결과하게 된 과정이 서술되어야만 그것은 정당화될 수 있다.

다는 데에서 헤겔의 독창성을 찾는다. 헤겔은 관념론을 이론이나 체계로서가 아니라 정신의 한 현상으로서 간주한다. 헤겔은 관념론이 그 역사적 전제들을 무시한 채, '자아에게 불가지적인 것이 있을 수 없다'고 하는 일반적 이론으로서 등장한다고 비판한다. 관념론을 역사적 과정의 한 계기로 규정함으로써, 헤겔은 그것을 상대화, 유한화하는 것이다. 이뽈리뜨, 앞의 책, 282쪽 참조.

4. 직접적으로 출현하는 이성 혹은 관념론의 주장이 갖는 확언 형식에 대한 비판

의식이 경험한 도정을 서술하지 않은 채 자신이 모든 실재성이라는 단적인 주장으로 시작하는 관념론은 순수한 확언이다. 확언은 논거가 뒷받침되지 않은 단적인 주장을 말한다. 『정신현상학』의 서론(Einleitung)에서 보듯이, 확언은 자신의 존재에 기초한다(71 참조). 그래서 자신이 존재한다는 것만 가지고 자신의 권리를 주장한다. 그렇게 되면 다른 확언도 마찬가지로 동등한 권리를 가지고 거기에 맞설 수 있다. "관념론은 직접적 확신을 표명하지만, 이 확신에는 저 도정에서 다만 소멸될 뿐이었던 또 다른 직접적 확신들이 맞서게 된다."(180) '저 도정'이란 앞 문단에서 말했던 한편으로 자체적인 것, 즉 대상과 다른 한편으로 의식에 대해서 자체적인 것, 즉 지 사이의 대립이 지양되는 과정을 말한다. 이 과정을 통해 (1) 자체존재라는 망령과 (2) 자신에 대해서만 존재하는 본질이 사라진다. 이것은 불가지한 물자체 및 자아의 주관적 고립성이 모두 지양되는 과정이다. 이 과정을 통해 도달한 이성은 이러한 진리를 내포한다. 하지만 관념론으로서의 이성은 이 진리를 망각한 채 등장한다.[9] 그렇기 때문에 관념론은 스스로가 실재임을 주장하면서도 여전히 물자체 및 자아의 주관적 고립성을 유지하고 있다. 여기 인용문에서 말하는 '저 도정에서 소멸될 뿐이었던 또 다른 직접적 확신'이란 자체존재에 대한 확신을 말한다. 헤겔은 지금까지의 과정을

---

9) 이뽈리뜨, 앞의 책, 284쪽 참조.

통해 자체존재가 하나의 망령이며, 이성에서는 본래 이성에 맞서는 어떠한 자체존재도 지양되어 있다는 사실을 보여주었다. 하지만 피히테의 관념론은 자아의 확실성만큼이나 비아의 확실성을 확신한다.

직접적으로 출현하는 이성적 자기의식은 '나는 나다'라는 피히테적 관념론의 형식으로 자신의 확신을 주장한다. 이 주장은 주어의 관점에서 주어의 '나'가 갖는 확신, 즉 술어의 '나'인 대상은 주어인 '나'와 다름 아니라는 확신을 말하고 있다. 말하자면 주어 '나'가 자신을 정립한 것이 술어의 '나'인 대상이므로, 대상은 주어인 '나'에 의해 정립된 것으로서 주어인 '나'와 다름 아니라는 확신을 말한다. 그러나 이성이 이렇게 확신에 근거하는 한, 주어인 '나'에 의해 정립되고, 그런 의미에서 거기에 종속되었던 술어인 '나'가, 말하자면 대상의 관점에서도 동등한 권리를 갖고 술어인 '나'가 주어인 '나'에 대해서 있는 타자로서 승인될 수 있다. 술어인 '나'는 주어인 '나'와는 다른 것 (Anderes als Ich), 나의 타자로서 주어인 '나'에 대해 맞서 있는 대상이다. 그리고 주어인 '나'가 단지 확신으로서만 대상에 관계한다면, 술어인 '나'는 마찬가지로 주어인 '나'에게는 나와 독립적인 본질, 자체적인 것이다. 앞서 제시되었던 의식의 경험에서 보듯이 대상성이 곧 자신이라는 진리를 깨닫지 못하는 의식에게 대상은 항상 자신과 낯선 자체적인 것으로서 맞세워진다. 실재성, 즉 술어의 '나'가 곧 주어의 '나' 자신이라는 것을 개념적 매개를 통해 논증하지 못하고 단지 확신하는 관념론적 이성에게서 아직 실재성은 자체적인 것으로서 이성적 의식과 분리되어 있다. 따라서 대상이자 본질인 술어로서의 '나'는 주어인 '나'를 포함한 모든 타자로부터 독립하여 그것과 나란히 등장하는 현실성이다. 결국 이것은 직접적으로 출현하는 이성 혹은 피히테의 정식에서 주어의 '나'와 술어의 '나'가 서로 매개되지 못하고 동등한 권리를 가진 확언의 주체로서 양립해 있음을 말해준다.

타자와 나란히 등장하는 확신으로서의 이성은 진정한 의미에서의 이성이 아니라 반성에 불과한 것이다. 헤겔은 초기 철학에서, 판단의 근원적 분리의 형식에서 절대적 진리는 표현될 수 없다며 칸트와 피히테 철학을 비판한다. 지금까지의 서술은 피히테의 '나는 나이다'라는 정식에서 주어와 술어가 분리되어 각기 자신을 중심으로 한 확신을 동등하게 표현할 수 있다는 사실을 보여주었다. 이러한 피히테적인 이성은 주어와 술어의 근원적 분리를 표현하는 반성일 뿐이다.10) 이제 반성으로서의 이성이 이러한 대립적 확신으로부터 벗어날 때 이성의 주장은 더 이상 동등한 다른 확신을 나란히 허용하는 한낱 확신에만 머물지 않고 유일한, 즉 절대적인 진리로 될 수 있다.

이성의 직접적 출현은 눈앞에 있는 존재로서 나타나는 이성의 추상적 모습일 뿐이다. "눈앞에 있는 존재의 본질과 그것의

---

10) 때문에 이뽈리뜨에 따르면 피히테의 관념론은 하나의 명제로 정립되더라도 그와 똑같이 유효한 반대명제와 대치하고 있는 명제로서 정립될 수 있는 회의주의의 모순에 빠지게 된다. 비아는 자아와 합치하여야 하지만(sollen) 결코 자아에 완전히 흡수될 수 없다. 따라서 피히테의 관념론은 그것의 긍정적 요구에도 불구하고 회의주의에서와 같은 상호 모순된 이중적 의미를 지닌다. 그것은 회의주의의 근대적 형식이거나 화해할 수 없는 두 항 사이에서 끊임없이 방황하는 불행한 의식의 근대적 형식에 지나지 않는다. 이뽈리뜨, 앞의 책, 286, 287쪽 참조.

자체존재는 그 존재가 생성되는 운동"이다(181). 눈앞에 있는 존재의 본래적 모습으로서 그것이 생성되는 운동을 서술하는 것은 앞서 이야기한 앞의 도정을 서술하는 진정한 의미의 관념론이다. 그 도정을 생략한 채로 하나의 안전존재(眼前存在)로서의 추상만을 붙잡고 있는 피히테적 관념론은 그것의 본질인 생성의 운동을 파악하고 있지 못한 것이다.

직접적으로 출현하는 이성으로서의 관념론이 등장하기까지 의식이 자신의 대상과 여러 가지 방식으로 관계해 온 의식의 경험으로서의 인류의 지성사는 다름 아닌 세계정신이 드러나는 과정이다. 각 단계에서 세계정신은 그때그때 자신의 대상을 직접적으로 발견하고 규정하면서 자신의 내용을 형성한다. 그런데 이러한 형상화는 이미 생성되어 있는 세계정신의 모습(was er schon *geworden* ist), 즉 그것의 생성과정에 의존한다. 바로 앞에서 눈앞에 있는 존재의 본질과 그것의 자체존재(Ansichsein)는 그 존재가 생성되는 운동(Bewegung seines Gewordenseins)이라고 하였다. 따라서 세계정신이 그때그때 독자적인 것으로 형상화된 모습(wie er *für sich* ist)은 그것의 자체존재(was er schon *an sich* ist)를 형성하는 생성과정의 내용에 달려 있다.[11]

---

11) 『정신현상학』에서 의식의 역사는 세계사라고 하는 객관적 현존재를 지니면서, 후의 체계에서의 도식적 설명보다 훨씬 더 구체적이고 상세하게 전개된다. 헤겔의 체계는 만년에 접어들수록 점점 더 세계정신의 역사와의 관련성을 상실해 간다. 이뽈리뜨, 앞의 책, 277쪽 이하 참조.

5. 관념론에서 주객의 통일로서 나타나는 범주의 직접성 비판

자신이 모든 실재성이라는 이성의 확신에서 실재성은 아직 대상과 온전히 매개된 구체적 실재성이 아니라 구체적 실재성의 추상일 뿐이다. 그것은 그 자체로 있고, 독자적으로 있는, 즉 아직 대상과 매개되지 않고 홀로 있는 자기의식이고 그것의 자기 긍정(나는 나이다)이다. 이성, 자기의식, 자아는 대상이 자기라고 확언하기 때문에, 대상으로서의 존재자이다. 하지만 그것은 구체적인 존재자를 온전히 매개하지 못하고 있고, 그런 의미에서 그것은 존재자의 '순수한' 본질성이다.12) 그것은 자아와 존재자의 통일인 바로 범주를 말한다. 헤겔은 칸트와 피히테의 관념론에서의 범주를 아직 진정한 객관과 매개되지 못하고 주관의 확신에만 머무는 존재자의 본질성이라고 평가하고 있다.

통상적인 범주의 이해는 아리스토텔레스의 범주가 그렇듯이 의식의 대상으로서의 존재자의 본질을 말하는지 혹은 의식과 관계없이 대상 일반의 본질을 말하는지가 규정되지 않은 채, 대상의 본질로서 이해되어 왔다. 이제 근세철학에서 범주는 사유하는 현실성과 동일한, 즉 의식에 의해서 그러그러하게 규정된 존재자의 본질을 말한다. 근세의 관념론에서 존재는 자기의식에 의해 그러그러하게 규정되는 의식의 대상으로 파악되며, 따라서 그러한 대상의 본질은 곧 자기의식의 내용과 동일하다. 여기서

---

12) 칸트에게서 순수하다는 것은 경험적 불순물과 섞이지 않은 선험적 능력이 지니는 긍정적 의미이지만, 헤겔에게서 그것은 현실과 매개되지 못하고 구체성을 결여한 추상적인 것이라는 부정적 의미를 지닌다.

성립하는 동일성은 독립적인 관계항들 사이의 비교에 의해 성립
하는 동일성이 아니라 의식이 대상을 원리적으로 규정함으로써
성립하는 절대적 동일성이다. 헤겔은 칸트의 범주가 물자체로서
의 객관에까지 온전히 미치지 못하는 비이성적인 사유라고 비판
하면서도, 자기의식이 존재자를 규정하는 존재자의 진리라는 근
세철학의 원리를 그와 공유한다. 헤겔은 칸트의 범주의 연역이
표방하는 주관과 객관의 동일성을 이성적이고 사변적인 원리라
고 평가한다. 따라서 헤겔에게 범주의 본래적인 이념은 이성적
인 것이다. 하지만 칸트와 피히테의 불충분한 관념론은 그 본래
적 이념을 온전히 실행하지 못하고 한 쪽에 의식을, 다른 쪽에
자체존재를 대립시키는 주관주의적 의식철학의 한계에 머물러
있다.13)

---

13) W. 마르크스는 헤겔이 범주에서 주객의 동일성이라는 칸트의 획기적
통찰에 영향을 받아 이성의 본질을 규명하고 정신 개념을 새로이 규명
하는 것을 평생의 과제로 삼았다고 한다(K. Kaehler u. W. Marx, *Die
Vernunft in Hegels Phänomenologie des Geistes*, Frankfurt am Main,
1992, 14쪽 참조). 헤겔은 이미 초기 저작『피히테와 셸링 철학 체계의
차이』에서 칸트 철학의 정신을 그것의 문자로부터 분리해서 다루어야
한다고 하면서, 범주의 초월적 연역에서 칸트가 오성의 능력으로 말
하고 있는 '모든 다른 것들을 포괄하는 통각의 근원적 종합적 통일'을
이성이라고 명명한다(*Differenz des Fichteschen und Schellingschen
Systems der Philosophie*, Hegel Werke in zwanzig Bänden, Bd. 2.
Frankfurt am Main, 8, 9쪽 참조). 하지만 W. 마르크스에 따르면 헤겔
의 이성개념은 다음과 같은 점에서 칸트로부터의 '문자'에 따른 발전이
라고 볼 수도 있다. 칸트에게서 직관과 개념적 사유, 감성과 오성 등의
통일은 헤겔에게서 사유와 존재의 통일로서 나타난다. 헤겔의 이 근원
적 통일이 이성이다. 사유와 존재는 이 원리로부터만 파악되고 이 원리
안에서 이미 지양되어 있다. 헤겔에게서 사유와 존재의 통일은 발생해
야하는 것이 아니라, 가능한 경험의 필요조건인 한에서 이미 항상 발생

범주가 자기의식과 존재의 단순한 통일이지만 통일 속에 이미 자기의식과 존재라는 두 계기가 있기 때문에 범주 안에는 구별이 존재한다. 구별행위로서의 범주는 타자존재 속에서, 절대적 구별 속에서 직접적으로 자기 자신과 동등한 것이다. 즉 범주는 다르게 있으면서 자기동일성을 유지하거나 절대적인 구별행위를 하면서도 자기동일성을 유지한다. 여기서 존재하는 구별의 특성은 투명하다거나 '구별 아닌 구별'이라고 표현된다. 구별이 분명히 존재하기는 하지만, 이 구별은 투명하다. 여기서 투명하다는 것은 '구별 아닌 구별'과 같은 의미이다. 구별되는 것으로서의 타자가 구별하는 것으로 환수되어야 할 가상으로만 존재할 때 그것은 실재하는 존재자가 아니라 뚫고 들어갈 수 있는 가상이다. 그러므로 가상과의 구별은 투명하며, 구별과 함께 구별되는 관계항이 독립적으로 존재하게 되는 통상적인 의미의 구별이 아니다.

헤겔의 생각에 범주는 본래 이렇게 절대적 구별행위여야 한다. 헤겔은 범주를 "절대적 부정적 본질"(182)이라고 표현하는데, 이것은 헤겔 철학의 핵심적 원리인 자기관계적 부정성을 말

된 것이다. 사유가 이 통일의 원리로부터 분리될 때 그것은 추상되어 칸트에게서처럼 심리적 능력으로 간주된다. 헤겔에게서 이성은 시공간적으로 주어지는 다양이 현상할 수 있기 위해 관계해야 하는 근거이다. 다양한 현존재의 규정성은 항상 이미 이성이라는 개념적 종합하에서만 생겨날 수 있다(K. Kaehler u. W. Marx, 앞의 책, 20, 21쪽 참조). 이 점에서 헤겔이 규명한 이성과 그것의 실현으로서의 정신은 한편으로 각각의 개별적 주관이 분유하고 있는 주관성 자체이고, 다른 한편으로 현실성 전체를, 즉 민족 전체의 인륜과 법과 그것의 도야 및 종교를 관통하는 힘으로서 객관정신이다(같은 책, 16쪽 참조).

한다. 절대적인 것의 원리는 자기 자신 안에 부정을 지니는 자기관계이며, 이렇게 자신 안에 부정을 지닐 때만 부정을 통해 규정성과 구별을 지니게 된다. 헤겔은 범주의 다수성이 바로 주관과 객관의 통일로서의 순수범주의 구별이라고 보고, 순수범주의 구별로부터 다수의 범주의 발생이 논증되어야 한다고 본다. 하지만 칸트의 범주는 자기관계적 부정성이 아닌 직접적 통일이기 때문에 구별과 규정성을 가능하게 하는 매개를 원리적으로 설명할 수 없다. 칸트에게서는 첫 번째 범주인 자기의식의 단적인 통일보다, 이 두 번째로 설명되어야 할 그것의 구별, 즉 범주의 다수성을 논증적으로 설명하는 것이 더 어렵다.

범주가 존재자의 본질이기 위해서는 단지 사유와 존재의 통일만을 단언해서는 안 되고 그 통일이 여러 구별을 포함해야 한다. 좀더 정확히 말하면 존재의 설명원리로서의 범주는 사유와 존재의 통일로부터 구별활동을 통해 존재자들의 다양한 규정을 산출해 내야 한다. 하지만 나쁜 관념론처럼 이 통일을 직접적으로만 파악하면 이 통일로부터 구별이 어떻게 산출될 수 있는지를 설명하는 데 어려움을 갖게 된다. 이 구별을 제대로 설명하려면 범주를 추상적 통일로 볼 것이 아니라 자기구별하는 매개적 활동성으로서 보아야 한다. 그래야만 유개념 아래 포섭되는 개별적인 종개념들을 설명해 낼 수 있다. 종이라는 차이성을 설명하는 근거는 단순한 직접적 통일성으로부터는 나올 수 없다. 스스로를 부정해 가면서 자신의 종들을 산출해 가는 운동으로 범주를 파악해야만, 여기로부터 나오는 구별, 유개념으로부터 나오는 종들에 대한 설명이 가능하게 된다.

칸트에게서 순수범주를 확립하는 것이 첫 번째 확언이었다면,

범주의 다수성을 확립하는 것은 두 번째 확언이다. 단순한 범주 안에 구별이 있다는 두 번째 확언은 판단표로부터 도출된 특정한 수의 범주에 대한 확언으로 나타난다. 이러한 확언은 첫 번째 확언, 즉 사유와 존재의 통일로서의 범주에 대한 확언에서 더 나아가 새로운 사실을 말하는 확언이지만, 그렇게 되면 그것은 더 이상 확언일 수 없다. 왜냐하면 순수 자아, 순수 오성 속에서 구별이 일어난다는 것 자체가 이미 직접성이 사라지고 개념파악이 시작된다는 것을 의미하기 때문이다. 헤겔이 보기에 범주의 다수성은 순수 자아, 순수 오성의 구별이며, 그것은 직접적으로 주어진 범주들의 병렬이 아니라 자아의 활동성으로부터의 구별이다. 그렇기 때문에 다수의 범주를 확립하는 것은 순수 오성의 자기구별행위로부터 도출되는 필연적인 연관으로서의 개념파악이다.

이러한 맥락에서 헤겔은 칸트의 범주표 도출을 비판한다. 범주의 다수성을 판단들로부터의 발견으로서 취하고 그러한 방식으로 승인하는 것은 "학문의 수치"(182)이다. 왜냐하면 학문은 하나의 범주에서 다른 범주를 필연성에 의해 도출해야 하기 때문이다. 판단표로부터 범주를 받아들이는 것은 학적 엄밀성에 의해 연역된 것이 아니므로 문제가 된다. 오성이 자기 자신으로부터, 즉 순수한 필연성으로부터 이 필연성을 가능하게 해야 한다. 독일관념론은 자신으로부터 나오는 것이 필연적인 것이라고 생각한다. 그러므로 필연성이 자기 자신으로부터 나와야 한다는 것은 필연성이 필연성에서 나와야 한다는 동어반복적 자명성을 말하고 있다. 범주는 오성의 활동의 방식이므로, 오성의 활동방식은 오성의 활동으로부터 필연적으로 도출되어 나와야지 형식

논리학의 판단표가 이러이러하다는 사실로부터 도출해서는 안 된다. 오성이 자신으로부터 필연적으로 자기를 부정하여 자기의 타자태를 구별해 내고 거기로부터 또 다른 타자태가 나오는 계속적인 자기매개된 운동의 연속적인 결과가 필연성의 계열로서의 학문이다. 그러므로 범주의 구별, 즉 다수의 범주들은 오성의 자기매개 운동으로부터 내적으로, 필연적으로 도출되어야지 어떤 판단표로부터 외적으로 도입되어서는 안 된다. 물론 판단표는 의식에 내재적인 본성이며, 판단표는 바로 오성이 작동하는 방식이라는 반론이 제기될 수 있다.[14] 하지만 헤겔의 입장에서는 칸트가 의식을 들여다보고 오성의 활동을 구경하고 그 종류들을 발견했는데, 왜 오성의 활동이 단일성, 다수성에서 전체성으로 진행하는지, 그 진행의 매 단계를 어떻게 근거지을 수 있는지를 해명해야 그것이 단순한 발견이 아니라 증명이고 연역이 될 수 있다는 것이다. 헤겔은 무엇이 어디에 있다는 것을 발견하고 보여주는 것은 경험과학도 할 수 있으며, 그것은 경험과학의 방법이라고 생각한다. 헤겔이 칸트로부터 더 나아가서 칸트에게서 요구하는 바가 무엇인가를 이해해야만, 헤겔 철학이 칸트 철학과 다른 어떤 성격을 갖고 있는지가 분명해진다. 헤겔 철학이 논증을 어떤 방식의 것으로 생각하고 있고, 그러한 논증을 학에 있어서 요구하고 있는가를 이해할 때만 우리는 헤겔의

---

14) 한동원은 뢰벤베르크를 인용하며 헤겔의 칸트 비판을 "칸트의 다양한 범주를 발견하려는 시도를 범주들 간의 변증법적 관계를 전제로 하는 비판이 정당할 수 있느냐"(Loewenberg, *Hegel's Phenomenology*, 118쪽) 하는 점에서 문제 있는 것으로 평가한다(한동원, 「정신현상학의 이성장 분석 (1)」, 최동희 외, 『자아와 실존』, 민음사, 1987, 81쪽 참조). 하지만 이에 대한 반론은 이하의 본문을 참조.

칸트 비판을 이해할 수 있다.[15)

헤겔에 따르면 범주는 다수성을 포함하는 통일성이며, 그것은 오성의 자기구별행위에서 파악되어야 한다.

6. 범주의 자기구별행위로서의 도식작용을 통한 대상성의 형성

이성에 사물의 순수한 본질성 및 사물의 구별, 즉 범주와 범주의 종들이 속한다면, 더 이상 의식에 대립해 있는 대상으로서의 사물은 이야기될 수 없을 것처럼 생각된다. 말하자면 사물의 본질이 이성에 속한다는 것은 이성은 대상의 본질을 자신의 것으로 확신한다는 것이고, 그렇기 때문에 자신에 대립해 있는 대상을 가졌던 의식과는 달리 이성에 있어서는 이성과 떨어져 있는 대상으로서의 사물은 이야기될 수 없다는 것이다. 이성의 대상은 의식의 부정자로서의 사물이 아니라 사물의 본질성과 구별이다. 순수범주로부터 구별된 다수의 범주들이 사물의 구체성을 형성할 것이지만, 다수의 범주들은 순수범주에 대립해 있는 것이 아니라 자신의 유(類)인 순수범주에 포섭되는 종들이다. 순수범주와 다수의 범주는 대립관계가 아니라 유와 종의 포섭관계이기 때문에, 따라서 순수범주가 의식으로서 한편에 다수의 범주가 대상의 내용으로 다른 편에 대립해 있는 것은 아니다.

---

15) 괴르란트는 "자아가 구별을 발생의 구체적 운동에 의해 취하지 않기 때문에 자아는 외적인 것으로서의 구별에 사로잡혀 있다"고 칸트의 문제를 정리한다. Görland, *Die Kantkritik des jungen Hegel*, Frankfurt am Main, 1966, 95쪽.

하지만 다수의 범주들은 그것들이 다수라는 점 자체에서 이미 순수범주의 통일에 대해 다수성으로서 대립해 있는 것이기도 하다. 따라서 다수의 범주들은 순수범주에 대립하면서도 대립하지 않는 이의적인 것이다. 다수의 범주들은 다수성이라는 점에서 구별의 계기로서 순수범주에 대립하지만, 종들로서 자신들의 유인 순수범주에 포섭된다는 점에서는 대립하지 않는다. 이것을 순수범주의 관점에서 보면, 순수범주는 다수성에 대립하는 통일성이지만, 다수성을 지양하여 자신 안에 계기로서 갖는다. 순수범주는 구별들인 다수의 범주를 지양하여 자신 안에 계기로서 포함하는 부정적 통일이다.

이 부정적 통일로서의 순수범주는 다수성뿐만 아니라, 다수성을 이야기하기 이전의 저 최초의 직접적인 순수 통일인 순수한 범주도 배제하면서 개별성이 된다. 개별성이란 보편성과 특수성의 통일이다. 직접적인 순수한 통일이란 순수한 보편성이며, 거기에 여러 개의 범주라는 종들이 통일됨으로써 개별성이 산출된다. 개별성은 배제하는 의식이다. 즉 자기 자신의 부정에 의해 자신의 부정태를 만들어내는 의식이다. 따라서 의식 자신에 대해 존재하는 타자성을 지시하는 새로운 범주이다.

헤겔은 이러한 개별성을 "순수한 도식"(183)이라고 표현한다. 도식이란 칸트에게서 보이듯이 오성의 범주와 감성의 대상이 결합되는 매개이다. 헤겔에게서 도식의 작용은 순수범주가 자신의 순수한 개념으로부터 외적 실재성으로 이행하는 작용, 즉 순수한 자신의 자체존재로부터 타자존재인 외적인 실재성을 산출해내는 행위로 이야기된다. 이같이 헤겔에게서 외적 실재성은 자신의 종들(구별들)과 부정적 통일을 이룬 순수범주로서의 개별성이 자신을 끊임없이 부정하여 자신의 타자태를 만들어내는 자기부정적 활동을 통해 배제된 타자, 구별된 타자로서 형성된다. 칸트에게서 실재성은 외부로부터 주어지는 소여를 범주가 포섭함으로써 형성되지만, 헤겔은 범주의 자기구별행위를 통해 범주가 외적 실재성의 내용으로서 외부 대상 속에서 자신을 전개해 나가는 작용으로 보고 있다. 순수범주로서의 개별성은 자아를 말하는데, 헤겔은 자아가 칸트나 피히테에서처럼 외부의 자체존재를 수용하는 것으로서가 아니라 자아 스스로를 부정하는 행위를 통해 타자, 외적 실재성을 산출하는 행위로 보아야 한다고 생각한다. 이렇게 자기구별하는 행위로서의 범주는 한편으로 의식이며, 다른 한편 개별성, 즉 배제하는 일자임으로 해서 타자를 지시함이다. 전자는 자체존재, 자기관계, 후자는 타자존재, 타자관계를 말한다. 자기관계와 타자관계의 통일로서의 순수한 도식은 개별성이라는 말로서 도달하게 된 의식의 상태이다. 개별성은 보편과 특수, 자기관계와 타자관계의 통일이다. 그것이 타자관계를 포함한다는 점에서 그것은 도식이다.

순수한 도식으로서 자기구별하는 범주의 부정적 통일이 산출하는 타자들은 다시 그것들을 산출한 최초의 범주와 마찬가지로 순수한 본질성과 순수한 구별로서의 범주들이며, 새로운 자기구별행위의 출발점을 이룬다. 따라서 그것들은 앞선 범주에 의해 산출된 타자로서 '다른' 범주들이지만, 역시 마찬가지로 부정적 통일로서 새로운 자기구별행위의 출발점을 형성한다는 점에서 '최초의 범주들'이다. 새로운 출발점을 이루는 순수한 본질성인 범주 속에서, 즉 최초의 범주에서 구별되어 타자로서 정립된 범주 속에서, 아니 더 강하게 말해서 타자 자체 속에서 의식은 마찬가지로 의식으로서 머문다. 개별성 혹은 순수 도식으로서의 범주가 자기구별행위를 통해 타자를 산출하면서도 이 타자 속에서 여전히 동일성을 유지한다는 것은 타자 속에서 자기 자신에 머무는 이성의 사변적 활동을 말한다.

이렇게 새로운 구별행위를 통해 구별된 범주들로서의 상이한 계기들은 다시 또 다른 타자를 지시하지만 이러한 지시가 타자로 완전히 이행해서 소멸되는 관계를 형성하지는 않는다. 이것은 최초의 순수범주가 구별된 범주들과 맺었던 관계에서도 마찬가지이다. 순수범주는 자신을 종들로 구별한다. 이 종들은 한편으로 순수범주를 유로 하는 종들이지만, 다른 한편 유에 포섭되는 동일성의 측면을 벗어나 타자존재로서 또 다른 구별을 산출하여 대상을 형성할 부정적 범주로서의 개별성이다. 헤겔은 후자의 측면을 전자에 나타나는 대립적인 두 계기, 즉 순수범주의 순수한 통일성과 그 종들의 다수성 모두를 부정하는 새로운 단계로서의 개별성의 생성으로서 설명하였다. 이 개별성은 타자성을 지시하는 새로운 범주로서 도식이라고 불렸다. 실로 개별성은 다수의 범주가 갖는 단순히 순수범주의 종이라는 통합적인 성격이 아니라 대상의 타자성으로 향하는 일탈의 성격을 지닌다. 하지만 이 개별성은 순수범주의 종들을 다시 지시함으로써, 말하자면 자신이 다름 아닌 순수범주의 종들로서의 개별성이라는 것을 말함으로써 하나의 통일적 의식을 형성한다. 개별성은 순수범주의 종들로부터 독립된 새로운 실체가 아니라 순수범주의 종들의 실체화이며, 그런 한에서 다시 순수범주의 통일로 복귀하는 것이다. 개별성은 다름 아닌 순수의식이 자신을 종들로 분화하지만 이 종들 속에서 자기 자신과 동일성을 유지하는 활동과 다름 아니다. 이 활동을 통해 산출된 타자는 존재하면서 사라지고 사라지면서 다시 산출되는 가상일 뿐이며, 이러한 가상과의 구별은 구별 아닌 구별이다.16)

7. 범주의 자기구별행위를 통한 실재성의 확신

대상을 정립하는 활동성으로서의 순수의식은 자신을 자신과 자신의 구별로서의 계기들이라는 이중적인 방식으로 정립한다. 이렇게 정립된 의식은 헤겔이 말하는 존재분석의 두 가지 계기, 즉 통일이라는 동일성의 측면과 계기들이라는 타자존재의 측면을 갖는다. 여기서 순수의식의 통일과 구별이 말해지는데, 구별의 측면에서 계기들은 타자성을 띠지만, 순수의식이 계기들을 관통하는 운동을 통해 계기들을 파악하면서 이 타자성은 지양된다. 말하자면 타자로서의 계기들을 관통하는 의식의 우왕좌왕하는 운동(Hin- und Hergehen)은 이 계기들을 하나의 통일 속에서 파악하여 의식의 것으로 하는 통일 작용이다. 이러한 통일 작용에서 볼 때 의식은 오히려 계기들이 자신의 것임을 확신하는, 계기들 속에서 자신의 진리를 확신하는 통일로서의 의식이다. 따라서 이러한 통일적 의식은 계기들의 다수성 속에서 우왕

---

16) 이렇게 구별을 통해 전개된 범주는 자기관계적 부정성이라는 존재자의 사변적 규정과 다름 아니다. W. 마르크스는 이것이 다름 아닌 개념이라고 한다. 모든 것은 그 자체 이미 개념이다. 개념이라는 것은 사물들이 그것에 의해 파악되기를 기다리는, 한갓 인식하고 파악하는 주체를 말하는 것이 아니다. 모든 사물은 개념이다. 세계는 보편적 사유인 세계에 맞서 있는 것이 아니라 근원적으로 개념파악하는 사유에 속하는 것이다. K. Kaehler u. W. Marx, 앞의 책, 23쪽 참조.

좌왕하는 운동이 아니라 정지해 있는 것이다. 의식은 이같이 존재의 두 계기에 따라, 자신의 계기들의 다수성을 두루 섭렵하면서 동시에 그것들을 하나의 통일성 속에서 파악하는 양면성을 지닌 것으로 정립된다.

의식이 정립되는 이중적 방식은 의식과 그것의 대상 속에서 교대로 나타난다. 한편으로 의식이 우왕좌왕하는 추구라면, 대상은 통일인 자체적인 것, 즉 본질이 되고, 다른 한편으로 의식이 통일이라면, 대상은 구별을 포함하는 운동이 된다. 이 두 가지가 교차되는 것은 의식 장에서 보았던 내용과 같다. 거기서는 한편으로 대상을 본질적인 것으로 보고 의식을 비본질적인 것으로 보거나, 거꾸로 의식을 본질적인 것으로 보고 대상을 비본질적인 것으로 보는 교대하는 방식의 서술이 전개되었다. 여기서 말하는 통일과 구별은 의식 장에서의 본질적인 것과 비본질적인 것에 비교되는 것이다.

순수의식의 대상과 의식으로의 분화가 일어나서 각각의 축에서 본질적인 것과 비본질적인 것, 통일과 구별의 규정들이 서로 교차하는 방식으로 서술되고 난 후에, 이제 이것들이 본질로서의 의식에서 통일된다. 본질로서의 의식은 대상으로 이행해서 대상 속에서 자기의 구별을 발견하고 이 구별의 타자성을 지양하여 대상을 자기화하는 활동을 한다. 그럼으로써 자기 자신을 실재성으로서, 즉 단순히 객관이 아니라 의식과 그것의 대상을 통합한 실재성으로서 확신한다. 관념론이 주장하는 자기 자신을 실재성으로 확신하는 의식의 행위는 이러한 방식으로 대상을 온전히 매개하여야 한다. 이러한 매개운동을 통해서만 의식은 단지 주관적인 확신이 아니라 대상에까지 이르러 그것을 통합하는

실재성이 된다.17)

8. 통각의 통일과 외부 사물의 촉발이 분리되는 칸트의 관념론의 모순

이같이 의식이 대상을 온전히 매개하는 과정이 **첫 번째로 표명될 때**, 즉 우선은 추상적이고 공허한 말로 나타난다. 여기서 첫 번째, 우선이라고 표현되는 것은 앞에서 의식의 직접적인 출현이라고 표현된 것이다. 앞으로 이성 장의 전개는 자신이 모든 실재성이라고 확신하는 칸트와 피히테적인 공허한 관념론의 이성이 구체적 대상들을 매개해 가면서 진정한 이성인 정신으로 실현되는 과정으로 서술된다. 이러한 과정을 거쳐 갈 이성이 최초로 표명될 때, 그것은 칸트적 관념론처럼 추상적이고 공허한 형태를 띤다. 칸트적 관념론에서는 모든 것이 의식 '자신의 것',

---

17) 이러한 방식으로 이성은 세계를 자신의 것으로 확신하는 경험을 통해 진리로 고양된다. 이러한 작업이 보편적 자기의식이 바로 정신으로 이행하지 않고 이성을 거쳐야 하는 이유를 말해 준다. 특히 『예비학』과 『철학전서』에서 보편적 자기의식은 주인과 노예의 변증법의 내용인 상호승인을 내용으로 하고 있다. 여기로부터 우리인 나, 나인 우리를 말하는 정신 장으로의 이행은, 자아의 다수성은 고려하지 않은 채 단지 진리와 확신 사이의 동일성만을 문제 삼는 이성 장으로의 이행보다 훨씬 더 자연스러운 것처럼 보인다. 하지만 보편적 자기의식은 개인적 차원의 자기의식의 이중화일 뿐, 세계를 의식적으로 자신의 것으로 확신하지 못한다. 그것은 단지 자기 자신을 위해 있을 뿐(für sich) 자체적인 것(Ansich)에 대한 인식을 결여하고 있다. 이성은 의식과 자기의식, 대상지와 자기지의 최상의 통일이다. 이러한 실체의 형식을 형성하는 이성이 없이는 정신도 주체가 된 실체로서 성립할 수 없다. 이뽈리뜨, 앞의 책, 276, 277쪽 참조.

즉 그의 것(sein)으로만 확신될 뿐 모두의 것이 되지는 못한다. 헤겔이 여기서 2격의 인칭 대명사를 사용하고 강조하는 것은 모든 것이, 오직 자신의 원칙에 따라서만 주관적으로 확신하는 의식의 것으로만 머물 뿐 아직 객관적인 내용을 확보하지 못하고 있다는 것을 말하기 위한 것이다. 이성의 매개가 시작하는 출발점은 아직 분화가 일어나지 않은 순수한 범주이다. 순수한 범주는 아직 매개되지 않았기 때문에 객관적인 내용을 갖지 못하며, 자신을 근거짓지도 못한다. 그러므로 자신을 실재성으로 확신하는 순수한 범주는 구체적 내용을 결여한 추상적인 것이다.

공허한 관념론은 이성을 우선 이성 자신이 자신에 대해 최초로 있는 대로 파악한다. 이성이 이성 자신에 대해 최초로 존재하는 방식이란 직접적 자기동일성이다. 이성은 대상을 자기 자신으로 확신하지만, 구별되지 않은 순수한 범주로서의 이성은 아직 어떤 타자성도 포함하고 있지 않은 순수 자기동일성에 불과하다. 그것은 단지 '나는 나이다'라는 공허한 내용만을 갖는다. 칸트의 관념론에서 그것은 한편으로 모든 존재 속에서 순수한 '나의 것(reines Mein)'만을 제시하거나, 다른 한편으로 사물들을 감각 혹은 표상으로서 표현한다. 의식의 순수한 나의 것만을 제공한다는 말과 사물을 감각 혹은 표상으로서 표현한다는 말은 모두 사물 자체라는 객관을 표현하지 못하고 주관에 주어지는 방식으로만, 즉 현상으로서만 사물을 파악하는 주관적 관념론의 특성을 나타낸다.

헤겔은 이러한 칸트의 철학을 경험주의로 특징지으면서, 거기서는 주관과 객관이 분리되어 있고 주관은 객관의 주어진 내용에 의해 충족되어야 한다고 한다. 이때 공허한 나의 것, 즉 주관의 충족을 위하여 이성은 낯선 충격, 외부로부터 오는 충격을 필요로 한다. 주관적인 것의 충족을 위해서는 공허한 나의 것, 주관의 구별에 의해 공허한 주관성이 전개되어 구체적인 형상을 띠어야 한다. 그러기 위해서 공허한 관념론은 이성이 외부로부터 주어지는 감각적 다양으로서의 외적인 충격을 필요로 한다.[18]

헤겔은 이러한 칸트적 관념론을 회의주의와 등치시킨다. 헤겔에 따르면 회의주의는 부정적인 방식으로 대상에 대한 지식의 성립 불가능성을 표현하지만, 칸트적 관념론은 긍정적인 방식으로 대상에 대한 객관적인 지식이 성립할 수 없다는 것을 표현한다. 하지만 대상에 대한 객관적 지식의 성립 불가능성을 말하는 점에서 칸트의 관념론은 회의주의와 다름없다는 것이다. 어떻게 이런 결과에 도달하는가? 칸트적 관념론은 한편으로 주관적인 순수의식이 실재성이라고 하면서 다른 한편 주관과는 전혀 이질적이고 낯선 외부로부터의 충격, 즉 감성적 수용이 마찬가지로 실재성이라는 두 가지 모순된 생각을 통일시키지 못하고 우왕좌왕한다. 이렇게 해서 악무한에 빠져드는데, 헤겔은 악무한을 감성적 무한이라고 한다. 말하자면 우리가 감성적 제약에 붙잡혀 있는 한 우리는 무한성을 무한진행으로서, 악무한으로서밖에 파

---

18) 이강조에 따르면 칸트와 피히테는 "의식의 형식에 관해서는 관념론자이지만 그 내용에 있어서는 경험론자이다. 그들의 관념론은 의식의 통일성 및 시공간의 구조와 같은 형식적 특성에 의존하고 있다. 하지만 이 형식은 내용에 부과되어야 하는 것이다. 따라서 만일 이 내용의 성질이나 기원이 문제된다면, 칸트나 피히테의 관념론의 범위 안에서는 어떠한 해답도 있을 수 없다." 이강조, 「헤겔의 현상학에서 관찰하는 이성의 변증법」, 『철학논총』 제7집, 1991, 5쪽.

악할 수 없다. 칸트에게서 무한성은 결코 그 끝에 도달할 수 없는 피안이다. 하지만 헤겔에게서 무한성은 그러한 현상의 피안에 있는 것이 아니라, 현상을 가능하게 하는 내재적 원리로서 파악되기 때문에, 감성적 제약으로부터 벗어나는 사변적 사유로부터 진정한 무한을 파악할 수 있다. 칸트적 관념론에서 모순의 두 축인 주관성의 측면과 그와 전혀 낯선 객관성의 측면은 원리상 통일될 수 없다. 왜냐하면 객관이 밖으로부터 주어지는 감성적 감각이기 때문에, 그것은 주관으로부터 나오는 것이 아니어서 원리적으로 주관과 통일될 수 없기 때문이다. 객관이 밖으로부터 주어지는 감성적 감각이라고 하면, 경험의 제약성을 인정하게 되고 이 경험의 제약성에 주관의 이성 활동이 제약된다. 그래서 이성이 감성에 제약되게 되면, 무한성을 표현하는 데 있어서도 감성적인 무한만을 표상하게 되어 악무한에 떨어지게 된다.

칸트적 관념론에서 이성은 자기 자신이 모든 실재성이라고 하지만, 이러한 실재성은 추상적인 나의 것이라는 주관적인 것에 불과하다. 그리고 타자는 이러한 주관에 무관심한 타자이다. 이렇게 주관-객관이 분리되어 있는 관념론에서는 타자에 대한 이성의 지가 사념과 지각, 오성이라고 하는 의식 장에서 서술되었던 방식으로 등장한다. 의식 장에서 말한 사념, 지각, 오성은 주관과 객관이 분리된 상태에서 대상을 사념, 지각하고 오성을 가지고 파악하는 이성의 계기이다. 사념, 지각, 오성은 확실히 이성의 계기들이라고 할 수 있다. 하지만 의식의 활동으로서 의식 장에서 서술되었던 사념, 지각, 오성의 활동은 이성 장에서 자신을 실현하기 위해 대상을 경험하는 이성은 아니다. 사념,

지각, 오성에서 의식은 단지 타자에 대한 확실성으로 다가갔다. 즉 거기서 타자는 주관의 확실성에 나타나는 것이었고, 사물에 대한 경험이 단지 의식에게 **발생**할 뿐이었다. 의식 장의 경험들은 외부로부터의 대상들을 마주쳤을 뿐이다. 하지만 이제 대상이 자기 자신이라고 확신하는 이성의 확신은 대상에 대한 **경험** 자체를 시도한다. 이성은 이제 진리를 인식하게 되고, 사물을 개념으로서 파악한다. 즉 사물성 안에서 자기 자신의 의식만을 갖는다(185 이하 참조).

의식 장에서 서술된 사념, 지각, 오성이라는 형식들은 주관과 객관이 분리된 상태에서 주관이 대상을 자기와 분리된 타자로서 경험하는 파악이다. 이것은 칸트적 관념론에서의 인식의 형식이다. 하지만 관념론이라는 개념을 잘 살펴보면 이와 같이 주관과 객관이 분리된, 즉 객관이 밖으로부터 주어지는 지식은 참된 지식이 아니라는 주장이 제기될 수밖에 없다. 왜냐하면 칸트의 관념론에서는 통각의 통일이 지의 진리이기 때문이다. 즉 통각의 통일이 객관성을 가능하게 하는 것이며, 객관성은 밖으로부터 타자로서 주어지는 것이 아니라 주관의 최후의 심급인 통각이 그것을 규정해야 한다. 그런데 칸트는 이러한 주관성으로부터 객관성을 가능하게 하는 근거를 제시하면서도 다른 한편으로는 객관성을 가능하게 하는 질료가 밖으로부터 주어져야 한다는 모순된 생각을 가지고 있다. 그러므로 객관이 밖으로부터, 주관과는 낯선 것으로부터 주어지는 관념론의 인식은 관념론 자체의 개념상 참다운 인식이 될 수 없다.

관념론은 자기 자신을 모든 실재성으로서 확신하는 것인데, 실재성과의 분리를 상정하는 관념론은 관념론이라는 이름에 적

200

합하지 않다. 분리를 상정하는 순수한 주관적 이성은 자기 자신이 모든 것이라는 관념론의 개념에 맞지 않기 때문에, '자기 자신에 의해서', 즉 관념론의 '개념에 의해서' 참된 것의 지가 아닌 지로 떨어지게 된다. 이러한 주관적 이성은 자기 자신에 본질적이고 자체적인 타자인 대상으로 나아가 거기에 도달하게 되는데, 이 타자는 이성이 자기 자신 안에 갖고 있는 것은 아니다. 이성이 타자를 자신 안에 가져야만, 즉 타자가 자기 자신으로부터 산출된 타자여야만 타자가 자기와 통일될 수 있다. 하지만 이성의 타자인 자체적인 것이 이성 자신이 갖지 않는 타자, 그 자체로 있는 자체적인 것이라면, 그러한 자체적인 것은 이성 자신에 낯선 타자이고, 이성은 그러한 타자와는 결코 통일될 수 없다.

이러한 순수한 이성의 관념론은 참되지 못한 지라고 유죄 판결을 받게 되고, 결코 사념과 지각으로부터 떨어져 나가지 못한다. 진정한 이성의 관점에서 볼 때 사념과 지각은 그 자체 결코 진리를 갖지 못하는 것이다. 왜냐하면 이성은 대상이 자기 자신이라는 것이지만, 사념과 지각은 주관과 객관이 분리되어 대상성이 자아에 낯선 것이기 때문이다.

순수한 이성은 결국 서로 대립된 것, 모순된 것을 본질로서 주장하는 모순에 처하게 된다. 대립된 것이란 한편으로 통각의 통일이라는 주관의 핵심적 원리이고 다른 한편으로 사물인데, 이 사물은 그것이 어떤 이름으로 불리든 개념상 이 통각의 통일에는 전혀 낯선 것이다. 칸트의 관념론은 이 서로 통합할 수 없는, 서로 낯선 것들을 동일하게 본질적인 것으로 간주한다는 점에서 모순적이다.

9. 추상적 이성개념인 자아와 현실적 이성에서의 그것의 실현

이성은 본래 모든 실재성이어야 하는데, 칸트적 관념론에서 실재성은 이러한 이성의 실재성이 아니다. 칸트적 관념론의 이성은 추상적 이성이며, 그에 상응하는 실재성도 온전한 이성의 실재성이 아니다. 칸트적 관념론의 실재성은 이성의 실재성이 아니기 때문에, 이성이 모든 실재성이라는 관념론의 주장은 자기모순 속에 있다. 이러한 이성은 무언가를 끊임없이 추구하지만, 추구하는 대상의 발견에서 오는 만족을 느끼는 것은 불가능하다. 이러한 추구는 자신의 목적에 원리상으로 도달할 수 없다.

하지만 현실적 이성, 올바른 이성은 이렇게 일관성이 없는 것이 아니다. 자신이 모든 실재성이라고 하는 확신, 즉 직접적으로 드러난 이성만이 일관성이 없는 것이다. 자기 자신이 모든 실재성이라는 이성의 개념, 올바른 이성은 확실성으로서는, 자아로서는 아직 참된 실재성이지 않다는 것을 의식한다. 주관적 관념론에서 모든 실재성이라는 확신은 객관으로 나아가 자기 자신의 내용을 확보하지 못한 단지 주관적 확신일 뿐이다. 이것은 객관까지 나아가 주관과 객관의 통일 속에서 자신의 내용을 확보한 진리와 구별된다. 헤겔은 확실성을 자아와 동격으로 놓고 있다. 여기서 자아는 피히테의 '나는 나이다'라는 자아개념과 칸트의 자아개념을 말하는데, 그것은 주관적 확실성에 머물고 있다. 칸트, 피히테에게서 이성은 단순히 확실성과 자아로서 주장되는데, 현실적 이성의 측면에서 보면 그런 이성은 참된 실재성이 아니다. 헤겔은 칸트와 피히테의 관념론이 의식이 곧 실재성이라는 그 주장의 형식에서 보면 이성적인 형식을 지녔다고 보고 있다. 하지만 그것의 내용은 자신의 주장과는 다르다. 그것은 내용적으로는 아직 감성, 지각, 오성이라는 대상의식의 지와 대상의 분리로부터 벗어나고 있지 못하다. 따라서 그것은 원리상 헤겔이 말하는 이성적 의식, 여기서 현실적 이성이라는 것과 다르다. 그것은 원리상 객관과 단절되어 있으며, 단지 — 자신이 그것을 이룰 수 없음에도 불구하고 — 대상을 자신의 것으로서 확신한다는 점에서만 현실적 이성과 닮은꼴이다. 헤겔이 말하는 주관과 객관의 통일에 도달한 보편적 자기의식으로서의 현실적 이성은 우선 객관을 자신의 것으로 확신하지만, 이 확신이 아직 공허하다는 것을 깨닫고 대상을 경험하는 운동을 통해 자신의 내용을 채운다.[19]

이제 실재를 자신으로 확신하는 이성은 관찰하고 행위하는 경험을 통해 대상을 자신의 것으로 확신하는 작업을 수행하지만 그러는 가운데 대상이 자신의 것이 아니라 자신이 대상인 인륜의 한 부분임을 깨닫게 된다. 그래서 확신으로서의 이성은 좌절하지만 이성적 의식은 자신과 인륜의 통일로서의 정신으로 고양된다. 헤겔이 이성 장의 서론에서 칸트와 피히테의 관념론에 관계하는 방식은 그것이 이성 장의 최초의 단계에서 나타나는 이

---

19) 한동원은 이성 장의 주제를 관념론의 확신을 증명하기 위해, 즉 타자가 자기 자신임을 보여주기 위해 타자를 검토하는 것이라고 파악한다. 이 것은 이론적으로 존재를 자기 자신으로 정립하는 운동과 실천적으로 자기 자신으로부터 존재를 이끌어내는 운동으로 전개된다. 한동원, 앞의 논문, 81쪽 참조.

성의 모습과 닮았고, 이 최초의 단계에 와 있다는 것을 말하면서 그것이 아직 자신의 개념, 즉 자신이 곧 실재라는 개념을 실현하지 못하고 있다는 그것의 유한성을 비판하는 것이다. 초기 철학에서 마치 회의주의가 오성의 유한성이 지니는 모순의 부정성만을 보았지 그것의 긍정성을 보지 못하였다고 비판하듯이, 헤겔은 칸트와 피히테의 관념론에서 아직 실현되지 못한 이념의 유한성을 비판하고 그것을 실현하고자 한다. 헤겔은 이성 장의 서론을 "현실적 이성은 공허한 나의 것, 주관성을 충족시키도록 내몰린다"는 말로 마무리한다. 이것은 칸트와 피히테의 관념론의 공허한 주관성의 비판이면서, 그것의 불완전한 이념을 실현하는 것이 현실적 이성, 즉 헤겔 자신의 작업임을 나타내는 말이다. 초기 철학에서 회의주의의 부정성을 비판하고 그것을 긍정적 인식으로 고양하는 자신의 작업이 학적 회의주의라고 불렸듯이, 관념론의 한계를 비판하고 그것의 단초를 실현하는 이성의 작업은 진정한 관념론이다.[20)]

---

20) 이성은 자신이 단지 실재 전체라는 주관적 확신에 지나지 않음을 알고 있으며, 따라서 아직은 이러한 확신을 진리로 간주하지 않는다. 이성은 그 확신을 검증하고 그것을 진리로 고양시키려고 노력한다. 반면 관념론은 자신의 진리를 검증하거나 역사적으로 정당화하지 않은 채 단지 주장할 뿐이다. 그것은 선천적인 것과 후천적인 것 사이의 대립을 초극하지 못하고, 또 이 양자 간의 진정한 종합을 파악하지 못한다. 하지만 이성은 자연과 행위의 인식에 실제적으로 참여하여 자신을 발견한다. 이 구체적 관념론에서 자아와 보편자는 일원적 정신 속에서 상호 일치한다. 이뽈리뜨, 앞의 책, 287 이하 참조.

10. 맺는 말

이성이란 대상과의 합치를 이루는 진리의 담지자이다. 칸트에게서는 오성에서만 대상과의 합치라는— 헤겔의 표현에 따르면 — 사변적 이성의 원리가 허락된다. 주관과 객관의 동일성을 표명하는 범주의 초월론적 증명은 사변적 진리를 표현하고 있음에도 불구하고 감성의 제약 아래 놓여 있다. 지성과 사물의 일치라는 전통적인 진리의 의미를 충족시키기에 오성과 그에 기초한 칸트적 관념론의 유한성은 불만족스러운 것이 아닐 수 없다. 헤겔이 『정신현상학』에서 칸트의 관념론과 대결하는 구도는 초기 철학에서 회의주의나 논리학이 형이상학이라는 사변철학으로 이행되어야 할 유한성의 국면으로서 평가되었듯이 칸트의 관념론을 유한한 이성으로 간주하고 이성으로 이행해야 할 것으로 비판하는 것이다.

이러한 맥락에서 관념론은 이성이 갖추어야 할 개념에 비추어 비판된다. 관념론은 주관과 객관의 통일이라는 이성의 원리를 표방하지만 주관적 이성에만 머물러 객관으로 나아가지 못하기 때문에 자신이 표방하는 원리를 실현하지 못한다. 이것은 칸트의 관념론이 대상성을 가능하게 하는 것이 순수의식인 통각의 통일이라고 하면서 외부로부터의 촉발을 필요로 한다는 모순을 지적함으로써 비판된다. 또한 칸트의 관념론은 자신을 실재성으로 확신하는 이성이지만 이 이성의 확신은 순수범주와 판단표로부터 연역된 다수의 범주로서 대상의 구체적 실재성을 반영하지 못한다고 헤겔은 비판한다.

헤겔은 이성이 확신하는 실재성이 범주의 자기구별행위를 통해, 즉 대상의 규정이 대상을 규정하는 이성의 자기구별행위를 통해 마련되어야 한다고 주장한다. 순수범주로서의 직접적 이성은 자신을 구별하여 다수의 범주로 만들고, 다수의 범주들은 다시 다수의 범주들을 산출하면서 이들의 연관관계가 형성된다. 이 연관관계의 형성은 바로 대상의 대상성을 형성하는 것으로서, 이성이 대상 속에서 관철됨을 의미한다. 이로써 이성이 곧 실재라는 절대적 관념론의 관점이 확보된다. 결국 이성은, 상대적이고 유한한 관념론의 비판으로부터 제시되는 절대적 관념론의 원리라고 할 수 있다.

헤겔 『법철학』에서 시민사회의 이중적 성격

김 준 수

1. 머리말

우리 사회가 노골적인 폭력과 관치 개발 경제에 의존한 전근 대적인 강압 질서에서 벗어나 점진적으로나마 민주화를 향해 나 아가는 데는 시민들의 저항과 권익 운동이 결정적인 역할을 해 왔다. 또 역으로 이 과정은 시민사회가 형성되고 성장해 온 역 사이기도 하다. 그러나 시민사회의 성격과 구조, 성숙도, 발전 방향과 전략 등에 관해서는 여전히 많은 논란이 이어지고 있다.

과거 권위주의적 정권들은 반(反)정부가 곧 사회 전체의 파괴 와 무질서를 초래할 것이라고 강변하면서 통치 권력과 사회 일 반을 동일시했다. 이런 홉스(Th. Hobbes) 식 사고의 잔재는 아직도 상당히 남아 있다. 혹자는 우리 사회를 '과잉 정치의 사회'라고 특징짓기도 한다. 생활세계는 이미 다변화되었는데 정치에 편향된 판단과 범주들이 정치 이외의 사회체계에서도 가치평가의 지배적인 잣대로 과도하게 작용하고 있다는 말이다. 그러나 실제로 정치가 우리 사회에서 수행하는 역할은 겉보기보다 훨씬 작고 국부적이다. 1990년대 이후 우리는 수차례 말 그대로의 '무정부 상태'를 경험하곤 했다. 정권의 부패, 치명적인 정책 오류, 레임덕 현상 등으로 정부의 권위와 공권력이 마비되고 야당의 야욕과 무능력이 가세하면서 정치가 부재하는 상황이 반복되었다. 그러나 정치의 혼란이 곧 사회의 전면적인 해체와 파국으로 이어지지는 않았다. 정치 부재의 상황이 장기적으로 지속될 경우에도 과연 사회가 유지될 수 있을지는 매우 의심스럽지만, 정치 없이도 우리 사회가 적어도 당분간은 나름대로 질서 있게 지탱될 수 있다는 것도 분명 사실이다.

시민사회는 바로 이 국가와 무정부 상태 사이의 중간 지점에 존재한다. 그것은 사적 영역과 공적 영역이라는 전통적인 이분 구조로는 분류되지 않는 중간 혼재 영역을 지시한다. 시민사회는 가족과 국가로부터 분리된 독자적인 자기재생산적 체계라고 스스로 주장한다. 그뿐만 아니라 사회 전체로 확대된 경제의 막강한 힘을 이용하여 가족을 흡수 내지 해체하고 정치적 국가를 잠식하면서 시민사회가 사회 전반의 질서와 가치를 지배하는 힘은 갈수록 증대되고 있다. 시민사회는 심지어 현대의 세계질서에서 가장 강력한 구획선인 민족국가의 경계마저 쉽게 넘나든다. 시민사회는 일차적으로 사적 이익을 공적인 방식으로 추구하는 장이지만 또한 개인 내지 집단의 사익과 전체의 공익 간의 헤게모니 투쟁이 벌어지는 장이기도 하다.

이러한 제 3의 사회 영역은 근대 자본주의와 자유주의의 발달과 더불어 형성·발전되었는데, 이 영역을 '시민사회(bürgerliche Gesellschaft)'라고 명명하고 사회이론에 체계적으로 편입하여 분석한 최초의 인물이 헤겔(G. W. F. Hegel)이다.[1] 그 이후 오늘날에 이르기까지 시민사회에 관한 숱한 논의들은 긍정적으로든 부정적으로든 헤겔의 이론을 출발점으로 삼고 있다. 이 글은 헤겔의 시민사회론에 나타난 시민사회의 이중적 성격을 분석하고(2절), 시민사회와 국가의 관계를 고찰한 후(3절), 헤겔의 정치철학에서 시민이 주체가 되는 시민 정치가 과연 가능한지를 살펴볼 것이다(4절). 우리가 이렇게 헤겔의 시민사회론을 반추해 보는 까닭은 단지 그것이 지닌 이론사적 중요성 때문만이 아니라 시민사회의 본질과 구조, 그 잠재력과 한계에 관해 오늘날 우리에게도 여전히 많은 통찰과 시사점을 제공해 주기 때문이다.

---

1) 시민사회라고 옮길 수 있는 'societas civilis'나 'civil society' 등의 용어는 오래 전부터 존재해 왔지만 근대의 로크(J. Locke)나 칸트(I. Kant)에 이르기까지도 이 개념들은 '정치사회(koinonia politike, political society)', 즉 '국가(polis, civitas)'와 동의어로 사용되었다. 또한 정치제도를 수립하기 이전의 시민적 사회 상태에 관한 사유는 흄(D. Hume) 등에게서 이미 발견된다. 그러나 '시민사회'를 근대에 새롭게 형성된, 가족이나 국가와는 구분되는 사회경제적 실체를 지칭하는 학문 용어로 정착시킨 사람은 헤겔이다. '시민사회'의 개념사에 관해서는 M. Riedel, "Der Begriff der "Bürgerlichen Gesellschaft" und das Problem seines geschichtlichen Ursprungs", in Ders., *Studien zu Hegels Rechtsphilosophie*, Frankfurt am Main, 1969 참조.

2. 시민사회의 이중적 성격

산업혁명과 더불어 사회 전반이 급속하게 산업사회로 재편되고 시민계급이 발달하기 시작한 18세기 서구에서 시민사회에 관한 논의는 크게 두 가지 맥락에서 전개되었다. 그 하나의 방향은 (17세기에 속하는 홉스, 로크와 함께) 몽테스키외(C. L. Montesquieu), 흄, 루소(J.-J. Rousseau), 칸트 등에 의해 대표되는 근대 자연법론이다. 여기서는 개인과 시민의 권리, 소유권의 법적 근거, 계약의 유효성, 국가의 기원과 목적, 지배의 정당성·유형·한계 등이 핵심적인 주제로 다루어졌다. 다른 한 방향은 케네(F. Quesnay), 스미스(A. Smith), 리카도(D. Ricardo) 등에 의해 이제 막 학문으로 정립되기 시작한 정치경제학이다.[2] 이 신흥 학문은 상품과 가치의 생산·소비·순환에 관한 많은 경험적 지식들을 제공해 줌으로써 사회적 차원에서의 인간과학을 가능하게 만들었을 뿐만 아니라 인간의 이기적 동기와 행위, 육체노동, 노동분업에 따라 분화된 각 계층의 사회적 역할에 대하여 전통적인 시각과는 전혀 다른 경제적 합리성에 입각한 평가 기준을 제시했다.[3]

---

2) 헤겔에 의한 정치경제학의 수용에 관해서는 G. Lukács, *Der junge Hegel*, Frankfurt am Main, 1973, 273쪽 이하 및 495쪽 이하; M. Riedel, "Die Rezeption der Nationalökonomie", in *Studien zu Hegels Rechtsphilosophie*, Frankfurt am Main, 1969 참조.

3) 고대 그리스적 가치관에서는 생존을 위한 제작 및 경제 활동인 노동(poiesis)은 정치적 활동인 실천(praxis)과 대비되어 자유인에게 걸맞지 않은 노예적 행위로 간주되었다. 이와 반대로 스미스는 『국부론』에서 정치인, 공무원, 사제, 예술가, 학자 등의 활동을 '비생산적 노동'으로

헤겔의 독창성은 이 두 가지 흐름을 하나의 시민사회론으로 통합했을 뿐만 아니라 이를 인륜성의 이념 아래 체계화함으로써 시민사회가 지닌 역사적 위치와 의미, 그 본질적 구조와 한계를 해명했다는 데 있다. 시민사회는 욕구와 노동의 경제적 체계 그리고 소유와 권리의 법적 체계가 결합된 구성체로서 그 자체가 하나의 총체성을 이룬다.4) 그러한 것으로서 시민사회는 인륜성의 상실이라는 역사적 과정의 산물이자 근대적 인륜성의 한 필수 계기이며, 배타적 사익(私益)의 쟁취를 위한 경쟁과 투쟁의 장이자 동시에 상호 의존과 협동을 통한 도야의 장이기도 하다.

시민사회에 대한 헤겔의 관심은 이미 그의 청년기 저작들에서도 확인되며, 예나 시기에 이르면 시민사회론의 기본적인 골격이 거의 완성된다. 그러나 헤겔의 시민사회론이 가장 상세하고 정련된 모습으로 제시되는 것은 역시 만년의 주저인 『법철학』에서이다.5) 『법철학』은 '법의 개념과 그 실현'을 서술 대상으로 삼고 있으며, 이때 법의 개념은 인간의 자유 의지로부터 필연적으로 도출되는 이성 규정이다. 법을 자유의 상호 제한과 강제의 질서로 파악한 근대 자연법론을 비판하면서 헤겔은 법의 체계를 '실현된 자유의 왕국', 즉 상호 주관적으로 확장되고 현

규정하는 반면 제조업자와 상인의 활동은 가치 창조의 원천인 '생산적 노동'으로 규정한다. 더 나아가 생산적 노동을 비롯한 모든 경제활동은 '이기애(self-love)'에 의해 동기가 부여된다고 보았다.

4) 따라서 헤겔의 관점에서 보면 시민사회를 사회 양식의 경제적 하부 구조로 파악하는 마르크스(K. Marx)나 역으로 이데올로기적 상부 구조로 파악하는 그람시(A. Gramsci) 모두 일면적인 이해에 머무는 것이다.

5) G. W. F. Hegel, *Grundlinien der Philosophie des Rechts*, in Werke 7, Frankfurt am Main, 1986. 이후 『법철학』으로 표기함.

실 세계에서 객관화된 자유의 질서로 이해하고 구성하고자 한다. '자유의 규정과 현존재'인 법은 개인적, 사회적 규범들을 모두 포괄하는 넓은 의미의 법으로서 거기에는 좁은 의미의 법률적 법인 '추상법'만이 아니라 '도덕성'과 '인륜성'도 포함된다. 인륜성은 '자유 개념의 진리', 다시 말해 자유 의지가 하나의 법 공동체 내에서 도달할 수 있는 최상의 단계이다. 인륜성이란 공동체적 규범과 행위 양식이 법률과 제도와 관습으로 생생하게 체현되어 있고 또 각 개인의 자기의식 속에서 개인적 자유의 진리로 자각되고 자율적으로 수용된 상태로서, 그 안에서는 개별 의지와 보편 의지가 일치하고 권리와 의무가 대칭적으로 상응한다. 이러한 인륜성의 이념은 다시 '가족'과 '시민사회'와 '국가'라는 각기 고유한 방식으로 총체성을 이루는 형태들로 분화된다. 시민사회는 인륜성의 필연적인 계기이면서 그 부정적인 형태로, 이를 다시 헤겔의 논리학적 범주로 표현하면 특수성과 보편성의 상대적 동일성으로 설정된다. 이러한 체계적 배치에 따라 헤겔은 시민사회를 "그 **분열**과 **현상** 속에서의 인륜적 실체"라고 규정하면서,[6] 이를 다음과 같이 설명한다.

이 **구별**의 단계는 **특수성**이라는 규정을 제공하는데, 이때 특수성이 비록 **보편성**과 관련되기는 하지만 이 보편성은 아직 **내면적인** 토대에 불과하고, 따라서 특수 속으로 **비춰드는** 형식적인 방식으로만 존재한다. 그러므로 이 반성 관계는 우선은 인륜성의 상실로 나타난다. 다시 말해 본질로서의 인륜성은 필연적으로 비**춰드는** 것이므로, 이러한 반성 관계는 인륜의 **현상** 세계, 즉 시

6) 『법철학』, § 33.

212

민사회를 구성한다.[7]

이 구절은 매우 추상적으로 표현되어 있지만 시민사회가 지닌 이중적 성격을 함축적으로 잘 말해 주고 있다. 이제 이 구절을 실마리로 삼아 시민사회의 이중성을 그 역사적 차원과 구조적 차원에 따라 해명하면서 헤겔의 시민사회론을 조명해 볼 것이다.

1) 역사적 이중성: 인륜성의 상실의 산물이자 근대적 인륜성의 필수적인 계기

시민사회는 국가(polis)에 대해 종속적인 위치에 있던 가정(oikos)을 관리하고 경영하는 사적 활동이 공공의 장으로 확장되어 가정과 국가 사이에서 독자적인 사회경제적 영역을 형성함으로써 성립한 것이다.[8] 이 시민사회를 인륜적 이념의 한 형태로 다루는 『법철학』은 헤겔의 철학 체계에서 형식상으로는 『역사철학』에 선행하지만 내용적으로는 오히려 『역사철학』을 전제하고 있다. 즉, 『법철학』에서 다루어지는 모든 범주들은— 소유권, 가족, 국가와 같이 역사적으로 오래된 제도들조차도— 헤겔의 역사철학이 종결되는 근대의 지평 위에서 비로소 그 온전한 의미가 규정된다. 따라서 『법철학』에 등장하는 시민사회 역시 근대적 시민사회, 즉 노동분업에 기초한 산업사회를 의미한다.

---

7) 『법철학』, § 181.

8) '경제(economics)'라는 용어는 '가정의 관리와 경영'을 뜻하던 'oikonomia'에서 유래했다. 헤겔 역시 사용하는 '정치경제'나 '국가경제' 같은 용어는 근대적 사회질서를 반영하는 신조어이다.

시민사회의 창조는 근대 세계에 속하는데, 이 근대 세계는 이
념의 모든 규정에다 비로소 그 권리를 부여해 준다.9)

이 근대 시민사회의 역사적 구성 요소로 헤겔은 두 가지를
든다. 그 하나는 소크라테스에게서 그 단초가 마련되고 기독교,
특히 근대의 프로테스탄티즘과 함께 보편적인 원리로 자리 잡은
'주관적 자유'이고, 다른 하나는 로마법에 뿌리를 둔 소유권에
관련된 추상적 법체계이다. 그런데 이 두 가지는 전통적 인륜성
에는 치명적인 독소들이다. 자신의 의지에 따른 판단과 결정만
을 규범적으로 유효한 것으로 인정하려는 개별자의 주관적 자유
는 근대적 의미의 도덕성을 가능하게 만들었지만, 바로 그렇기
때문에 무반성적이고 관습적인 덕 그리고 개인의 권리에 앞서
주어진 사회적 역할과 의무를 근간으로 삼았던 전통적 인륜성에
는 파괴와 타락의 계기로 작용한다. 주관적 자유가 지닌 파괴적
인 힘을 헤겔은 프랑스혁명에서 목격하는데, 기존의 질서를 해
체하고 개별자의 자의와 욕망을 무제한으로 표출시키는 시민사
회는 이런 근대사의 산물이다. 또한 추상적 인격성에 기초한 법
체계는 보편적 평등의 조건이긴 하지만, 개인과 공동체 사이의
생생한 일체감이나 하나의 공동체에 속한 일원으로서 개인들 사
이에 존재하던 두터운 연대성을 형식적이고 기계적인 지배 관계
로 대체한다. 시민사회는 인간을 "(부르주아로서의) 시민"으로
만든다.10) 부르주아는 한편으로는 자신의 쾌락과 이익을 배타적
으로 추구하는 구체적인 욕망 덩어리이고 다른 한편으로는 타인

---

9)『법철학』, § 182 Z.
10)『법철학』, § 190 A.

에 의해 대체 가능한 추상적인 권리 담지자인, 내적으로 분열된
존재이다.[11]

우리 세계에서는 자유의 원리와 그 고유한 형태를 형성하고
우리의 국가와 종교 생활의 절대적 토대를 형성하는 주관적 자
유가 바로 그리스에서는 **파멸과 타락**으로서 등장할 수 있을 뿐
이었다.[12]

(로마시대에) 이제 무릇 주체의 개별화가 등장한다. 주체가 자
신의 것으로 삼는 보편성, 그것도 추상적인 보편성은 주체를 법
적 인격자로, 즉 그 특수성 속에서 자립적이며 본질적인 인격자
로 만든다. 다른 한편 이와 더불어 형식적이고 추상적인 법, 소
유의 법이 생성된다.[13]

헤겔은 개인과 공동체가 직접적인 통일을 이루는 '아름다운
인륜성'이 고대 그리스의 도시국가들에서 원형적으로 구현되었
다고 믿는다. 이런 고대 국가로부터 근대 시민사회로의 진행은
'인륜성의 상실'의 역사이다. 심각하게 분열된 근대 사회에 직면

---

11) '(법적) 인격자'로 번역되는 'person'의 라틴어 어원인 'persona'는 본래
　　연극에서의 가면이나 역할을 뜻했다. 우리의 일상 언어에서 '인간'이 그
　　렇듯이 'person'은 부정적이고 비하하는 호칭으로 쓰이기도 한다. 또한
　　'사적' 혹은 '개인적'을 의미하는 'private'는 '결여'나 '박탈'을 뜻하는
　　'privatio'에서 유래한 용어이다. 사인(私人, private person)에게 결여된
　　것은 바로 사회적 관계 속에서 얻어지는 구체적인 윤리적 품성이다.
12) G. W .F. Hegel, *Vorlesungen über die Philosophie der Geschichte*, in
　　Werke 12, 309쪽. 이후 『역사철학』으로 표기함.
13) G. W. F. Hegel, *Die Vernunft in der Geschichte*, Hamburg, 1955, 252
　　쪽.

하여 그리스적 인륜성의 복원을 꿈꾸었던 청년 헤겔에게 이 상실과 몰락의 역사는 불가피하지만 비극적인 사태로 파악된다. 그것은 인륜성의 이념이 현실성을 획득하기 위해 자신의 일부를 비인륜적인 '실재성의 체계'에 양도할 수밖에 없는 "인륜 속의 비극"이다.14) 루소의 퇴보사관을 연상시키는 이런 관점에서 시민사회가 지극히 부정적으로 평가되는 것은 당연하다. 시민사회는 인륜성의 체계 내에서 나름대로의 독자적인 영역으로 존립할 수 있도록 용인되지만, 그 자체 부정적인 것으로서 절대적 인륜성을 체현하는 국가에 의해 '제압'되어야만 한다. 청년 헤겔 역시 시민사회가 지닌 막강한 파괴력을 잘 알고 있었지만, 그러면 그럴수록 잃어버린 인륜성에 대한 안타까움은 깊어지고 시민사회를 통제할 수 있는 더욱 강력한 실체주의적 국가를 요구할 수밖에 없었다.

그러나 이미 예나 중기부터 헤겔은 고대적 인륜성이 더 이상 복원할 수 없는 과거가 되었을 뿐만 아니라 근대의 피어린 투쟁의 성과인 개인의 절대적 자유와 권리를 결여하고 있으므로 미성숙한 단계에 불과하다는 점을 자각한다. 주체의 무한한 내면적 자유는 윤리적인 고대인들이 알지 못했던 "근대의 더 높은 원리"이다.15) 인류의 역사는 '자유 의식의 진보'를 통한 인륜성의 발전과 완성의 역사이다. 이러한 역사관의 전환과 더불어 헤겔은 이제 개인의 자유에 기초한 근대적 인륜성의 구축을 모색

---

14) G. W. F. Hegel, *Über die wissenschaftlichen Behandlungsarten des Naturrechts*, in Werke 2, 495쪽.

15) G. W. F. Hegel, *Jenaer Systementwürfe* III, Gesammelte Werke Bd. 8, Düsseldorf, 1976, 263쪽.

하게 된다. 그리고 시민사회는 근대적 인륜성의 필수적인 구성 계기로서 긍정적인 평가와 위치를 부여받게 된다.16) 이에 따라 시민사회의 발흥은 더 이상 인륜성의 해체와 사멸의 징표가 아니라 오히려 근대적 인륜성의 생동성과 강인함으로 파악된다.

근대 국가의 원리는 주관성의 원리를 인격적 특수성이라는 **독립적인 극단**으로 완성되도록 놓아주면서도 동시에 이를 **실체적 통일로 복귀**시키고 주관성의 원리 자체 내에서 실체적 통일이 보존되도록 하는 어마어마한 강력함과 깊이를 가지고 있다.17)

근대 시민사회에서 마음껏 펼쳐지는 개인의 자유와 권리는 이제 역으로 고대적, 실체주의적 인륜성을 비판하는 준거점이 된다. 그러나 그렇다고 해서 후기의 헤겔이 '정치적 자유주의'의 옹호자가 된 것은 아니다. 헤겔이 추구하는 이상은 자유로운 개인들의 연대적 공동체이며, 이처럼 근대적 조건 위에서 새로운 인륜성을 수립해야 한다는 역사적 과제 앞에서 자유주의는 여전히 심각한 위험 요소로 다가온다. 『역사철학』 말미에 헤겔은 젊은 시절 그토록 환호했던 프랑스혁명을 돌이켜보면서 다음과 같이 그의 고민을 고백한다.

---

16) 리델이 시민사회의 부정적 규정성을 강조하는 반면, 리터와 정미라는 시민사회의 진보적 성격을 상대적으로 강조한다. M. Riedel, *Bürgerliche Gesellschaft und Staat*, Neuwied-Berlin, 1970, 54쪽; J. Ritter, *Hegel und die französische Revolution*, Frankfurt am Main, 1965; 정미라, 「헤겔 법철학에 나타난 시민사회론」, 『철학』 61, 한국철학회, 1999.
17) 『법철학』, § 260.

자유주의는 이 모든 것에 원자(原子)의 원리 내지 개별 의지의 원리를 대립시킨다. 어떤 일이든지 그들 자신의 명확한 권한과 명시적인 동의를 통해서 일어나야만 한다. 이러한 자유의 형식성과 추상으로 그들은 어떤 견고한 조직체도 발생하지 못하도록 만든다. … 이와 같은 충돌, 이러한 갈등이 현재 역사가 당면해 있고 미래에 해결해야 할 문제이다.[18)]

2) 구조적 이중성: 특수성과 보편성의 변증법

『법철학』에서 헤겔은 인륜적 이념의 기본 형태로 가족, 시민사회, 국가를 거론한다. 이 제도들은 각각 "**자연적** 정신으로서의 인륜적 실체", "그 **분열**과 **현상** 속에서의 인륜적 실체" 그리고 "인륜적 이념의 현실성"으로 규정되며,[19)] 이들은 다시 헤겔 『논리학』에서의 '보편성', '특수성', '개별성'이라는 논리적 범주에 각각 상응한다. 타인과의 공생적 통일 속에서 하나의 인격체를 이루던 가족이 해체되고 가족의 일원이 독립적 개별자인 시민으로 분화됨에 따라 특수성에 의해 지배되는 '구별의 단계'인 시민사회가 발생한다.[20)] 특수성이 주도적인 원리를 이루는 한에서 시민사회는 "개인적 이익을 위한 만인의 만인에 대한 싸움터"이다.[21)]

그러나 시민사회를 구성하는 원리는 특수성만이 아니다. 근대

---

18) 『역사철학』, 534쪽 이하.

19) 『법철학』, § 33 및 § 257.

20) 가족으로부터 시민사회의 발생에 관한 이러한 서술은 역사적 기술이라기보다는 개념적 재구성이다. 앞서 말한 바와 같이 『법철학』에서 다루는 가족은 역사적으로 시민사회가 등장하기 이전에 존재하던 씨족 중심의 가족이 아니라 이미 시민사회에 의해 둘러싸인 근대적 소가족이다.

21) 『법철학』, § 289 A.

사회계약론자들이 말하는 '자연상태'와 달리 시민사회는 그 자체가 이미 인륜적 이념의 조직화된 한 형태이며, 그러한 한에서 시민사회에는 보편성의 원리가 내재한다. 물론 이때 보편성은 특수성의 우위로 인해 아직 '형식적 보편성'에 불과하며, 개별성과 특수성의 통일인 참된 보편성에는 이르지 못하고 다만 특수성 속으로 '비춰드는'(현상하는) 데 머문다. '그 극단 속으로 상실된 인륜성의 체계'인 시민사회는 특수성과 보편성이라는 두 개념적 계기들로의 분열이며 동시에 이들 상호간 반성(비춤)의 필연적 관계이다. 이러한 관계 속에서 시민사회는 개인의 사적 이익이 오로지 전체의 연관을 통해서만 달성되고 보호될 수 있는 "전방위적 의존의 체계"를 이룬다.22)

이와 같은 분열 속에서 이념은 그 **계기들에다가 특유한 현존재**를 부여한다. 즉, **특수성**에는 모든 방면으로 자신을 발전시키고 펼쳐나갈 수 있는 권리를 부여하고, 보편성에는 스스로를 특수성의 근거이자 필연적 형식이고 또한 특수성과 그 궁극 목적을 지배하는 힘으로 입증하는 권리를 부여한다.23)

시민사회에서 특수성과 보편성이라는 두 계기는 양극으로 분열되어 있으면서도 서로 연결되어 상호 제약하는 '상대적 동일성'을 이룬다. 이 말이 뜻하는 바는 공동체적 보편성의 형성과 실현이 개인의 특수성을 매개로 해서만 가능하듯이 역으로 특수성의 발전과 성취는 특수성을 넘어선 보편성을 전제로 해서만

---

22) 『법철학』, § 183.
23) 『법철학』, § 184.

이루어질 수 있다는 것이다. 자기 이익의 적나라한 이전투구의 장인 '욕구의 체계'에서조차 내 욕구의 충족은 타인의 욕구와 기대와 노동에 의해 조건지어져 있으며, '욕구의 체계'가 안정적으로 작동하기 위해서라도 이기적 욕구들의 기계적인 조합 이상의 더 두터운 사회성이 존립의 기반으로 요구되는 것이다. 시민사회에 대한 헤겔의 묘사는 지극히 자유주의적이지만 그의 시민사회론이 자유주의적인 것은 아니다.[24]

『법철학』에서 서술되는 '욕구의 체계'에서부터 '사법(司法)'을 거쳐 '경찰 행정'과 '직업 단체'에 이르는 시민사회의 단계적 발전은 특수성의 길항적 운동 속에서 보편성이 내재적으로 형성되고 보편성이 특수성 속으로 삼투되어 더 충만하고 의식화된 양자의 통일로 나아가는 과정을 보여준다. 타인과 심지어 사회 전체를 수단화하면서 자신의 이기적인 목적만을 추구하던 개인이 점차 보편적 연관성을 자각하여 내면화하고(욕구의 체계), 타인의 자유와 소유권에 대한 소극적인 존중(사법)을 넘어서, 실정법만으로는 보장되지 않는 동료의 생존권과 복지까지 적극적으로 배려하고(경찰 행정), 의식적으로 공동의 목적을 위해 행위하는(직업 단체) 연대적 시민으로 변모해 간다. 그러므로 시민사회는 주관적, 사적 목적이 보편적, 공익적 목적으로 고양되고 특수성이 보편성을 향해 뿌리를 뻗는 도야의 장이기도 하다.

---

24) K.-H. Ilting, "Die Struktur der Hegelschen Rechtsphilosophie", in M. Riedel(Hg.), *Materialien zu Hegels Rechtsphilosophie* Bd. 2, Frankfurt am Main, 1975, 58쪽; R. Horstmann, "Über die Rolle der Bürgerlichen Gesellschaft in Hegels politischer Philosophie", in *Hegel-Studien* Bd. 9, Bonn, 1974, 239쪽 참조.

그런데 이 사적 개인의 특수한 목적은 그에게는 수단으로 나타나는 보편에 의해 매개되는 까닭에, 사적 개인 스스로가 자신의 앎과 의욕과 행동을 보편적인 방식에 따라 규정하고 자신을 이러한 **연관** 사슬의 한 **고리로** 만드는 한에서만 자신의 특수한 목적을 달성할 수 있다. 시민사회의 구성원 자신이 자각하지 못한다 하더라도 여기서 이념의 관심사는 자연 필연성을 통해 그리고 욕구의 자의를 통해 시민들의 개별성과 자연성을 **앎과 의욕의 형식적 자유와** 형식적 **보편성으로** 고양시키고 그 특수성 속에서 주관성을 도야시키는 과정이다.[25]

그러나 비록 시민사회 안에 인륜화하는 기능이 내재한다 하더라도 시민사회가 산출할 수 있는 보편성에는 근본적인 한계가 있다. 시민사회의 마지막 단계로서 소실된 인륜성을 시민사회 안에서 다시 활성화시키는 '직업 단체'에서조차 그것이 도달하는 보편성은 진정한 보편성이 아니라 그 직업 단체의 이해관계에 국한된 '특수한 공통성'에 불과하다. 시민사회는 본질적으로 특수성에 의해 지배되는 분열과 대립의 장이고, 그 안에서는 온갖 탐욕, 사치, 빈곤, 퇴폐, 노동의 기계화, 물신화, 비인간적 소외의 광경이 펼쳐진다. 문제는 시민사회의 구성 원리인 특수성이 바로 시민사회를 해체시키는 원심력으로 작용하며, 시민사회는 이를 통제할 만한 충분한 힘을 자기 안에 가지고 있지 못하다는 데 있다. 이 점을 헤겔은 특히 시민사회의 경제 메커니즘에 따른 사회화가 진행되면 될수록 불가피하게 더욱 심화되는 빈곤의 문제에서 선명하게 보여준다.

---

25)『법철학』, § 187.

욕구들에 의해 사람들 사이의 연관이 **보편화**되고 욕구 충족을 위한 수단을 준비하고 마련하는 방법이 보편화됨에 따라 한편으로는 — 이러한 이중의 보편성에서 최대의 이익이 얻어지기 때문에 — **부의 축적**이 증대하지만, 다른 한편으로는 특수 노동의 **개별화**와 **제약** 그리고 이러한 노동에 얽매여 있는 계급의 **의존성**과 **곤궁**이 증대하게 된다.[26)]

따라서 사회 전체가 소유하고 있는 총체적인 부의 과잉과 낭비 속에서도 빈곤이 만연하고 천민층의 발생을 막을 수 있을 만큼 충분히 부유하지 못한 역설적인 상황을 시민사회는 지속적으로 드러낸다. 빈곤의 문제가 단지 현실적으로 해결을 요구하는 곤란한 문제에 그치지 않고 시민사회 자체의 본질적 자기모순을 지시하는 까닭은 빈곤이 바로 시민사회의 원리이자 최대 성과인 개인의 자유와 권리를 치유 불가능할 정도로 침해하고 무효화하기 때문이다.[27)] 시민사회는 개인을 혈연, 신분, 인종 등 과거의 모든 자연적 또는 사회적 맥락으로부터 떼어내어 '시민사회의 자식'으로 만들었으며, 따라서 시민사회는 '제 2의 가족'으로서 개인의 생존권과 복지를 보장할 도덕적, 법적 의무를 지게 된다. 그런데 시민사회는 이 의무를 방기한 채 생존권의 실현을 우연과 자의에 내맡겨버리는 것이다. 이는 명백한 '부정의'이고 '불법'이다.[28)] 그렇기 때문에 헤겔은 "빈곤을 어떻게 구제할 것인

---

26) 『법철학』, § 243.

27) S. Avineri, *Hegels Theorie des modernen Staates*, Frankfurt am Main, 1976, 178쪽 이하 참조.

28) 로크의 사회계약론에 대해 루소는 그것이 유산자들만을 위한 기만적인 계약이라고 비판했다. 루소의 평등주의를 계승하는 피히테(J. G. Fichte)

가는 특히 현대 사회를 움직이고 괴롭히는 중요한 문제이다"라고 말한다.29)

시민사회는 이미 특수성과 보편성의 통일이지만 그것들의 '상대적 동일성'에 불과하다. 그러한 것으로서 시민사회는 아무리 막강한 흡인력을 가지고 있을지라도 자기완결적이지 못하고 자기부정적이며, 더 고차의 인륜성을 전제로 해서만 존립할 수 있는 '인륜 속의 자연상태'이다.

3. 시민사회와 국가

아마 헤겔의 국가론만큼 오랜 기간 동안 격렬한 논쟁의 대상이 된 이론도 없을 것이다. 한 극단으로는 '프랑스혁명의 철학적 선언'이라는 평가에서부터 다른 극단으로는 '파시즘의 원조'라는 평가에 이르기까지, 한 쪽에서는 '정치적 자유주의'라는 해석에서부터 다른 한 쪽으로는 '보수반동적 국가주의'라는 해석에 이르기까지 헤겔의 국가론은 거의 모든 가능한 이데올로기적 스펙트럼 내에서 비판되거나 옹호되고 있다.30) 이 다양하고 상

는 개인이 스스로의 노동을 통해 '살 수 있음(Leben-Können)'의 권리, 즉 생존권을 국가계약의 핵심적인 원리로 삼았다.
29) 『법철학』, § 244 Z.
30) 헤겔의 정치철학에 대한 다양한 시각의 평가와 수용(내지 비판)의 역사에 관해서는 H. Ottmann, *Individuum und Gemeinschaft bei Hegel*, Bd. 1: Hegel im Spiegel der Interpretationen, Berlin-New York, 1977; I. Fetscher, *Hegel. Größe und Grenze*, Stuttgart u.a., 1971; M. Riedel, "Einleitung", zu *Materialien zu Hegels Rechtsphilosophie* Bd. 1, Frankfurt am Main, 1975; 이정은, 「헤겔 『법철학』에서 시민사회와 국가의 매개체」, 『헤겔 철학과 정신』, 한국헤겔학회, 2002, 252쪽 이하 참

반되는 견해들의 중심에는 시민사회와 국가의 관계라는 문제가 놓여 있다. 『법철학』에서 국가가 최상의 권리를 지닌 인륜성의 최종 단계로 제시되는 것은 틀림없다. 그러나 『법철학』의 내용적 중심축을 이루는 것이 과연 겉으로 보이는 것처럼 국가인가 아니면 실은 시민사회인가? 국가와 시민사회의 관계는 연속적이고 긍정적인가 아니면 불연속적이고 부정적인가? 이런 물음들에 대한 답변(해석의 차이)과 그 답변에 대한 독자 자신의 입장(평가의 차이)에 따라 견해가 극단적으로 갈리고 있는 것이다.

헤겔은 국가의 필요성을 두 가지 이유에서 구한다. 첫째로, 시민사회가 도달할 수 있었던 제한된 보편성(공통성)을 넘어서는 진정한 보편성의 구현을 위해 더 높은 차원의 고유한 정치적 영역이 요구된다는 것이다.[31] 본래적 의미의 국가는 보편적 목적을 추구하는 인륜적 개인들의 조직화된 공동체이다.[32] 둘째로, 시민사회가 필연적으로 야기하지만 스스로 해결할 수 없었던 문제들, 특히 빈곤의 문제는 시민사회보다 더 강력한 권한과 능력을 지니고 조정하는 심급을 필요로 한다.[33]

조.

31) 여기서 '정치'는 마키아벨리(N. Machiavelli)가 말하는 "독점적 지배 권력의 획득과 유지를 위한 기술"이 아니라 아렌트(H. Arendt)가 잘 표현한 것처럼 "공적 담론과 공동의 삶에 타인과 함께 창발적으로 참여하고 이를 통해 자신의 인격을 표현하는 행위(action)"라는 본래적 의미에서 이해되어야 한다.

32) 이러한 개인을 헤겔은 루소와 칸트를 따라 '시민(bourgeois)'과 구별하여 '공민(公民, citoyen)'이라고 부른다. 루소가 『사회계약론』에서 설계한 공화국은 바로 '일반 의지'를 지닌 공민들의 도덕적, 법적 결속체이다.

33) 이런 관점에서 나종석은 헤겔의 시민사회론에서 현재의 신자유주의적

224

제한적이고 유한한 목적인 직업 단체의 목적은— 경찰의 외적 규제에 존재하는 분리와 그 상대적 동일성과 마찬가지로— 즉자 대자적으로 **보편적인 목적**과 그것의 절대적 현실성에서 진리를 획득한다. 따라서 시민사회는 국가로 이행한다.[34]

(시민사회에서의) 이런 상태의 혼란은 오직 이를 제압하는 국가에 의해서만 조화를 이룰 수 있다.[35]

첫 번째 이행의 관점에서는 시민사회와 국가의 분리가 부각되고, 두 번째 요청의 관점에서는 양자의 연관성이 부각된다. 청년기부터 헤겔은 국가와 시민사회의 관계는 '반성 관계'이고, 따라서 양자는 분리와 연관의 이중적 관계 속에서 긍정적 방식과 부정적 방식이라는 이중적인 방식으로 동시에 관련을 맺을 수밖에 없다고 생각했다.[36] 즉, 시민사회와 국가는 각기 독자적인 영역을 가진 총체성들을 형성하되, 하나의 동일한 인륜적 이념의 형태들로서 자신 안에 상대를 일부는 긍정적으로 수용하고 일부는 부정적으로 배척하면서 공존해야 한다는 것이다. 이때 물론 국가가 더 상위의 실현태로서 주도적인 위상을 가져야 한다. 다만 고대의 실체주의적 인륜성을 강하게 고수했던 청년 헤

질서에 대한 대안적 처방을 찾을 수 있다고 본다. 나종석, 「헤겔 시민사회론의 현재적 의의에 대한 고찰」, 『한국 사회와 모더니티』, 사회와 철학 연구회, 2001.

34) 『법철학』, § 256.
35) 『법철학』, § 185 Z.
36) 헤겔에게서 시민사회와 국가 사이의 관계가 지닌 양면성과 중첩성에 관해서는 J. L. Cohen/A. Arato, *Civil Society and Political Theory*, Cambridge, 1992, 99쪽 이하 참조.

겔이 양자의 분리와 부정적 관계를 강조했던 반면, 근대적 자유 이념을 적극적으로 받아들이는 후기 헤겔에게서는 양자의 긍정적 연속성이 상대적으로 강조된다.

이에 따라 헤겔은 『법철학』에서 시민사회와 국가를 각각 이중화시키면서 서로 연관시킨다. 시민사회에는 좁은 의미의 시민사회를 이루는 경제 영역인 '욕구의 체계' 외에도 실은 이미 국가 권력의 일부인 '사법'이나 '경찰 행정'이 편입되어 있다. 이와 마찬가지로 국가는 시민사회에 직접 관여하면서 유지와 조정의 기능을 하는 "외적 국가 — 비상 국가 및 오성 국가"와 경제 체계로부터 단절된 "본래의 정치적 국가"로 분할된다.[37] 더 나아가 '욕구의 체계'에서 형성된 소유권이 '사법'에 의해 보호되고 '경찰 행정'에 의해 공익적 목적을 위해 제한되듯이, '본래의 정치적 국가'에서 입법권의 구성에는 시민사회에서 자율적으로 형성된 '계층'의 요소가 반영된다.

이러한 이중적 반성 관계를 통해 국가와 시민사회는 하나가 다른 하나에 의해 흡수되지도 않고 또 서로 혼합에 의해 혼탁해지지도 않으면서 유기적 통일을 이룰 수 있을 것이라고 헤겔은 기대했다. 헤겔은 시민사회에 대한 국가의 지나치고 자의적인 간섭과 통제만큼이나 시민사회에 의한 국가의 침식도 우려하고 경계했다. 후자와 관련하여 헤겔은 근대 사회계약론이나 자유주의가 한낱 '비상 국가 및 오성 국가'를 '본래의 국가'와 혼동하

---

37) 『법철학』, § 183 및 § 267. 푈러는 시민사회와 국가를 '국가 자체의 이 중화'로 파악한다. G. Göhler, 원준호 옮김, 「헤겔의 시민사회와 국가의 구별에 관한 새로운 숙고」, 『헤겔과 근대정신』, 한국헤겔학회, 2000, 240쪽 이하.

면서 정치의 고유한 장을 경제의 전일적 지배 속에서 소멸시키고 있다고 비판한다. 헤겔 자신이 시민사회적 요소를 참정권에 반영하면서도 직업 단체와 계층이 이기적 이익 집단으로 고착되지 않도록 국가의 규제 아래 두고자 했다. 전자와 관련하여 헤겔은 흥미롭게도 간섭적 국가주의를 개인주의의 필연적 귀결로 파악한다. 서로 배타적이고 스스로 화합할 수 없는 원자들을 한데 묶고 질서를 부여할 수 있는 것은 외적 물리력에 의한 기계적 결합밖에 없다는 것이다. 홉스의 '리바이어던(Leviathan)'이나 피히테의 '폐쇄 국가'가 그 표본이다. 특히 칸트와 피히테에 의한 '합법성'과 '도덕성'의 분리는 합법성의 체계로서의 국가를 자유의 제한과 기계적 강제의 기제로 만들고 말았다. 참된 인륜성은 바로 합법성과 도덕성의 통일로서 단지 제도적 질서가 아니라 삶 속에서 생생하게 구현되는 총체적인 생활양식이고, 이러한 인륜성의 실현인 국가는 인륜적 개인들이 함께 만들어내는 '생동하는 관련들의 참으로 자유로운 공동체'이어야 한다.

국가는 구체적 자유의 현실성이다. 그런데 **구체적 자유**란 인격적 개별성과 그 특수한 관심이 (가족과 시민사회의 체계에서) 완전히 **발양**되고 독자적으로 **그 권리를 인정**받으면서도 스스로 보편의 관심으로 부분적으로는 **이행**하고 부분적으로는 앎과 의지를 가지고 보편의 관심을 자기 자신의 **실체적 정신**으로 인정하고 자신의 **궁극 목적**으로서 그것을 위해 **활동**하는 데 있다. 그리하여 보편이 특수한 관심과 앎과 의욕 없이는 유효하지도 않고 성취되지도 않으며, 또한 개인이 보편 속에서 그리고 보편을 위해 의욕하고 이 목적을 의식한 작용을 하지 않은 채 오직 사적 인격자로서 특수한 관심과 앎과 의욕만을 위해 살지도 않는다.[38]

'분리 속의 통일'이라는 헤겔의 해결책이 과연 성공적이고 설득력이 있는지에 대해서는 많은 논란이 있다. 혹자에게는 그것이 통일의 계기가 너무 강하여 개인의 자유와 권리를 충분히 반영하지 못하고 심지어는 국가의 이성(Staatsraison) 아래 소멸시켜 버리는 권위주의적 국가 이론으로 보인다. 또 혹자는 분리의 계기에 따른 시민사회의 반목이 너무 강하여 국가에 의한 조화와 통일은 한낱 헛된 꿈에 불과하다고 비판한다. 경제적 시민사회와 유리된 정치적 국가는 명목상으로만 시민사회를 지배할 뿐이지 실상은 시민사회에 종속되어 있는 이데올로기적 반영물에 지나지 않는다는 것이다. 실제로 '본래의 정치적 국가'가 자신에게 부여된 핵심 과제 중의 하나인 빈곤문제에 대해 헤겔은 아무런 제도적 해결 방안도 제시하지 못한다. 또한 통일을 향한 헤겔의 열망에도 불구하고 국가가 '비상 국가 및 오성 국가'와 '본래의 정치적 국가'로 분열되듯이 그 국가 내에서 개인은 '시민'과 '공민'으로 분열되어 있다.[39]

4. 맺음말: 시민 정치의 가능성

헤겔은 명시적으로 세습군주제를 지지하면서 군주 없는 민중은 정치적으로 무능력한 천민 집단에 지나지 않는다고 비하한다.[40] 그런 헤겔의 정치철학에서 도대체 민주주의적 시민 정치의 가능성을 찾을 수 있을까?

---

38) 『법철학』, § 260.
39) 『법철학』, § 264 및 § 308 참조.
40) 『법철학』, § 279 A. 및 § 272 A. 참조.

헤겔의 국가론은 당시 보수화되기 시작한 프로이센의 왕정복고를 옹호하는 어용 철학이라는 비난을 받곤 했다.[41] 그러나 그의 생존 시에는 헤겔의 이론이 국가의 권위에 대한 반역과 불경죄를 저지르고 있다는 정반대의 비난이 제기되기도 했다.[42] 헤겔은 자신이 『법철학』에서 서술하는 국가가 근대에 이르러 현실화된 자유 원리에 입각한 국가의 이성적 이념이지 그것이 현존하는 어느 특정한 국가와 동일시되어서는 안 된다고 말한다. 하지만 굳이 당시에 실재하던 국가들과 비교한다면 프로이센의 절대군주제보다는 오히려 영국식 입헌군주제가 헤겔의 국가 이념에 더 근접한 정치 체제이다. 입법부에서의 양원제, 사법부에서의 배심원제 등 『법철학』에서 제안하는 많은 제도들이 프로이센에서는 시행되지 않았던 것들이다. 특히 군주의 권한을 명목상의 재가권(裁可權)으로 제한하려는 헤겔의 시도는 많은 왕당파의 분노와 반발을 야기했다.

이런 '자유주의적' 요소들에도 불구하고 헤겔의 국가 이념과 민주주의적 시민 정치 사이에는 여전히 큰 간극이 있어 보인다. 앞에서 본 바와 같이 헤겔은 참다운 근대 국가라면 시민의 안전과 권익을 보호하고 보장하는 '시민을 위한' 국가가 되어야 한다고 누차 강조한다. 그러나 헤겔은 '시민에 의한 정치'라는 의미에서의 민주제에 대해서는 대단한 불신을 가졌다. 그것은 시

---

41) 대표적으로 R. Haym, *Hegel und seine Zeit*, Berlin, 1857; K. R. Popper, *The Open Society and its Enemies*, Vol. 2, London, 1973 참조.

42) 예를 들면 K. E. Schubarth/L. A. Carganico, *Über Philosophie überhaupt und Hegel's Enzyklopädie der philosophischen Wissenschaften insbesondere*, Berlin, 1829 참조.

민사회에 의한 국가의 찬탈이고 사익을 추구하는 경제에 의해 공공의 장인 정치가 지배받고 결국은 파괴되는 부당하고 반인륜적인 사태라고 보았기 때문이다. 특히 일부 이익 집단이 시민 전체를 참칭하는 경우 이는 더욱 더 묵과할 수 없는 일이다.

그러나 자유주의가 곧 민주주의와 동일한 것도 아니고, 또 '정치적 자유주의'에 대립된 개념이 꼭 '권위주의'나 '절대주의'인 것도 아니다. 헤겔의 정치철학은 아리스토텔레스적 공동체주의를 계승하는 만큼이나 또한 몽테스키외와 루소로 이어지는 근대 공화주의의 전통 속에 있다. 민주주의의 정립에 커다란 공헌을 한 이들 공화주의자들에게는 공민들의 통합된 보편 의지가 국가의 헌정 원리로 관철되는 것이 관건이었고, 군주제나 귀족제나 민주제 같은 정부 형태의 선택은 부차적인 현실 정치의 문제였다. 헤겔 역시 대규모 민족국가가 형성되기 시작한 근대적 상황에서 공화주의를 실현하는 가장 효과적인 정부 형태는 대의적 군주제라고 생각했던 것이다.[43] 헤겔은 당시 낙후된 독일의 상황에 따라 완화된 형태의 공화주의자라고 말하는 것이 정당한 평가일 것이다.[44] 『법철학』의 토대이자 출발점을 이루는 것은 다름 아닌 '자유 의지'이다. 국가는 스스로를 보편 의지로 완성시킨 자유 의지의 현실태이다. 개인의 자유와 권리를 억압하는 국가는 말할 나위 없고 그것을 적극적으로 실현하지 못하는 국

---

43) 더 나아가 헤겔은 『법철학』에서 군주제의 필연성을 개념적으로 정당화하려고 시도한다. 그러나 이 논변은 헤겔 자신의 논리학에도 어긋난다는 지적을 받고 있다. 이에 대해서는 K.-H. Ilting, "Die Struktur der Hegelschen Rechtsphilosophie", 69쪽 참조.

44) 임재진 역시 헤겔의 국가론을 공화제 이론으로 이해한다. 임재진, 「헤겔에서의 시민사회와 국가」, 『범한철학』 12, 범한철학회, 1996, 211쪽.

가도 결코 이성적인 국가일 수 없다. 더욱이 입법, 사법, 행정전 분야에서 제정과 집행의 철저한 공개성과 공공성을 요구하는 헤겔의 목소리는 오늘날에도 귀담아들을 필요가 있다.

헤겔이 공화주의를 지향한다는 점을 인정한다 하더라도 민중에 대한 불신이나 귀족정을 가미한 군주제라는 헤겔의 답변은 구시대적이고 우리가 가진 민주주의의 신념에 부합하지 않는다. 헤겔이 이런 결론을 내세우게 된 근본적인 이유는 근대 시민사회가 가진 막강한 파괴력을 국가를 통해 통제하고자 했던 데 있다. 이 문제는 우리에게도 여전히 풀어야 할 과제로 남아 있지만 이에 대한 헤겔의 해결 시도는 실패로 끝났다. 우리가 헤겔에게서 시민 정치의 적극적인 가능성을 추출하려면 바로 헤겔이 문제를 제기했지만 해결에는 실패한 지점에서 다시 찾아야 한다. 그것은 바로 시민사회와는 분리된 정치적 국가에 위임되었던 연대적 개인의 육성과 조직화를 시민사회 내로, 그것도 그 경제적 차원으로까지 끌어내려 이루는 것이다. 이럴 때 시민사회는 이기성과 제한성을 탈피해 보편적 공공성을 자율적으로 형성할 수 있을 것이다. 우리가 헤겔의 정치철학에서 배울 수 있는 교훈은 다음과 같은 것이다. 개인들이 서로 평등하고 대칭적인 관계 속에서 연대적 보편성을 자율적으로 창출할 때, 오직 그럴 때 비로소 개인과 공동체 간에도 평등하고 대칭적인 인륜성의 관계를 이룰 수 있다.

헤겔의 종교철학과 삼위일체론

종교의 객관성과 체계 사유의 관계를 중심으로

최 신 한

헤겔 철학은 궁극적으로 학적 체계를 지향한다는 점에서 다른 어떤 철학보다도 논리적이며 체계적이다. 헤겔은 완벽한 체계 구상을 『엔치클로페디』[1]를 통해 시도하며 『엔치클로페디』의 체계는 그 구조에 있어서 다른 어떠한 철학보다 의미 있는 것으로 받아들여진다. 그러나 『엔치클로페디』의 체계는 헤겔이 희망하는 바와 같이 그 자체가 완벽한 것으로 정립되지 못했다. 헤겔 자신에 의해 체계의 불완전성을 극복해 보려는 시도가 있었다는 사실은 그가 체계의 완전성을 만족스럽게 구현하지 못했음

---

1) G. W. F. Hegel, *Enzyklopädie der philosophischen Wissenschaften* I, II, III, Frankfurt, 1970.

을 반증한다. 그러나 이러한 『엔치클로페디』의 불완전성에도 불구하고 종교철학의 체계는 헤겔이 다룬 다른 어떠한 분과보다도 체계적인 것으로 평가된다. 헤겔은 이러한 체계의 완전성이 기독교에 용해되어 있는 것으로 간주한다. 종교철학에서 다루어지는 역사적인 실정종교들 전체가 체계적인 것이 아니라 그 중에서 기독교야말로 헤겔이 희망하는 가장 완전한 체계를 갖추고 있다는 것이다. 이런 관점에서 기독교의 삼위일체론은 철학의 한 분과인 종교철학 가운데서만 의미를 지니는 체계가 아니라 철학 전반을 위해서 가장 의미 있는 체계로 받아들여진다.

헤겔 체계의 완결성은 자기관계의 완결성이며, 이러한 완결성은 타자관계를 자기관계로 사유하는 데서 이루어진다. 이것은 다름 아니라, 자기와 타자의 완전한 일치가 사유 가운데서 개념적으로 성취된 것이다. 여러 저서에 일관되게 나타나는 이러한 사유는 **타자존재 속의 자기존재**(Beisichsein im Anderssein)로 요약된다. 이것은 주객의 절대적 동일성이며 개념과 실재의 통일이고 내용과 형식의 일치이다. 헤겔은 이러한 체계의 자기완결적 구조를 기독교의 삼위일체론에서 발견한다. 왜냐하면 기독교 삼위일체론은 첫째, 그 자체가 **가장 완전한 종교적 표상으로** 이미 역사 가운데 실증적으로 주어져 있는 것이며,2) 둘째, 종교철학은 이를 가장 완벽하게 파악할 수 있기 때문이다. 여기서 삼위일체론은 종교철학의 테두리나 종교적 의식의 차원에 제한되지 않고 자기관계라는 사변철학의 근본 문제에 대한 역사적인

---

2) 헤겔은 기독교가 삼위일체성 때문에 다른 종교보다 더 완전하며 가장 완전한 종교라고 주장한다. 이러한 주장은 *Die Vernunft in der Geschichte*(『역사 속의 이성』), Hamburg, 1955, 59쪽에서도 발견된다.

해결로 나타난다. 헤겔이 보기에, 사변적 자기관계가 목적으로 하는 자유는 기독교 삼위일체론에서 가장 구체적으로 구현되어 있다는 것이다. 그러므로 헤겔의 삼위일체론은 사변철학의 근본 구조일 뿐 아니라 이 구조 위에 가능했던 구체적인 역사적 현상이기도 하다.

헤겔의 체계 사유를 삼위일체론과의 연관성에서 고찰하는 것은, (1) 철학 일반의 체계를 형성하는 내용이 기독교적인 소여로부터 출발한다는 사실과 연관되어 있으며, (2) 철학적 체계는 그것이 종교적 표상의 범주를 벗어나는 보편적 사유 범주의 체계인 한에 있어서 기독교적인 소여를 넘어서는 보편적 이념의 체계여야 한다는 사실과 맞물려 있다. (1)은 헤겔 철학을 전적으로 기독교적으로 해석할 수 있는 토대가 되며, (2)는 삼위일체론에서 보이는 기독교적 이념을 존재 일반의 보편적 이념으로 해석할 수 있는 근거가 된다. 헤겔 철학은 기독교적 전제 없이는 생성될 수 없었으리라는 주장 (1)과 기독교적 이념이 사변적 신학(spekulative Theologie)을 매개로 보편적 사유체계와 연관되어 있다는 주장 (2)는 헤겔의 종교철학에서 다루어질 수 있는 중요한 논제들이며, 우리의 논의는 이러한 테두리 속에서 이루어진다. 특히 (2)의 관점은 사변적 신학과 철학의 일치로 이끌어지며, 이것은 신학의 작업 이전에 주어져 있는 존재 일반의 보편적 구조 탐구로 안내된다.

1821년에 행한 최초의 종교철학 강의는 기독교의 삼위일체론을 다음과 같이 요약하고 있다. "신 자신은 전체 존재 가운데 있는 일자이다. (신적) 자연은 계시된다. (신적) 자연은 타자를 위해 이렇게 (1) (외적) 자연과 (2) (인간적) 의식으로 계시된다.

자연은 이 둘이 아니라 오직 이것들의 일자이다. 정신이 계시된 것이 자연과 의식이다."3) 신과 자연과 인간의 절대적 통일성을 보여주는 삼위일체의 내용은 헤겔에 의해 다음과 같이 더욱 상세하게 설명된다. "첫 번째 영역은 순수한 이념과 사유하는 정신 가운데 존재하는 영원한 신이다. 두 번째 영역은 자연 속에 실현된 보편자, 전적으로 외적인 존재, 그리고 진정한 외화이다. 세 번째 영역은 그 스스로 전적으로 내적 존재인 동시에 외적 존재인 유한적 존재 가운데서 외면성이 심원한 분열과 의식적 부정으로 완성됨이며, 이로써 영원한 이념으로의 복귀가 일어나는 계기이다."(272 이하)

  "자연과 유한적 정신의 창조에 앞서서 그의 영원한 본질 속에 내재하는 신"4)이 자연과 인간에게 현상하며 유한한 자연과 유한한 인간으로부터 신 자신으로 복귀한다는 것은, "유한적인 정신 일반에 나타난 신의 모습이며 구원과 화해의 역사이고 영원한 신의 역사 그 자체이다."(221) 삼위일체의 신은 "자연의 창조자이면서 자연의 지혜로운 보존자"(221)이고 그 회복자이다. 그는 자신의 동일적 사유를 넘어서서 유한적 자연과 정신 가운데로 외화되어 분열되고 이로부터 자기 자신의 동일성을 회복하는 절대이념인 것이다. "이념이 절대적인 것은 신이 곧 정신임을 뜻한다."(210) 정신의 운동으로 나타나는 신적인 이념은

---

3) G. W. F. Hegel, *Religions-Philosophie*, GW. Bd. 17: Vorlesungs-Manuskripte I(1816-1831), Hamburg, 1987, 206쪽, 최신한 옮김, 『종교철학』, 지식산업사, 1999(괄호 속의 내용은 필자의 것임). 이하 이 책의 인용은 원문의 쪽수를 괄호로 묶어 본문에 직접 표기한다.
4) G. W. F. Hegel, *Wissenschaft der Logik* I, Frankfurt, 1969, 44쪽.

그 자체의 매개과정을 통해 즉자대자적인 자신에 이르게 되므로, 삼위일체성은 실체적인 것이 아니라 정신적인 것 내지 영적인 것이다. 따라서 삼위일체성은 '신'이라는 주어에 대해 임의적으로 붙여지는 오성적 술어나 개념이 아니라, 신의 개념이 그 구체적인 역사인 실재와 맺는 계기와 과정 전체이다.

여기서 삼위일체성의 두 가지 측면이 드러난다. 하나는 계시 이전의 신이 소유하는 '내재적 삼위일체성(immanente Trinität)'이며, 다른 하나는 계시를 통해 인간과 자연에 관계하고 섭리하는 신의 '경륜적 삼위일체성(ökonomische Trinität)'이다. 이 두 가지 중 어떤 측면이 강조되든지 상관없이 중요한 것은 신이 실체적인 것이 아니라 생동적인 것이라는 사실이다. 이념이 "개념과 객관성의 절대적 통일"5)이라는 『엔치클로페디』의 명제는 종교철학적으로, 신의 개념과 그로부터 창조된 자연과 정신의 통일이라는 삼위일체적 의미, 즉 절대정신의 운동이라는 생동적의미를 지닌다.6) 삼위일체성을 매개로 하여 **기독교 속에 용해되어 있는 이성적 사실**을 입증해 보이려는 시도는 신 개념의 운동성과 생동성에 대한 논의에 모아진다. 삼위일체론과 학적 체계의 상관관계는 이 점에서 분명하게 드러난다. 기독교의 신은 유한자와 대립된 신이 아니며 모든 유한적 존재 가운데서 활동하는 신이기 때문이다. 이 글은 헤겔의 삼위일체론이 보여주는 체

---

5) G. W. F. Hegel, *Enzyklopädie der philosophischen Wissenschaften* I, Frankfurt, 1970, 367쪽.

6) 이런 맥락에서 회슬레는 종교철학과 같은 실재철학이 논리학의 '짝'이라고 규정한다. V. Hösle, *Hegels System*, Hamburg, 1987, 644쪽 이하 참조.

계 사유를 밝혀냄으로써 기독교적 사실이 신앙인의 **주관성** 가운데 제한되는 것이 아니라 모든 존재를 관통하는 통일적이고 유기적인 **객관성**임을 규명하려고 한다. 기독교의 객관성과 이성적 특징은 삼위일체성이 오성의 사실을 넘어서는 사변적인 것이며(1절), 이런 사변적 인격성이 신적인 사랑으로서 유한자 가운데 구체화되고(2절), 이러한 사랑의 활동성이 정신의 자기관계로 드러난다(3절)는 사실이 밝혀짐으로써 입증된다.

1. 삼원성과 삼위일체성

종교적 사실이 오성을 넘어선 것이라는 생각은 칸트의 비판철학 이후 일반화된 것이다. 그 어떠한 존재도 주관성과의 매개를 통해 파악할 것을 요구하는 근대 이후의 철학은, 종교가 대상으로 하는 무한자에 대해서도 주관성의 매개를 강조한다. 오성적으로 파악될 수 없는 무한자는 인간의 자율적인 실천적 능력과 관계하거나 직관 및 감정의 능력과 관계한다. 전자의 경우 무한자는 이성의 실천적 사용에 있어서 필연적으로 요청되는 이념7)이나 "도덕적 질서" 내지 "세계섭리(göttliche Weltregierung)"8)로 규정되며, 후자의 경우 무한자는 전적으로 수용적인 주관성의 내밀한 자리에서 그때마다 새롭게 생기(生起)하는 존재로 규정된다.9) 특히 종교를 '근원적 직관'으로 규정하는 이론

---

7) I. Kant, *Kritik der praktischen Vernunft*, Hamburg, 1985, 4쪽.

8) J. G. Fichte, "Über den Grund unseres Glaubens an eine göttliche Weltregierung", in I. H. Fichte(Hg.), *Fichtes Werke*, Bd. V. Berlin, 1971, 186쪽.

은 그것을 오성 형이상학이나 도덕으로 수렴하는 이론보다 종교의 자립성과 고유성을 잘 드러내 보인 것으로 평가받는 대신 주관성으로서의 종교라는 비판을 감수해야 한다. 이에 반해 헤겔의 종교 이해는 전통적인 오성 형이상학이나 이를 비켜가는 대안들에 대한 비판으로부터 출발한다. 헤겔의 종교 이해는 소위 '이성 형이상학'의 프로그램 속에서 이루어진다. 종교는 오성이나 실천이성이나 직관에 의해 설명될 수 있는 것이 아니라 **이성을 통해 객관적으로 파악될 수 있다는** 것이다. 종교의 객관적 모습은 오로지 이성적 탐구방식을 통해서만 드러날 수 있으며 이러한 탐구방식에 정확하게 일치하는 종교가 기독교이고 그 내용은 삼위일체성이라는 것이 헤겔 주장의 핵심이다.

헤겔이 보기에 종교에 대한 탐구에서 삼원성(Dreiheit)과 삼위일체성에 대한 언급이 중요한 것은, 종교의 내용이 결코 오성의 폭에 감싸질 수 없는 사변적인 내용을 담고 있기 때문이다. 오성은 종교의 내용을 파괴한다. 오성은 종교가 삼원성으로 표현되든지 삼위일체성으로 표현되든지 상관없이 그 내용을 파괴한다. 종교를 오성을 도구로 삼아 변호하는 것은 그 의도와는 다르게 종교를 왜곡시킬 수 있으며, 종교에 대해 오성적인 방식으로 논쟁하는 것도 종교를 파괴하는 결과에 이른다. 오성적인 방식으로 종교를 다루는 것은 종교의 내용을 흠집 내기 위하여 종교와 관계하는 일에 불과하다. 헤겔은 이러한 종교와 오성의 관계를 다음과 같이 비유적으로 표현한다. "오성은 절대적 관계를

---

9) F. D. E. Schleiermacher, *Über die Religion*. Reden an die Gebildeten unter ihren Verächtern, Göttingen, [6]1967, 최신한 옮김, 『종교론』, 기독교서회, [2]2002. 특히 둘째 강연 참조.

흠집 내기 위하여 이 관계 안에 흠을 집어넣는다."(80)[10] 오성은 종교의 사변적 내용을 그 내용에 걸맞는 것으로 파악하지 못하며 이것을 오히려 유한적 관계로 변형시켜 버린다. 그러므로 삼위일체성의 사변적 내용은 오성적으로 파악되면서 비본질적인 것으로 전락한다. 삼위일체성은 그것이 오성적으로 이해될 경우 수를 나타내는 것에 불과하기 때문이다. 오성적으로 파악된 삼위일체성은 정신의 본질적인 관계를 나타낸다기보다 비본질적인 관계를 보여준다. 숫자 "셋은 하나가 아니며 유한적인 것과 인간적인 것은 신적인 것과 하나로 되지 못한다는 아주 비본질적인 관계"(80)가 여기서 나타나는 것이다. 비본질적인 관계 가운데서 표현되는 종교는 진정한 종교가 아니며, 이것은 기껏해야 오성 형이상학 내지 몰정신적인 교의로 구성된 자연신학에 지나지 않는다.

종교적인 이념은 오성이나 숫자나 표상으로 간단히 표현될 수 없다. 헤겔이 삼위일체론을 강조하는 것은, 영원한 이념은 삼위일체성을 통해서만 드러날 수 있다고 생각하기 때문이다. 오성이나 표상을 통해 설명되는 종교적 이념은 예컨대 육화와 삼원성에 대해 언급하기는 하지만 그 설명 자체가 추상적이며 정신적인 생동적 통합을 이루어내지 못한다.[11] 예컨대 "인도의

---

10) "Verstand gibt solchen absoluten Verhältnissen erst die Krätze um sie zu kratzen."(80) 1821년 강의의 비평본을 편집한 예슈케(Jaeschke)는 이러한 흠집 내는 오성의 역할이 번역자가 저자를 흠집 내기 위하여 저자에게 흠집 내는 연장을 쥐어준 것과 같은 것이라고 해설한다. G. W. F. Hegel, *Religions-Philosophie*, 381쪽; "Verhältnis des Scepticismus zur Philosophie", in GW. 4, 220쪽 참조.
11) 헤겔은 인도 종교의 트리무르티(Trimurti)와 쉬바(Schiwa)가 신의 다중

브라만은 사랑이 아니라 추상이다."(223) 인도 종교에서 보이는 "이념의 여운과 흔적"(223)은 기독교의 삼위일체성과는 근본적으로 구별되는 것으로서 그 자체가 추상에 지나지 않는다는 것이다. 종교적 이념이 추상에 지나지 않는다는 것은 다음의 사실을 의미한다. 오성이나 숫자나 표상으로 표현된 이념은 육화와 같은 자기 분화의 과정을 거치기는 하지만 그 자체가 분화된 특수성과 다수성에 아무런 제약적 척도가 될 수 없으며 이러한 특수성도 근원적 이념으로 회귀하는 척도가 될 수 없는 비생동적인 표상에 불과하다. 비생동적인 표상으로 표현되는 종교적 이념은 이념의 통일성을 담아낼 수 있기는 하지만, 이러한 통일성은 오성적인 추상적 보편성이거나 감각적으로 표상된 보편성에 지나지 않는다. 예컨대 아리스토텔레스는 피타고라스의 3의 수(Trias)와 신의 표상을 연관지으면서, 우리가 신을 세 번 부를 때 신을 완전히 부른 것이라고 말한다.[12] 헤겔은 이것을 지극히 추상적인 신 표상으로 간주한다(224). 이에 반해 정신이나 사랑의 통합을 지칭하는 삼위일체성은 이념의 분화와 자기복귀가 완전한 원환구조를 이루고 있는 것으로서, 여기서는 이념이 분화됨으로써 발생하는 자기모순과 이 모순의 극복이 통일적인 구조 속에서 이루어진다. **삼위일체성은 이념의 이러한 생동적 운동을 지칭한다.**

이런 맥락에서 헤겔은 삼원성이나 삼위일체성이 진정한 진리

적 형태화를 포함하고 있는 것으로 파악하지만 이러한 다중적 표상은 사유라기보다 감각적 표상에 지나지 않는 것으로 간주한다. G. W. F. Hegel, *Religions-Philosophie*, 223, Anm. 참조.

12) Aristoteles, *De coelo*, A 1, Bd. 1, 195E (268a 10-15) 참조.

를 담아낼 수 있는 형식이라고 생각한다. 헤겔은 삼원성과 삼위일체성을 전적으로 동일한 것으로 보지는 않지만, 기독교 이전의 종교적 표상에 등장하는 삼원성 가운데 "진리의 절대적 의식"이 포함되어 있다고 주장한다(225). 이들 종교에서 삼원성의 진정한 모습이 드러난 것은 아니지만 그렇다고 해서 삼원성 자체가 종교적 이념을 담을 수 없는 유한적 형식은 아니라는 것이다. 그렇지만 헤겔이 보기에 이들 종교는 삼원성을 단순히 오성적으로 고찰함으로써 원래 삼원성이 지닐 수 있는 **이념의 생동적 의미**를 추상적 차원으로 밀쳐내 버렸다. 이념의 세 가지 계기들을 하나로 간주하는 삼원성은 오성적 관점에서 볼 때 가장 비이성적인 것이다. 오성에게 숫자 하나는 오로지 자립적 하나이어야 하며 이 하나를 다른 하나와 혼동하는 것은 가장 큰 오류가 된다. 하나는 절대적 자립성을 지니며 다른 하나와는 절대적으로 분리되어 있다. 헤겔은 이러한 오성적 하나의 개념을 질료에 걸맞는 것이라고 생각한다. 질료는 질료로 그치며 외적인 상태에 머물러 있을 뿐이기 때문이다. 질료는 실제적이기는 하지만 비정신적인 존재이다. 질료가 다른 질료와의 관계를 통해 하나로 남아 있지 않으려 한다 해도 질료는 외적이며 비정신적인 상태를 벗어날 수 없다. 그러나 정신적 규정은 하나에 대한 오성적 파악과 달리 이러한 오성적 하나의 개념을 무조건 받아들이지 않는다. 헤겔의 사변적 고찰은 "숫자 하나를 자기 내적으로 변증법적인 것으로, 즉 자립적인 것과 진정한 것이 아닌 것으로 드러내 보인다."(225) 바로 여기서 "세 가지의 하나는 오로지 하나로 파악된다."(225) 세 가지의 하나가 자립적 셋이 아닌 통일적 하나일 수 있는 것은 그것이 오성적 지평을 넘어서

242

서 정신적 단계에 들어섬으로써 가능하다. 정신의 생동적 과정이 세 가지의 하나를 자립적 셋이 아닌 통일적 하나로 형성하는 것이다.

요컨대 삼원성은 자립적 셋을 통일적 하나로 형성할 수 있는 원리이며, 이 원리는 이미 오성의 차원을 넘어서 있다. 헤겔은 삼원성 가운데 오성적 차원을 넘어가는 사변적 내용이 용해되어 있는 것으로 보고 이것과 기독교의 삼위일체성의 관계를 추적한다. 그는 플라톤에 의해 추상적 이념으로 규정된 삼원성13)이나 칸트의 삼중성(Triplizität) 개념14)이 비록 정신의 구체적인 운동성을 보여주지 못했다 하더라도 오성적 지평을 넘어갈 수 있는 사변적 초석을 마련한 것이라고 평가하는 반면, 이러한 문제에 대해서 진지하게 생각하지 않은 신학자들을 부정적으로 평가한다. 신적인 이념은 삼원성을 매개로 할 때 비로소 통일적으로 파악될 수 있다는 사실을 신학자들은 올바로 통찰하지 못했다는 것이다. 신학자의 반열에도 당당하게 서 있는 헤겔은 삼원성을 신적인 이념을 서술할 수 있는 토대로 간주하며 이것을 삼위일체성으로 새롭게 정립한다.

삼원성이 삼위일체성으로 변형되는 데에는, 하나와 셋이라는 숫자에 대한 사변적 해석을 넘어서서 삼원성을 **인격성**의 틀 가운데서 해석하는 작업이 필수적이다. 절대이념의 생동성은 인격성 가운데서 잘 드러나기 때문이다. 헤겔은 인격성을 먼저 "절대적 이념 속에 들어 있는 고차적인 구별의 규정"(225)으로 정

---

13) Platon, *Timaios*, 34c-35b; 31c-32a 참조.
14) I. Kant, *Kritik der reinen Vernunft*, B 110 참조.

의한다. 이것은 삼원성의 경우와 같이 세 가지가 하나 속에 들어 있는 것을 지칭한다. 오성으로서는 셋을 하나로 파악하는 것이 불가능하듯이 절대적인 이념 가운데 구별적인 인격성들이 들어 있다는 사실을 파악하는 것이 마찬가지로 불가능하다. 아니 오히려 오성으로서는 삼원성을 파악하는 것보다 삼위일체적 인격성을 파악하는 일이 더 어렵다. 인격성은 단순한 형식이 아니라 그 자체가 **주체의 무한한 형식**이기 때문이다. 인격성은 그 자체가 무한한 형식을 가지고 있기 때문에 한 인격성의 계기는 다른 인격성의 계기와 대립한다. 더 나아가 각각의 인격성이 무한한 형식을 지니고 있는 한에 있어서 이들 간의 대립은 극단적이며 절대적이다. "세 가지 신들은 그 자체로 무한한 하나이며 심지어 근본적으로 배타적인 것이기도 하다. 이들은 다수의 하나이지만 오로지 하나로만 파악되는 심각한 모순이다."(226) 헤겔은 이렇게 대립하는 인격성을 심지어 악으로 규정하기까지 한다.[15] 오성, 감성, 표상 등에 의해 파악되는 인격성은 이처럼 모순 그 자체이다. 그러나 세 가지 신들의 인격성은 실제로 상호 극단적인 대립으로 그치는 것이 아니라 이러한 대립의 해소이기도 하다. 인격성의 본래적 의미는 분리에 있다기보다 관계나 통일에 있다.[16] 여기서 주의해야 할 사실은 대립 내지 모순의 존

---

15) 헤겔은 서로 대립하는 인격성을 "악의 확실성에 대한 무한한 주관성"으로 규정하기도 한다(226).

16) 예컨대 셸링은 인격성을 "자립적 존재의, 그와 독립해 있는 토대와의 결합"으로 규정한다. F. W. J. Schelling, *Philosophische Untersuchungen über das Wesen der menschlichen Freiheit und die damit zusammenhängenden Gegenstände*, SW. VII, 394쪽, 최신한 옮김, 『인간적 자유의 본질』, 한길사, ²2005.

재와 모순의 해소를 구별하는 일이다. 모순의 해소는 모순을 인정하는 바탕에서 가능하기 때문에, 모순의 해소 이후에 도달하게 되는 삼위일체적 통일의 상태가 무조건 무모순의 상태를 의미하는 것은 아니다. 삼위일체성이 갖는 중요한 의미는, 인격성들 간에 모순이 있음에도 불구하고 이 모순의 해소가 가능하다는 사실에 있을 뿐, 삼위일체성이 아예 무모순적인 것이라는 사실에 있지 않다.

세 가지 인격성의 극단적 대립이 그 해소와 함께 있다는 주장은, 삼위일체성이 오로지 사변적 지평에서만 이해될 수 있는 것이라는 주장과 맞물려 있다. 오성적인 지평에서 생각한다면 사변은 마치 도깨비 방망이와 같은 마술적인 것으로 보일 수도 있다. 이러한 생각은, 극단적으로 대립하는 주체가 또한 대립의 해소 자체라는 것을 도저히 합리적으로 이해할 수 없다는 반성에서 나온 것이다. 그러나 여기서 또다시 강조되어야 하는 것은, 인격의 삼위일체성이 결코 표상적 차원의 인격성이나 감성적 차원의 인격성이 아니라는 사실이다. 삼위일체성은 신적 이념을 지칭하는 것이지 표상이나 감성의 본질을 가리키는 것이 아니다. 그렇다고 해서 신적 이념이 표상이나 감성과 대립되는 위치에 있는 것도 아니다. 대립을 벗어날 수 없는 표상과 감성의 차원을, 이념의 자기모순적 운동을 통해 이념 자신으로 포섭하는 모순극복의 구조가 삼위일체적 이념 가운데 용해되어 있는 것이다. 삼위일체성이 보여주는 사변성은 결국 자기모순을 향한 "자기 방출"과 자기에로 복귀하는 "영원한 운동"(226)이다. 여기서 종교적 이념은 자기동일성의 규정을 얻으며 그것도 '보편적'이라는 수식어가 붙은 규정을 획득한다. 이러한 보편적 자기동일성은 이제 진정으로 자유로운 인격성으로 정립된다. 자유로운 인격성은 고착화된 주체가 아니라 대자적으로 운동하는 주체이기 때문이다. 헤겔은 **자유로운 인격성**으로 규정되는 삼위일체성을 사랑에 대한 사변적 해석을 통해 구체화한다.

2. 삼위일체성과 사랑의 원리 17)

헤겔은 보편자와 개별자의 완전한 통일로 이해되는 삼위일체성을 '무한한 사랑' 내지 '영원한 사랑'으로 규정한다. "신은 자신의 계시이며 자신을 객관화하고 이렇게 자신을 객관화하면서 자기와 동일하게 존재하는 영원한 사랑"(283)이며 "타자를 자기 자신의 것으로 소유하려고 하는 영원한 사랑이다."18) 사랑을 통합의 이념과 관련하여 생각한 것은 『종교철학』이 처음이 아니다. 헤겔은 프랑크푸르트 시절에 사랑을 **보편적 통합의 원리**로

---

17) 헤겔은 종교철학을 1821년에 처음으로 다루었으며, 그 이후 1824년, 1827년, 1831년에도 종교철학 강의를 했다. 그러나 1821년의 원고는 이후의 강의에 토대가 되었으며, 이 원고의 내용은 이후의 강의에 있어서도 크게 변화가 없이 지속적으로 유지된 것으로 평가된다(W. Jaeschke, "Editorischer Bericht", in G. W. F. Hegel, *Religions-Philosophie*, 356쪽 참조). 그러나 헤겔은 '사랑'에 대해서는 1821년 강의에서만 다루고 이후의 강의에서는 이를 '신앙'이나 '종교적 표상'에 대한 설명으로 대치한다. 이것은 '무한한 사랑'의 개념에 대한 헤겔의 입장 변화나 철회라기보다, 종교의 이성을 교의적이고 형이상학적인 관점에서가 아니라 현실적이고 역사적인 바탕 위에서 설명하려고 한 데서 생긴 결과로 보인다. W. Jaeschke, *Die Vernunft in der Religion*. Studien zur Grundlegung der Religionsphilosophie Hegels, Stuttgart-Bad Cannstatt, 1986, 352쪽 참조.

18) G. W. F. Hegel, *Die Vernunft in der Geschichte*, 59쪽.

상정하면서 이를 면밀히 검토한 바 있다.[19] 그러나 칸트 철학의 바탕 위에서 생각한 사랑의 원리는 감정의 차원에 머무는 단순한 통합의 원리였다. 사랑의 원리는 대립과 분열로 귀결되는 오성적 사유를 극복하기 위해 대안적으로 마련되기는 했지만 아직 이성적 원리로 자리 잡지 못했기 때문이다.[20] 삼위일체성으로 규정되는 『종교철학』의 사랑은 프랑크푸르트 시절의 사랑 개념을 이성적 지평에서 회복한 것이다. 사랑은 더 이상 감정의 지평에 머물지 않으며 예나 시대에 언급된 가족 공동체의 자연적, 육체적 통합의 원리로 소극적으로 기능하는 것도 아니다. 신의 사랑은 인간의 주관적 지평과 경험적 차원에 제한되지 않는다.

삼위일체론에서 중요하게 받아들여지는 사랑의 개념은 **신의 무한한 사랑**이다. 이성적인 것 내지 사변적인 것으로서의 삼위일체성을 무한한 사랑으로 규정하는 헤겔의 생각은 다음의 명제에 잘 나타나 있다. "무한한 사랑은 사변적인 것을 표현하며 **죽음 속의 사랑**과 이행을 드러내 보인다."(274, 강조는 필자) 여기서 주목을 끄는 사실은, 사랑이 이루어내는 절대적 통합과 절대적 긍정성이 죽음이라는 절대적 부정성과 매개되어 있다는 것이다. 이것은 죽음과 매개된 사랑의 변증법이며 죽음의 변증법을 통해 이룩되는 사랑이다. 이것은 삼위일체성을 구성하는 숫자 셋이 오성적으로가 아니라 이성적으로 읽혀야 하는 것과 같이,

---

19) G. W. F. Hegel, *Frühe Schriften*, Frankfurt, 1971, 239쪽 이하, 419쪽 이하 참조.

20) 사랑의 원리가 이성 내지 정신의 원리로 이행하는 과정에 대해서는 최신한, 「전일성이론의 자기의식적 구조. 헤겔 초기 사상에 나타난 종교와 철학의 관계를 중심으로」, 『헤겔 철학과 종교적 이념』, 한들, 1997, 199-221쪽 참조.

사랑과 죽음은 오성적인 관점에서는 서로 모순적으로 보이는 것이지만 사변적 관점에서는 하나의 연관성 가운데 있음을 보여준다.

삼위일체론에서 사변적인 의미를 지니는 죽음은 성자의 죽음이다. "사변적인 것은, 아들이 신적 존재로 전제되고 신적 존재가 아들로 변화되며 아들이 절대적 사랑인 죽음에 이른 사실이다."(265) 일반적으로 죽음이 유한성과 부정성을 뜻하지만 성자의 죽음은 "최고의 부정"이며 "가장 극단적인 유한성"이다(265). 삼위일체성이 마땅히 신과 세계의 근원적 결속으로 받아들여질 수 있어야 한다면 시간적인 존재 가운데서 죽음을 맞은 신은 신 자신의 최고 외화이며 가장 극단적인 유한성이기 때문이다. 성자의 죽음은 곧 신 자신의 죽음으로서 외화와 분열의 극단이다. 그러나 삼위일체의 신은 이런 극단적 유한성과 분열 가운데서도 그 자신과 직접적으로 통일되어 있다. 만약 죽음이 모든 것의 종말일 뿐 아니라 신의 종말이기도 하다면 신과 무한성은 애당초 언급될 수 없으며 삼위일체성도 거론될 수 없다. 삼위일체의 신은 오히려 이러한 극단적인 유한성과 통합되어 있다. 신은 이러한 절대적 유한성 가운데서도 자기 자신을 직관하며 자신과 인간(성자)의 동일성을 의식한다. "사랑은 자기의 인격성과 소유 등을 포기하는 자기의식과 행위이며 타자 가운데서 감행되는 최고의 자기포기"(265)라면, 신의 죽음으로 규정되는 성자의 죽음은 곧 "최고의 사랑"이며 이러한 사랑에 대한 직관이다. 사랑은 이렇게 절대적으로 극단적인 것들 간의 통일이며 "신과 인간의 동일성에 대한 의식"(265)이다.

삼위일체성의 사랑이 신과 인간의 동일성을 지칭하는 한, 경험적인 지평에서 이루어지는 사랑은 삼위일체성을 대변할 수 없다. 헤겔이 종교철학적으로 이해하는 사랑은 그 개념을 엄격하게 적용할 경우 이웃사랑과도 구별된다. 이론의 한계 너머에서 요구되는 실천적 사랑 내지 도덕적 사랑도 완전한 통합을 말하기에는 부족하다는 것이다. 이웃사랑은 우선 경험적 지평에서 일어나며 개별적으로 실현될 수밖에 없다. 이웃사랑이라는 도덕적 계명은 경험적인 제약을 넘어설 수 없다. 그것은 "법이 아니라 타자의 행복으로 표명되며 타자의 특수성에 대한 나의 지각의 관계로 말해진다."(258 이하) 도덕적 사랑은 실제적으로 몇몇 특수자에게 국한되어 실현될 수 있을 뿐이며, 이런 경험적 차원을 넘어가는 보편적 사랑은 그것이 도덕적 차원을 벗어나지 않는 한 전체 인간성에 대한 공허하고 추상적인 표상으로 남는다. 헤겔이 목적으로 하는 사랑의 개념은 도덕적 차원이나 비형이상학적인 인간학의 차원에 머물 수 없다. 그는 경험적 특수성을 위한 사랑은 완전한 통합을 이룰 수 없다고 보고 전 존재를 관통하면서도 실재와 매개를 갖는 원리를 추구한다.[21] 만약 완전한 통합의 이상이 경험적 차원에서 특수성을 위해서만 추구된다면, 이것은 오히려 특수 집단과 민족의 통합조차 이루지 못하는 어려움에 떨어질 수도 있다. 특수성을 향하는 사랑은 어차피 특수성들 간의 통합에 이를 수 있을 뿐이며 그 자체가 특수성의 지평을 넘어서서 전체 존재를 통합할 수는 없다. 특수성으로 향하는 사랑은 순수한 마음과 단순한 사랑에 지나지 않기 때문이

---

[21] 이러한 노력은 칸트적인 의미의 도덕성을 인륜성으로 매개하는 차원에서도 드러난다.

다. 헤겔이 사랑의 개념까지도 '사변적으로' 파악하려고 하는 것은 바로 이러한 이유 때문이다. 순수한 내면적 사랑은 그 외부에서 강력한 도전이 밀려올 때 이를 감당할 수 없으며, 만약 이러한 경우를 맞게 되면 이를 감내하는 고통과 인내가 마침내 광신적 폭력으로 전개될 수도 있다.[22]

사랑의 사변적 특성을 염두에 둔다면, 우리는 절대적 사랑으로 규정되는 성자의 죽음을 개별적인 인간의 죽음이 이해되는 지평에서 이해해서는 안 된다. 더 나아가 **특별한 존재**인 성자의 희생이 **인간 일반**에 대한 절대적 보상 행위가 될 수 없다는 반론도 제기될 수 없다. 개인은 자신의 행위에 대해 스스로 책임을 질 뿐 다른 사람이 그 행위를 책임질 수 없다는 것은 경험적 지평과 개인의 지평에서만 받아들여질 수 있기 때문이다. 경험적인 관점에서는 타자에 대한 사랑이 타자를 전면적으로 보상할 수 없다. 그러므로 성자의 죽음이 갖는 의미는 개인적 지평이나 경험적 지평에서 얻어질 수 없으며, 그것은 오로지 사변적인 지평에서 얻어질 뿐이다. 죽음의 보편적 의미가 사변적 지평에서 얻어질 수밖에 없다는 것은 성자의 죽음과 사랑이 정신(靈)의 지평에서 고찰되어야 한다는 사실을 의미한다. 사랑의 절대적 통합은 결국 성자의 실제적 죽음에 대한 사변적 파악을 통해 가능하며, 죽음에 대한 사변적 파악은 실제적, 경험적 차원을 넘어서는 정신적 차원을 요구한다. 아니 오히려 정신적 차원에서 이해되는 죽음을 통해서만 무한한 고통은 절대적 통합으로 연결

---

22) 헤겔은 이런 경우를 아프리카의 이슬람교도에게서 보고 있다. *Religions-Philosophie*, 261쪽 참조.

될 수 있다. 사랑으로 표현되는 삼위일체성이 영적인 지평에 있다면, 사랑이 지배하는 하나님의 나라 또한 영적, 정신적 지평에 있는 것이다.

삼위일체론이 보여주는 사랑과 죽음의 연관은 헤겔에게 중요한 논리적 의미를 지닌다. 그가 강조하는 "사변적인 것"은 바로 이러한 연관을 지칭한다. 죽음의 "깊은 고통"은 사랑과 매개됨으로써 그 자체가 절대적으로 전도되면서 "죽음의 죽음"과 "절대적 화해"에 이르게 된다(272). 따라서 사랑은 그 자체가 사변적인 것으로서 논리적으로는 **부정의 부정**으로 규정된다. 사랑의 의미가 오로지 정신적인 지평에서 이해될 수밖에 없다는 앞의 주장은 무엇보다 이 부정성 개념과 연관되어 있다. "정신은 오로지 이러한 부정의 부정으로서의 정신이다. 정신은 부정적인 것을 포함할 뿐 아니라 화해하는 신 및 사랑의 신을 포함하고 있다."(262 이하) 죽음으로 대변되는 극단적인 유한성은 사랑을 통해 무한성과 하나가 되며, 최고의 고통은 사랑을 통해 그 극복에 이른다. 유한성이 갖는 부정성은 사랑을 통해 무한성에 매개되면서 구체적인 긍정성에 도달하는 것이다. 사랑의 긍정성은 아무런 매개도 거치지 않은 순수한 긍정성이 아니라 죽음으로 대변되는 최고의 고통을 극복함으로써 성취된 구체적인 긍정성이다. 이러한 긍정성을 대변하는 삼위일체성의 사랑은 결국 극단적인 유한성과 무한성의 통일이며 극단적 분리의 회복이고 죽음을 극복하는 생명이다. 통일, 자기복귀, 생명, 화해 등으로 표현되는 사랑은, 부정성을 매개한 긍정성을 지칭한다.

헤겔이 종교철학적으로 이해하는 사랑은 결국 개별자와 보편자를 묶는 존재의 원리로 나타나며 모든 존재를 생동적으로 관통하는 이념의 특징으로 규정된다. 사랑은 개별자들을 보편자로 통합하며 회피될 수 없는 개별자의 특수성을 보편성으로 고양시킨다. 이렇게 개별자들을 보편자로 통합하는 사랑은 곧 기독교적인 정신이며 그것도 모든 개별자들을 영적으로 하나로 묶는 성령(Pneuma, heiliger Geist)이다. 사랑은 거룩한 영으로서 모든 개별자들을 하나로 통합하는 동시에 이들을 보편자로 고양시킨다. 사랑으로 통합된 개별자는 단순한 개별자에 머무는 것이 아니라 개별자이면서 더 이상 개별자가 아닌 보편자이다. 개별자와 보편자의 완전한 상호침투가 사랑에 의해 성취되는 한, 사랑은 신과 인간의 동일성을 성취하는 의식으로서 모든 개별적 주관성을 넘어서는 **객관적 주관성**이며 유한한 경험적 주관성을 넘어서는 사변적 주관성이다.

객관적 주관성으로서의 사랑은 단순히 종교적 표상을 통해 **외적으로 주어진** 통합의 원리가 아니라 **실제적인 화해의 원리**이다. 사랑이 실제적인 통합의 원리 내지 화해의 원리로 작용한다면, 이것은 외적으로 주어진 종교적 표상의 차원에서는 결코 성취될 수 없으며 따라서 이 표상이 구체적으로 작용할 수 있는 지평으로 이행해야 한다. 신적인 무한한 사랑은 믿음을 가진 유한자에게 단순히 **표상되는 사랑**이 아니라 유한자들이 실제적으로 공동체를 형성할 수 있는 사랑이며 이 공동체 가운데서 살아 숨쉬며 **작용할 수 있는 사랑**이다. 여기서 무한한 사랑은 무한한 주관성으로서 교회공동체의 중심점이 되는 것이다. 사변적 주관성을 근간으로 하는 삼위일체론은 여기서 성령론(Pneumato-logie) 내지 정신론(Psychologie)이 된다. 전자는 기독교 신학적 표현이며 후자는 철학적 표현이다. 헤겔은 성령론과 정신론을 차별적으로 다루지 않고 이 둘의 진정한 통합을 지향한다. 헤겔은 이른바 **사변적 성령론**(spekulative Pneumatologie)을 성취함으로써 신학과 철학의 완전한 통합을 이루어내고자 한다.

3. 삼위일체론과 정신론

1) 정신으로서의 신과 정신의 자기관계

계시종교의 삼위일체론은 정신론이다. "계시와 현현은 의식에 대한 존재이며, 이 대(對) 의식존재는 신 자신이 정신으로서 정신에 대해 존재하며 영(靈)으로서 영에 대해 존재하는 것이다."(207) 이러한 **정신 대 정신의 관계** 내지 **정신의 자기관계**는 신과 인간과 자연의 자기동일적 관계를 보여준다. 삼위일체성의 표상은 아버지를 통해 아들이 산출되고 아버지와 아들의 분리와 대립이 정신(혹은 영) 가운데서 통일되는 것을 지칭한다면, 아버지 신의 논리적 개념은 정신을 통해 아들 및 아들이 관계하는 세계와 통일을 이룬다. 아버지와 아들의 분리는 정신 가운데서 통일되는 것이다. 이런 점에서 계시종교의 신은 곧 정신(靈)이며, 정신으로서의 신이 바로 삼위일체의 신이다. 이러한 정신으로서의 신은 무한한 자기산출과 자기구별을 거쳐 자기에게로 복귀하는 한에 있어서 자기운동의 과정 속에 있다. 『엔치클로페디』의 절대적 이념과 계시종교의 정신이 동일한 것은 신이 이러한 운동 가운데 있는 무한한 인격성이며 무한한 자기구별이자 자기복귀이기 때문이다.

"정신의 본성은 자신을 나타내고 대상화하는 것이다."(207) 정신의 정신다움은 그 행위와 생동성에 있다. 따라서 정신으로 규정되는 절대자는 단순히 유한자에 대립적으로 고착되어 있는 실체적 존재가 아니다. 절대자는 그 자체가 정신으로 규정되는 한에 있어서 스스로 대상이면서 자기의식이고, 이렇게 대상 가운데 자기의식적으로 존재하는 생동적인 정신적 진리이다. 정신으로서의 절대자는 그 자체가 대상화되어 대상 가운데 나타나야 한다. 그 가운데 절대자가 나타나는 존재 역시 그 자체가 절대자를 드러내 보여줄 수 있어야 하는 한에 있어서 정신의 운동과 무관한 존재일 수 없다. "정신은 자기와 동일한 정신에게만 계시되며"(208), 운동하는 "신의 나타남은 정신적 자기의식 가운데서 이루어진다."(206) 정신의 운동을 통해 드러나는 삼위일체적 신은 '자연'과 '의식'으로 계시되는 '일자'와 다르지 않으며, 이 세 가지는 운동하는 정신의 구체적인 계기이다. 이렇게 운동하는 정신으로서의 절대자는 곧 자연과 의식이라는 전체 존재 가운데 있는 일자인 것이다. 삼위일체적 정신은 모든 것을 결속하는 전-일성의 이념과 다르지 않다.

정신의 생동성으로 대변되는 삼위일체성은 신과 세계의 화해를 보여주는 화해 종교의 근본적 특성이다. 신과 대립되어 있는 세계와 인간적 의식은 유한적 존재와 유한적 의식으로 머문다. 이 경우 인간적 의식은 단순히 유한적 의식으로 그치는 것이 아니라 자기 가운데 반영되어 있는 절대적 의식의 운동을 스스로 배척하는 "우상의 의식"(209)으로 전락한다. 더 나아가 유한적 의식은 스스로 내적인 운동을 포기하고 외면성과 외적 목적만을 추구하는, 다시 말해서 유한적 세계에만 고착된 **타락한 의식**이 된다. 종교적 의식의 중요성은 여기서 분명하게 드러난다. 종교적 의식 내지 종교를 통해 매개된 절대적 의식은 인간 존재를 유한성으로부터 무한성으로 고양할 수 있는 능력이다. 인간적 의식의 본래성은 바로 여기서 획득된다. 삼위일체의 종교는 이러한 본래적 의식의 가능성을 세계와 신의 화해를 통해 보여준다. 신의 절대성과 인간 유한성 간의 분리는 유한적 의식의 타락으로 귀결되는 반면, 이러한 분리의 중지와 절대성으로의 복귀는 유한성의 극복으로 나타난다. 유한적 의식과 유한적 실재가 절대자에게로 복귀할 때, 이들의 유한성은 영원성으로 고양되며 유한적 속성은 신적 속성과 하나가 된다. 삼위일체적 정신은 유한적 의식과 절대적 의식의 통일을 일구어내는 운동이다. 이 운동은 절대적 정신이 유한적 의식으로 분화되는 운동인 동시에 유한적 의식이 절대적 정신으로 복귀하는 운동이기도 하다. 정신의 운동을 통해 매개되는 신과 세계의 화해는 "신적 자연과 인간적 자연의 통일"(209)로 귀결된다. 결국 "정신은 신적 자연과 인간적 자연의 즉자적 통일이 대자적으로 산출되는 생동적인 과정인 것이다."(211)

2) 정신의 운동, 개념의 운동, 신 인식

정신의 운동은 『정신현상학』에서 이미 "개념의 운동"이란 표현으로 선취된 바 있다. 절대자의 진리란 하나의 명제나 이 명제를 구성하는 하나의 개념을 통해 표현될 수 없다. 신을 지칭하는 절대적 개념이 그 자체로 진리로 받아들여질 수 없는 경우는 실체적 절대자 개념에 해당한다. 절대자가 상대적 존재와의 아무런 관계를 드러내 보여주지 못하는 실체적 절대자는 이미 유한자와 대립하고 있기 때문이다. 절대자는 유한자와 대립하는 절대자가 아니라 유한자와의 관계를 자기 안에 포함하는 절대자로 표현될 때 진정한 절대자일 수 있다. 절대자에 대한 이러한 표상은 스피노자 이후의 모든 철학에서 공동적으로 받아들여지는 사실이다. 절대적 개념은 그 자체가 유한자와의 관계를 자기 안에 포함할 수 있기 위해서 절대적 개념의 운동을 필연적으로 요구한다. 이러한 **절대적 개념의 운동**은 절대자와 유한자의 통일이 대자적으로 산출되는 과정이다. 이러한 통일이 대자적으로 산출될 수 없는 경우 절대자에 대한 개념은 기대될 수 없다. 만약 헤겔에게 정신의 자기외화와 자기복귀라는 운동이 결여되어 있다면 우리는 그를 매개로 하여 소위 신 개념에 대한 언급을 들을 수 없었을 것이다. 따라서 운동하는 절대자는 사실상 절대적 개념이라기보다 '절대이념'인 것이다. 이념은 공허한 개념과 다르게 자기 안에 존재의 계기를 포함하고 있기 때문이다. 더 나아가 신에 대한 형이상학적 개념은 추상적인 반면 정신으로서의 신은 그를 구체적으로 드러내 보여주는 개념이기 때문이다. 이념으로 받아들여지는 헤겔의 '개념'은 곧 주관성이며 "자기 안에서 자신을 실현하고 자신에게 객관성을 부여하는 과정이다."(212) 우리는 정신의 구체적 규정과 내용이 매개된 개념을 형이상학적인 추상적 개념으로 치부할 수 없다. 절대자는 절대적 개념의 운동을 통해 진정한 절대자로 드러난다. 절대적 개념의 운동은 곧 정신의 운동이므로, 정신으로서의 신과 절대이념은 호환적이다.

　헤겔의 삼위일체론은 요컨대 신이 곧 정신이며 정신으로서의 신은 객관성을 담지하는 생동적 이념이라는 주장에 함축적으로 요약되어 있다. 이론철학이나 오성 형이상학의 관점에서는 도대체 받아들여질 수 없는 이러한 주장은 이제 개념과 운동의 상관

관계에 대한 설명을 통해 더욱 구체화되어야 한다. 헤겔의 논증 방식은 (1) 개념을 정지의 형식으로만 받아들이지 않고 이를 개념의 운동을 매개로 하여 설명하려는 것과 (2) "개념 규정의 완성은 개념이 완전하게 대상화되고 개념 가운데서 개념 자체가 표명되며 개념의 규정성이 … 대자적이며 스스로 계시되는 개념을 의미한다"(31)는 사실에 잘 나타나 있다. 이러한 설명의 근간을 이루고 있는 것이 요한의 로고스신학이라는 형이상학적 사실을 차치하고서라도, 여기서 드러나야 하는 것은 순수 학문적 관점에서 요구되는 개념 운동의 필연성과 그 정당화이다. 다시 말해서 헤겔의 삼위일체론은 소위 기독교적 사실의 형이상학적 정당화로 받아들여지기보다 기독교적 사실을 통해 매개된 절대자의 학문적 정당화로 이해되어야 한다. 헤겔이 삼위일체론을 철학 체계를 위해서 뿐 아니라 학문적 인식을 위해서 중시하는 이유는, 삼위일체론에서 보이는 정신의 운동만이 유일하게 전체성의 학을 충족시킬 수 있으며 진정한 절대자의 구조를 드러내 보여줄 수 있기 때문이다. 그러므로 여기서 분명하게 밝혀져야 하는 것은, 객관성과 무관한 순수개념에 대한 논의나 유한적 존재에 관한 필연적, 비유동적 개념에 대한 논의는 여기서 문제되는 절대적 개념과 전적으로 구별된다는 사실이다. 순수개념은 신의 개념이 아닐 뿐 아니라 유한적 개념도 아니기 때문이며 유한적 존재의 개념 역시 신의 개념이 아니기 때문이다.

그러나 절대자에 대한 오성적 탐구방식에서는 절대자에 대한 규정을 "조용한 정지의 형식"(218)으로 표현하거나 아예 규정 자체를 거부한다. 오성적 규정은 개념의 운동에 대해 알지 못하며 절대자는 오성적 규정의 한계를 벗어나기 때문이다. 규정에 대한 부정에서는 절대자에 대한 개념이 전혀 드러날 수 없으며, 개념의 활동성을 배제한 형식에서는 절대자에 대한 부분적 규정이 그 전체의 규정으로 오인된다. 절대자에 대한 개념적 규정의 포기는 절대자에 대한 또 다른 접촉의 통로를 주장하지 못하는 한에 있어서 더 이상 절대자에 대한 논의의 영역에 있지 않다. 또한 외적 반성 내지 유한적 반성으로 이루어지는 절대자의 규정은 절대자를 그 자체로 드러내 보여줄 수 없는 반성의 자기모순에 빠진다. 오로지 추상적 규정으로 받아들여지는 오성적 규정은 규정 대상인 존재나 주어에 대해 늘 항상 긍정적 관계만을 맺어야 한다. 따라서 절대자와의 긍정적 관계를 서술하는 규정은 그것이 절대자의 다양한 측면을 드러내 보일 수밖에 없는 한에 있어서 다양하게 나타나며, 이런 다양한 규정들은 절대자에 대한 경험적이며 외면적인 파악을 넘어설 수 없다. 절대자에 대한 다양한 술어는 예컨대 전능, 정의, 자비, 지혜, 섭리, 전지(全知), 섭리, 창조, 사랑, 구원 등 다양하게 나타날 수 있지만 어느 하나도 절대자에 대한 통일적인 파악을 마련해 줄 수 없으며 다양한 술어들 간의 필연적인 관계를 드러내 보여주지 못한다. 이 규정들은 그 자체가 무한한 규정일 수 있기를 바라는 것과 다르게 실제로는 전혀 무한한 규정이 아니다. 절대자에 대한 반성 규정들은 절대자를 유한화하는 것에 지나지 않는다. "이 규정들은 오로지 신에 대한 우리의 관계를 표현한 것일 뿐 신 자체의 속성을 표현한 것이 아니기"(219) 때문이다. 절대자에 대한 술어적 규정은 반성적 규정의 방법과는 다른 차원에서 마련되어야 하는 필연성이 바로 여기서 생겨난다.

이제 절대자에 대한 술어는 기존의 술어들과는 전혀 다른 차원과 맥락에서 마련될 수 있어야 하거나, 기존의 것이 부분적으로 의미가 없지 않는 한 이로부터 전체의 규정이 통일적으로 획득될 수 있어야 한다. 전자는 **절대자에 대한 전혀 새로운 규정**의 산출로 나아가는 방향이며, 후자는 **기존해 있는 규정들의 통일적이며 보편적인 규정**으로 나아가는 방향이다. 전자는 절대자에 대한 체험적, 직관적 생기(生起)에 호소하는 방법이라면, 후자는 절대자에 대한 개념적 파악의 방향성 가운데서 오성적 방식의 한계를 넘어가는 방법이다. 헤겔은 당연히 후자의 방식을 따르려고 하며, 여기에는 전자의 방식에 대한 부분적 용인과 더불어 그것에 대한 비판적 관점이 깔려 있다. 새로움의 생기로 규정되는 절대자는 이에 대한 반성적 규정에서 드러나지 않은 면을 회복하는 낭만주의적 장점이 있음에도 불구하고 어차피 **주관성** 가운데서 현상하는 절대자에 불과하기 때문이라는 것이다. 예컨대 슐라이어마허는 신을, 그 가운데 어떠한 대립도 전개되지 않은 절대의존의 감정과 연관된 존재로 규정한다.[23] 절대자에 대한 대립적 규정은 반성으로부터 유래하는 반면 절대자에 대한 총체적 규정은 반성을 넘어가는 절대의존의 감정에서 근원적이고도 시원적으로 마련된다는 것이다.[24]

절대자에 대한 오성적 규정을 극복하기 위한 방법은 지금까지 알려지지 않은 전혀 새로운 절대자 규정을 통해서도 충분히 가능하겠지만, 헤겔은 이러한 방향으로 진행하는 대신 기존해

---

23) D. E. F. Schleiermacher, *Der christliche Glaube*, Bd. I, Berlin, [7]1960, 265쪽 이하 참조.
24) 절대의존감정에 의한 절대자 규정이 주관성에 차폐된다는 문제는 독립적인 논의를 요한다.

있는 오성적 규정의 부분적 의미를 인정하는 것으로부터 출발한
다. 절대자에 대한 오성적 규정은 그것이 절대자를 전체적으로
드러내 보이지는 못하지만, 그렇다고 해서 그것이 아무런 의미
를 지니지 못하는 것은 아니라는 것이다. 전능, 정의, 자비, 지
혜 등과 같은 절대자 규정은 지금까지 "대중적으로 사용되어"
왔을 뿐 아니라 "영혼에 커다란 의미를 가져다 준다"는 차원에
서 전혀 의미 없는 규정이 될 수는 없는 것이다(219). 그러나
이러한 규정들이 그 자체로 절대자 자체의 전체적 규정이 아닌
한에 있어서 이러한 규정들은 그 자체 가운데 모순을 지닌다.
더 정확하게 표현하자면, 인간은 이러한 규정들에 대해 만족하
지 않으며 가능한 한 그 결핍을 새로운 규정을 통해 보충하려고
하는 것이다. 오성적 규정이 갖는 결핍, 즉 유한적 규정은 이제
스스로의 유한성을 부정하는 운동의 과정을 통해 그 자체의 결
핍을 메워갈 수 있다. 유한적 규정은 모순으로 귀결되는 반면
유한적 규정이 갖는 모순은 규정들의 운동을 통해 지양된다. 여
기서 유한적 규정이 보여주는 절대자에 대한 "추상적인 술어는
운동하는 가운데 그 의미를 획득한다."(220) 추상적 술어와 유
한적 규정은 절대자에 대한 규정에 있어서 배제되는 것이라기보
다 그 운동의 한 계기로 받아들여지는 것이다. 이런 맥락에서
부정의 부정이라는 헤겔 특유의 운동 논리는 절대자의 규정에
있어서 필연적이다. 추상적 규정으로서의 개념은 그것이 개념으
로 고착화되는 한에 있어서 추상성과 유한성을 벗어날 수 없는
반면, 그것이 자기부정의 운동과정으로 이어질 때 구체성과 무
한성을 표현하게 된다. 헤겔이 이해하는 이념과 정신은 바로 이
러한 개념의 운동 내지 생동적 개념을 지칭한다.

4. 헤겔 삼위일체론의 의미

헤겔의 삼위일체론이 보여주는 기독교적 사실의 객관성은 그
것이 철학적 체계 사유와 결합되어 있다는 점에서 상반된 평가
를 받을 수 있다. 종교적인 사실은 철학적 논증의 대상이 될 수
없으며 그것이 비록 삼위일체성으로 표현된다 하더라도 이는 순
전한 신앙의 대상으로 그쳐야 한다는 주장이 그 하나이며, 삼위
일체성이 종교적 사실을 대변한 것이라 하더라도 그것이 그 자
체로 의미 있는 것으로 옹호되고 이를 비판하는 사람들에 대해
적절하게 변호될 수 있기 위해서는 그 객관성이 보편적인 언어
에 담길 수 있어야 한다는 것이 다른 하나이다. 사실상 이러한
대립적인 관점은 헤겔의 종교철학에 대해서만 적용되는 것이 아
니라 기독교 신학과 종교철학의 역사 속에서 끊임없이 논의되어
온 것이기도 하다. '종교 **혹은** 이성인가', 아니면 '종교와 이성
인가' 하는 주제와 직결되는 이러한 논의는 논의의 역사 가운데
서 다양한 스펙트럼으로 나타났지만 헤겔은 **종교와 이성의 조화
가능성 및 필연성**을 삼위일체론을 통해 입증해 보인 것이다.

헤겔 삼위일체론의 의미는 그것이 기독교적 사실 속에 들어
있는 이성적 특징을 드러내 보이고 있다는 데서 찾아져야 한다.
종교는 이성과 무관한 것이 아니며 **종교 속의 이성**이라는 주제
가 애당초 언급될 수 없는 것이 아니라는 관점이 일반적으로 받
아들여질 수 있다면, 그것은 이 이론에서 가장 특징적인 경우를
경험하게 된다. 종교에서 이성적인 것이 발견될 수 있다면 그것
은 다른 이성적 내용과는 비교할 수 없는 것이 된다. 종교는 전
체 존재와 관계하는 무한자를 대상으로 하기 때문이다. 여타의

존재에 대해 이성적 객관성이 확보될 수 있다 하더라도 종교의 대상에서 객관성을 획득하지 못한다면 이러한 객관성은 불완전한 객관성일 것이며 객관성을 목적으로 하는 학문은 불완전한 학이 될 것이다. 따라서 완전한 체계를 목적으로 하는 철학의 객관성과 종교적 사실의 객관성은 이성의 매개를 통해서만 일치될 수 있으며, 헤겔은 그 이론적 가능성을 기독교 삼위일체론을 통해 입증해 보인 것이다.

그러나 종교적 내용을 대하는 개별적 주체에게는 기독교의 삼위일체성도 여러 가지 종교적 표상들 중의 하나로서 처음에는 특수한 표상으로 다가올 수밖에 없다. 종교의 보편적 내용이 이를 받아들이는 주체의 형식 가운데 특수성으로 남아 있다는 것은 그 자체로 모순이다. 더 나아가 종교적 내용이 그 자체로 실체화되어 신앙인이 이를 무조건적으로 수용해야 하고 복종해야 하는 것으로 나타난다면 이렇게 받아들여진 내용은 그것이 소유하고 있는 원래의 보편성까지 손상시키는 결과에 이를지 모른다. 청년 헤겔의 기독교 실정성(Positivität) 비판[25]은 이러한 맥락에서 이루어진 것이며, 이 비판은 새로운 도덕적 의식과 종교적 의식의 회복을 목적으로 이루어졌다. 요구되는 새로운 도덕적 의식과 종교적 의식은 당연히 보편성을 내용으로 가져야 한다면, 종교적 표상의 특수성과, 실정성으로 전락한 종교적 내용을 진정한 종교의 내용으로 회복하는 길은 마땅히 "이성의 자기 재생산"[26]이라는 방식으로 이루어져야 한다. 그러나 이성의 자

---

25) G. W. F. Hegel, "Positivität der christlichen Religion", in ders, *Frühe Schriften*, Frankfurt, 1971, 104-229쪽.

26) G. W. F. Hegel, *Jenaer Schriften*, Frankfurt, 1971, 22쪽.

기 재생산은 그것이 어디까지나 재생산인 한에 있어서 무로부터의 창조와 같은 것이 될 수 없다. 이것은 이미 주어져 있는 종교적 사실의 보편성을 주관성의 지평에서 회복하는 절차에 지나지 않는다. 따라서 헤겔의 삼위일체론은 이미 주어져 있는 기독교적 사실을 철학적으로 번역한 것 이상이 아니다. 헤겔에 의하면 신의 신비(221)는 오성이 아니라 오로지 정신의 운동을 통해서만 파악될 수 있지만, 신의 신비가 신비로 남아 있는 것과 그것이 학문의 형태로 구체화되는 것은 임의로 결정될 수 없다. 이것은 앞서 언급한 종교와 이성의 조화 가능성 및 필연성을 구체화할 수 있는 특별한 내용과 형식을 요구한다. 여기서 그 내용은 기독교적 사실이며 형식은 정신의 자기관계이고 이것을 통일적으로 표현한 것이 헤겔의 삼위일체론이다. 그러므로 헤겔에게 "이성의 문화"27)는 종교적인 내용까지 이성적으로 드러낼 수 있을 때 비로소 꽃필 수 있다. 기독교적 사실이 드러내 보일 수 있는 이성의 문화는 삼위일체성 가운데 용해되어 있는 이념에 대한 파악 그 이상이 아니다.

그러나 삼위일체성에 대한 객관적 파악이 주지주의나 영지주의로 오해되어서는 안 된다. 정신의 운동을 통해 획득되는 객관적 주관성은 단순한 지성적 활동의 결과물로 받아들여질 수 없다. 단순한 지성적 활동이 산출하는 내용은 다시금, 파악하는 주체와 대립되어 있는 실체적 무한자에 관한 오성 형이상학이 될 것이다. 무한한 주관성은 오로지 즉자적인 신만을 지칭하는 것이 아니라 그가 매개하는 역사 속의 주관성도 의미해야 한다

---

27) I. Kant, *Kritik der reinen Vernunft*, B XXX.

면, 그것은 무한한 주관성이 역사 속의 주관성과 맺는 관계 이상이 아니다. 정신과 정신의 관계는 개별적 정신과 무한적 정신과의 수직적 관계일 뿐 아니라 개별적 정신 간의 수평적 관계 일반이 형성하는 무한적 정신에 대한 수직적 관계이기도 하다. 이러한 정신의 관계는 기독교 교회 공동체가 신과 관계하는 것이며, 이러한 관계는 공동체를 구성하는 개별적 정신의 신 인식으로 귀결된다. 신은 자신을 인식하는 교회 공동체에서 비로소 정신으로 존재할 수 있으며 그 가운데서 활동할 수 있기 때문이다. 그렇지 않다면 신은 추상적 무한자이거나 비인격적 실체에 불과할 것이다.

여기서 정신의 자기관계는, "신이 나를 바라보는 눈이 곧 내가 신을 바라보는 눈"[28]이라는 지평에 이른다. 원래 인간의 시선과 신의 시선의 신비적 합일을 뜻하는 에크하르트의 이 명제는 여기서 신비적 지평을 넘어서서 개념적 지평에 도달한 것이다. 내가 신을 바라보는 눈은 경험적 지평에서 완결될 수 없기 때문에, 나의 시선이 신의 시선과 진정으로 일치할 수 있기 위해서 나는 신을 늘 새로운 눈으로 바라보아야 한다. 그러나 신에 대한 나의 새로운 시선은 그 자체가 객관적인 것으로 인정받을 수 없다면 나는 그것을 객관적인 것으로 드러낼 수 있기 위해서 또다시 이성의 번역작업을 수행해야 한다. 기독교의 완전성은 교의적 사실이라는 과거적 내용뿐 아니라 그것에 대한 새로운 이해까지 포함하는 것이어야 한다면, 이러한 완전성의 객

---

28) G. W. F. Hegel, *Philosophie der Religion* I, Hamburg, 1966, 257쪽; J. Speltt, *Die Trinitätslehre G. W. F. Hegels*, Freiburg/München, 1965, 120쪽 참조.

관적 모습은 지속적인 생성 가운데서 찾아져야 한다. 그러나 삼위일체성에 대한 새로운 이해는 또다시 경험적 지평을 떠나 이루어질 수 없으므로 삼위일체성에 대한 사변적 인식과 그 새로운 생성은 둥근 사각형의 모순과 같으며 서로가 서로에로 회귀하는 순환과 흡사하다. 헤겔의 삼위일체론이 이 문제까지 설명하고 있는지에 대해서는 아직도 많은 물음이 남아 있다.

존재론적 신 존재 증명에 대한 칸트와 헤겔의 견해*

백 훈 승

1. 들어가는 말

인류의 역사를 통해 수많은 철학자와 신학자들은 신의 존재를 증명하려고 노력해 왔다. 어떤 이들은 자신들의 논증이 신의 존재를 증명했다고 자부했고, 또 어떤 이들은, 신 존재를 증명하기 위한 어떠한 시도도 성공하지 못했다고 주장한다.1) 이러한

* 이 글은 2004년 4월,『철학논총』제36집에 발표된 것이다.

1) 우리가 '신 존재 증명'이라고 할 때, 우선 이 용어들을 어떤 의미로 사용하는지를 분명히 밝혀야 한다. 먼저 '신'은 어느 특정 종교의 신이 아니라 우리가 일반적으로 말하는 절대자, 무한자, 완전자를 뜻한다. 두 번째로 '존재'란, 글자 그대로는 '있음'이라는 뜻이지만, '존재'라는 단어 앞에 무엇이 생략되어 있는 것으로 생각하느냐에 따라 여러 의미를

논증들에는 존재론적 논증(ontological argument), 우주론적 논증(cosmological argument), 목적론적 논증(혹은 자연신학적 논증, 고안에 의한 논증, teleological or physico-theological argument, argument from design), 도덕적 논증(혹은 의무론적 논증

지니게 되는 용어다. 즉, 이것은 '관념적 존재' 혹은 '이념적 존재', 또는 '현실적 존재라는 의미에서의 실재', 아니면 '진실(진정)한 존재라는 의미에서의 실재' 등의 의미로 사용된다. 그런데 '신 존재 증명'이라고 할 때의 '존재'는 '진실한 존재라는 의미의 실재'를 뜻한다. 즉, 우리는 '신'이라는 관념 혹은 개념을 가지고 있는데, 신은 단지 관념이나 개념으로서만 존재하는 것이 아니라, 이러한 관념이나 개념과는 '독립적으로' 존재한다고 주장하는 것이므로 그렇다. 물론 만약에 이러한 진실존재자가 존재한다면, 그러한 신은 물리적인 시공간 속으로, 즉 '현실적으로' 우리에게 나타날 수도 있겠으나, 이것은 어디까지나 우연적인 사건일 뿐이고, 그 진실존재자가 지니고 있는 본성은 아니다. 마지막으로, '증명'이라는 것은 크게 두 가지 의미를 지닌다. 첫째로 이것은 '어떤 논증에서 결론의 옳음을 뒷받침할 수 있는 근거로서의 전제를 제시하는 일'이라는 의미를 지닌다. 이 경우, 만약에 근거로 제시된 전제가 결론의 필연적인 도출을 보증하지 못할 때, 이 '증명'은 실패로 끝난다. 두 번째로는, 제시된 전제로부터 논리적으로 필연적으로 결론이 도출될 때, 이때의 '증명'은 일단은 절반의 성공을 거둔 것이고, 이때의 논증은 '타당성(validity)'을 지니게 된다. 그러나 그렇다고 해서 이 논증이 '완벽한(정연한, sound)' 논증이라고는 말할 수 없다. 다음으로 우리는 이 전제들이 옳은지 그른지를 가려야 한다. 논증이나 검증을 통하여 이 전제들의 옳음이 입증될 경우, 이 논증은 완벽한 논증이 되고, 이 경우에 우리는 진정으로 결론이 '증명되었다'고 말할 수 있다. '존재론적 증명'에서의 '증명'은 전자의 의미로 사용되고 있음을 알 수 있다. 그리고 이러한 의미의 증명에서는 결론까지도 함께 제시되고 있으므로 이것을 우리는 '논증'이라는 용어로 바꾸어 쓸 수도 있다. 따라서 필자는 경우에 따라서는 '존재론적 논증'이라는 표현을 사용할 것이다. '증명'이라는 용어의 이러한 용법은 마치 '치료'라는 용어의 쓰임과도 같다. 즉 치료는 '병을 고치려는 (의료) 행위'라는 의미로 사용되기도 하고 '병을 낫게 함(됨)', 즉 '치유'라는 뜻으로도 사용된다.

moral or deontological argument) 등이 있는데, 이 글에서 살펴
보고자 하는 것은 존재론적 논증이다. 헤겔은 모든 논증들 가운
데서, 일찍이 성(聖) 안셀무스(St. Anselmus)에 의해 그 원초적
형태가 제시된 존재론적 논증만이 참된 논증, 성공한 논증이라
고 생각하고 있다. 그러나 칸트는 이러한 존재론적 논증은 실패
한 것이라고 주장한다.

이 글에서는, 존재론적 논증에 대한 칸트와 헤겔의 견해를 서
술하고, 과연 이들 중 누구의 주장이 옳은지를 검토하고자 한다.

2. 존재론적 논증에 대한 칸트의 비판

1) 안셀무스의 존재론적 논증

칸트가 존재론적 논증을 어떤 점에서 비판하고 있는지를 알
기 위해서는 먼저 존재론적 논증이 무엇인지 알아야 한다. 여기
서는, 역사상 존재론적 논증을 최초로 제시한 것으로 알려진 안
셀무스의 논증을 중심으로 살펴본다.

존재론적 논증은 안셀무스의 *Proslogion*[2]의 2-5장에 서술되
어 있다. 그리고 그의 논증은 두 개이다. 첫 번째의 논증을 정리
하면 다음과 같다.

  (1) 신은 "그것보다 더 큰 것이 생각될 수 없는 존재자이다(al-
iquid quo maius nihil cogitari potest)."[3]

---

2) Anselm von Canterbury, *Proslogion. Untersuchungen Lateinisch-deut-
   sche Ausgabe von P. Franciscus Salesius Schmitt O. S. B. Abtei
   Wimpfen*, Stuttgart-Bad Cannstatt, 1962.

(2) "그것보다 더 큰 것이 생각될 수 없는 존재자는 단지 지성 (사유) 속에서만 존재할 수는 없다. 왜냐하면 만일 그것이 지성 속에서만 존재한다면, 실제로도 존재하는 것이 생각될 수 있고, 이것이 더 큰 것이기 때문이다(id quo maius cogitari nequit, non potest esse in solo intellectu. Si enim vel in solo intellectu est, potest cogitari esse et in re; quod maius est)."[4]

(3) "그러므로, 그것보다 더 큰 것이 생각될 수 없는 존재자는 지성 속에 뿐만이 아니라 실제로도 존재하는 것이 분명하다 (Existit ergo procul dubio aliquid quo maius cogitari non valet, et in intellectu et in re)."[5]

---

3) *Proslogion*, 84. *Proslogion*의 14장과 18장에서 안셀무스는, '더욱 큰 (위대한)'이라는 표현 대신에 '더욱 훌륭한(melius)'이라는 표현을 사용 한다(*Proslogion*, 106, 116).

4) 같은 책, 같은 곳.

5) 같은 책, 같은 곳. 두 번째 논증은 첫 번째 논증에서의 '실재' 대신 '존 재하지 않는다고 생각할 수 없음(quod non possit cogitari non esse)', 즉 '필연적 존재'를 삽입하는데, 이는 *Proslogion*의 3장과 4장, 그리고 *Apologium*(『변호』, 이것은 Gaunilon에 대한 답변임) 속에 등장한다 (*Apologium*은 Mojsisch가 번역 · 해설 · 편집한 책인 *Kann Gottes Nicht- Sein gedacht werden?*(Ffm, 1989)에 실린 "Was der Verfasser dieser kleinen Schrift darauf erwidern könnte (Anselm)", 82-126 참조). 이 논 증은 다음과 같이 정리될 수 있다. (1) 신은 그것보다 더 큰 것을 생각 할 수 없는 존재자이다. (2) 만약에 그것보다 더 큰 것이 생각될 수 없 는 존재자가 필연적으로 존재하지 않는다면, 그것은 그것보다 더 큰 것 이 생각될 수 없는 존재자가 아니다. (3) 그러므로 그것보다 더 큰 것이 생각될 수 없는 존재자는 필연적으로 존재한다; 혹자는, 존재자에는 '필 연성'이라는 술어를 사용할 수 없고, 진술에만 사용할 수 있다고 주장한 다. 그러나 여기서 안셀무스가 말하는 '필연성'이란, 유한자처럼, 어떤 것에 의존하여 존재할 수밖에 없는 우유성(偶有性) 혹은 우연성과 반대 되는 '자존성(自存性, aseity)'이라는 뜻으로 이해하면 될 것이다. John H. Hick, *Philosophy of Religion*, Englewood Cliffs, 1983, 16 이하 참조.

2) 칸트의 비판

칸트는 『순수이성비판』에서 전통적인 신 존재 증명인 존재론적 증명, 우주론적 증명 그리고 목적론적 증명의 세 가지를 비판적으로 검토한다. 그는, "사변적 이성에 의한 신의 현존재 증명은 오직 세 가지 방식만이 가능하다"[6]고 한다. 그런데 칸트는 맨 마지막의 존재론적 증명에 관한 검토부터 시작한다. 왜냐하면, "이성의 이러한 노력(감성의 세계를 초탈하려는 노력: 필자 주)을 지도하며, 이성이 상정한 목표를 그 모든 시도 속에서 제시하는 것은 오직 선험적 개념이기 때문"(KrV, B 619)이라고 말한다. 칸트는 존재론적 신 존재 증명의 불가능성에 관하여, "절대적으로 필연적인 존재자라는 개념은 순수이성의 개념, 즉 단지 하나의 이념에 불과한 것이어서, 그 객관적 실재성은 이성이 그것을 요구한다 하더라도 아직 증명되는 것이 아니며, 도저히 도달할 수 없는"(KrV, B 620)[7] 것이라고, 존재론적 논증의

---

6) I. Kant, *Kritik der reinen Vernunft*, hg. v. Raymund Schmidt, Hamburg, 1956, B 618. 이후 KrV로 표기함. "특정한 경험과 이 경험을 통해서 인식된 우리 감성계의 특수한 성질에서 출발하여, 이로부터 인과율에 따라 이 세계 밖에 있는 최고의 원인에 거슬러 올라가거나, 또는 다만 부정적인 경험, 즉 그 어떤 현존재를 경험적으로 기초로 하거나, 또는 마지막으로 모든 경험을 사상(捨象)하고 단지 개념에서만 아주 선천적으로 최고 원인의 현존재를 추리한다. 첫째가 자연신학적 증명이고, 둘째가 우주론적 증명이고, 셋째가 존재론적 증명이다. 그 이상의 증명은 있지 않으며, 또 그 이상 있을 수도 없다."(KrV, B 619). 자연신학적 증명(목적론적 증명)과 우주론적 증명은 모두, '가장 실재적인 존재자(ens realissimum)'라는 개념으로 귀착된다. 그리고 가장 실재적인 존재자라는 개념, 즉 신 개념은 자체 속에, 자기 자신의 현존(existence)의 필연성을 포함하고 있다. Quentin Lauer, "Hegel on Proofs for God's Existence", in *Kant-Studien* Bd. 55, 1964, 463 참조.

성립 불가능성을 결론적으로 제시하면서 그의 논증을 시작한다.

존재론적 증명에 관한 비판에서 칸트는, 안셀무스나 그의 저작인 *Proslogion*을 직접 언급하고 있지는 않다. 그러나 데카르트의 존재론적 논증에 관련해서는 삼각형의 예를 들어 논박하고 있다.8) "삼각형은 세 각을 갖고 있다"라는 진술을 살펴보자. 이 경우에, 분명히 주어와 술어 사이에는 필연적 관계가 있다. 그러나 이것은 삼각형이 현실에 존재한다는 것을 뜻하지 않는다. 즉, "세 개의 각을 갖고 있다"는 술어가 삼각형이라는 주어와 필연적으로 연결되어 있다는 사실로부터 그러한 술어를 가진 주어에 해당하는 존재자가 이 세상에 실재한다고 추론할 수는 없다. 만일 삼각형이 실제로 존재한다면 그것은 반드시 세 각을 가지고 있을 것이다. 즉 삼각형이 있다고 가정해 놓고 그 삼각

---

7) 칸트는 또한 존재론적 논증을 제기하는 자들을 다음과 같이 비판한다. "전적으로 자의적(恣意的)으로 기획한 이념으로부터, 그에 상응하는 대상 자체의 현존재를 억지로 끌어내려고 하는 것은 아주 부자연스러운 것이며, 학적 기지(機智)의 단순한 갱신에 불과하다."(KrV, B 631)

8) 데카르트는 자신의 신 존재 증명을 *Meditationes*(『성찰』)의 제5성찰 '물질적 사물의 본성에 관하여, 그리고 다시 신의 현존에 관하여'에서 다음과 같이 서술하고 있다. "삼각형의 세 각의 합이 2직각이라는 것이 삼각형의 본질과 분리될 수 없고, 골짜기 관념이 산 관념과 분리될 수 없듯이, 신의 현존이 그 본질과 분리될 수 없다는 것 또한 분명하다. 그러므로 현존이 결여된, 즉 어떤 완전성이 결여된 신, 즉 최고 완전 존재자를 생각하는 것은 골짜기 없는 산을 생각하는 것과 마찬가지로 모순이다."(Meditationen über die Grundlagen der Philosophie, in denen das Dasein Gottes und die Verschiedenheit der menschlichen Seele vom Körper bewiesen werden, 119-121, in *René Descartes Philosophische Schriften in einem Band*, Hamburg, 1996). 칸트는 데카르트의 논증을 그대로 인용하지 않고 약간 수정하여, 삼각형의 세 각의 합이 2직각이라는 필연성을 예로 들지 않고, 세 각을 가지고 있다는 점을 들고 있다.

형에 세 개의 각이 없다고 말하는 것은 모순이다. 그러나 삼각형이 없는 경우에, 세 개의 각이 없다고 주장하는 것은 모순이 아니다. 즉, "삼각형을 정립해 놓고도 이 삼각형의 세 각을 제거하는 것은 모순이다. 그러나 삼각형과 그 세 각을 모조리 제거하는 것은 하등의 모순도 아니다."(KrV, B 622-623) 마찬가지로, 절대적으로 필연적인 자가 실재한다고 가정해 놓고 그런 자가 존재하지 않는다고 말하는 것은 모순이다. 그러나 그런 필연적 존재자는 없기 때문에 '실재'라는 속성도 없다고 주장하는 것은 모순이 아니다(KrV, B 621-624 참조). 존재론적 논증을 옹호하는 사람들이 무기로 내세우는 개념은 바로 이러한, '절대 필연적인 존재자(das absolut notwendige Wesen)'(KrV, B 620 참조)라는 개념이며, 그들은 "그것의 비존재는 불가능하다"(같은 곳)고 주장한다. 그러나 칸트에 의하면 '절대 필연적인 존재자'라는 개념은 순수이성의 개념 혹은 이념에 불과하며, 이 개념이나 이념에 대응하는 존재자가 실재 혹은 현존한다는 것을 보증할 수는 없는 개념인 것이다. 즉, 이러한 이념은 우리의 이성에 부과되어 있는(aufgegeben) 것이지, 우리 앞에 현실적으로 주어져 있는(gegeben) 것이 아니다.9)

다시 말하자면, 안셀무스의 논증의 첫 번째 전제에서, 주어와 술어의 필연적 관계는 전적으로 논리적인 관계다. 그것은 결코,

---

9) 이렇게, 이성이 신에 대해 갖는 선험적 가상을 칸트는 순수이성의 이상(Ideal)이라고 한다. 이것은 '실재의 총체(omnitudo realitatis)' ― 이것은 '최고 실재적인 존재자(ens realissimum)', '최고 존재자(ens summum)', '근원적 존재자(ens originarium)', 혹은 '모든 존재자들의 존재자(ens entium)' 등으로도 불린다 ― 라는 이상이 현실에 실체로 존재한다고 생각함으로써 생기는 가상이다. KrV, A 576-579/B 604-607 참조.

주어개념이 언표하는 것이 현실에 존재한다는 것을 뜻하지 않는다. 즉, 이러한 필연성은 판단의 필연성에 불과하며, 사실 그 자체의 필연적 관계를 뜻하지 않는다.10)

칸트가 들고 있는 또 하나의 예는 100탈러에 관한 것이다.11) 가능적인 (혹은 생각 속의) 100탈러와 현실적인 100탈러는 개념 상으로는 조금도 다를 바가 없다. 생각 속의 100탈러는 실제의 100탈러와 동일한 수의 탈러로 구성되어 있다(KrV, B 627 참조). 그러나 양자가 그 개념에 있어서는 동일하다 해도, "나의 재산상태에 있어서는 현실적인 100탈러가 단지 100탈러의 개념 (즉, 100탈러의 가능성)보다 더 많이 포함하는"(같은 곳) 것이다. 즉, 현실적인 100탈러를 가지고는 여러 가지 물건을 구입할

---

10) "그러나 판단의 무조건적 필연성이 사물의 절대적 필연성은 아니다." (KrV, B 621) 우리는 be 동사나 sein 동사의 두 가지 기능을 구별해야 한다. 첫째로, 이들이 주어와 술어를 결합하는 계사로 사용될 경우, 주어와 술어의 결합은 논리적 관계이다('~이다'라는 뜻임). 그러나 이들이, '존재한다'라는 의미를 넘어서, '실재한다'는 뜻을 지닌 동사로 사용될 경우(reales Sein), 이것은 개념 혹은 관념으로서의 주어가 관념이나 개념과는 독립적으로 존재함('진정하게 존재함'과 '현실적으로 존재함'이라는 두 가지 의미를 다 포함함)을 의미한다.

11) 100탈러의 예는 마르부르크 대학의 철학교수였던 베링(Johann Bering, 1748-1825)이 최초로 든 것이다. 그의 책 *Prüfung der Beweise für das Dasein Gottes aus den Begriffen eines höchst vollkommenen und noth-wendigen Wesens*(『최고 완전자 및 필연적 존재자라는 개념들로부터 신의 현존을 증명하는 것에 대한 검토』)는, 칸트가 *Kritik der reinen Vernunft*를 출간하기 1년 전에 출간되었고, 이때 베링의 나이는 32세였다. Dieter Henrich, *Der Ontologische Gottesbeweis. Sein Problem und seine Geschichte in der Neuzeit*, Tübingen, 1960, 115, 120 및 203쪽 참조. 그리고 베링의 존재론적 논증에 관해서는, 같은 책, 115-123쪽 참조.

수 있지만, 생각 속의 100탈러로는 아무것도 살 수 없다는 큰 차이점이 존재한다. " '~ 이다'는 분명히 실재에 관련된 술어가 아니다(Sein ist offenbar kein reales Predikat)."(KrV, A 598/B 626) 그것은 단지 "판단의 계사"(같은 곳)에 불과할 뿐이며 결코 "술어가 아니라, 술어를 주어와 관련시켜서 정립하는 것"(KrV, A 599/B 627)이다. 따라서 개념(Begriff)과 실재(reales Sein)의 동일시는 잘못이라는 주장이다. 즉, 우리가 신이라는 관념 내지는 개념을 갖고 있다고 해서, 이렇게 주관적으로 사유된 신 관념에 해당하는 객관적 실재자가 존재한다고 주장할 수는 없다. 선험적 이상으로서, 즉 모든 실재나 규정들의 총괄(omnitudo realitatis)로서 사유된 신이라는 사상(思想)은 "이성의 사유가 스스로 만들어낸 것에 불과한 것(ein bloßes Selbstgeschöpf ihres Denkens)"(KrV, B 612)이다.

칸트에 의하면, 만약에 신이 존재한다면 현상계가 아닌 예지계 혹은 가상계(可想界), 초감성계에 존재할 것이므로, 우리는 신이 존재한다 해도 인식할 수 없으며, 그의 존재를 지성으로 증명하거나 부인할 수 없다(KrV, B 664 참조).12)

---

12) 그러나 칸트는 자신의 윤리학에 근거한 '요청적 신 존재 논증'을 제시했다고 할 수 있다. 이를 필자가 구성해 보면 다음과 같다. (1) 최고선(das höchste Gut)은 최상선(das oberste Gut)과 행복의 일치다. (2) 최고선은 (반드시) 실현되어야 하는데, 현세에서는 실현될 수 없다. (3) 최고선이 실현되기 위해서는 내세가 존재해야 하고 영혼이 불멸해야 하며, 이 영혼에 행복이 주어져야 한다[(1)과 (2)로부터]. ∴ (4) 이 영혼에 행복을 보장해 줄 존재자인 신이 존재해야 한다. 이 논증 가운데 두 개의 전제가 사실판단이 아닌 당위판단 내지는 요청판단이므로, 결론에서도 사실판단이 도출되지 않고 '요청'이 나오게 된다. 즉, 칸트는 영혼불멸과 신의 존재를 요청한(postulieren) 것, 즉 가정하고(annehmen) 요구한

3. 존재론적 논증에 대한 헤겔의 견해

칸트에 의하면, 전통적인 모든 신 존재 증명, 즉 존재론적 증명, 우주론적 증명, 목적론적 증명은 모두 실패했다. 그러나 이와는 달리 헤겔은, 우주론적 증명과 목적론적 증명이 실패했다고 주장하는 점에서는 칸트와 일치하지만,13) 존재론적 증명으로 신의 존재가 증명될 수 있을 뿐만이 아니라, 오직 존재론적 증명만이 참된 것이라고 말한다. 그러나 존재론적 증명만이 참된 증명임에도 불구하고, 그것은 항상, 다른 증명들 곁에 있는 하나의 증명으로 함께 열거되고 있음을 불평한다.14) 헤겔은 신의

(fordern) 것이다.

13) 헤겔에 의하면, 우주론적 증명에 의해 얻어진 '절대적으로 필연적인 존재자'란, "전적으로 자기 자신과의 추상적인 동일성이며, 그것은 주체도 아니고 정신은 더더욱 아니기"(*Vorlesungen über die Philosophie der Religion* II(TW 17), in *Theorie Werkausgabe in zwanzig Bänden*, Redaktion von Eva Moldenhauer und Karl Markus Michel, Ffm, 1969 ff., 487) 때문에, 자신을 객체화하고 자신 속으로 복귀하는 끊임없는 활동으로서의 정신으로 여겨지는 신 규정에 적합하지 못하다. 또한 목적론적 증명에서는 "합목적적인 것으로부터, 관계들의 합목적성을 설정하는 창조자를 추론한다. 그런데 우리는, 현존하는 것에 그 내용이 주어져 있어서 출발점에 적합한 것 외에 더 이상은 추론할 수 없기"(같은 책, 505 f.) 때문에, 우리가 세계 속에서 발견하는 합목적적인 질서 속에서 우리는 '높은 지혜', '매우 크고 놀랄 만한 지혜'와 '굉장한 능력'을 발견하기는 하지만, 우리는 결코 '상대적인 지혜'가 아닌 '절대적인 지혜'와 '전능'을 발견하지는 못한다(같은 책, 506)고 헤겔은 말함으로써, 우주론적 증명과 목적론적 증명은 신 존재의 증명에 실패한 것으로 보고 있다.

14) Hegel, "Ausführung des ontologischen Beweises in den Vorlesungen über Religionsphilosophie vom Jahre 1831", in "Vorlesungen über die

존재가 증명될 수 있다고 주장하는데, 어떤 근거로 그는 이런 주장을 할 수 있었을까?

1) 칸트의 지성적 인식에 대한 헤겔의 비판과 신의 인식 가능성

칸트 이후의 관념주의자들은, 칸트 이전의 독단적·합리주의적 형이상학자들과 마찬가지로 참된 현실 인식이 가능하다고 주

Beweise vom Dasein Gottes", TW 17, 529 참조. "Vorlesungen über die Beweise vom Dasein Gottes"은 TW 17인 『종교철학강의』의 제2권에 실려 있기도 하지만, 라손(Georg Lasson)이 편집하여 1930년에 라이프치히의 Felix Meiner 출판사에서 단행본으로 간행되기도 하였다. 이 단행본에는, TW 17에 실려 있는, "Ausführung des teleologischen und ontologischen Beweises in den Vorlesungen über Religionsphilosophie vom Jahre 1827"이 빠져 있는 반면에, 제1강의에서 제8강의까지의 본문 아래에 줄을 긋고, 헤겔의 강의를 들은 베르너(Werner)라는 학생의 필기 내용을 첨가해 놓은 점이 다르다. 헤겔의 책 제목 중의 표현은 'von der Realität (Wirkllichkeit) Gottes'가 아니라, 'vom Dasein Gottes'라고 되어 있다. 그런데 원래 안셀무스의 논증에서 사용된 용어는 'in re'였다. 앞에서도 설명한 바와 같이, 이 용어는 영어의 'real'의 용법과 마찬가지로, '진정한(진짜의)'이라는 의미와 '현실적인'이라는 의미를 아울러 지니고 있다. 인식론적으로 볼 때, 진짜와 가짜를 구별하는 기준은 바로 '독립성'이라는 기준이다. 그러므로 'God is real'이라고 하면, 첫째로, "신은 우리의 머릿속에 관념으로만 존재하지 않고, 관념으로부터 독립하여 존재한다"는 뜻을 갖는다. 그리고 이러한 독립성은 바로 '현실성(현존성)', 즉 '물리적인 시공간 내의 존재'라는 규정을 포함할 수 있는 것이다. 그러나 반대로, '현실성'은 '진정성'을 필연적으로 함축하지는 않는다(우리는 플라톤이 말하는 이데아의 세계와 현실 세계의 예에서 이 점을 아주 분명히 알 수 있다). 헤겔은 'in re'가 지니고 있는 하나의 의미인 '현존성'을 중심으로 논의를 전개하고 있다. 헤겔은 안셀무스의 논증을 TW 17, 209 f.와 529 f., *Vorlesungen über die Geschichte der Philosophie* II(TW 19), 555 ff. 등에서 소개하고 있다.

장하면서, 현실의 전 영역을 포괄하는 철학 체계를 구축하고자한다. 헤겔은, 칸트가 '물자체'로써 현실 인식에 제한을 가한 것을 비판하며, 칸트의 이성비판을 무력화한다. 구체적으로 말하자면, 헤겔과 사변적 관념주의자들은 "선험철학의 특정한 견해들, 특히 지성형식들을 현상영역에 제한한다든지 혹은 이성의 이념들을 통제적 원리로서 해석한다든지 하는"15) 견해들을 부정함으로써, 이성은 다시금 현실의 본질을 파악할 수 있게 되었다. 칸트의 철학은 "절대적 유한성과 주관성으로 전락하고", 그의 철학의 "모든 과제와 내용은 절대자의 인식이 아니라, 이 주관성의 인식이거나 인식능력의 비판"16)이라고 헤겔은 비판하는데, 헤겔은 인간이 신이 존재한다는 사실을 알 수 있을 뿐만 아니라, 더 나아가서 신을 인식할 수도 있다고 주장한다. "우리는 신이 존재한다는 사실, 그리고 신을 직접적으로 안다는 사실을 안다."17) 지성은 무한자, 절대자, 신을 인식할 수 없지만, 이성·정신으로서의 유한자인 인간은 무한한 정신인 신을 인식할 수 있다는 것이다. 헤겔은, 인간이 신의 형상을 따라 창조되었다는 기독교의 교리와 유사한 주장을 한다. 즉, 그는 "인간의 이성은 … 인간 속에 있는 신적인 것"(TW 16, 40)이라고 말한다. 그리하여, 인간도 정신이고 신도 정신이므로 인간은 신을 알 수 있다고 헤겔은 생각한다. 이런 점에서 보면 헤겔은, 같은

---

15) Wolfgang Röd, *Der Gott der reinen Vernunft*, München, 1992, 171.
16) Hegel, "Glauben und Wissen oder Reflexionsphilosophie der Subjektivität in der Vollständigkeit ihrer Formen als Kantische, Jakobische und Fichtesche Philosophie", in *Jenaer Schrifen 1801-1807*(TW 2), 303.
17) Hegel, *Vorlesungen über die Philosophie der Religion* I(TW 16), 49.

것을 통해 같은 것을 본다[18]고 말한 엠페도클레스와 같은 인식
론적 기초 위에 서 있다고 하겠다.

신은 정신이므로 대자성을 그 본질로 가지고 있다. 즉, 정신
은 자기를 객체화·대상화·외화하고, 이렇게 외화된 자신으로
서의 타자를 부정하고 다시 자기에게로 복귀하는 생동적인 존재
자이다. 이렇게 대자적인 정신, 자기를 객관화·외화하는 정신
으로서의 신은 인간에게 자기를 계시하며, 이러한 자기계시는
바로 신의 본질에 속한다고 헤겔은 말한다(TW 17, 193 참조).

2) 칸트의 개념관에 대한 헤겔의 비판: 주관적 관념(표상, Vorstellung)과 개념(Begriff), 혹은 주관적 개념(유한한 개념)과 절대적 개념(무한한 개념, 참된 개념)

그러면 과연 헤겔은 어떻게 자신의 증명을 전개하고 있는가?
존재론적 증명은 "신 개념으로부터 시작한다."(같은 책, 208) 그
리고 이러한 신 개념은 "가장 실재적인 것"(같은 곳)이라고 헤
겔은 말한다. 헤겔은 존재론적 증명에 대한 칸트의 비판을 비판
하는데 이는, 자기의 독특한 'Begriff'이라는 개념에 근거하여
존재론적 증명을 새롭게 해석함으로써이다.

칸트는 "**존재**와 **개념**은 **다른** 것이기 때문에 신 개념으로부터
존재를 끄집어낼 수 없으며"(같은 곳, 그리고 209 참조), "개념

---

18) "왜냐하면 우리는 흙을 통해 흙을 보고, 물을 통해 물을, 에테르를 통해
신의 에테르를, 그리고 불을 통해, 절멸시키는 불을 보기 때문입니다;
더 나아가, 우리들의 사랑을 통해 사랑을, 우리의 슬픈 증오를 통해 증
오를 보기 때문입니다."(Empedokles, Fragmente 109, in *Die Fragmente
der Vorsokratiker. Griechisch und Deutsch von Hermann Diels*, hg., v.
Walther Kranz, Bd. 1, Weidmann, 1974, 351)

은 존재를 포함할 수 없다"(같은 곳)고 말하는데, 이러한 칸트의 비판과 동일한 비판을 이미 안셀무스와 동시대인인 한 수도사가 주장했다고 말함으로써,[19] 헤겔은 고닐롱에 대해서도 동일한 비판을 가하고 있는 셈이다. 헤겔은 칸트가 '진정한' 개념들과 추상에 근거한 개념들을 구별하지 못하고 있다고 비판한다. 우선 그는, 칸트가 『순수이성비판』에서 들고 있는 100탈러의 예에 대하여, 칸트가 든 예에 있어서는 칸트가 옳다는 것을 인정한다. 그러나 헤겔이 칸트가 옳다고 말한 이유는, 그 경우에 100탈러라는 관념이나 표상 혹은 개념은 유한자에 관한 관념이나 표상 혹은 개념이기 때문에, 이러한 유한자의 영역에서는 어떤 사물의 관념과 그 사물의 존재는 엄연히 다르다는 것을 헤겔도 인정하고 있기 때문이다(TW 17, 531 및 TW 19, 559 참조). 이 점에 대해 헤겔은, "내가 생각하고 표상하는 것이 그렇게 생각하고 표상한다고 해서 실재할 수는 없다는 사실 이상으로 분명한 사실은 또 있을 수 없다. 곧 이 분명한 사실이란, 표상 활동이나 혹은 개념도 존재와 일치할 수 없다는 사상이다"[20]라고 분명히 말하고 있다.[21] 이것은 너무도 평범한 지식이라는 것이다. 그리고 안셀무스도 이러한 사실을 잘 알고 있었다고 주장한다(TW 19, 559 참조). 그러나 헤겔이 "사소하다"(같은 곳)고 말한 이러

---

19) TW 17, 531 및 TW 19, 558 f. 참조.

20) *Enzyklopädie de philosophischen Wissenschaften* I(TW 8), § 51.

21) 헤겔은 또한 「1827년의 종교철학 강의 속의 목적론적 증명과 존재론적 증명의 상술」("Ausführung des teleologischen und ontologischen Beweises in den Vorlesungen über Religionsphilosophie vom Jahre 1827", in "Vorlesungen über die Beweise vom Dasein Gottes")에서도 이와 유사한 주장을 하고 있다(TW 17, 524).

한 진술로부터, 이러한 구별이 근본적이어서, 가능한 모든 개념에 대해서도 타당하다는 결론이 나오지는 않는다고 헤겔은 생각한다.[22] 그러면 과연 헤겔은 칸트의 주장의 잘못된 점이 무엇이라고 말하고 있는가? 헤겔에 의하면, '신'은 "100탈러나 혹은 그 **어떤 하나의** 특수한 개념이나 표상이나, 그 명칭이야 어떻든, 이러한 것들과는 전혀 유(類)가 다른 대상"(같은 곳)이라는 것이다. 헤겔은 여기서 관념(표상)과 개념을 구별해서 말하고 있다. 즉 "100탈러와 같은 것을 개념이라고 부르는 것은" "야만적인 것, 미개한 것, 교양 없는 일(Barbarei)"(TW 8, § 51)이라고 한다. 100탈러와 같은 것은 단지 주관적인 표상이나 관념에 불과하고, '신'은 이런 주관적인 관념이나 표상이 아니라 개념이라고 말한다.[23] 이러한 개념으로서의 신은 자신 속에 존재를 포함하

---

22) D. Henrich, 앞의 책, 197 참조.

23) 헤겔은 주관적인 관념이나 표상을 개념이라고 부르기도 하고(예를 들면, "주관적인 것에 불과하여, 존재와 분리된 개념은 무가치한 것(사소한 것, ein Nichtiges)이다"(TW 17, 531)라고 말한다), 그렇게 부르지 않기도 한다(예를 들면, "존재는, 우리가 개념 속에서 개념과 구별되는 것으로 발견하는 이러한 규정이다. 왜냐하면 개념은, 존재가 그 가운데의 한 규정에 불과한 전체이기 때문이다"(TW 17, 525)라고 한다). 후자의 의미로 보면, 100탈러라는 표상, 그리고 우리의 머릿속에 있는 '파랗다'와 같은 추상적이고 감각적인 표상은 개념이라고 할 수 없다(TW 17, 524 참조). 이런 견지에서 헤겔은 신을 이러한 표상이나 관념으로 간주하는 것은 원칙적으로 잘못된 것이라고 주장한다. 그러므로 그는, "칸트가 '진정한' 개념들과 추상개념들의 본질적인 차이를 고려하지 않은 결과, 개념과 실존의 통일을 진정한 개념 혹은 철학적인 개념 속에서 인정할 수 있는 가능성을 빼앗아 버렸다고 비판했다."(Röd, 앞의 책, 178) 안셀무스가 말한, "더 이상 위대한 자를 생각할 수 없는 자"는 바로 헤겔이 말하는 "진정한 개념으로서의 신"에 해당된다.

고 있다고 한다.24) 또는 "자신에 의해 규정된 무한자 속에서는, 개념에 실재가 상응함에 틀림없다. 그리고 이것이 바로 이념, 즉 주관과 객관의 통일이다"(TW 17, 531)라고도 말한다. 즉, 무한자로서의 신이라는 "개념은 존재를 내포하고" 있으므로, "신은 존재한다고 생각할 수밖에 없는"(같은 곳) 것이어야만 한다. 유한자의 경우에는 관념(표상)과 존재가 일치하지 않는다는 주장이 옳지만, 무한자의 경우에는 사유와 존재가 통일되어 있음에도 불구하고 칸트에게는 이러한 통찰이 결여되어 있다고 헤겔은 비판한다(TW 19, 559 참조). 다시 말하면, 칸트는 개념을 유한한 것으로 간주했기 때문에 개념으로부터 실재를 이끌어낼 수 없다고 주장했다는 것이다(TW 17, 532 참조).

그런데 헤겔은 이러한 개념 자신은 자기의 주관성을 지양하여 자신을 객관화하며, 자신의 구별을 지양하는 활동이라고 말한다(TW 17, 533 참조). 그리고 유한자, 거짓된 것에 있어서는 주관과 객관이 분리된 채로 있지만, 개념으로서의 신은 이 양자의 진리이며 통일이라고 말한다(같은 곳 참조). 그러나 헤겔은 이러한 통일은 더 이상 "전제가 아니라 결과"(같은 곳)라고 한다. 이것이 뜻하는 바는, 개념으로서의 신은 자기 자신과의 단순한 동일성으로 머물러 있는 추상적 존재자가 아니라, 자기를 객관화하고, 그것을 다시 부정함으로써 자신의 새로운 존재방식을 만들어 나가는 창조적인 존재자라는 점이다. 즉 이러한 통일은 "절대적인 과정으로서, 신의 생동성으로서"(같은 곳) 파악되

---

24) 같은 곳 참조. 또한 TW 17, 208, 529 및 *Wissenschaft der Logik* I(TW 5), 91 f.도 참조.

어야 하며, 따라서 "통일은 자기를 영원히 산출하는 절대적 활동"(같은 곳)이라고 한다. 이러한 무한한 개념을 헤겔은, '스스로의 원인(causa sui)'이라는 개념과 동일시하고 있다. " '스스로의 원인'이라는 것은 중요한 표현이다. 결과는 원인과 대립해 있다. 자기 자신의 원인이란, 타자를 분리시키는 원인, 작용인이다; 그런데 이 원인을 산출하는 것은 바로 그 자신이다. 이러한 산출행위 속에서 원인은 구별을 동시에 지양한다. … 그것은 전적으로 사변적인 이러한 개념이다"25). 헤겔이 말하듯이, '스스로의 원인'은, 개념의 통일을 나타내는 "아주 기발한 표현(ein sehr frappanter Ausdruck"(TW 17, 494)이다.

이상의 내용을 정리해 보면 우리는 헤겔이 '개념'을 두 가지 의미로 사용하고 있다는 것을 잘 알 수 있다. 즉, 첫 번째로는, 우리가 통상적으로 사용하는 의미이다. 예를 들면 그는 바로 우리가 인용한 구절에서도, "개념과 존재의 이러한 통일이 바로 신 개념을 이룬다"(TW 8, § 51)고 하는데, 이때, 이 진술의 맨 앞에서 말하는 개념이 바로 이런 의미의 개념이다. 또한 *Grundlinien der Philosophie des Rechts*(TW 7)에서 법 이념(die Idee des Rechts)을 법 개념(der Begriff des Rechts)과 법 개념의 실현(dessen Verwirklichung)의 통일로 설명하는 경우(TW 7, § 1), 또한 헤겔이 개념과 그 개념의 실존(현존, Existenz, Dasein)과의 관계를, 영혼(Seele)과 육체(Leib, Körper)의 관계에 비유해서 설명하는 경우의 '개념'이 그것이다(TW 7 § 1, Zusatz 참조). 두 번째 의미의 개념은 바로 앞에서 인용된 『법철학』 § 1

---

25) *Vorlesungen über die Geschichte der Philosophie* III(TW 20), 168.

의 보유에서 "개념과 그 개념의 실존(현존)의 통일, 육체와 영혼의 통일이 이념이다(Die Einheit des Daseins und des Begriffs, des Körpers und der Seele ist die Idee)"라고 할 때의 '이념'에 해당하는 의미의 개념이다. 이때의 개념은 헤겔이『논리학』에서 존재와 본질의 통일체로서의 개념을 말할 때의 바로 그 개념이다. 그러므로 헤겔은 전자의 의미의 개념을, 그 개념이 그에 대응하는 사물을 갖고 있지 않을 경우, 그것은 단지 인간의 주관 속에 있는 관념에 불과하므로 '주관적 관념'으로 보고 있고, 또 주관적 관념에 대응하는 객관을 갖고 있지 않다는 뜻에서 '추상적 관념'이라고 생각한다. 그리고 이러한 주관적 관념이 그것에 대응하는 사물과 결합될 때 이것은 '구체적 개념', '진정한 개념' 혹은 '이념'이 되는 것으로 본다. 그런데 '신'은 헤겔에 의하면, '주관적 관념'이나 '주관적 개념'에 불과한 것이 아니라, 그 개념이 그에 대응하는 그것의 존재를 포함하고 있으므로, 보통의 추상개념과는 구별되는 개념 혹은 이념이라는 것이다.[26] 그러므로 이러한 개념 혹은 이념에 관하여 헤겔은 다음과 같이 말한다. "진정한 것은 단지 주관적인 것에 불과한 것이 아니다."[27] 그리고 또한 "존재와 상이한 개념 자체는 주관적인 것에 불과하다; 그것은 결핍이다. 그러나 개념은 가장 심오한 것, 가

---

26) 형식적인 개념과 헤겔의 'Begriff'은, 달리 말하자면, 그것이 갖고 있는 "객관성과 집단적 보편성으로 인해 구별된다. 형식논리학에서 말하는 개념은, 사유하는 주관의 사상(Gedanke)이라고만 이해되지만, 헤겔의 'Begriff'은 절대자 자신이다."(Henrich, 앞의 책, 213)

27) TW 20, 361. 이 표현은, "진정한 것은 전체다"(*Phänomenologie des Geistes*, 21)라는 구절을 생각나게 한다.

장 높은 것이다. 모든 개념은 자기의 주관성의 이러한 결핍과 존재와의 이러한 상이성을 지양하고 자기를 객관화하는 이런 것이다; 개념 자체는 자기를 존재하는 것, 객관적인 것으로 산출하는 행위이다."(TW 17, 526) 그러므로 헤겔에 의하면, 칸트에 의해 주장된, 의식내용으로서의 개념과 실재(현존)의 차이는 유한자의 영역에서만 존재하며, "주관적으로 머물러 있지 않고, 이런 주관적인 것을 극도로 지양하고 자기를 객관적인 것으로 드러내는"(TW 19, 585) 자로 생각되는 절대자라는 개념이나 신이라는 개념에는 존재하지 않는다.

4. 맺는 말

안셀무스의 논증의 첫 번째 전제 속의 '신'이 '관념으로서의 신'을 뜻하는 것이라면, 이 진술은 두 번째의 전제와 모순되기 때문에, 그의 논증이 타당한 논증이 되기 위해서는 첫 번째 전제 속의 '신'은 '실재하는 신'을 뜻할 수밖에 없다. 그러나 그렇게 되면, 전체의 논증은

(1) 실재하는 신은, 그것보다 더 큰 것이 생각될 수 없는 존재자이다(만약 신이 실재한다면, 그는 그것보다 더 큰 것이 생각될 수 없는 존재자이다).
(2) 그것보다 더 큰 것이 생각될 수 없는 존재자는 단지 지성 속에서만 존재할 수는 없다. 왜냐하면 만일 그것이 지성 속에서만 존재한다면, 실제로도 존재하는 것이 생각될 수 있고, 이것이 더 큰 것이기 때문이다
(3) 그러므로, 그것보다 더 큰 것이 생각될 수 없는 존재자는

지성 속에 뿐만이 아니라 실제로도 존재하는 것이 분명하다.

로 되는데, 이 논증의 형식은 (1) p⊃q (2) q⊃p [p≡q (1)과
(2)로부터] ∴q⊃p 로서, 타당한 논증이다. 그런데 두 전제들이
모두 옳은가? 물론 우리는, '가장 큰 것', '가장 위대한 것'이 과
연 무엇인가 하는 문제에 관하여 여러 다른 의견들을 가질 수
있기 때문에 두 전제들을 반드시 옳은 것으로 인정할 수 없다고
도 주장할 수 있을 것이다.28) 그러나, 일단 이 두 전제들이 모
두 옳다고 인정할 경우, 이 논증은 완벽한 논증이 된다. 그러나
문제는, 결론으로 제시된 주장이 정언진술이 아닌 가언진술이라
는 점이다. 즉, 결론의 주장은 겉으로 보기에는 "가장 위대한
존재자가 존재하고, 그 존재자는 실재한다"라는 주장인 것 같지
만, 사실 이 주장은, "만약에 가장 위대한 존재자가 존재한다면,
그 존재자는 실재한다"는 가언주장에 불과하다. 따라서 신의 실
재는 여전히 증명되어야 할 과제로 남는다.29)

---

28) 우리는, 사유 속에만 존재하는 것보다, 실재하기도 하는 존재자가 더 위
대하거나 훌륭하다고 주장할 수 있는 이유에 대해서 물을 수 있다. 즉,
'더 위대하다'거나 '더 훌륭하다'는 것이 과연 무엇을 뜻하는지가 문제
이다. 예를 들면, 실재하는 악마가 사유 속에 있는 악마보다 더 위대하
거나 훌륭하다고 할 수 있겠는가? 플란팅가에 의하면, 위대함과 관련해
서는, 비교가 어렵거나 불가능한 경우들이 있을 수 있다. 예를 들면, 지
렁이라는 실재물과 수라는 개념 중 어느 것이 더 위대하다고 할 수 있
겠는가 하고 물음을 던진다. Plantinga, *The Nature of Necessity*, Oxford,
1989, 199 f. 참조.

29) 러셀의 기술이론(theory of description)에 의하면, "신은 실재한다"라는
진술은 "적어도 하나의 x가 존재하고, 만약에 x가 신이라면 x는 실재한
다"라는 논리적 구조를 지니고 있다. 또는 "x가 실재한다는 진술이, x가
c일 때는 참이고, x가 c가 아닐 때에는 참이 아닌 그러한 c가 있다. 그

칸트는 안셀무스의 논증이 지니고 있는 문제점을 정확히 지적했다고 생각한다. 그러나 헤겔은 우리가 일반적으로 사용하는 '개념'을 그 자신의 특수한 의미로 사용함으로써 논점을 흐리고 말았다. 즉, 첫 번째 전제·속에 있는 '신'을, 소위 그가 말하는 '절대적 개념'으로 해석하며, 따라서 이러한 절대적 개념은 실재자이므로 우리의 '주관적 개념이나 관념'으로부터 독립하여 존재한다는 것을 이미 자신의 입장으로 전제하고 있기 때문에, 헤겔은 신의 존재를 증명한 것이 결코 아니다. 우리가 알고자 하는 것은, 우리가 머릿속에서 가지고 있는 신 관념에 대응하는 대상이 실재하는가의 여부인 것이다. 헤겔에 있어서는 절대자, 무한자로서의 신이 이미 자신의 철학적 출발점으로 전제되어 있고, 이 전제로부터 자신의 체계를 구축해 나간다. 그렇기 때문에 헤겔은, "안셀무스의 사유는 내용으로 보면 참되고, 필연적인 사유"(TW 17, 526-527)이지만, 그러나 "신은 실재한다"는 주장은 추상적이며 가장 불충분한 신 규정이라고 비판하기까지 하는 것이다. 왜냐하면, 헤겔에 있어서 신은 단지 이러한 단순한 자기동일자로서 실재할 뿐만이 아니라, 신이 정신인 한, 신은 활동하는 존재자이기 때문이다. 따라서, 개념과 존재의 동일성은 전제로서 제시될 것이 아니라, 주체의 객체화 과정의 결과

리고 그 c가 바로 신이다"라는 의미를 지니고 있다. 기술이론에 관해서는 B. Russell, 최민홍 옮김, 『서양철학사(*A History of Western Philosophy*)』(하권), 집문당, 1977, 1042-1043쪽; 『행복의 정복 / 철학이란 무엇인가?』, Great Books 58, 1976 중 『철학이란 무엇인가?』, 제 5 장 '직접지에 의한 지식과 기술에 의한 지식', 235-245쪽; 임정대 옮김, 『수리철학의 기초(*Introduction to Mathematical Philosophy*)』, 경문사, 1986, 212-230쪽 참조.

로 나타나야 한다고 헤겔은 생각한다.[30]

이상의 고찰로써 우리는, 안셀무스로 대표되는 존재론적 신 존재 증명은 실패한 논증이며, 헤겔에 의해서 이 논증이 갱신되어 신의 존재가 입증된 것도 아니라는 사실을 알게 되었다. 만약에 신의 존재가 증명된다면, 우리는 또 하나의 거대한 과학을 소유하게 될 것이다.

---

30) H. Kohlenberger, "Die Anselmkonzeption bei Hegel," in *Analecta Anselmiana. Untersuchungen über Person und Werk Anselms von Canterbury*, hg. v. H. Kohlenberger, Bd. IV/1, Ffm, 1975, 257.

인식의 선험성과 역사성, 그리고 타자

칸트의 인식이론과 변증법적 유물론(레닌)의 인식이론의
비교를 통하여

김 석 수

1. 들어가는 말

세계와 인간의 관계에서 인간이 세계를 어떻게 인식할 것이
며, 우리가 인식한 세계의 내용이 참된 인식의 내용인지 하는
문제는 언제나 우리가 직면하는 피할 수 없는 문제이기도 하다.
나아가 이런 인식의 문제는 우리가 세계에서 어떻게 살아가야
하며, 세계에 대해서 어떻게 대해야 하는가라는 실천적 문제와
연결되지 않을 수 없다. 이처럼 이론과 실천의 문제는 항상 유
기적으로 나타나게 된다.

우리가 인식의 틀을 어떻게 구축하느냐에 따라 그에 따른 실
천적 문제도 달라진다. 바로 이 문제의 행방을 좀더 구체적으로

들여다보기 위해서 이 글은 칸트의 인식이론과 변증법적 유물론, 특히 레닌의 인식이론을 비교함으로써 진정한 인간 인식은 어떠한 태도에서 나올 수 있는가에 대한 가냘픈 전망이라도 찾아보고자 한다.

현상과 본질, 자연과 자유, 이론과 실천, 이 모두를 칸트는 구별하고자 하는데, 변증법적 유물론자들은 이들 사이를 총체적으로 통일하고자 한다. 그래서 이들은 이를 위하여 실천을 중핵으로 하는 인식의 역사성을 전개한다. 이러한 변증법적 유물론의 시각이 칸트를 진정으로 극복한 것이며, 존재세계에 대한 진정한 인식 틀로서 위상을 갖춘 것인지, 무엇보다 인식주체로서의 인간이 세계에 대해서 갖는 참된 태도인지, 그 여부를 반성해 보고자 한다.

이 글은 위와 같은 문제를 고찰하기 위해 다음과 같은 방법을 택하고자 한다. 우선 일차적으로 이 글은 칸트의 인식이론과 변증법적 유물론에서 주장하는 인식이론을 각각 소개하고 상호 비교하기보다는, 레닌의 『유물론과 경험비판론』에서 제시하고 있는 칸트 인식이론에 대한 비판을 분석하고 재평가하는 방식을 취함으로써 칸트 이론과 변증법적 유물론 사이에 대립점을 보이는 인식론상의 문제점을 검토해 보고자 한다. 나아가 이 글은 이를 기반으로 현대 후기구조주의자와 스피노자-마르크스주의자들이 여기에 대해서 어떤 입장을 표명하는지 간략하게 고찰해 봄으로써 칸트 인식론의 현대적 의의에 대해서 재평가해 보고자 한다.

2. 인간은 세계를 어떻게 인식하는가?

세계에 대한 인간의 인식에서 대표되는 두 가지 입장이 있다면, 그것은 바로 경험론과 이성론(합리론)일 것이다. 그러나 익히 알다시피 이 두 입장은 모두 난점을 갖고 있다. 전자의 경우는 인식의 성립 근거를 경험에 치중함으로써 회의론에 봉착할 위험을 안고 있는 데 반해서, 후자는 인식의 성립 근거를 이성의 선천적 활동에 치중함으로써 독단론에 봉착할 위험을 안고 있다. 칸트는 바로 이러한 상황을 직시하면서 회의론에도 빠지지도 않고 독단론에도 빠지지 않는 새로운 종합을 시도하였다. 그리하여 그는 경험론에서 인식의 내용을, 이성론에서는 인식의 선천적 형식을 비판적으로 수용하여 새로운 인식체계를 구축하고자 하며, 바로 이와 같은 맥락에서 다음과 같이 주장하고 있다.

> 비록 우리의 모든 인식이 경험과 더불어(mit Erfahrung) 일어나지만, 그렇다고 경험에서(aus Erfahrung) 나오는 것은 아니다.[1]

> 내용이 없는 개념은 텅 비어 있고, 개념이 없는 직관은 맹목적이다(KrV, B 76).

위의 두 인용문에서 제시되는 것처럼 칸트에게서 인식이란 직관과 개념이 결합될 때 비로소 성립된다. 즉 인식은 감성의

---

1) I. Kant, *Kritik der reinen Vernunft*, 아카데미판 IV권, A 204. 이후 KrV로 표기함.

수용성(Rezeptivität)과 지성의 자발성(Spontaneität)을 통하여 성립된다. 감성의 형식인 시간과 공간을 통하여 대상이 주어지고, 지성의 선험적인 범주를 통하여 대상이 사유된다.

그러나 칸트의 이러한 인식 틀은 현상과 물자체라는 이분법적 틀을 만들어 놓게 된다. 그에게서 지성은 감성과 함께 할 때 의미를 갖는 것이지, 그것이 감성을 떠나 독자적인 길을 가게 될 때는 인식의 내용을 확보하지 못한다. "이 두 가지 성질은 우열이 없다. 감성이 없으면 대상이 주어지지 않으며, 지성이 없으면 대상이 전혀 사유될 수 없다."(KrV, B 76) 따라서 감성의 형식인 시간과 공간을 넘어선 어떠한 것에 대한 인식이란 가능하지 않다. 감성의 영역을 넘어선 어떤 것에 대해서 이성이 관계한다면 그것은 구성적 인식의 관계가 아니라 규제적인 사유의 관계이다. 그러므로 초감성적인 영역은 인식을 통해서 실재성이 확보되는 영역이 아니라, 끝없이 우리의 인식을 확장하고 통일하도록 요구하는 이념의 영역에 해당한다. 이 이념에 실재성을 담아 마치 지성이 감성과 함께 하여 성립되는 인식의 내용처럼 주장하게 되면, 이것은 곧 이성의 규제적 사용을 지성의 구성적 사용으로 오인하는 결과를 낳으며, 이로 인해 '허상(Schein)'을 유발하게 된다. 칸트에 의하면 우리의 인식은 감성과 지성이 함께 하여 성립하는 현상에 국한되어야지, 이것을 넘어서 확장되어서는 안 된다. 물자체는 인식을 촉발하는 촉발자로서 우리에게 **사유**될 수 있을 뿐이지 결코 **인식**될 수 있는 것이 아니다.

그러나 칸트에 비판적인 사람들의 입장에서 볼 때 이런 칸트의 입장은 존재 자체로 나아가는 개방성을 확보하지 못하고 주관 속으로 함몰되어 버릴 수 있는 형식주의의 위험성을 지니고 있다. 하지만 칸트가 이러한 인식론적 틀을 확립한 것은 이들 비판과는 달리 당위가 관계하는 자유의 영역, 윤리형이상학의 영역을 마련하고자 하는 목적을 담고 있다. 실제로 칸트는 자신의 이와 같은 입장과 관련하여 "나는 신앙에 자리를 마련해 주기 위하여 지식을 제거해야만 했다"(KrV, B xxx)고 주장하고 있다. 칸트의 이와 같은 입장은 도덕적 신앙이 가능하고, 또 그것이 실현될 수 있는 터전을 마련하기 위함이었다. 그는 신앙의 영역이 결코 현실의 사실적 상황에 의해서 오염되는 것을 원치 않았다. 신앙의 신앙다움, 도덕의 도덕다움을 위해서 그는 과학이 관계하는 현상의 영역을 한정짓지 않을 수 없었다.

칸트는 자신의 이런 입장을 형식적 관념론 내지는 선-정험적 (先-定驗的, transzendental) 관념론이라고 하여 경험적 실재론과 동일한 것으로 보았으며, 나아가 이러한 자신의 입장을 통하여 질료적 관념론 내지는 선-정험적 실재론을 배격하였다. 하지만 그의 이런 입장은 한편으로는 현상주의적(phenomenalistic) 양상을 지니게 되며, 다른 한편으로는 본체주의적(noumenalistic) 양상을 지니게 된다. 칸트의 이런 문제점은 그의 인식이론이 구성설의 입장에 토대를 둔 곳에서 비롯되고 있다. 그는 다음과 같이 주장하고 있다.

그 동안 우리의 모든 인식이 대상에 준거하는 것으로 여겨졌다. 그러나 대상에 대해서 우리의 인식을 확장하는 데 도움이 되는 어떤 것을 개념을 통해서 선험적으로 마련하려는 모든 기도는 대상에 준거한다는 전제 아래서는 무너지고 말았다. 따라서 우리는 대상이 우리의 인식에 준거해야 한다는 것을 받아들이는 것이 형이상학이 떠맡고 있는 과제를 해결하는 데 더 효력이 있지 않을까라고 한번 시도해 볼 만하다. 이렇게 할 때, 이미 벌써 대상을 선험적으로 인식할 수 있기 위해서 요구되는 가능성과 훨씬 더 합치한다. 대상을 선험적으로 인식하는 것은 대상이 우리에게 주어지기 전에 그것에 관해 어떤 확정을 짓는(festsetzen) 것이다(KrV, B xvi).

바로 이 주장이 우리가 보통 언급하는 그 유명한 코페르니쿠스적 전환이다. 그러나 이 전환은 또 하나의 문제점을 유발한다. 왜냐하면 주관에 의해서 대상을 이렇게 규정하는 철학의 경우 인식 주관이 절대적이든 유한적이든, 이 모든 경우에 문제점을 안고 있기 때문이다. 즉 전자의 경우는 인간의 인식이 무한하여 이성이 추구하는 이념의 영역에 실재성을 담아버리는 이성론(합리론)의 입장으로 회귀하여 독단론의 문제점을 안게 되며, 후자의 경우는 인간의 인식이 유한하여 감성의 영역을 넘어서지 못하며, 이로 인해 물자체는 우리에게 한계개념으로 여겨질 수밖에 없으며, 따라서 결국 경험론이 봉착하는 회의론에 도달할 수밖에 없기 때문이다.

그래서 헤겔은 칸트의 이런 문제점과 관련하여 그의 철학을 유한의 철학, 지성(Verstand)의 철학이라고 비판하였으며, 마르크스를 비롯한 변증법적 유물론자들 역시 이런 입장에서 비판을 가하였다. 변증법적 유물론의 대표적인 인물 중의 한 사람인 레닌은 이러한 칸트의 철학에 대해서 다음과 같이 언급하고 있다.

칸트 철학의 주요한 특징은 유물론과 관념론의 조화, 이 양자

간의 타협, 이질적이고 모순되는 여러 가지 철학적 경향들을 하나의 체계 속에 조합시키는 것이다. 칸트가 우리의 외부에 있는 어떤 것, 즉 물자체가 우리의 표상에 상응한다는 것을 가정할 때, 그는 유물론자이다. 그러나 그가 이 물자체를 인식할 수 없는 선험적인 피안의 것이라고 선언할 때는 관념론자이다. 칸트는 경험과 감각을 우리의 인식의 유일한 원천으로 승인하고 있기 때문에 그의 철학은 … 거쳐 유물론으로 향하고 있다. 반면에 그의 철학은 공간, 시간, 인과성 등의 선험성을 인정하고 있기 때문에 또한 관념론으로 향하고 있다. ('순수한' 불가지론자인 흄주의자들뿐만 아니라) 일관된 유물론자들과 일관된 관념론자들은 그의 이러한 비일관성을 가차 없이 비판하여 왔다. 유물론자들은 칸트의 관념론에 대해 비난하였고, 그의 체계의 관념론적 특성을 거부하였으며, 물자체의 인식 가능성과 차안성, 물자체와 현상 사이에 근본적인 차이가 없다는 것, 그리고 인과성 등을 선험적인 사유법칙에서가 아니라 객관적인 현실에서 연역해야 할 필요성을 논증하였다. 반면에 불가지론자와 관념론자들은 칸트가 물자체를 가정한 것에 대해 유물론, '실재론' 혹은 '소박실재론'에 대해 양보라고 비난하였다. 더욱이 불가지론자들은 물자체뿐만 아니라 선험주의도 거부하였다. 그 반면에 관념론자들은 지각의 선험적 형식에 관해서 뿐만 아니라 세계 전체에 대해서도 (인간의 사유를 추상적 자아 또는 '절대이념' 또는 '보편의지' 등에까지 확장함으로써) 순수사유로부터 일관된 추론을 내릴 것을 요구하였다.[2]

이처럼 레닌은 이와 같은 문제 설정 아래서 칸트가 지나치게

---

2) W. I. Lenin, *Materialismus und Empiriokritizismus*, Berlin: Dietz Verlag, 1970, 195쪽, 정광희 옮김, 『유물론과 경험비판론』, 아침, 1998, 211-212쪽. 이후 ME, 195/유경비, 211-212 형식으로 표기함.

유물론적이라고 비판하는 마하주의자들의 우로부터의 비판을 다시 비판하면서, 그는 칸트가 덜 유물론적임을 비판한 좌로부터의 비판을 수용하고자 한다. 그래서 그는 알브레히트 라우 (Albrecht Rau)와 포이어바흐의 입장을 수용하고 있다. 포이어바흐는 칸트가 물자체를 가정하기 때문에 비난하는 것이 아니라 물자체의 현실성, 즉 그것의 객관적 실재성을 승인하지 않기 때문에 비난한다. 포이어바흐는 칸트가 물자체를 "현존을 가진 본질", 즉 "실재적이고 현실적으로 존재하는 것으로서가 아니라 단지 하나의 사상"으로, "지성적 본질"로 간주하기 때문에 그를 비판한다. 포이어바흐는 칸트에 대해 다음과 같이 언급하고 있다.

> … 칸트의 철학은 주관과 객관, 본질과 현존, 사유와 존재 사이의 모순이다. 실체는 지성에 속하고, 현존은 감각기관에 속한다. 본질 없는 현존은 단지 현상에 불과하며, 반면에 현존하지 않는 본질은 그저 지성적 본질일 뿐이다. 그것들은 사유할 수 있으나 최소한 우리에게는 현존과 객관성을 결하고 있다. 그것들은 물자체, 진정한 사물이지만 현실적인 사물은 아니다. … 그러니 진리를 현실에서 분리시키고 현실을 진리에서 분리시키는 것이야말로 모순이 아닌가(ME, 197-198/유경비, 214).

포이어바흐의 열렬한 추종자인 알브레히트 라우도 다음과 같이 비판하고 있다.

> 칸트주의 철학은, 일종의 모호한 논리에 입각하고 있다. 그것은 유물론적이기도 하고 관념론적이기도 하며, 따라서 그것의 본질에 이르는 열쇠는 바로 그것이 지니고 있는 이중적 본성에 있

다. 유물론자 또는 경험론자로서의 칸트는 모든 사물을 우리의 외부에 실재하는 것으로 승인하지 않을 수 없었다. 그러나 관념론자로서 그는 영혼을 감각적 사물로부터 완전히 구별되는 본질이라고 보는 편견에서 벗어날 수 없었다(ME, 198-199/유경비, 215-216).

이처럼 알브레히트는 칸트의 철학이 모순됨을 지적하고 있다. 칸트는 한편에서는 물자체를 인정하고, 다른 한편에서는 영혼을 요청하여, 선험적 인식과 물자체 사이의 갈등이 남아 있게 된다. 그러나 유물론자인 알브레히트에게는 선험적 인식과 물자체 사이의 구별이 전혀 무용하며, 나아가 자연의 연속성을 손상시키지 않고 정신과 사물을 하나의 동일한 사물의 양 측면으로 이해함으로써 칸트가 안고 있는 문제점을 벗어나고자 한다.

이와 같은 알브레히트의 전략은 칼 카우츠키에게도 등장하고 있다. 그는 "개별적인 공간 및 시간 개념을 통하여 나에게 인식되는 사물들 사이의 차이는 … 나의 지각 능력의 본성에 의해 제약받지 않는 외적 세계의 상호 관계의 차이이다"(ME, 210/유경비, 218)라고 주장하고 있다.

이제 레닌은 이러한 칸트에 대한 좌로부터의 비판인 유물론적 시각을 수용하여 자신의 인식론을 다음과 같이 정식화하고 있다.

(1) 물질은 우리의 의식으로부터 독립하여, 우리의 감각으로부터 독립하여 우리 바깥에 존재한다.
(2) 현상과 물자체 사이에는 원칙적으로 아무런 차이가 존재하지 않으며, 또 존재할 수도 없다. 단지 차이라면 이미 인식된

것과 아직 인식되지 않은 것 사이의 차이에 불과하다.

(3) 과학의 모든 영역에서 그러하듯이 인식론 역시 변증법적으로 고찰되어야 한다. 즉 우리의 인식이 이미 만들어져 있는 불변의 것으로 가정하는 것이 아니라, 어떻게 무지에서 나타나고 어떻게 불완전하고 부정확한 지식이 더욱 완전하고 더욱 정확한 지식이 되는가 하는 것을 검토해야 한다.[3]

이제 이와 같은 레닌의 기본적 입장을 바탕으로 이 글은 칸트의 인식론과 레닌의 인식론의 상호 차이 및 문제점을 검토해 보고자 한다.

인간의 세계에 대한 인식에 있어서 언제나 세계를 온전히 인식할 수 없다는 불가지론자 내지는 회의론자가 존재해 왔다. 이들이 항시 주장하는 것은 인간 인식의 상대성과 유한성이다. 그들은 인식 내용을 객관적 실재에서 떼어내어 인식 대상과 인식 주체의 대립을 추진하고 그들 사이의 심연을 만들어, 인식의 내용이 인식 바깥에 존재하는 객체와 동일하게 될 가능성을 부정하게 된다. 칸트의 철학은 이런 강한 전통에 자리하고 있는 프로타고라스와 흄의 입장으로부터 자유롭지 못하다.[4] 즉 칸트 역시 물자체에 대해서 인식 불가능의 입장을 취한 점에서 마찬가지이다. 레닌은 칸트에 대해서 "칸트의 인식은 자연과 인간 사이에 칸막이를 설치한다"[5]고 비판하였다. 바로 이 칸막이는 존

---

3) Iring Fetscher, *Der Marxismus*, München: R. Piper & Co. Verlag, 1973, 222쪽.
4) 코프닌, 김현근 옮김, 『마르크스주의 인식론』, 이성과현실사, 1988, 54-55쪽.
5) 같은 책, 같은 곳.

재와 사유의 일치에 대한 희망을 인식의 차원에서 전망을 갖지 못하게 하는 면을 지니고 있다.

따라서 변증법적 유물론의 시각에서 볼 때 불가지론은 주관적 변증법에 머물렀을 뿐이지 객관적 변증법으로 나아가지 못하는 면을 지니고 있다. 그리고 코프닌은 인식 과정이 복잡하고 모순성을 갖고 있다고 해서 인식의 무능력성과 허약성을 주장할 근거는 없다고 본다. 그래서 그는 객관적 변증법에서 주관적 변증법의 분리(칸트 식으로 말하면 인식 주관의 사유형식을 물자체와 분리하는 것), 양자의 일치의 기초와 진리성의 기준에 대한 무지는 불가지론의 인식론적 원천이라는 것이다.

레닌에 의하면 이러한 불가지론적 입장을 극복하는 것은 변증법적 유물론만이 해낼 수 있다. 그는 인간 이전에, 인간 바깥에 사고가 존재한다는, 즉 신이 사고의 주체가 되고 세계의 모든 것이 신의 창조적 활동의 결과가 되는 객관적 관념론이나 인간의 의식, 자아가 모든 것의 원천이라는 주관적 관념론은 모두 독단적이고 비과학적이라고 주장한다. 그리고 그는 포이어바흐의 인간학적 유물론도 주체에 대한 이해의 협소함과 한계를 가지고 있다고 본다. 포이어바흐는 주체를 의식으로 환원하는 관념론을 비판하고 인식과 실천적 활동의 참된 주체는 의식뿐만 아니라 자신에게 고유한 모든 것을 갖춘 인간이라고 주장한다. 물론 이때의 인간은 감성을 가지고 육체와 피를 가진 존재이다. 따라서 그에게 있어서 인간은 생리학적 차원의 육체적 존재이다.

마르크스-레닌주의는 이러한 포이어바흐의 유물론에 대해서 인간의 사회적 본성을 결여하고 있는 것으로 비판하고 있다. 마르크스는 "인간은 세계 바깥의 어느 한 곳에 존재하는 추상적인

것이 아니라, 인간이란 인간의 세계이고 국가이고 사회이다"라
고 주장하며, 나아가서 그는 『포이어바흐에 관한 테제』에서 다
음과 같이 언급하고 있다.

　　지금까지의 모든 유물론이 안고 있는 결함은 대상, 현실, 감성
이 다만 객체의 또는 직관의 형식으로만 파악되고, 감성적, 인간
적 활동과 실천으로, 즉 주체적으로 파악되지 않은 데 있다. 그
러므로 활동적인 측면은 유물론이 아니라 오히려 관념론에 의해
전개되는 것처럼 보인다. 그러나 이것은 추상적으로 볼 때만 그
렇다. 왜냐하면 관념론은 현실적, 감성적 활동을 주체적인 것으
로 파악하지 못하기 때문이다.[6]

　　인간은 정도의 차이는 있지만 인간화된 세계에서, 즉 실천의
과정에서 인간에 의해 만들어진 모든 대상과 사물 속에서 생활
하고 있다. 인간은 모든 자연 현상과 과정을 자기 자신의 실천
적 활동의 객체로만 본다. 그리고 이런 의미에서 그것들을 주체
적으로 본다. 인간은 모든 자연 현상과 과정이 자신에게 필요한
존재 형태를 띠고 자신의 요구를 충족시키고 자신에게 봉사하도
록 하기 위해 노력한다. 객체는 단순히 어떤 자연대상이 아니라
인간의 활동영역에 들어와 있는 대상이다. 객체는 그 자체 객관
적 실재로서 인간의 의식에서 독립하여 존재하고 있지만 주체와
상호작용함으로써 객체가 된다. 의식에 독립하여 존재하는 객관
적 실재라는 성질을 가진 대상은 주체와의 상호작용에 들어갈
때에 객체라는 질을 얻게 된다. 이것을 가능하게 해주는 것이

---

6) Karl Marx, *Früschriften*, Herausgegeben von Siegfried Landshut, Stuttgart: Alfred Kröner Verlag, 1971, 339쪽.

바로 노동이다.

인간에 대해 객체가 대립하고 있지만 인간은 자신의 활동, 즉 노동에 의해 객체를 자신에게 종속시키고 자기 자신의 목적에 봉사하게 한다. 주체와 객체의 실천적 상호작용과 그것의 주요한 기초적 형태인 노동은 자기 자신의 계기의 하나로서 객체에 대한 인식을 포함하고 있다. 현실에 대한 인식은 물질적 상호작용 바깥의 어느 특정한 곳에 있지 않으며, 주체와 객체의 실천적 상호작용의 한 측면으로서 인간의 노동활동의 한 요소로서만 존재한다. 따라서 인간의 노동활동, 생산활동의 바깥에서는 인식의 발생과 발전의 필연성을 이해할 수 없으며, 또 인식의 본질 및 객관적 세계와 인식의 관계를 이해할 수도 없다. 따라서 실천은 인식의 기초이며, 진리성의 기준이다. 바로 이와 같은 측면의 연장선에서 볼 때 인식은 이미 사회적이다. 물론 그렇다고 이런 주장이 자연은 인식 속에서 아무런 위치도 차지하지 않는다는 것을 의미하는 것은 아니다. 사실 자연 없이는 노동도 인식도 불가능하다. 그렇지만 자연 자체만으로는 인식을 만들어 내지 못하며, 또한 인식을 필요로 하지도 않는다. 자연은 이미 그 자신이 사회적 생산과 인식 내용 속에 포함되어 있다.

이처럼 인식이 사회적이라는 것은 인식이 실천에 기초해 있기 때문이다. 실천은 자연과 사회를 개조하는 적극적 활동이다. 실천은 생산활동으로 들어가 이를 통하여 자연을 개조하며, 나아가 이 자연을 더욱 효과적으로 개조하기 위해 생산도구를 만들며, 이를 통해 사회의 변혁을 일으킨다. 그러므로 실천은 자연을 개조하는 것으로부터 사회를 개조하는 것으로, 즉 사회적 변혁을 일으키는 것으로 향하게 된다. 바로 이러한 실천은 인간이 사물을 인식하는 데 있어서 출발점이 된다. 인간은 이 실천 활동 과정에서 제기되는 문제를 해결하기 위하여 그에 필요한 세계의 비밀을 알아내고자 한다. 따라서 실천은 전체 인식 과정을 뒷받침하면서 인간의 인식이 더욱 더 발전하도록 만드는 동인이 된다.

우리가 세계를 인식한다는 것은 우리의 의식으로부터 독립하여 존재하는 객관세계의 사물과 현상이 우리의 의식에 반영되는 것을 말한다. 그런데 이러한 반영은 사회적 실천을 통해서, 그리고 이것에 기초하여서만 가능하다. 인식은 객체를 맹목적으로 따르는 것이 아니라 객체를 창조적으로 반영한다. 즉 인간의 인식은 단순히 객관적 세계를 반영하는 것이 아니라 그것을 창조한다. 그러므로 반영은 존재의 단순한 모사가 아니라 인간의 실천적 활동의 결과로서 존재하는 반영이다. 이런 맥락에서 볼 때 자연을 정복하며 역사를 발전시키기 위해서 인간이 시도하는 사회적 실천은 자신들이 자연에 대해서 지니고 있는 일정한 인식에 계속 머물러 있도록 용납하지 않는다. 실천은 부단히 인간으로 하여금 기존의 인식을 발전시키도록 만든다. 따라서 실천은 인간 자신의 인식 발전에 중요한 동력이 된다.

그러면 인간의 인식은 과연 어떻게 진행되며 심화 발전되는가? 인간의 인식은 거울에 일정한 사물이 비치듯이 단순한 직선적 과정이 아니라 복잡하고 모순적인 과정이며, 궁극적으로는 변증법적 과정의 형태를 지니고 있다. 즉 인간의 인식은 감성적인 것으로부터 이성적인 것으로, 사물의 현상을 인식하는 것으로부터 본질을 인식하는 것으로 부단히 발전하는 변증법의 형태를 취한다.

우리는 자연과 사회를 개조하면서 우리 감각기관을 통하여 사물의 표면과 현상을 알게 된다. 바로 이 단계가 감성적 인식의 단계이다. 감성적 인식에는 감각, 지각, 표상의 세 가지 형태가 존재한다. 감성적 인식의 최초 형태는 감각이다. 감각은 사물이 지니고 있는 여러 가지 개별적 속성들(붉음, 단단함 등)을 반영한다. 감각이 제공해 주는 구체적인 재료 없이는 사물에 대한 그 어떤 인식도 가능하지 않다. 따라서 감각은 감성적 인식의 가장 초보적인 형태로서 인간의 의식과 세계를 연결시키는 관문이기도 하다. 감각에 대한 변증법적 유물론자들의 이러한 입장은 코프닌이 주장하듯이 감각이 신경계에만 의존하고 객체에 의존하지 않는다는 생리학적 관념론이나, 감각과 사물을 동일한 것으로 이해하여 사물이 근본적으로 감각에 의존하는 것으로 파악하는 소박실재론자의 입장과는 다르다. 변증법적 유물론자인 마르크스-레닌주의는 이들이 감각 과정에서 주관의 역할을 절대화시켜 버리는 잘못을 범하고 있다고 보고 있다. 마르크스-레닌주의는 인간으로부터 독립하는 존재하는 물자체와 그것이 인간의 감각기관에 미치는 작용의 결과인 감각 사이에 차이가 있음을 주장한다. 그러나 이 차이를 칸트처럼 절대적으로 고정시키는 것이 아니라 실천이라는 매개 과정을 통해서 점점 더 좁혀간다. 이들에게 있어서 감각은 불가피한 자연적 한계를 노정하지만, 이 한계는 오히려 인간 의식이 객체를 향해 나아가는 출구를 보장해 준다. 다시 말해서 자연적 한계에 부딪히게 되는 감각기관은 인간 인식의 실천적 활동 과정에서 만들어지는 인공적 도구를 통해 스스로를 극복하게 된다. 따라서 실천은 역사의 흐름 속에서 감각기관으로 하여금 반드시 객체적 자연에 대한 한계를 뛰어넘어 사유로 향하도록 만든다.

그래서 사물의 개별적 측면을 반영한 감각들은 이것들이 서로 결합하여 사물에 대한 지각을 형성하게 된다. 이 지각은 사물의 많은 속성들을 연관지어 하나로 반영한다. 그러므로 이것은 감각의 구체적인 재료들에 기초하여 이루어지지만, 이보다 더 높은 존재에 대한 반영 형식이 된다. 그러나 감각이나 지각 모두 이들이 우리가 직접 사물을 보고 듣고 만져보는 순간에만 생기는 것으로, 여전히 직접적인 반영의 형식을 지니고 있다.

그러나 우리의 인식은 이런 직접적 반영의 형식에 머물러 있는 것이 아니라 간접적인 반영의 형식으로 이어지기도 한다. 여기에 바로 표상이 관여되어 있다. 표상은 직접 그 사물에 접하여 이미 이전에 있었던 지각이 머리에 나타나는 것을 의미한다. 이 표상은 한 단계 더 높은 반영 형식으로서 일반화하는 과정을 동반하며, 따라서 사물이 지니고 있는 특수성에 집중되어 있는 감각과 지각의 단계를 넘어 사유의 과정으로 이어준다.

3. 인간은 세계의 본질을 단번에 알아낼 수 있는가?

앞에서 언급되었듯이 실천을 통하여 감성적 인식의 단계를 넘어 이성적 인식의 단계로 이행한다. 그러나 문제는 이런 실천을 통해서 이루어지는 인식이 객체를 제대로 반영할 수도 있고, 그렇지 못할 수도 있다. 그렇다면 우리는 객체를 제대로 반영하는 진리에 어떻게 이를 수 있는가? 적어도 레닌은 이런 진리를 단번에 인식할 수 없다는 입장을 견지하고 있다. 객체는 부단히 변하면서 발전하고 있다. 따라서 이런 객체를 인식하려고 하는 주관 역시 이런 객체의 진상에 도달하기 위해서는 자신의 인식 활동이 변화 발전하지 않으면 안 된다. 우리의 실천이 부단히 변화 발전함으로써 우리의 인식도 변화 발전하며, 진리는 이런 변증법의 과정을 통해서 정립된다.

우리가 일정한 역사적 시점에서 파악한 진리는 객체를 온전히 반영하는 단계에 이르지 못한 이상 상대적 진리에 불과하다. 실천을 통해서 객체를 반영하고 있는 현재의 진리는 아직 완성된 진리라고 볼 수 없다. 인간은 무수한 상대적 진리를 역사적 과정 속에서 거치면서 절대적 진리로 지양해 간다. 레닌은 이 점과 관련하여 다음과 같이 언급하고 있다.

인간의 사유는 그 본성에 있어서 상대적 진리의 총화로 이루어지는 절대적 진리를 우리에게 줄 수 있으며, 또 주고 있다. 과학발전의 각 단계는 절대적 진리의 이 총화에 대한 새로운 결실을 부가한다(ME, 129/유경비, 140).

적어도 레닌은 현재의 진리가 상대적이라고 하여, 그렇다고 절대적 진리의 파악 불가능성을 주장하지는 않는다. 그는 사물 발전의 각 단계에서 그 상황을 가장 잘 파악하는 단계에 우리가 이를 수 있음을 주장하고 있다. 적어도 그에 입각하면 인식이 진행되는 현실의 과정 자체를 역사에서 떼어내고 인식과 인식능력을 단번에 주어진 어떤 것으로 간주하는, 즉 선험주의는 주관주의에 경도되어 있다. 그래서 레닌은, 헤겔이 칸트의 인식도구설을 비판하듯이, 이런 선험주의는 객체로 나가는 출구를 가로막고, 지식을 지식 속에 가두는 결과를 낳는다고 비판한다. 그는 실용주의나 실증주의의 경우도 마찬가지라고 보고 있다. 특히 그는 현대의 실증주의와 관련해서 이들이 실재를 신념 체계에 입각하여 처리하고 있음을 비판하면서, 주관적인 신념 역시 객체로 넘어가는 실천의 과정 없이 불가능함을 지적하고 있다.

적어도 마르크스-레닌주의는 진리는 인간이 자연과 사회생활의 제반 현상을 변혁해 가는 실천적 과정 속에서 가능하게 되는 것으로 파악하고 있다. 진리는 객관의 내용과 주관의 활동을 통해서 이루어지는 것이지, 어느 하나만으로 성립될 수 있는 것이 아니다. 그러므로 진리는 객관성과 주관성을 동시에 지니고 있다. 결국 진리는 객관적이면 객관적일수록 그만큼 더 큰 주관적 노력에 의해서 달성된다. 그런데 여기서 조심할 것은 이 주관적 활동이 참된 지식의 내용을 이루는 것이 아니라 진리를 향한 인식운동의 수단에 불과하다는 점이다. 주관성과 객관성은 서로 배제하는 관계에 놓여서는 안 되며 상호 보완하는 관계가 되어야 한다. 즉 한 쪽은 다른 한 쪽을 통해서 성립된다. 따라서 진리는 고정된 것이 아니라 하나의 과정이다. 그러므로 객체 그 자체의 내용이나 주관 활동 자체에 일방적으로 의존하는 진리는 거부되어야 한다. 이런 의미에서 이들은 "객관적 진리를 최종적으로 결정된 절대적 진리 혹은 영구진리와 동일시하게 되면 독단론에 빠지게 되며, 상대적 진리와 동일시하게 되면 회의주의에 봉착하게 된다"고 비판하고 있다. 한 마디로 이들은 역사적 변화와 발전의 과정을 무시하는 그 어떤 진리도 결코 수용하지 않으려고 한다.

바로 이와 같은 맥락에서 이미 앞에서 언급된 감성적 인식은 이성적 인식으로 변화 발전하게 된다. 인간의 인식이 감성적 단계의 인식에 머무르게 된다면, 이는 동물적 인식과 다를 바가 없다. 레닌에 의하면 인간의 인식은 동물과 달리 감성적인 개별적 인식을 기초로 하여 그 사물의 내적 본질을 반영하는 이성적 인식으로 향하게 된다. 이와 같은 입장은 칸트의 인식이론을 인식도구설이라고 비판하는 헤겔의 입장을 계승하고 있다. 변증법적 사유에 입각하여 인식의 역사성을 주장하는 헤겔이나 마르크스주의자들은 칸트의 인식이론에 동원되는 감성형식과 지성형식은 탈역사성, 탈사회성을 지닌 주관적인 것임을 비판한다. 적어도 이들에 의하면 칸트의 선험주의는 인식의 발전이라는 측면을 완전히 무시하고 있다. 이들은 칸트가 감성형식과 지성형식을 탈역사적으로 설정함으로써 인식을 객관적 실재로부터 완전히 분리시키게 되며, 물자체와 인간 사이의 건널 수 없는 장벽으로 설정하고 만다고 비판하고 있다. 결국 칸트는 감각적으로 주어지는 자료들을 통해서 주체와 객체를 연결하는 작업을 제대로 모색하지 못하고, 인식 주체가 선험적으로 지니고 있는 판단의 보편성과 필연성에 근거를 두고 객관성을 마련하고자 함으로써, 게다가 이 판단의 보편성과 필연성의 근거마저 선-정험적 통각(형식적 자아)에서 찾음으로써 감성과 이성 사이의 분열과 대립을 넘어서지 못한다고 이들로부터 비판을 받는다. 한 마디로 칸트는 감성과 이성 사이에 형이상학적 분리를 감행함으로써 인식 불가지론에 봉착하고 말았다는 것이다.

그러나 마르크스-레닌주의자는 칸트에 대한 이런 비판에 머무는 것이 아니라 칸트를 비판한 헤겔에 대해서도 비판을 감행하고 있다. 이들은 헤겔이 칸트 인식론의 비역사성을 비판한 것에 대해서는 극찬하면서도, 감성과 이성 사이의 분열을 극복하는 관념론적 방법에 대해서는 매우 비판적이다. 이들에 의하면 헤겔의 이성은 현실을 일방적으로 창조하는 관념론이라는 것이다.[7]

마르크스-레닌주의에서는 이성적 인식은 매우 높은 인식의 단계이지만, 이것은 어디까지나 감성적 단계에서 주어지는 자료들을 일반화하는 작업에 참여한다. 이를 통하여 이성은 객체의 본질 내지는 법칙을 알아내고자 한다. 그러므로 감성적 단계는 이성적 단계로 나아가는 데 있어서 반드시 거쳐야 하는 단계이다.[8] 이성적 사유는 감성적 인식이 제공해 주는 개별적 자료들

---

7) 리델은 이 점과 관련하여 다음과 같이 언급하고 있다. "정신의 단계적 진행은 자연개념들 아래에 있지 않고 자신의 고유한 개념에 의거하여 헤겔에게 있어서 그것은 자유를 의미한다. 이 자유라는 것은 단지 자연으로부터 점진적인 해방을 가능하게 하는 것으로서 자신의 현존을 갖고 있는 것이다. 정신의 왕국은 자유의 왕국이다. 그러한 것은 자연적인 위계나 세계 없는 정신의 세계가 아니고 정신의 세계를 자기 자체에서 끄집어내게 된다. 이 세계, 즉 제2자연 내에서는 정신이 자연에 대해서 갖는 관계처럼 자연과 자유는 양극으로 대립하게 된다." M. Riedel(hrsg.), *Materialien zu Hegels Rechtsphilosophie*, 2, Frankfurt am Main: Suhrkamp, 1975, 115쪽.

8) 이것은 이미 앞에서 언급되었듯이 포이어바흐의 인식론적 입장을 상당히 긍정적으로 수용하고 있음을 의미하기도 한다. 포이어바흐는 다음과 같이 언급하고 있다. "공간과 시간은 모든 존재하는 것들의 존재형식이다. 공간과 시간 속에 있는 존재만이 존재이다. … 존재하는 것들과 관련하여 형이상학에 있어서 공간과 시간의 부정은 가장 해로운 실제적인 결과들을 낳는다. 어디에서든 공간과 시간의 관점을 채택하는 자만이 생에 있어서 잘 감각하고 실제적으로 이해할 수 있는 것이다. 공간과 시간은 실천의 제1범주이다."(Mark W. Warftofsky, *Feuerbach*, Cambridge University Press, 1977, 419쪽) "공간과 시간은 현상의 단순한 형식들이 아니며 존재의 조건들이고, 이성의 형식들이며, 사유뿐만 아니라 존재의 법칙들이다."(같은 책, 430쪽) "사유는 단지 발전되게, 고양되게, 더 깊이 감각하는 것일 뿐이며, 현재 존재하지 않는 것으로 뻗어가

을 분석하고 종합하여 추상한다. 여기에 개념, 판단, 추리라는 세 가지 형태가 동원된다. 개념을 통해서 사물의 본질이, 판단을 통해서 사물과 사물 사이의 관계가 각기 반영되며, 추리를 통해서 사물들 전체에 대한 관계가 반영되고 이를 통해 미래가 예견된다.

4. 실천은 진리의 규준이다

이상에서 보았듯이 마르크스-레닌주의자에 의하면 우리는 감성적 인식의 단계를 거쳐 이성적 인식에 이르게 된다. 그러나 여전히 우리에게 문제는 남아 있다. 이렇게 해서 확립된 지식이 객관적 사실을 제대로 반영했는가를 우리는 어떻게 알 수 있는가? 이른바 진리의 규준이 도대체 무엇인가? 이미 앞에서 암시되고 강조되었듯이 이들은 진리의 규준을 실천에서 찾고 있다. 이들에게는 실천이 인식의 기초일 뿐만 아니라 인식 과정에서 얻어진 지식의 옳고 그름을 판정하는 규준이 된다. 실천을 통해서만 어떤 것의 진리성을 판가름할 수 있다. 마르크스는 바로 이와 같은 맥락에서 『포이어바흐에 관한 테제』에서 다음과 같이 언급하고 있다.

인간의 사유가 대상적(객관적) 진리성을 지니고 있느냐 없느냐 하는 문제는 결코 이론의 문제가 아니라 실천의 문제이다. 인간의 자기 사유의 진리성을 … 실천을 통해서 증명하지 않으면 안

는, 현재 실제로 감각되지 않는 것에 대해서 감각하는 것이다."(같은 책, 431쪽)

된다.9)

이처럼 인간은 사실 자신의 주변 세계에 참여하여 활동하면서 그로부터 그 사물과 현상들에 대한 자기 지식의 정당성을 시험한다. 우리가 어떤 사물이나 대상에 대해서 가지게 된 지식이 잘못된 것이면 이런 실천적 활동의 과정에서 거듭된 실패를 할 것이고, 반대로 올바른 것이라면 성공을 얻어낼 것이다. 이와 같이 오직 인간은 실천을 통해서만 자기 지식의 옳고 그름을 가늠할 수 있다. 따라서 실천은 진리의 규준이 아닐 수 없다.

그러나 여기서 한 가지 유의할 점이 있다. 그것은 다름 아니라 바로 이 실천이 탈역사적, 탈사회적으로 완전히 고정되어 있는 것이 아니라는 점이다. 진리의 규준으로서의 실천 역시 상대적이다. 왜냐하면 우리의 지식의 정당성을 검증할 수 있도록 해주는 실천 역시 역사적 상황 속에 자리하고 있기 때문이다. 실천 또한 인식처럼 발전하며, 새로운 자료들을 통하여 풍부해진다. 그러므로 실천 역시 역사적 과정에서 발전하는 것으로 보아야 한다. 즉 실천도 인식 과정과 더불어 새로운 것과 낡은 것 사이의 투쟁을 통해 발전한다. 이론의 발전은 실천의 발전을 동반하며, 그 역도 마찬가지이다. 혁명적 실천은 혁명적 이론과의 통일 속에서 가능하며, 그 역도 마찬가지이다. 따라서 인간의 "실천은 새로운 이론을 낳으며, 또 이 이론은 더욱 새로운 실천을 산출한다." 그러나 물론 이론과 실천의 통일에서 그 근원적이고 결정적인 것은 역시 실천이다. 왜냐하면 실천 과정을 거치

---

9) Karl Marx, 앞의 책, 339쪽.

지 않고 객체에 제대로 이를 수 있는 이론은 가능하지 않기 때문이다. 이런 맥락에서 실천을 거치지 않은 이론은 죽은 이론이나 마찬가지다. 물론 그렇다고 어떤 실천이 이론으로 제대로 정립되지 않고 막무가내로 진행된다면 그 역시 맹목적일 수밖에 없다. 이런 맥락에서 실천 없는 이론은 무력하며, 이론 없는 실천은 맹목적이다. 이처럼 마르크스-레닌주의자는 항상 이론과 실천의 변증법적 통일을 모든 지식과 진리의 중심 근거로 삼고 있다.

5. 나가는 말

이상에서 보았듯이 변증법적 유물론의 인식론에 중핵을 이루고 있는 것은 바로 실천이다. 이들은 바로 이 실천이라는 개념을 통하여 칸트가 극복하지 못한 물자체의 타자성도 극복할 수 있다고 보고 있다. 적어도 이들은 실천을 통하여 칸트에게서 분열되어 있는 현상과 본질, 이론과 실천, 인간과 자연을 종합하고 통일할 수 있다고 보고 있다. 이들이 지니고 있는 이러한 긍정적 태도에는 적어도 인간 능력의 가능성에 대해서 신뢰를 보내는 태도가 깔려 있다.

과연 이들이 주장하는 것처럼 인간은 자신의 실천을 통하여 자신의 이상을 구축하고 성취할 수 있는가? 우리는 그 동안 계몽의 역사를 쭉 목격해 왔다. 계몽은 인간이 자연을 정복하고 자연을 우리의 목적에 맞도록 굴종시키는 것이었다. 그러나 불행하게도 부정변증법의 길을 모색하는 아도르노가 보기에 자연에 대한 그러한 정복의 형태를 지닌 계몽은 계몽의 주체인 인간으로 하여금 또다시 스스로를 노예상태로 몰아붙이는 비극을 낳았다. 신화를 벗겨내던 그 인간이 또다시 스스로를 신화로 만든다. 인간의 이성은 도구적 이성으로 전락되고, 그 도구적 이성은 인간을 억압하는 구조로 출현하였다. 이러한 상황에 비추어 볼 때 과연 이들의 인간에 대한 이해가 적절한 것인가?

오늘날 마르크스의 한계를 극복하기 위해 마르크스주의를 스피노자주의적 관점에서 재조명하는 알튀세, 발리바르, 네그리, 들뢰즈, 푸코뿐만 아니라, 마르크스주의를 넓은 맥락에서 헤겔주의의 연장선에 놓여 있는 것으로 보고, 이것이 데카르트 이후의 주체철학, 의식철학의 모더니즘에 예속되어 있는 것으로 파악하는 후기구조주의자들은 니체 철학의 관점에서 모두 하나같이 이들의 이론에 근간이 되고 있는 변증법을 비판하고 있다. 즉 이들은 마르크스주의의 변증법 속에는 거대서사시의 폭력이 담겨 있음을 고발하고 있다. 즉 이들은 마르크스주의 안에는 스스로를 순수하게 자연스럽게 표현하는 '발생의 철학', '사건의 철학'이 부재함을 신랄하게 비판하고 있다. 즉 이들에 의하면 헤겔로부터 마르크스, 레닌에 이르기까지 전개되는 변증법 이론에는 변증법의 구조틀이 개체의 특이성을 압사시키고, 모든 과정을 통일이라는 목적에 예속시키는 또 하나의 전체주의가 자리하고 있다. 그래서 이들은 변증법 이론가들의 구조와 틀을 해체하거나 절단하고, 늘 이것을 빠져나가는 미끄러짐이나 탈주를 선언한다. 바로 이와 같은 맥락에서 데리다는 기존의 내부/외부, 주관/객관, 의식/존재, 지성/감성, 음성언어/문자언어 등의 이항대립을 해체하고 이들 사이의 경계를 애매하게 하면서, 차연을 제창한다.[10] 그의 차연작용은 변증법 운동에 근본적으로 저항한다. 이와 같은 현상은 리오타르에게서도 강하게 등장하고 있다. 그는 표류(dérive), 이동(déplacement), 사건(événement)이라는 개념을 통하여 기존의 변증법에 담겨 있는 '부정-추월-비판'의 시리즈를 거부하며, 변증법이 개별자와 보편자를 종합하여 형성하는 구체적 보편자 속에 공포정치(la Terreur)를 고발한다.[11] 또한 들뢰즈도 자신의 사건존재론을 통하여 앞에서 언급된 이항대립을 비판하고 펼침과 접힘으로 설정함으로써 변증법의 폭력을 벗어나고자 한다.[12] 그는 절단하는 기계를 통하여 거대구조를 혁파하고, 이를 통해 '기관 없는 신체'를 추구한다. 또한 유목민적 사유를 통하여 변증법의 틀 속에 갇힌 인간의 사유를 절단하고 탈출한다. 어디 이뿐이겠는가? 푸코는 이성의 거물에 갇힌 광기의 진정한 자리를 다시 살려내기 위하여 로고스와 히브리스(hybris)가 조화된 고대 신화시대의 새로운 인간을 갈구하고 있다.

이와 같은 경향은 이미 언급되었듯이 헤겔의 변증법에 담겨 있는 폭력성과 폐쇄성을 전수받은 마르크스주의 일반에 대해서 스피노자주의적 입장에서 비판하는 알튀세, 발리바르, 네그리의 경우도 마찬가지다. 이들은 모두 변증법에는 개체성과 다중성이 원천적으로 말살되고 있음을 지적하고 있다.[13] 마슈레(Pierre

---

10) J. Derrida, *L'Ecriture de la différance*, Paris: Seuil, 1967, 186쪽.

11) 장 프랑수아 리오타르, 이현복 편역, 『지식인의 종언』, 문예출판사, 1994, 137쪽.

12) G, Deleuze, *Spinoza et le problème de l'expression*, Paris: Minuit, 1968, 18쪽.

13) 발리바르, 「스피노자, 루소, 마르크스: 정치적인 것의 자율성에서 정치의 타율성으로(La Politique: De Rousseau à Marx, de Marx à Spinoza)」,

Macherey)가 헤겔의 변증법에는 목적론의 폭력이 여전히 도사리고 있음을 스피노자의 입장에서 비판하고 있듯이, 이들은 이와 같은 문제의식을 공유하고 있다. 이들은 실체와 양태, 보편자와 개별자 사이의 대립을 변증법적으로 지양하는 관계가 아니라 역능(potentia)의 자기 드러냄으로 바라보려는 경향으로 이어지며, 그래서 스피노자의 다중 내지는 대중(multitudo) 개념을 매우 중요하게 생각한다.

이와 같은 문제의식의 지평에서 볼 때 칸트주의자들은 오히려 마르크스-레닌주의자에게 다시 문제를 제기할 수 있을 것 같다. 마르크스주의자들은 자연, 즉 대상을 인간의 기술적 차원 이상의 영역으로 바라보는 부분에 있어서 미흡한 것 같다. 즉 이들의 실천, 노동 개념은 스스로 자기 가능성, 역능(potentia)을 접고 펼치는 '사건'으로서의 자연을 열어주지 못하는 것 같다. 칸트의 물자체로서의 자연, '원형적 자연'은 목적의 왕국에 닿아 있는 것으로, 스스로 자신의 의도를 펼쳐나가는 자연, 기체(基體, substratum)로서의 자연이다. 그러므로 우리의 인식 주관이 잡아 가둘 수 없는 한계개념(Grenzbegriff)이자 초감성적[14] 기체가 아닐 수 없다. 이 한계개념이자 초감성적 기체인 물자체는 변증법의 틀 속에서 개념에 포섭되는 동일성의 거대서사시를 빠져나가는 길목이 될 수 있다. 오히려 칸트처럼 개념의 박물관에 가둘 수 없는 물자체로서의 타자의 지평을 열어둠으로써 인간의 진정한 자유를 마련할 수 있는 역설적 상황이 가능할 수 있을

발리바르, 진태원 옮김, 『스피노자와 정치』, 이제이북스, 2005, 245쪽;
안토니오 네그리, 이기웅 옮김, 『전복적 스피노자』, 그린비, 2005, 20쪽.
14) I. Kant, *Kritik der Urteilskraft*, 아카데미판 V권, 175쪽.

것이다. 타자의 타자성에 대한 인정 속에 서로의 자유가 제대로 정립될 수 있을 것이다. 그래서 칸트는 도덕의 나라를 위하여 감성에 제동을 걸게 되었으며, 지성에 한계를 설정하였던 것이다. 그의 감성과 이성, 이론과 실천, 현상과 물자체 사이의 간격은 인간의 위대한 도덕적 자유의 나라를 마련하기 위한 실존적 고뇌의 산물이다. 이 간격은 역사적 시간을 통해서 단순히 좁혀질 수 있는 것이 아니다. 물론 칸트는 역사적 과정 속에서 요청을 통하여 이 아픈 간격을 메울 수 있기를 간절히 기대하고 또 희망한다.

  이런 맥락에서 본다면, 더군다나 오늘날 다원주의 사회의 맥락에서 본다면, 후기구조주의자들은 '변증법'에 기반을 두고 있는 마르크스-레닌주의보다는 '요청'에 바탕을 두고 있는 칸트에게 더 점수를 줄 것 같다. 그래서 리오타르와 데리다도 칸트의 숭고에 더 집중하였으며, 아렌트도 칸트의 '반성적 판단력'에 집중하였을 것이다. 이들에 의하면 칸트가 물자체를 인식 불가능한 타자로 남겨 놓은 것에 대해서 나무랄 것이 아니라, 그가 제대로 타자성을 정립하지 못한 점에 대해서 더 나무라지 않을까 싶다. 오늘날 후기구조주의자들 대부분은 칸트 철학 역시 데카르트 철학의 후예로서 여전히 의식철학, 주체철학의 범주를 벗어나지 못하며, 그가 타자의 낯설음에 대해서 인정을 하고 그것을 요청하는 것도 여전히 주체의 자기반성에 입각하고 있을 뿐이며, 따라서 타자의 타자로서의 진정한 자리를 마련하지 못했다는 점을 유감스럽게 생각하고 있다. 사실 칸트의 선험주의에는 상상력의 자유로운 판단보다는 지성의 범주가 우위에 있으며, 상상력의 자유로운 즐거움보다는 도덕적 당위가 우위를 점하고 있다.15) 그러므로 이론이성과 실천이성의 규범체계에 상상력의 자유로운 활동은 이미 구속되는 운명을 지니고 있다. 바로 이 점 때문에 후기구조주의자들은 자신의 의식 지평 너머에서 일어나는 자기 안의 자기 타자와 자기 바깥의 자기 타자에 대한 진정한 공간을 마련해 주지 못한다고 칸트를 나무라고 있다.

이처럼 오늘날 칸트 인식론의 선험주의에 대한 비판은 헤겔, 마르크스, 레닌으로 이어지는 변증법적 관점보다는 니체, 스피노자로 이어지는 후기구조주의자들로부터 더 강하게 제기되고 있다. 그러나 칸트의 선험주의가 전자로부터 쉽게 무너질 수 없듯이, 후자로부터도 쉽게 무너질 수 없을 것이다. 왜냐하면 후자 역시 차이가 잉태할 수 있는 혼란과 무질서의 부분에 대한 현실적 대안 마련이 쉽지 않기 때문이다. 사실 칸트의 물자체가 인식 주관의 바깥에 자리하고 있는 것도 칸트가 진정으로 도달하고자 하는 자유의 세계가 경제활동에 참여하는 역사적 범주 안에서 가능하지도 않고, 그렇다고 그것이 예술적 활동에 참여하는 미적 범주 안에서도 가능하지 않기 때문이다. 칸트가 도덕의 왕국으로서 추구하는 자유의 영역은 자연사물에 참여하는 실천, 특히 그 중에서 경제적 활동에서 온전히 마련될 수도 없으며, 그렇다고 이 세상의 몸의 자유로운 놀이, 이른바 예술적 활동에서 온전히 마련될 수도 없다. 바로 이 때문에 칸트의 실천은 예술에서 도덕으로, 도덕에서 종교로 향해 있다.

---

15) G. Deleuze, "L'idée de genèse dans l'esthétique de Kant", *Revue d'Esthétique*, vol. 16:2, 1963, 114쪽.

선험적 지식에 대한 칸트의 유산

현대 인식론에서 선험적 지식의 옹호 가능성을 중심으로

홍 병 선

1. 들어가는 말

현대 영미철학에 미친 칸트 철학의 영향과 최근의 역할 상승에 관해 김재권 교수는 「최근 철학의 칸트적 경향」이라는 글[1]에서 다음과 같이 밝히고 있다.

현대 영미철학이, 약 10-15년 전쯤부터 그 방향을 바꾸기 시작했다고 볼 수 있는데, 이 방향 변경의 역사적 의미는 20세기 중반까지 지배적이었던 논리실증주의와 협소한 '언어분석'을 벗

---

1) 김재권, 「최근 철학의 칸트적 경향」, 『실재론과 관념론』, 철학과현실사, 1993.

어나 더욱 전통적인 철학방법과 철학관으로 돌아가는 데 있다고 할 수 있다. 이 전환은 '칸트적'인 전환이라고 말할 수 있다(9쪽). … 지금 회고해 보면 흄의 철학적 영향의 퇴보는 최근 철학의 다른 두 추세와 시간적으로 일치했다고 말할 수 있다. 그 하나의 추세는 논리적 실증주의의 중요한 철학적 운동으로서의 쇠퇴이며, 또 하나는 현대 영미철학 내에서 진행 중인 철학 연구에 있어서의 칸트의 영향과 역할의 상승이다(12쪽). … 칸트를 둘러싼 분위기가 근본적으로 변화되기 시작했고 칸트의 철학적인 지위가 복구되어 갔다(13쪽).

현대 영미철학계를 대표할 수 있는 철학자 중 칸트의 영향을 지대하게 받은 인물로는 도날드 데이빗슨(D. Davidson), 존 롤즈(J. Rawls), 힐러리 퍼트남(H. Putnam), 셀라스(W. Sellars), 로더릭 치즘(R. Chisholm) 등을 들 수 있을 것이다. 데이빗슨의 경우 우리의 믿음이 전반적으로 참인 것은 언어와 사고에 대한 가능성의 전제조건이라고 하면서 이는 결국 선험적인(*a priori*)[2] 철학적 논증이라는 방식을 통해 증명할 수 있다는 것인데, 이러한 그의 주장은 칸트의 선험적 논증과 거의 일치한다.[3] 또한 퍼

---

2) 이 글에서 '선험적' 또는 '선천적'은 '*a priori*'에 대한 번역이다. 이후 문맥에 따라 '선험적'과 '선천적'을 혼용해서 사용할 것이다.

3) 김재권 교수는 칸트와 데이빗슨의 공통점은 관념론적인 철학적 관점이라고 하면서 데이빗슨의 논증은 뚜렷한 칸트적인 경향이 있다고 주장한다. 그는 "우리의 믿음이 일반적으로 참이라는 것은 우리 사고체계의 특징으로부터 나오는 필연적 결론이다. 칸트의 논증은 인식이 가능하다면 어떤 종합판단은 필연적으로 참이라는 것이다. 데이빗슨의 논증에 따르면 사고가 가능하다면 우리의 판단은 거의 전부 참이 되어야 한다는 것이다. 칸트는 그의 관념론적 논증이 회의주의를 논파한다고 주장하였다. 그와 같이 데이빗슨은 자신의 논증이 인식적 회의주의 그리고

트남은 『이성·진리·역사』에서 진리설에 대한 내재적 실재론을 옹호하는데, 그에 따르면 진리란 단순히 우리의 이론적 믿음들 상호간 혹은 이론적 믿음과 경험적 믿음 사이의 이상적 정합성(이상화된 합리적 수용 가능성)일 따름이라는 것이다. 이러한 주장 속에 담긴 퍼트남의 의도를 고려해 본다면, 이는 곧 칸트 선험철학에 대한 현대적 재해석이라고 평가할 수 있을 것이다.[4]

이러한 일련의 경향을 통해 보았을 때, 김재권 교수의 주장처럼 칸트를 둘러싼 분위기가 근본적으로 변화되기 시작했고 칸트의 철학적인 지위가 복구되어 간다는 그의 평가는 지극히 정당해 보인다. 나아가 이보다 더 중요한 현상으로는 1960년대 이후 칸트가 진지한 철학적 연구의 대상이 되었다는 점인데 이는 윤리학자 롤즈를 통해 확인할 수 있다. 롤즈 윤리학의 근본적인 접근 방식은 칸트 윤리학의 근간과 본질적으로 다를 바 없다는 것이 일반적인 평가이다. 롤즈 자신 또한 이 점을 부인하지 않는다.[5] 이러한 경향에 따른 롤즈의 영향은 흄, 벤담, 밀 등에 따른 공리주의에 의해 주도되던 윤리학의 판도를 칸트로 전환하는

다른 사람의 심리현상에 관한 회의주의를 논파한다고 간주하고 있다"라고 주장하는데 여기에서 칸트와 데이빗슨의 공통점을 찾고 있다. 같은 논문, 27쪽.

4) H. Putnam, *Reason, Truth and History*, 1972, 김효명 옮김, 『이성·진리·역사』, 민음사, 3장 참조. 퍼트남은 다음과 같이 언급한다. "내재적 견해에서의 '진리'는 정신에 독립적인 혹은 논의독립적인 '사태'와의 대응이 아니라, (이상화된) 합리적 수용 가능성(rational acceptability)이다. 즉 우리의 믿음들 사이의 그리고 우리의 믿음 체계 속에 표상된 경험과 우리의 믿음들 간의 어떤 종류의 이상적 정합성(ideal coherence)이다." (같은 책, 65-66쪽).

5) 김재권, 앞의 논문, 13-14쪽

결정적인 계기를 마련하게 된다. 이러한 칸트로의 선회는 그 동안의 영미철학에 대한 내적 반성의 성과물이자 그 속에 함께 거주해 왔던 칸트 철학에 대한 재발견이라고 할 수 있다.

현대 영미 인식론을 둘러싼 논의가 대부분 경험적 지식의 정당화 문제를 중심으로 전개되어 온 점을 감안한다면, 선험적 지식이 갖는 인식론적 의의에도 불구하고, 선험적 지식에 대한 논의 자체가 오히려 뒷전에 머물러 있는 형편이다. 문제는 그것이 경험적 지식의 정당성 확보라는 차원과 직·간접적으로 연관된 측면도 있지만, 무엇보다도 전통적으로 합리주의와 경험주의 간에 지식의 원천 혹은 정당화 근거를 두고 벌어진 논쟁에서 그 의의를 찾을 수 있을 것이다. 논쟁의 과정에서 지식의 원천이 경험에서 비롯된 것이냐, 아니면 이성적 직관에 따른 것이냐라는 식으로 손쉽게 규정해 오기도 했지만, 그 이면에는 분석과 종합이라는 구분6)이 자리하고 있음은 잘 알려져 있는 사실이다.

경험론자들의 견해에 따르면 세계에 관한 우리의 지식이 종합적이면서 경험적인 동시에 우연적 진술이라는 도식이 성립하는 반면, 합리주의자들은 이를 부정하면서 선천적 종합명제가 가능하다는 입장을 취한다. 특히 칸트 이후 선천적 종합명제의 존재에 대한 동의 여부는 두 견해를 가르는 중요한 기준으로 받

---

6) 좀더 정확히 말해서 이성주의 대 경험주의 논쟁의 핵심에는 무엇보다도 진술들에 대한 분석/종합, 선천/후천, 필연/우연 진술의 구별이 자리 잡고 있고, 이 구별은 각각 의미론적, 인식론적, 형이상학적 구별이라고 불린다. W. A. Davis, "Analytic-Synthetic Distinction", *The Cambridge Dictionary of Philosophy*, Cambridge University Press, 1995; D. W. Hamlyn, "Analytic and Synthetic Statements", *The Encyclopedia of Philosophy*, Macmillan, Inc., 1967 참조.

아들여졌다. 그 논쟁의 핵심에는 '분석'과 '종합'의 구분이 자리 잡고 있음은 물론이다. 20세기 들어와서도 콰인을 비롯한 많은 철학자들이 양자의 구분에 대한 공방을 펼치게 되는데, 공격의 주된 목표는 경험주의적 견해를 논박하기 위한 것이었다.7) 여기 에는 종합명제의 범위를 확정짓는 문제, 다양한 종합명제들 가 운데 어느 하나라도 후천적으로 알려지지 않음을 보이는 문제 등이 포함될 것이다. 하지만 그 가능성과 관하여 심각한 문제에 봉착하게 되면서, 결국 그들이 선택한 노선은 분석과 종합의 구 분에 대한 공방에 따른 우회적인 전략을 취하게 된다.

이 글의 목적은 우선 최근 영미철학에서의 논쟁 가운데 하나 라 할 수 있는 선험적 지식의 성립 가능성 문제와 관련하여 그 관건이 되는 '선험적인 것'과 '분석적인 것'이 동일시될 수 있는 것인지의 여부를 두고 벌어지는 합리주의와 경험주의의 대립적 논의를 살펴본 후에, 궁극적으로는 양자가 동일시될 수 없음을 보임으로써 결국 칸트로부터 비롯되는 선험적이면서 종합적인 것의 허용이라는 논점으로 귀결될 수 있음을 보이는 데 있다. 이와 관련하여 제기될 수 있는 물음은, 선험적 진술과 분석진술 이 일치할 수 있다는, 그래서 분석명제와 종합명제가 선명하게 구별된다는 경험론자의 주장이 과연 성공적일 수 있는가, 또한 그 성공 여부를 통해 어떤 가능한 대안이 있을 수 있는가 하는 문제 등이 될 것이다.

---

7) 경험주의에 대한 공격의 대상은 세계에 관한 지식이 후천적 종합진술에 대한 지식이라는 경험주의자들의 이론에 분석진술과 종합진술이 선명하 게 구별된다는 견해와 더 나아가 선천/후천, 필연/우연의 구별과도 연관 된다는 견해에 대한 것이다.

2. 선험적 지식의 가능성과 분석/종합의 구분

서양철학사에서 지식에 대한 '선험적 정당화(*a priori justifi-cation*)'에 대해 입장을 달리하는 두 전통, 즉 경험주의와 합리주의가 있는데, 어떤 명제를 선천적으로 알 수 있는가에 대해 양자의 견해가 일치할 수도 있겠지만 그 명제를 어떻게 받아들일 것인가에 대해서는 근본적으로 견해를 달리한다.8) 하지만 경우에 따라 경험론자들 가운데에는 선험적 지식이란 존재하지 않는다고 주장하는 경우도 있다. 이러한 입장을 강한 경험주의라고 했을 때, 이러한 경우 대체로 선험적 지식에 대한 회의론적 관점을 취한다.9) 하지만 이 논의에서는 이러한 회의주의를 옹호하기 위한 선험적 지식의 옹호 가능성에 대한 답변을 시도하지는 않을 것이다. 이는 선험적 지식에 대한 회의주의에 관한 논의로서 여기에서 논증하려는 것과는 거리가 있기 때문이다. 그 가운데 더 온건한 견해가 있을 수 있는데, 이에 따르면 **모든 선험적 지식은 분석명제에 관한 지식이라는 견해**가 될 것이다.10)

---

8) 이와 관련해서 호스퍼스는 다음과 같이 말한다. "모든 필연적 진술이 분석진술이라고 믿는 철학자들을 전통적으로 **경험주의자**라고 한다. 이들은 우리가 종합진술을 이 세계를 관찰함으로써 경험적으로 알 수밖에 없다고 주장한다. 그러나 관찰을 통해서는 이 세계에 **성립해 있는 사실**을 알 수 있을 뿐이지 **성립해야 하는 사실**을 알 수는 없다. … 분석적이지 않은 필연적 진술, 즉 종합적인 필연적 진술이 있다고 믿는 철학자들은 **합리주의자**라고 부른다." J. Hospers, *An Introduction to Philo-sophical Analysis*, 1988, 이제훈, 곽강제 옮김, 『철학적 분석 입문』, 담론사, 1997, 300쪽.

9) 이에 관해서는 L. Bonjour, *The Structure of Empirical Knowledge*, Cambridge: Harvard University Press, 1985, 부록 A 참조.

물론 이에 대한 해명의 실마리를 찾기 위해서는 분석명제가 무엇인지에 대한 성격이 명시적으로 드러나야 할 것이고, 또한 그 성격을 드러내기 위해서는 우선 분석명제와 종합명제의 구분에 관한 논의가 선행되어야 할 것이다.

적어도 선험적 지식의 가능성을 거부하지 않는 경험론자의 경우에 무엇이 선험적 명제인지에 대해 합리주의자와 어느 정도는 견해를 같이한다. 예를 들어 경험론자는 Ⓐ "초록은 색을 갖기 마련이다"라는 명제를 선험 명제로 규정할 것이다. 하지만 합리론자와 경험론자에게 있어서 Ⓐ의 내용이 어떤 것이냐에 대해서는 서로 견해를 달리한다. 경험론자에 따를 경우 Ⓐ를 물리적 세계에 관한 것이 아닌, 언어의 단순한 동어반복적 명제로, 이른바 말할 필요조차 없는 명제 정도로 여길 것이다. 이에 반해 합리론자는 Ⓐ가 물리적 대상 세계에 관한 사태를 진술하는 것으로서, 초록의 사례를 갖는 그 어떠한 대상도 색의 사례이기도 하다고 주장할 것이다. 이들에 따르면 이른바 '이성의 빛'에 의해 물리적 세계에 관한 필연적 사실들, 즉 선천적으로 접근 가능한 사실들을 파악할 수 있다고 주장할 것이다.

반면 경험론자들은 이를 받아들이지 않는다. 선험 명제는 언어적 혹은 논리적 진리를 드러낼 뿐, 사실적 혹은 실제적 내용은 결여하고 있다고 주장할 수 있기 때문이다. 그렇다면 '선험성(apriority)'에 대한 합리론자의 설명과 경험론자의 설명이 확연히 구분된다는 것을 알 수 있다. 합리론자들에 따를 경우 달

---

10) 같은 책, 197-207쪽; M. Steup, *An Introduction to Contemporary Epistemology*, Prentice-Hall, 1996, 58-59쪽 참조.

콤한 것은 맛을 지녀야 하고 정사각형은 사각형이어야만 하고, 삼각형의 내각의 합은 180° 이어야만 하는 식으로 선험 명제는 물리적 세계의 필연적 속성과 관계를 기술하는 것이다. 게다가 이러한 속성이나 관계는 이성을 통해 파악할 수 있는 것이라고 합리론자들은 주장할 것이다. 그래서 합리주의에서는 오직 **우리의 사고만으로** 이 세계가 어떠한가(혹은 어떠해야 하는가)에 대해 파악할 수 있다고 말할 것이다. 반면에 경험론자들은 사고만으로 물리적 세계에 관한 그 어떠한 것도 드러낼 수 없을 것이라고 설명한다. 말하자면 경험의 도움 없이 우리가 알 수 있는 것이란 오직 개념적 그리고 논리적 진리뿐이라는 것이다.

그렇다면 경험론자는 합리론자와의 본질적인 차별성을 드러내기 위해 분석명제와 종합명제를 선명하게 구분지으려 할 것이다. 경험론자에 따르면 분석명제는 물리적 세계에 관한 것이 아닌 언어나 논리적 진리를 진술할 뿐이며, 따라서 그저 그런(동어반복적) 진술이라는 것이다. 반면에 종합명제는 물리적 세계에 관한 진술이라는 점에서 경험적 의미를 갖는다는 것이다. 그렇게 본다면 분석명제와 종합명제는 상호 배타적이기 때문에 양자 사이에 공유할 수 있는 그 어떠한 여지도 없을 것이다. 이 말은 어떤 명제가 분석명제가 아니라면 그 명제는 종합명제라는 것을, 역으로 어떤 명제가 종합명제가 아니라면 그 명제는 분석명제라는 것을 의미하며, 분석명제도 아니면서 종합명제도 아닌 그러한 명제는 없다는 것이다. 결국 경험론자에 따르면 분석명제는 선천적으로 알 수 있지만, 종합명제는 선천적으로 알 수 있는 것이 아니라는 것이다.[11] 그렇다면 경험주의자들에게 있어서 선험적인 동시에 종합적인 그러한 진술이란 없다는 결론이

나온다. 왜냐하면 어떤 진술이 선천적으로 알려진다면 분석진술일 것이고, 그것이 후천적으로 알려진다면 종합진술이라는 것 이외에 다른 가능성을 원천적으로 배제하고 있기 때문이다. 반면 합리주의자들에 따를 경우 그렇지 않다는 점에서 선천적 종합진술의 존재 여부에 대한 가능성은 열려 있는 셈이다.

하지만, 경험주의에서는 '분석'과 '종합'의 구분을 위해 다음을 염두에 두고 있는 것으로 보인다. 우선 모든 선험 명제가 분석명제라는 것, 말하자면 모든 선험 명제가 물리적 세계에 관한 것이 아닌, 언어와 논리에 관한 것으로 설정함으로써 **선험성의 범위에 제한을 두려는 것**이 그 하나라고 한다면, 다른 하나는 합리론자들이 설정하고 있는 선험성에 대한 신비한(*mysterious*) 설명을 그렇지 않은 것으로 재설정하려는 데 있다. 이 경우 경험론자는 "경험에 의거한 정보의 도움 없이 어떻게 물리적 대상에 관한 사실을 습득하는 것이 가능한가?"라고 묻는 것이다. 그래서 경험론자의 입장에서는 합리론자들이 물리적 세계에 관한 진리를 비개념적 방식인 '직관'이나 '통찰'과 같은 능력으로 알 수 있다는 주장에 대해 강한 의구심을 나타낸다. 따라서 우리는 그러한 신비한 능력을 소유하고 있지 않기 때문에 물리적 세계에 관한 문제들에 관해 선천적인 방식을 통해 안다는 것은 불가

---

11) 이 문제는 선험적인 것과 경험적인 것 사이의 경계선이 분석적인 것과 종합적인 것 사이의 경계선과 일치하느냐의 여부에 관한 것으로 대부분 흄을 비롯한 대부분의 경험론자들은 '선험 = 분석/경험 = 종합'이라는 도식을 받아들인다. 이들에 따르면 수학, 논리학과 같은 형식학문은 전자(선험 = 분석)를 다루고, 물리학과 같은 경험학문은 후자(경험 = 종합)를 다룬다는 것이다. R. Carnap, *An Introduction to the Philosophy of Science*, 1972, 윤용택 옮김, 『과학철학입문』, 서광사, 1993, 232-233쪽.

능하다고 주장할 것이다. 말하자면, 논리적 진리나 언어사용 방식에 관한 진리를 파악하는 능력에 관한 한 그러한 신비한 측면은 결코 없다는 것이다.12) 결국 경험론자의 관점에서 보았을 때 '선험성'이란 '분석성(analyticity)' 그 이상도 이하도 아니라는 점에서, 그들이 받아들이고 있는 '선험성은 '분석성'13)의 범위를 넘어서지 않는다.

그렇다면 이러한 경험론자의 주장이 성공적이기 위해서는 '선험성은 곧 '분석성'에 다름 아니라는 해명이 있어야 할 것이다. 그런데 '선험성'은 곧 '분석성'이라는 경험론자의 기획이 성공하기 위해서는 '선험적인 동시에 종합적인 명제의 존재 여부'가 관건이 될 수 있다는 점에서 칸트의 견해에 대한 유효성 문제와도 밀접한 연관성을 갖는다. 따라서 이와 관련하여 해결해야 할 과제는 모든 선험 명제가 분석명제인지의 여부에 관한 탐구일 것이다. 이를 위해서는 그 동안 '분석성'에 대해 어떻게 정의해 왔는지에 대해 살펴보는 것과 함께 그 해명이 이루어져야 할 것이다.

3. 분석성에 대한 칸트의 전제와 개념 분석

앞에서 이 글이 선험적 지식의 가능성 문제와 관련한 현대적

---

12) 이는 곧 경험주의와 합리주의 간의 논쟁이 세계에 대한 '인간의 인식능력에 대한 의견 차이'에서 비롯된 논쟁이 될 것이다. 그렇게 보았을 때 양자의 논쟁은 '인간의 인식능력의 차이'에 따른 것이다.

13) 이에 대한 세부적인 논의는 P. A. Boghossian, "Analyticity", *The Encyclopedia of Philosophy*, Supplement, Macmillan, Inc., 1996 참조.

논의가 갖는 성격을 드러내는 것에 초점을 맞추어 논의가 이루어진다고 밝힌 바 있다. 이에 따라 여기에서는 칸트 철학 가운데에서도 그가 정의하고 있는 '선험성'에 한정하여 논의가 전개되기 때문에 칸트 철학 자체에 대한 논의는 이 글의 범위를 벗어난다. 다만 선험적 지식에 대한 가능성 모색을 위해 칸트로부터 비롯되는 '분석성'에 대한 합리주의와 경험주의 간의 대립적 고찰을 통해 경험론자들의 기획에 따른 '선험성'과 '분석성'의 일치라는 도식이 성립될 수 있는지의 여부에 대해 살펴보고자 한다.14)

우선 분석성에 대해 가장 명시적으로 제시하고 있는 칸트의 정의에 따르면, 그는 『순수이성비판』의 서문에서 다음과 같이 규정하고 있다. 분석명제에 대한 칸트의 정의를 정식화하면, Ｋ "술어가 주어에 개념적으로 포함되어 있는 명제인 경우, 또 오직 그 경우에 한해 분석명제이다"가 될 것이다.15) 예를 들어

---

14) 선험/후험이라는 개념은 데카르트, 라이프니츠, 로크 등이 이미 사용했지만, 그 구별을 통한 명시적인 도입은 칸트에 의해 이루어진다. 그래서 칸트는 『순수이성비판』에서 선험적 지식을 경험과의 무관하에 정의하고 있다. 선험적 지식의 개념은 선험적 정당화 개념과 밀접한 연관성을 갖는데, 이는 어떤 지식을 선험적 지식으로 만드는 것이 바로 그 지식이 정당화되는 방식이기 때문이다. 그렇다면 선험적 지식은 그 정당화가 선험적으로 이루어지는 지식이라고 정의할 수 있다. 칸트에 따르면, "어떤 믿음의 정당화가 경험과 무관하게 이루어지는 경우, 또 오직 그 경우에 한해 그 믿음은 정당화된다"고 할 수 있다(I. Kant, *The Critique of Pure Reason*, N. Kemp Smith, London: Macmillan, 1964, 서문 참조). 여기에는 또다시 경험이라는 개념이 정확히 무엇인가, 또 경험과 무관하다는 것이 무엇인가라는 문제가 제기된다. 하지만 이에 관한 수많은 논의의 발단은 칸트로부터 비롯된다는 점이다.

15) 칸트는 모든 판단을 두 가지 기준에 의해 구분한다. 하나는 술어 개념

"모든 처녀는 미혼이다"라는 명제는 이 명제의 주어인 '처녀'에 술어 '미혼'이라는 의미가 귀속되어 있다. 그런데 처녀라는 개념은 '미혼의 성인 여자'로 정의할 수 있을 것이다. 그래서 그 주어에 귀속되는 술어인 '미혼'은 개념적으로 그 주어인 '처녀'에 포함되어 있다. 그렇다면 K에 따라 "모든 처녀는 미혼이다"라는 명제가 분석명제라는 것을 함축한다. 마찬가지로 K에 따라 "2006년 독일월드컵에 참가한 선수 모두는 활기가 넘친다"라는 명제가 종합명제라는 것을 함축하는데, 그 이유는 '활기가 넘친다'는 술어가 '2006년 독일월드컵에 참가한 선수'라는 주어의 개념에 포함되어 있지 않기 때문이다.

그런데 K에 다음과 같은 두 가지 문제가 발생할 수 있다. 우선 K는 모든 선험 명제가 주어-술어 형식의 명제가 아니라는 점으로 인해 더 이상 유지할 수 없게 만든다는 점이다. 예를 들어 경험론자들은 ⑧ "경기에 이기거나 혹은 이기지 않거나이다"

이 주어 개념 속에 포함되느냐(분석판단), 그렇지 않느냐(종합판단)에 따른 것이고, 다른 하나는 경험에 독립적이냐, 속한 것이냐에 의한 것이다. 칸트는 경험, 그리고 모든 감각인상까지도 떠난 인식을 선험적 인식이라 부르고, 이를 경험적 인식과 구별한다. 또한 주어가 술어에 포함되어 있는 판단은 분석판단이요, 주어 밖에 있는 술어가 주어 개념과 결합된 판단을 종합판단이라고 한다. 그래서 전자는 술어를 통하여 주어의 개념에 무엇을 보태는 것이 아니라, 이미 주어의 개념 속에 포함되어 있기 때문에 설명 판단이라 할 수 있고, 후자는 주어 개념 속에 들어 있지 않은, 그래서 주어의 개념에 대한 분석을 통하여 이끌어낼 수 없는 술어를 주어의 개념에 부가된다는 점에서 확장 판단이라고 한다. H. M. Baumgartner, *Kant's "Kritik der reinen Vernunft": Anleitung zur Lektüre*, 임혁재, 맹주만 옮김, 『칸트의 순수이성비판 읽기』, 철학과현실사, 2004, 52-54쪽 참조.

를 선험 명제로 분류할 것이다. 게다가 경험론자에 따르면 모든 선험적 명제가 분석명제이기 때문에 Ⓑ 역시 분석명제라고 해야 할 것이다. 그렇지만 Ⓑ는 주어-술어 형식을 지니고 있지 않기 때문에, 주어에 술어가 포함되어 있지 않으며 그래서 Ⓚ에 따른다면 Ⓑ가 분석명제가 아닌 종합명제라는 사실을 함축한다. 그렇다면 Ⓚ는 모든 선험 명제가 분석명제라는 결과를 산출해 내지 못하며, 결국 경험론자의 관점에서 보았을 때 '분석성'에 대한 만족스러운 정의가 될 수 없다.16)

Ⓚ의 또 다른 문제는 주어-술어 형식을 갖는 명제들의 경우에도 Ⓚ가 모든 경우에 적용되지 않는다는 점이다. 선험 명제의 전형적인 사례에 해당하는 Ⓒ "붉은 것은 색을 지니기 마련이다"를 생각해 볼 수 있을 것이다. Ⓒ는 주어-술어의 형식을 갖고, 술어 '색을 지닌다'는 주어 '붉음'에 귀속된다. 하지만 이 경우 술어가 실제로 주어에 개념상 포함된 것이라고 할 수 있는가?

위의 문제와 관련하여 개념의 의미 분석에 따를 경우 다음과 같은 정식화가 가능할 것이다. 즉, 어떤 a라는 개념이 b라는 개념에 대한 분석의 일부분인 경우, 또 오직 그 경우에 한해 a 개념은 b 개념에 포함될 것이다. 왜냐하면 개념에 대한 분석이라고 하는 것은 그러한 개념을 그 구성 요소들로 나누어진다는 것을 의미하기 때문이다.17) 예를 들어 '어머니'라는 개념은 '여성'

---

16) 물론 칸트 자신은 모든 선험적 지식이 분석명제에 대한 지식이라는 것을 확립하려 했던 것은 아니다. 오히려 그는 종합명제가 선험적일 수 있는 가능성을 밝히기 위해 모든 수단을 동원하게 된다. 하지만 이와 관련해서는 결론에서 부분적으로 언급하는 것으로 대신하고자 한다.

이라는 개념은 물론이고 '적어도 하나의 자녀를 가짐'이라는 개념을 논리적으로 함축하며, 이 두 개념은 서로 합쳐져서 어머니라는 개념을 논리적으로 함축한다. 그렇다면 올바른 분석이란 피분석항과 분석항이 서로 논리적으로 함축하는 분석, 즉 필연적으로 동치인 분석이다. 이에 따라 '처녀'라는 개념 역시 '미혼', '성인', '여자'와 같은 구성 요소들을 가지며, 이 술어 각각은 '처녀'라는 개념에 포함되어 있다.[18]

그런데 문제는 '색을 지닌다'는 개념이 '붉음'이라는 개념 속에 포함되어 있는 것인가라는 점이다. 말하자면, 이 물음은 '색을 지닌다'는 개념을 구성 요소로 포함하는 '붉음'이라는 개념에 대한 분석인가에 관해 묻고 있는 것이다. 합리론자는 '붉음'이라는 개념이 단순개념이기 때문에 그러한 분석이란 불가능하다고 주장할 것이다.[19] 달리 말해서 '붉다'라는 개념이 의미하는 바를 언어상으로 습득할 수 있는 방법은 있어 보이지 않기

---

17) 철학적 문제를 해결함에 있어 어떤 개념이 의미하는 바를 분석하는 것은 필수적이다. 복합개념의 경우 그 구성요소를 드러냄으로써 분석할 수 있는 반면에, 단순개념은 그렇게 할 수 없다. 오히려 단순개념이 의미하는 바를 전달하기 위해서는 다만 그 개념과 동일한 것을 의미하는 다른 개념과 연관지음으로써 정의할 수 있을 따름이다.

18) M. Steup, 앞의 책, 60쪽.

19) 복합개념은 그 구성요소들을 드러냄으로써 분석할 수 있는 반면에, 단순개념은 그렇게 할 수 없다. 단순개념이 의미하는 것을 전달하기 위해서는 그 개념과 똑같은 것을 의미한다고 여겨지는 다른 개념들과 연관지음으로 정의할 수 있을 따름이다. 예컨대 필연성 개념은 단순개념인데, 필연성에 대한 개념적 분석은 구성요소들을 확인하는 것으로는 제시할 수 없고, 그것이 의미하는 것을 가능성 개념과 관련지음으로써 정의할 수 있다. M. Steup, 앞의 책, 26-28쪽.

때문이다. 오히려 어떤 대상이 '붉다'라는 개념을 알기 위해 우리는 붉은 대상을 **실제로 지각**하는 수밖에 없을 것이다.[20] 분석은 불가능하지만 지각 가능한 성질의 사례로는 '달다', '맵다', '새콤하다', '쓰다' 등을 들 수 있다. 이 개념은 분석할 수 없는 단순한 개념들이다.

그렇다면 K에 따를 경우, 선험 명제이기는 하지만 분석명제는 아닌 주어-술어 형식의 명제는 얼마든지 있을 수 있다. 예를 들어 "매운 어떠한 것도 맛을 지니기 마련이다", "미끌미끌한 것은 표면이 있다", "딱딱한 것은 공간을 차지하기 마련이다" 등과 같은 것들이 그것이다. 경험론자에게 있어서 이러한 결론을 받아들이기는 어려울 것이다. 따라서 K를 통해서는 경험론자들이 확립하고자 하는 '선험성' 영역의 제한, 즉 모든 선험적 지식이 분석명제에 관한 지식이라는 목표를 성취하지 못한다는 결론이 나온다.

4. 분석성에 대한 프레게의 대응책과 그에 따른 문제

프레게(G. Frege)는 우선 칸트에 따른 분석명제과 종합명제의 구분이 충분히 포괄적이지 못하다고 지적한다. 이에 따라 분석성에 대한 정의에 있어서도 칸트와 달리 프레게는 단순히 주어-술어 형식을 갖는 명제에 제한해서 규정하지 않는다. 프레게에 따른 분석과 종합의 구분은 판단의 정당화가 의존하는 궁극적

---

20) 그런 점에서 '붉음'의 의미는 붉은 대상을 직접 보여주는 예시적 방식을 통해서만 그 전달이 가능하다.

근거에 관한 구분이어야 한다는 것이다. 말하자면, 이 구분은 한 명제의 증명이 의존하는 원초적 진리들이 어떤 것인가에 의거한 구분이 그것이다. 그래서 프레게는 어떤 명제가 논리적 법칙들과 이 법칙들에 의해 정당성이 보장되는 정의들에 의해 증명이 가능할 때 '분석적'이라 하고 그렇지 못할 때 '종합적'이라 한다.

그렇다면 프레게에 따른 '분석성'에 대한 정의를 정식화하면 다음과 같다. 즉, Ⓕ "논리적 진리나 혹은 동의어에 동의어를 대입함으로써 논리적 진리로 환원 가능한 명제인 경우, 또 오직 그 경우에 한해 그 명제는 분석명제가 된다."21) Ⓕ에 대한 적용 사례로는 "만일 눈이 내리고 있다면, 눈이 내리고 있다", "눈이 내리고 있거나 또는 눈이 내리고 있지 않거나이다"와 같은 명제를 들 수 있다. 이들은 각각 '만일 a라면, a이다'와 'a이거나 혹

---

21) 덧붙여 어떤 명제가 공리들로부터 증명 가능할 때, 그것을 '선천적'이라 부르고, 일반법칙이 아니 특수한 사실들에 의존한 증명만이 가능한 명제를 '후천적'이라 한다. 이에 따라 프레게는 논리적 법칙들 또한 증명이 불필요하거나 불가능한 일반법칙들로 간주하기 때문에, 모든 분석적 진리는 선천적 진리이지만, 논리적 법칙들이 아닌 공리들에 의존하는 명제들은 선천적이고 종합적이다(G. Frege, *Foundations of Arithmetic*, Oxford, 1950, § 3, § 88 참조). 하지만 프레게와 거의 유사한 논증을 전개한 철학자로 카르납을 꼽을 수 있을 것이다. 카르납은 개념이나 대상들의 인식적-논리적 체계를 '구성적 체계'라 부르고 그것들의 정리 내지는 진술들을 '분석적'인 것과 '경험적'인 것으로 구분한다. 여기에서 '분석적' 정리란 정의만으로 연역될 수 있는 것을 말하고, '경험적'이란 경험을 통해서만 확정될 수 있는 대상들 사이의 관계를 말한다. 그래서 카르납에 따른 분석판단은 세계에 대한 경험적 의존 없이 용어들의 의미가 그 진리성을 함축한다. 그런 점에서 분석진술은 선험적이다. R. Carnap, 앞의 책, 231-235쪽.

은 ¬a'와 같은 형식으로 이 둘은 모두 a에 어떤 명제를 대입하더라도 그 결과가 참이 되는 형식이다. 그렇다면 프레게에 따른 논리적 진리란 모든 대입 사례가 참이 될 수밖에 없는 그러한 형식을 지닌 명제라는 것을 알 수 있다.

이제 Ⓕ에 대한 검토를 위해 "모든 처녀는 미혼이다"라는 명제를 여기에 적용할 수 있을 것이다. '처녀'라는 개념은 '미혼의 성인 여자'로 정의할 수 있기 때문에, 동의어를 동의어로 대치시키면, "모든 미혼의 성인 여자는 미혼이다"라는 결과를 얻을 수 있다. 그래서 '처녀'를 '미혼의 성인 여자'로 대치함으로써 "모든 처녀는 미혼이다"라는 명제는 논리적 진리로 바뀌게 되며, 그래서 Ⓕ에 따른 분석명제가 된다. 결국 Ⓚ와 달리 Ⓕ를 통해 경험론자는 '만일 a라면, a이다'나 'a이거나 혹은 ¬a'와 같은 논리적 진리를 분석명제로 분류할 수 있게 된다. 그래서 경험론자는 Ⓕ를 '분석성'에 대한 정의로 제시함으로써 선험 명제가 분석명제라는 것을 증명하는 데 일단 성공했다고 여길 것이다.

그러나 합리주의 진영에서는 다음의 근거에서 Ⓕ를 받아들이지 않을 것이다. 우선 Ⓕ에 따를 경우 모든 선험적 진리를 분석적인 것으로 귀착시키려는 경험론자의 목표가 충족되기 어려울 것이라고 비판할 것이다. 예를 들어, 앞에서의 ⓒ "붉은 것은 그것이 어떠한 것이 되었건 색을 지니기 마련이다"를 상기할 필요가 있을 것이다. Ⓕ에 따르면 동의어에 동의어를 대치시킴으로써 ⓒ를 논리적 진리가 되게 하는 경우, 또 오직 그 경우에 한해 ⓒ는 분석명제가 될 것이다. 그렇다면 Ⓕ는 ⓒ가 분석명제가 되는 상황을 만들기 위해서는 '붉음'을 대체할 수 있는 적

합한 동의어가 요구된다. '붉음'을 그러한 동의어로 대치시키게 되면, ⓒ "붉은 것은 그것이 어떠한 것이건 색상을 지니기 마련이다"는 "CF인 것은 그것이 어떠한 것이건 C이다"라는 논리적 형식에 따른 사례로 바뀌게 될 것이다. 그러나 '붉음'이라는 개념은 더 이상 분석될 수 없는 단순개념이기 때문에 여기에 적용할 수 있는 동의어는 없다. 이 사실은 ⓒ가 논리적 진리로 전환될 수 없다는 것을 의미한다. 결국 ⑤에 따라 ⓒ는 종합명제라는 사실을 함축한다.

이러한 반론에 대해 경험론자는 ⓒ가 엄밀하게는 ⓒ* "색을 갖는 붉은 것은 그것이 어떠한 것이 되었건 간에 색을 갖기 마련이다"라는 명제를 의미한다고 응수할 수 있을 것이다. 이 말은 ⓒ*가 "어떠한 CF도 C이다"라는 형식의 사례라는 점에서 논리적 진리일 것이고 따라서 ⓒ는 분석명제라고 주장할 수 있다. 하지만 이러한 제안이 받아들여질 수 있기 위해서는 '색을 지니는 붉음'이 '붉음'과 동의어가 되는 경우, 또 오직 그 경우가 되어야 할 것이다. 이러한 경험론자의 주장에 대해 합리론자는 이 두 개념이 동의어가 될 수 없다고 응수할 것이다. 그래서 합리론자에 따르면 전자의 표현이 후자의 표현과 동의어가 되기 위해서는 전자의 표현이 후자의 표현 그 자체(그 이상도 이하도 아닌 그 자체)를 의미해야 한다고 할 것이다. 이는 곧 '색을 지니는 붉음'은 '붉음' 그 이상의 것을 의미한다는 말이다. 왜냐하면 '색을 지니는 붉음'은 '색을 지님'과 '붉음'이라는 서로 다른 두 개념의 결합이기 때문이다. 따라서 '색을 지니는 붉음'은 엄밀히 말해 '붉음'과 동의어가 아니다.

결국, 동의어에 동의어를 대치시키는 방식에 따른 ⓒ에서

ⓒ*로 이행은 어려울 것이며, 따라서 Ⓕ에서 요구되는 방식에 따른 성취 또한 어려울 것이다. 그렇다면 Ⓕ에 따라 ⓒ가 종합 명제라는 것을 함축한다. ⓒ가 종합명제일 수 있다는 사실은 결국 '분석성'과 '선험성'을 동일시하려는 경험론자의 시도가 무위로 끝났다는 것을 보여준다.

5. 분석성에 대한 대안의 모색: 의미론적 적용

지금까지의 논의를 통해 선험성과 분석성을 동일시하려는 시도가 성공적이지 못한 것으로 드러났다. 그렇다고 경험주의의 진영에서는 여기에서 물러서서 선험성과 분석성이 일치되지 않을 수 있다는 견해를 수용할 것 같아 보이지는 않는다. 만일 경험론자의 입장에서 앞에서의 결과를 토대로 이를 인정해 버린다면 선험성과 분석성의 경계가 모호해지는 상황에 그치는 것을 넘어 경험주의 입지 자체가 흔들릴 수 있기 때문이다. 이에 경험론자들이 나름의 전략을 가지고 어떻게든 선험성과 분석성을 일치시킬 수 가능성에 대해 다각적으로 모색하는 것은 지극히 당연할 것이다.

이러한 그들의 목표를 달성하기 위해 세부적인 전략으로 삼게 되는 것이 **한 문장**과 **그 문장**이 **표현하는 명제**를 구별해야 할 것에 대한 요구이다. 왜냐하면 '분석성'에 대한 다음의 정의, 즉, Ⓢ "p는 **오직**(*solely*) 그 의미 덕분에 참이 되는 경우, 또 오직 그 경우에 한해 p는 분석적이다"라는 정의는 '분석성'을 문장의 속성으로 정의하려 할 것이기 때문이다. 여기에서 '*solely*'라는 말에 유의할 필요가 있는데, '*solely*'라는 말이 없다면 Ⓢ

의 정의항이 갖는 중요한 차이를 드러내지 못할 것이다.[22]

ⓓ "눈은 하얗다"와 같은 종합문장(synthetic sentence)을 고려해 볼 경우, ⓓ를 참이게 만드는 것은 '눈이 실제로 하얗다'라는 **사실뿐** 아니라, '눈'과 '하얗다'라는 단어 **그 자체가 뜻하**는 것을 의미하게 된다. 말하자면, ⓓ와 같은 문장은 의미와 사실이라는 진리의 두 측면을 갖는다. 그것은 종합문장이 참이라면 부분적으로 의미 덕분에 참이 되고, 거짓이라면 의미 덕분에 거짓이 되는 것이다. 따라서 '*solely*'라는 말이 없다면 ⓢ의 정의항은 분석문장이든 종합문장이든 어떠한 문장에도 적용될 것이고, 그래서 분석성에 대한 정의로서는 결코 적절치 못할 것이다. 그렇지만 '*solely*'를 적용한다면, ⓢ는 종합문장과는 다른 분석문장으로서 의미라는 유일한 진리의 원천을 갖게 되는 매우 의미 있는 주장을 제공하게 된다. 예를 들어 ⓢ를 받아들이는 경험론자는 ⓒ "붉은 것은 무엇이건 간에 색을 지니기 마련이다"가 **오직** ⓒ에 사용된 낱말들의 의미 덕분에 참이 되기 때문에 분석적이라고 말할 것이다. 반면에 ⓓ는 종합적이라고 말할 것이다. 왜냐하면 ⓓ는 의미뿐만 아니라, '눈이 하얗다'는 사실 덕분에도 참이 되지 않을 것이기 때문이다.

ⓢ에 대한 합리론자의 답변으로는 어떠한 것도 **오직** 의미 덕분에 참이 되지는 않으며, 그래서 결국 ⓢ는 모든 선험 명제가 종합명제라는 결과를 초래한다고 응답할 수 있을 것이다. 하나의 문장(*sentence*)으로 이해할 때 ⓒ를 참이 되게 만드는 것은 무엇인가? 무엇보다 먼저 ⓒ를 참이 되게 하는 것은 ⓒ에 나타

---

22) L. Bonjour, 앞의 책, 204-205쪽 참조.

난 낱말들 자체가 뜻하는 것을 의미한다는 것이다. 다음으로 ⓒ를 참이 되게 하는 것은 '붉음'이라는 속성이 색을 지닌다는 속성을 포함하고 있다는 사실이다. 따라서 ⓒ가 **오직** 의미 덕분에 참이 된다는 것은 거짓이다.

달리 말해서, 합리론자는 다음과 같이 논증하고 있는 셈이다. 즉, 경험론자는 ⓒ가 **오직** 의미 덕분에 참이 된다고 주장할 때, 그들은 사실상 ⓒ가 참이 되기 위해 만족되어야 하는 유일한 조건, 즉 ⓒ에 있는 낱말들이 그 자체를 뜻하는 것을 의미한다는 조건만을 말하고 있는 셈이다. 하지만 만족되어야 하는 또 다른 조건이 있는데 그것은 Ⓔ "붉음이 갖는 속성은 색을 지닌다는 속성을 포함한다"가 될 것이다. 만일 Ⓔ가 거짓이라면, ⓒ 또한 거짓이 될 것이다. 따라서 Ⓔ의 참임은 ⓒ가 참이기 위한 필요조건이므로 ⓒ은 **오직** 의미 덕분에 참인 것은 아니다. 그래서 Ⓢ는 ⓒ가 종합적이라는 것을 함축하며, 이로써 Ⓢ를 통해 이루고자 했던 목표를 결국 달성하지 못하게 된다는 것이 합리론자의 결론이다.23)

---

23) 앞에서의 논의를 좀더 확장시키면, 콰인(Quine)은 "진술 S가 분석적이라고 했을 때, S는 이미 개념적으로 주어에 포함된 것을 주어에 귀속시키는 오직 그 경우만이다"라는 칸트의 정의를, 다음 두 가지 이유, 즉 '포함'이라는 개념이 은유라는 것과 이 정의가 주어-술어 형식의 진술에만 적용된다는 점을 들어 이 정의를 "진술 S는 분석적이다 iff S는 자신의 의미에 의해 참이며 사실과 무관하게 참이다"로 수정한다. 이 정의에 관해 콰인은 의미 이론이 지칭 이론과 분리되면, 의미론의 가장 중요한 과제는 언어 형식들 간의 동의성과 진술들 간의 분석성이 되는데, 그렇게 될 경우에 '의미'라는 모호한 중간적 실재는 폐기될 것이라는 것이다. 이제 의미 이론이 동의성, 분석성, 그리고 동의성과 분석성에 의거해 정의될 수 있는 다른 어떤 개념들에 대한 이론으로 환원되고,

지금까지 살펴본 바와 같이, '분석성'에 대한 정의 가운데 그 어떠한 것도 성공하지 못하는 결과가 되고 말았다. 말하자면 모든 선험 지식이 분석명제에 대한 지식이라는 것을 입증하는 데 실패한 것이다. 그래서 이러한 정의와 관련해서 알 수 있는 것은 종합적인 선험적 지식이 있다고 결론지을 수 있을 것이다. 그렇다고 이와 같은 '분석성'에 대한 몇몇 제한적 시도가 성공적이지 못하다고 해서, 종합적인 선험적 지식이 없다는 경험론자의 시도 자체에 대해 폐기처분 식의 귀결로 이끄는 것은 성급한 판단이다. 왜냐하면 그들이 '분석성'에 대해 다시금 재정의한 후 모든 선험 지식이 분석명제에 관한 지식이라고 반복해서 주장할 수 있는 여지가 그들에게는 여전히 있기 때문이다. 그럼에도 불구하고 합리론자 역시 분석명제로 분류할 수 없는 선험적 지식이 있음을 증명하려 할 것임에는 두말할 여지가 없다.

6. 나오는 말

지금까지 모든 선험적 지식이 분석명제에 대한 지식이라는 것을 입증하는 데 성공적이지 못함에 따라 분석/종합에 대한 뚜렷한 구분의 가능성, 즉 선험적인 것과 경험적인 것 사이의 경계선이 분석적인 것과 종합적인 것 사이의 경계선과 일치하느냐의 여부에 대한 가능성 모색에 실패했다는 점을 확인할 수 있었다. 이와 같이 확인된 결과에 따라, '분석성' 개념에 대한 만족

논리적 진리와 동의성 개념이 주어지면 '분석진술'은 "진술 S는 분석적이다 iff S는 동의어에 동의어를 대입함으로써 논리적 진리로 전환된다"와 같이 정의될 수 있다는 것이다.

스러운 설명이 없다는 사실로부터 분석명제와 종합명제 간의 선명한 구분은 존재하지 않는다고 평가할 수 있을 것이다. 이 점은 결과적으로 또 다른 과제로 남을 수밖에 없다는 측면을 보여주는 것이기도 하겠지만, 분명한 것은 선험적인 동시에 종합적인 것의 존재 여부를 허용하는 상황을 초래하고 말았다는 사실이다.

요약하자면, 진술이 선천적으로 알려진다면 분석진술일 것이고, 그것이 후천적으로 알려진다면 종합진술이라는 것 이외에 다른 가능성을 원천적으로 배제하고 있는 경험주의자들에게 있어 세계에 관한 우리의 지식이 종합적이면서 경험적(동시에 우연적) 진술이라는 도식이 성립할 것이다. 그렇다면 이러한 그들의 주장 이면에는 선험적인 동시에 종합적인 그러한 진술이란 없다는 결론이 나온다. 반면에, 합리주의자들은 이를 부정하고 있다는 점에서 선천적인 동시에 종합적인 진술을 허용하는, 즉 선천적 종합명제가 가능하다는 입장을 취한다.[24]

이제 칸트로 돌아가서 생각해 보자. 칸트에 따르면, 모든 분석적인 것이 선험적이기는 하지만, 모든 선험적인 것이 분석적인 것은 아니다. 왜냐하면 선험적인 것 가운데 종합적인 것도 있기 때문이다. 이른바 선험적 종합명제가 이에 해당할 것이다. 이 말을 역으로 생각하면, 모든 경험적인 것이 종합적이기는 하지만, 그렇다고 해서 모든 종합적인 것이 경험적인 것은 아니라는 의미도 동시에 성립한다. 말하자면 종합적인 것 가운데 선험

---

24) 특히 칸트 이후 선천적 종합명제의 존재에 대한 동의 여부는 두 견해를 가르는 중요한 기준으로 받아들여지게 된다.

적인 것도 있다는 말이다.25) 결국 선험적인 것은 곧 분석적인 것이고 경험적인 것은 곧 종합적이라는 경험론자의 기획이 성공적이지 못하다면, 선험적인 것에도 종합적인 것이 있고 역으로 종합적인 것에도 선험적인 것이 있다는 칸트의 견해를 허용해야 하는 충분한 이유가 될 것이다.

여러 가지 주제들을 특정한 흐름에 따라 엮어내려다 보니 논의의 상당 부분이 피상적인 분석에 머문 것도 있고, 반드시 언급해야 함에도 불구하고 그렇지 못한 것들도 있다. 필자가 이 글을 통해 의도한 것은 이 주제와 관련된 논의에 독창적인 기여를 하고자 한 것이 아니라, 최근 영미철학에서 흄적인 전통에서 칸트적인 전통으로 선회하고 있는 인식론적 흐름을 다시금 확인해 보고, 그 동안 영미철학에서 소원했던 칸트 철학에 대해 음미하는 기회를 갖기 위함이었다. 칸트에 대한 정확한 이해를 바탕으로 분석/종합, 선험/경험이라는 구분의 도식에 세부적으로 접맥시켜 현대 영미철학에서의 인식론적 논의에 새로운 활력을 불어넣고 또 다른 가능성을 모색하는 것은 다음 과제가 될 것이다.

---

25) 이를 도식화하면 다음과 같은 구도가 될 것이다.

분석성	종합적인 것
선험성	경험적인 것

칸트에 따르면, 순수 수학적 명제, 즉 산술 명제와 기하학적 명제와 순수 자연과학 명제가 선험적인 동시에 종합적이라는 것이다.

칸트와 주희에 있어 악의 문제

연 재 흠

여러 가지 철학적 문제 가운데, 선악(善惡) 또는 선과 불선(不善)에 관한 문제는 일찍이 동양과 서양의 철학가들이 모두 주목했던 주제 중 하나이다. 만약 철학을 인간에 대한 근본적인 이해라고 말한다면, 선 혹은 선의 실현은 인간에 대한 긍정적이고 낙관적인 이해를 가능케 한다. 이와 반대로, 현실 속에서 인간에 의해 저질러지는 극악한 행위와 그 결과를 접할 때마다, '인간은 만물의 영장이다'라는 명제에 대한 회의를 넘어, 인간과 인류의 미래에 대해 부정적이며 비관적인 전망의 그림자가 짙게 드리워진다.

서양과 동양의 철학을 비교·연구할 때, 양자가 각기 다른 역사의 흐름, 사유의 전통을 배경으로 하고 있기 때문에, 상호간의 이해가 아닌 오해를 불러일으키기 쉽다. 그러나 동서양의 많은 철학자들이 이러한 오해를 넘어서 양자 간의 소통을 위해 적지 않은 노력을 기울여 왔다. 동일한 주제나 철학가들의 비교를 통해 상호간의 낯설음을 극복하고 공통된 이해를 찾기 위한 노력은 인간에 대한 보편적인 이해라는 측면에 있어 유용한 것이라고 할 수 있을 것이다.

동서양 철학의 변화·발전 과정 속에서 주희(朱熹, 1130-1200)와 칸트(Immanuel Kant, 1724-1804)는 매우 흡사한 위치를 차지하고 있다고 말할 수 있다. 주희가 북송시대(北宋時代) 유학의 성과를 집대성하여 자신의 철학 체계를 수립하였다면, 칸트 역시 경험론과 합리론의 성과를 비판적으로 수용하고 종합하여 새로운 철학 체계를 건립하였다고 말할 수 있다. 이 글에서는 최소한의 공통점을 모색하는 수준에서, 악의 개념을 중심으로 칸트와 주희의 사상에 대해 살펴보고자 한다.

1. 악(惡)의 정의

동양과 서양 철학은 모두 악(惡)의 의미와 그것이 발생하는 근원을 설명하기 위해 노력을 기울였다. 고대 철학가 가운데 소크라테스나 플라톤은 인간의 무지(無知) 또는 잘못된 지식으로부터 악이 발생한다고 생각하였다. 중세의 아우구스티누스나 아퀴나스는 모두 악은 선의 결여요 결핍이라고 생각하였다. 나아가 아퀴나스는 악을 자연적 악과 도덕적 악으로 구분하였다.[1]

---

1) 아퀴나스에 의하면 자연적 악은 자연의 유한성에 연유하는 것으로서,

주희의 관점에서 보자면, 그가 "만약 이러한 이(理)라면 어떻게 악(惡)할 수 있겠는가! 이른바 악이라는 것은 단지 기(氣)일 뿐이다"[2]라고 말한 것과 같이, '이'는 선한 것이고 '기'는 선함도 있고 악함도 있는(有善有惡) 것이다. 주희는 이러한 관점을 만물의 생성과 인간의 도덕이란 두 방면에 모두 적용하고자 하였다. 자연계의 선악에 대해 주희는 다음과 같이 설명하였다.

"세상에는 단지 선함과 악함이라는 두 가지 단서가 있을 뿐이다. 비유컨대 陰과 陽이 하늘과 땅 사이에 있는 것과 같다. 바람이 부드럽고 햇볕이 따스하여 만물이 발생함은 善을 의미한다. 수많은 陰氣가 작용하면 만물은 시들어 버린다. 사람에게 있어서 악함도 역시 그렇다. 天地의 理는 본래 음의 기운을 억눌러 항상 이기지는 못하게 한다."[3]

"天道는 善을 좋아하고 惡을 미워하니, (사람이) 악을 막고 선

자연의 재난, 황폐, 상처, 고통, 불구, 죽음 등의 부정적 자연 현상을 말하고, 도덕적 악은 인간의 유한성에 연유하는 것으로서 인간의 부정, 불의, 살인, 악행 등 부정적 인간 행위를 말하는데, 이러한 악은 결코 신(神)이 뜻하거나 의도한 것이 아니다. 다만 그 악은 더 큰 선을 위해 신에 의하여 불가피하게 묵인된 것이라고 한다. 도덕적 악은 인간을 기계적인 존재가 아니고 자유로운 존재로 만들려는 큰 선을 위해 묵인된 것이고, 자연적 악은 자연에 생명을 불어넣고 자연을 더욱 아름답게 하기 위해, 다시 말하면 우주의 완성이라는 더 큰 선을 위해 묵인된 것이라고 한다. 박영식, 『서양철학사의 이해』, 철학과현실사, 2000, 170쪽.

2) 『朱子語類』 (宋)黎靖德 編, 王星賢 點校, 中華書局, 1994, 卷4, 65쪽. 旣是此理, 如何得惡! 所謂惡者, 却是氣也.

3) 『朱子語類』 卷12, 203쪽. 天下只是善惡兩端. 譬如陰陽在天地間, 風和日暖, 萬物發生, 此是善底意思; 及群陰用事, 則萬物彫悴. 惡之在人亦然. 天地之理固是抑遏陰氣, 勿使常勝.

을 드러냄이 '하늘의 선하고 아름다운 명령에 따름(順天休命)'이
아니면 무엇이겠는가?"4)

"天命에서 비롯됨은 善은 있지만 惡은 없다. <大有>일 때, 惡
을 막고 善을 드러냄은 자기 자신에게서 돌이켜 보아도 역시 그
렇지 않음이 없다."5)

"流行하여 造化를 이루는 곳은 善이고, 나에게 凝結하여 이루
어진 것은 性이다."6)

주희에게 있어, 이(理)·천도(天道)·천명(天命)은 선한 것일
뿐만 아니라, 선의 근원이다. 위에서 말한 '천도는 선을 좋아하
고 악을 미워한다'는 관점에서 볼 때, '유행하여 조화를 이루는
곳이 선' 즉, 만물의 생생(生生)이 선이라고 말한다면, '악'은 만
물의 조락(凋落)이라고 할 수 있다. 음양이기(陰陽二氣)에 대해
말하자면, 주희는 '바람이 부드럽고 햇볕이 따스하여 만물이 발
생'하지만 '수많은 음기가 작용하면 만물은 시들기' 때문에 따
라서 '천지(天地)의 이(理)'는 만물이 쇠락(衰落)하지 않도록 음
의 기운을 억누른다고 주장하였다. 주희는 천도·천명의 생생불
식(生生不息)한 작용 자체가 선한 것이며, 이(理)·천도·천명
은 이러한 작용을 통하여 '악을 누르고 선을 발양'하는 규율·
질서를 반영해 낸다고 생각하였다. 기(氣)의 유행과 조화는 '악

---

4) 『朱子語類』 卷70, 1766쪽. 天道喜善而惡惡, 遏惡而揚善, 非'順天休命'
   而何?

5) 『朱子語類』 卷70, 1767쪽. 由天命有善而無惡. 當 <大有> 時, 遏止其
   惡, 顯揚其善, 反之於身, 亦莫不然.

6) 『朱子語類』 卷74, 1897쪽. 流行造化處是善, 凝成於我者卽是性.

을 누르고 선을 발양'하는 질서 즉, '하늘의 선하고 아름다운 명령'에 따라야 하는 것이다. 이것은 음양이기(陰陽二氣)의 동정(動靜)·진퇴(進退)·소장(消長) 등 운행과 변화가 모두 천도·천명에 의거하여 진행되는 것임을 말한다.

"氣가 가장 살펴보기 어렵지만, 체험할 수 있는 것은 사계절 가운데 추위와 더위가 마땅한 것과 같은 것으로, 이것이 氣의 바름(氣之正)이다. 당연히 추워야 하는데 덥거나, 마땅히 더워야 하는데 추운 것은 곧 氣가 바름을 얻지 못함이다. 氣의 正은 곧 善이 되고, 氣의 不正은 不善이 된다."[7]

"造化에도 역시 잘못된 곳이 있으니, 마치 겨울에 덥고 여름에 춥거나, 人物을 낳음에 厚薄이 있고, 善惡이 있음과 같은 것이다. 어느 곳으로부터 잘못이 일어났는지 알지 못하면 곧 이해할 수 없다."[8]

위에서 언급하였듯이 주희는 천지의 이(理)·천도·천명·유행(流行)하여 조화를 이루는 곳 등은 모두 선한 것이라고 생각하였다. 그러나 실제적으로 우리는 일상생활 속에서 기후의 이상(異常)이나 자연재해 등과 같은 자연계의 부조화를 경험하곤 한다. 이에 대해 주희는 이러한 부조화의 현상들은 모두 '기(氣)가 바름을 얻지 못함'으로 인해 조성된 것이라고 생각하였다.

---

7) 『朱子語類』卷62, 1492쪽. 氣最難看. 而其可驗者, 如四時之間, 寒暑得宜, 此氣之正. 當寒而暑, 當暑而寒, 乃氣不得正. 氣正則爲善, 氣不正則爲不善.

8) 『朱子語類』卷94, 2376쪽. 造化亦有差處, 如冬熱夏寒, 所生人物有厚薄, 有善惡; 不知自甚處差將來, 便沒理會了.

주희의 설명방식에 의하면, 기의 바름(正)은 음양이기(陰陽二氣)의 정상적인 운행을 의미하며, 이것은 선한 것이 된다. 이와는 반대로 기의 부정(不正)은 자연계의 불균형·부조화와 관련되며, 이것은 악에 속한다. 이로부터 유행(流行)의 과정 가운데 만약 기가 천도·천리에 순응한다면 자연계의 여러 현상은 정상적인 질서를 유지한다고 할 수 있다. 바꾸어 말하자면, 자연계의 선(善)과 불선(不善)은 모두 기의 운동, 변화가 '바름'을 얻는지의 여부, 천도·천리에 순종하는지의 여부에 달려 있다.

1) 도덕적 악과 자유

이상의 설명들과는 달리, 칸트가 중시했던 것은 '도덕적 악(das Sittlich bösen)'과 관련된 문제라고 할 수 있다. 칸트에 있어 도덕적 선악에 대한 규정은, 그의 철학의 근간이 되는 '의무', '의지' 및 '자유'의 문제와 깊은 연관이 있다.

칸트의 『윤리형이상학 정초』 속에는, '의무로부터 일어난 것', '의무로부터 나온 것', '의무로부터 행하는' 등등의 표현이 있다. 칸트에게 있어 의무는 행위의 도덕적 가치유무를 판단하는 중요한 기준으로, 그는 "오로지 의무에서 그 행위를 할 때, 그 행위는 비로소 진정한 도덕적 가치를 갖는다"[9]라고 생각하였다.

"의무는 법칙에 대한 존경으로부터 말미암은 행위의 필연성이다.(의무는 법칙에 대한 존경에서 비롯한 필연적 행위이다.)"[10]

---

9) 임마누엘 칸트, 백종현 옮김, 『윤리형이상학 정초(Grundlegung zur Metaphysik der Sitten)』, 아카넷, 2005, 87쪽.
10) 『윤리형이상학 정초』, 91쪽.

"실천 법칙에 대한 순수한 존경으로 말미암은 나의 행위들의 필연성은 의무를 형성하는 바로 그것이며, 의무는 그 가치가 모든 것을 넘어서는 그 자체로 선한 의지의 조건이므로, 여타의 모든 동인은 이 의무에게는 길을 비켜주어야 한다는 것이다."[11]

"무릇 우리가 아무리 예리하게 자기 검사를 해보아도 의무라는 도덕적 근거 외에는 이런저런 선한 행위와 그렇게나 위대한 희생을 하도록 움직이기에, 충분히 강력한 것을 만나지 못하는 경우가 종종 있기는 하다."[12]

칸트의 설명에 따르면, '의무'는 '법칙에 대한 존경', '실천 법칙에 대한 순수한 존경'에서 비롯되는 것으로, 인간의 '선한 행위', '위대한 희생'을 가능케 하는 '동인(動因)'이다. 아울러 의무는 '선한 의지의 조건' 즉, 실천법칙을 용인함을 통해 선의지가 생기게끔 한다. 그러나 인간의 의지가 언제나 선한 것은 아니다. 선의지는 자연발생적으로 생겨나는 것이 아니라, 도덕적 이념의 실천이 이성적 존재자의 '의무'라고 납득하는 데서 생긴다.[13] 만약 인간의 의지가 항상 선하다고 한다면, 아마도 인간은 신과 같은 존재가 될 것이다.

칸트는 인간을 '감성세계'에 속할 뿐만 아니라 '예지세계'에도 속하는 존재로 설명한다. 칸트에 따르면, 인간은 "감성세계에 속해 있는 한에서 자연의 법칙들(타율) 아래에 있고", "예지세계에 속하는 것으로서, 자연에 독립적으로, 경험적이지 않고, 순전

---

11) 『윤리형이상학 정초』, 97쪽.
12) 『윤리형이상학 정초』, 104쪽.
13) 『윤리형이상학 정초』, 해제, 51쪽.

히 이성에 기초하고 있는 법칙들 아래에 있는 것"14)이다. 감성 세계에서 인간의 행위는 '욕구'나 '경향성'이란 자연의 법칙(타율)에 종속된다. 이러한 행위들은 자신의 의무와는 아무런 상관이 없기에 따라서 도덕적인 행위라고 부를 수 없다. 그러므로 자신의 행위가 이러한 자연의 타율로부터 독립하여, 순수 의지의 자율의 원리에 적합하게 되기 위해서 또는 예지세계의 성원이 되기 위해서는 '의지의 자유'가 필요하다.

"의지는 생물이 이성적인 한에서 갖는 일종의 원인성이다. 자유는 이런 원인성의 특성일 것인 바, 자유는 그것을 규정하는 외래의 원인들에 독립해서 작용할 수 있는 것이다. 반면에 자연 필연성은, 외래의 원인들의 영향에 의해 활동하게끔 규정받는, 모든 이성 없는 존재자들의 원인성의 특성이다."15)

"이성적인, 그러니까 예지세계에 속하는 존재자로서 인간은 그 자신의 의지의 원인성을 자유의 이념 아래서 말고는 결코 생각할 수 없다. 왜냐하면 감성세계의 규정된 원인들로부터의 독립성이(이러한 것을 이성은 항상 자기 자신에게 부여해야만 하거니와) 자유이기 때문이다. 그런데 자유의 이념에는 자율의 개념이 불가분리적으로 결합되어 있지만, 이 개념과는 윤리성의 보편적 원리가 결합되어 있다. 이 윤리성의 원리는, 자연법칙이 모든 현상들의 근저에 놓여 있는 것이나 꼭 마찬가지로, 이성적 존재자들의 모든 행위들의 근저에 놓여 있다."16)

---

14) 『윤리형이상학 정초』, 192쪽.
15) 『윤리형이상학 정초』, 179쪽.
16) 『윤리형이상학 정초』, 192쪽.

칸트의 설명에 의하면, '자유'는 '의지의 원인성'이라고 할 수 있다. 또한 '자유'는 '외래의 원인들에 독립해서 작용할 수 있는 것', '감성세계의 규정된 원인들로부터의 독립성'이다. 이것은 감성적 충동으로부터의 독립을 의미한다. 다시 말해, 자유는 자연적 경향과 욕구, 충동과 욕망으로부터의 독립성이며, 이러한 독립성은 자연적 경향이나 욕망이 의지를 결정할 수 없다는 것을 의미한다.17) 칸트는 이러한 독립성으로써의 자유를 '소극적 의미에서 자유'라고 생각하였으며, 한 걸음 더 나아가 '자율'과 관계가 있는 '적극적 의미에서 자유'에 대해 다음과 같이 말하였다.

"의지의 자율은 모든 도덕법칙들과 그에 따르는 의무들의 유일한 원리이다. 이에 반해 자의의 모든 타율은 전혀 책임을 정초하지 못할 뿐만 아니라, 오히려 책임 및 의지의 윤리성의 원리에 맞서 있다. 곧 법칙의 일체의 질료(곧, 욕구된 객관들)로부터의 독립성과 동시에 준칙이 그에 부합해야 하는 순전히 보편적인 법칙 수립적 형식에 의한 자의의 규정에 윤리성의 유일한 원리가 성립한다. 그러나 저 독립성은 소극적 의미에서 자유이고, 이 순수한 그 자체로서 실천적인 이성 자신의 법칙 수립은 적극적 의미에서 자유이다. 그러므로 도덕법칙은 다름 아니라 순수실천이성의, 다시 말해 자유의 자율을 표현한다."18)

욕구, 경향성, 감성적 충동으로부터의 독립과 상대하여, '적극

---

17) 강영안, 『도덕은 무엇으로부터 오는가』, 소나무, 2000, 68쪽.
18) 임마누엘 칸트, 백종현 옮김, 『실천이성비판(*Kritik der praktischen Vernunft*)』, 아카넷, 2002, 92쪽.

적 의미로서의 자유'는 바로 '순수한 그 자체로서 실천적인 이성 자신의 법칙 수립'을 의미한다. 이것은 '순수실천이성'에 의해 의지를 결정함을 뜻하며, 나아가 이성 자신이 스스로 법칙을 수립하여 이것을 자신의 행위의 준칙으로 삼아 실천함을 말한다. 칸트에게 있어 '의지의 자율', '자유의 자율'은, 그가 앞에서 말한 것과 같이, 윤리성의 원리로서 이성적 존재자들의 모든 행위의 근저에 놓여 있으며, 동시에 모든 도덕법칙들과 그에 따르는 의무들의 유일한 원리가 되는 것이다. 그러므로 칸트는 "유일하게 선험적으로 실천적인 이 자유 없이는 어떠한 도덕법칙도 가능하지 않으며, 이에 따른 어떠한 귀책도 가능하지가 않다"[19] 고 말하였다.

"실천이성의 유일한 객관들은 그러므로 선악의 객관들뿐이다. 왜냐하면, 전자는 욕구 능력의 필연적 대상을 뜻하고, 후자는 혐오 능력의 필연적 대상을 뜻하되, 양자 모두 이성의 원리에 따르는 것이기 때문이다."[20]

"우리가 선하다고 일컬어야만 할 것은 모든 이성적 인간의 판단에 있어 욕구 능력의 대상일 수밖에 없고, 악이란 모든 사람의 눈에 혐오의 대상일 수밖에 없다."[21]

"오직 도덕적으로 위법적인 것만이 그 자체로서 악하여 단적으로 혐오할 만하며 또한 근절되지 않으면 안 되는 것이다."[22]

---

19) 『실천이성비판』, 212쪽.
20) 『실천이성비판』, 140쪽.
21) 『실천이성비판』, 145쪽.
22) 임마누엘 칸트, 신옥희 옮김, 『이성의 한계 안에서의 종교(*Die Religion*

칸트의 주장에 따르면, 선(善)은 '욕구 능력의 필연적 대상'이고, 악(惡)은 '도덕적으로 위법적인 것'으로서, 모든 사람에게 '혐오의 대상'이 되는 것이다. 나아가 칸트는 " '인간은 악하다'는 명제는 인간이 도덕법칙을 의식하면서도 종종 그 법칙으로부터의 이탈을 그의 준칙 안에 받아들였다는 것"23)이라고 생각하였다. 이것은 인간이 도덕법칙을 알면서도 고의로 도덕법칙에서 벗어나는 또는 그것과 배치되는 원리를 자신의 행위의 준칙으로 삼았다는 것을 의미한다고 할 수 있으며, 이때 인간은 비로소 악하다고 말할 수 있다.24)

칸트에게 있어 선악은 '모두 자유로운 선택 의지의 결과' 또는 '선악의 개념들은 선험적 의지 규정의 결과들'25)이다. 도덕

---

innerhalb der Grenzen der blossen Vernunft)』, 이화여자대학교출판부, 2003(제2판), 68쪽. 이후 『종교론』으로 표기함.

23) 『종교론』, 39쪽.

24) 악의 정의(定義)의 문제와 관련하여 칸트가 이전의 도덕철학자와 구별되는 점 중의 하나는 도덕성을 '준칙의 합법칙성'의 차원에 두고 이를 '행위의 합법칙성'과 구별함으로써 도덕적 선악의 성격을 분명히 하고 있다는 데 있다. 이런 입장에 서면 당연히 악의 근거도 행위의 차원에서가 아니라 준칙의 차원에서 존립해야 할 것이다. 김종국, 「악의 기원: 칸트와 요나스의 주장을 중심으로」, 『철학』 제55집, 한국철학회, 1998년.

25) 『실천이성비판』, 153쪽. 선택의 자유라는 관점에서 보면 도덕적으로 선한 행위만이 아니라 도덕적으로 악한 행위도 자유로운, 즉 필연으로부터 자유로운 행위가 되고 따라서 이에 대한 책임을 묻는 것이 가능하지만, 자율로서의 자유라는 관점에서 보면 도덕적으로 선한 행위만이 자유로운, 즉 강제로부터 자유로운 행위가 되는 것이다. 서양근대철학회, 「도덕과 자유의지」, 『서양근대철학의 열 가지 쟁점』, 창비, 2004년, 318쪽.

적 의미에 있어, 인간이 선한가 악한가 하는 문제는 인간이 스스로 그것을 결정하는 것이기에, 따라서 그것은 인간의 자유로운 의지와 직접적인 관계가 있다. 그리고 인간에게는 자신의 자유로운 의지에 의해 선택된 이상, 자기 스스로 저지른 악에 대해서는 그에 대한 책임이 뒤따른다.

2) 천리(天理)와 인욕(人欲)

주희는 '악을 억누르고 선을 발양한다'는 질서가 존재의 영역뿐만 아니라 도덕의 영역에 있어서도 인간이 응당 준수해야만 하는 기본 규율이라고 보았다. 이것은 주희가 존재와 도덕의 문제를 일관하여 설명하고자 했던 것을 의미한다. 자연계의 운행과 변화가 천도·천명에 순종하는 것과 마찬가지로, 주희는 만약 인간이 계속해서 천도·천명·이(理)에 순종하여 모든 일을 처리한다면 '선은 있지만 악은 없는(有善而無惡)' 상태에 도달할 수 있다고 주장하였다.

"善과 惡은 손바닥을 뒤집는 것과 같으니 한 번 뒤집으면 곧 惡이다."[26]

"善은 단지 당연히 이와 같아야 하는 것일 뿐이고; 惡은 단지 당연히 이와 같지 않아야 하는 것일 뿐이다."[27]

주희가 보기에, 이른바 '선'은 당연히 이와 같아야 한다는 의

---

26) 『朱子語類』卷13, 230쪽. 善惡但如反覆手, 翻一轉便是惡.
27) 『朱子語類』卷97, 2488쪽. 善, 只是當恁地底; 惡, 只是不當恁地底.

미를 가지고 있는데 이것은 이(理)가 구유(具有)한 '소당연(所當然)'의 의미와 서로 같은 것이라고 말할 수 있다. 그리고 주희는 선의 반면(反面)이 악이며, 악은 당연히 이와 같지 않아야 한다는 의미를 지닌다고 주장하였다. 그러므로 이(理)와 선악의 관계는 마치 '손바닥을 뒤집는 것'과 마찬가지로, 이(理)를 준수하면 바로 '선'이고, 이(理)를 위반하면 곧 '악'이 된다. 나아가 주희는 선악과 천리(天理)·인욕(人欲)을 함께 연결하여 다음과 같이 말하였다.

"생각건대 善은 天理의 본래 그러함이고, 惡은 人欲의 사특함과 망령됨입니다."[28]

"사람에게는 단지 天理와 人欲이란 두 길이 있을 뿐이니 天理가 아니면 곧 人欲이다. 天理에서 속하지도 않고, 또한 人欲에도 속하지 않는 부분은 없다."[29]

주희는 선은 천리(天理)의 본래 면목(面目)이고, 악은 인욕(人欲)의 어그러짐이라고 생각하였다. 이것은 천리를 따르면 곧 선이지만, 천리를 버리고 인욕을 탐하여 도모하면 바로 악이 된다고 말할 수 있다. 위에서 '세상에는 단지 선과 악의 두 단서가 있을 뿐이다'라고 말한 것과 마찬가지로, 주희는 '사람에게는 단지 천리와 인욕이란 두 길이 있을 뿐'이라고 생각하였다. 주희

---

28) 『朱熹集』卷11, 「戊申封事」, 郭齊·尹波 點校, 四川教育出版社, 1996, 474쪽. 蓋善者天理之本然, 惡者人欲之邪妄.

29) 『朱子語類』卷41, 1047쪽. 人只有天理□人欲兩途, 不是天理, 便是人欲. 卽無不屬天理, 又不屬人欲底一節.

가 보기에, 인간의 모든 사유와 행위는 천리, 선에 속하지 않는 다면, 곧 인욕, 악에 속하는 것이다.

"사람을 유혹하는 바깥 사물이란 음식과 남녀의 욕구보다도 더 큰 것은 일찍이 없다. 그러나 그 근본을 미루어보면 이는 인 간이 응당 지니고 있어야 하며 없을 수 없는 것들이다. 다만 그 사이에 天理와 人欲의 분별이 있으므로, 털끝만큼이라도 오차가 있어서는 안 된다."30)

"무릇 한 가지 일에는 두 가지 단서가 있으니, 옳은 것은 天 理의 公이고 그릇된 것은 人欲의 사사로움이다."31)

"한 생각의 미세함으로부터 모든 事物에 이르기까지 고요한 것이든 움직이는 것이든, 무릇 일상생활의 먹고 마시고 말하는 것이 이 일이 아님이 없으며, 각기 天理와 人欲이 있지 않음이 없다. 반드시 하나씩 하나씩 證驗해 봐야 하니, 비록 고요한 곳 에 앉아 있더라도 반드시 敬과 肆를 證驗해야 한다. 敬은 天理 이고 肆는 人欲이다. 만약 일상생활 속의 행동거지라면 반드시 恭과 不恭을 증험할 수 있어야 하며, 일을 맡아 처리할 때라면 敬과 不敬을 증험할 수 있어야 한다."32)

---

30) 『大學或問』, 『朱子全書』(第六册), 上海古籍出版社, 安徽教育出版社, 2002년, 529쪽. 夫外物之誘人, 莫甚於飮食男女之欲, 然推其本, 則固亦 莫非人之所當有而不能無者也. 但於其間自有天理人欲之辨, 而不可以 毫釐差耳.

31) 『朱子語類』卷13, 225쪽. 凡一事便有兩端: 是底卽天理之公, 非底乃人 欲之私.

32) 『朱子語類』卷15, 287쪽. 且自一念之微, 以至事事物物, 若靜若動, 凡 居處飮食言語, 無不是事, 無不各有箇天理人欲. 須是逐一驗過, 雖在靜 處坐, 亦須驗箇敬・肆. 敬便是天理, 肆便是人欲. 如居處, 便須驗得恭

주희는 '음식남녀(飲食男女)'와 같은 인간의 가장 기본적인 생리적 욕망을 결코 부정하지 않았고, 그것은 오히려 '인간이 당연히 지니고 있어야 하며 없을 수 없는 것'이라고 긍정하였다. 그러나 이러한 욕망들을 처리할 때, 주희는 응당 천리와 인욕을 자세하게 살피고 명확하게 구분하여야 한다고 생각하였다. 음식남녀의 욕망 이외에도, 주희는 또 인간이 접하게 되는 모든 사물 속에는 각기 천리와 인욕의 양단(兩端)이 있다고 생각하였다. 주희의 설명방식에 비춰보면, 정좌(靜坐)할 때나, 일상생활을 할 때나, 일을 맡아 처리할 때를 막론하고, 천리와 인욕의 대립은 경(敬)과 사(肆), 공(恭)과 불공(不恭), 경(敬)과 불경(不敬)의 대치상태로 표현된다. 그래서 주희는 "천리와 인욕은 항상 서로 대립한다"33)라고 말하였다. 당연히 먹고 마시는 것과 같은 생리적 활동 속에도 역시 천리와 인욕의 구분이 있기에 주희는 "먹고 마시는 것은 천리이지만, 맛있는 것을 구하려고 함은 인욕이다"34)라고 말하였다.

그리고 주희는 여기서 천리와 인욕을 '옳은 것'과 '그른 것'으로 구분하였다. 주희의 주장에 따르면, '천리의 공(公)'으로써 '옳은 것'은 응당 실천해야 하는 것이지만, '인욕의 사사로움'으로써의 '그른 것'은 해서는 안 되는 것이다. 그러므로 인간은 자신의 마음이 천리를 따르고 인욕을 제어할 수 있도록 수양해야만 한다.

與不恭; 執事, 便須驗得敬與不敬.

33) 『朱子語類』 卷13, 224쪽. 天理人欲常相對.

34) 『朱子語類』 卷13, 224쪽. 飲食者, 天理也; 要求美味, 人欲也.

2. 악(惡)의 내원(來源)

악의 발생·근원과 관련하여, 맹자(孟子)는 인간의 본성은 선하지만 감각적 욕망이나 불량한 외부의 환경 등에 의해 본심이 온전하게 발휘되지 못할 때 악이 발생한다고 생각하였고, 이와 반대로 순자(荀子)는 인간의 본성 자체가 악하기 때문에, 후천적인 교육과 행위의 규범인 예(禮)로써 제어하지 않는다면 무질서한 사회가 될 것이라고 주장하였다.

1) 악에 대한 성향

칸트는 악의 근거를 감성이나 이성에서 찾지 않았다. 칸트에 따르면 악의 근거는 "사람들이 말하고 있듯이, 인간의 감성 및 그로부터 발생하는 자연적 경향성 안에 놓여 있는 것도 아니며"35) 그리고 "도덕적으로 입법하는 이성의 부패성 안에 있는 것이라고 볼 수도 없다."36) 그렇다면 인간이 선하기도 하고 악하기도 한 까닭은 무엇인가? 칸트는 다음과 같이 설명한다.

---

35) 『종교론』, 42쪽.
36) 『종교론』, 43쪽. 칸트의 설명에 따르면, 감성은 인간 안에 존재하는 도덕적 악의 근거를 제시하기에는 너무나 부족한 것이다. 왜냐하면 감성은 자유로부터 발생하는 동기들을 제거함으로써 인간을 단순한 동물적 존재로 만들기 때문이다. 그러나 이와는 반대로 도덕법칙에 얽매이지 않는 이성, 즉 사악한 이성(단적으로 악한 의지)은 너무나도 지나치다. 왜냐하면 사악한 이성을 통해서 법칙에 반항하는 것은 동기에로까지 상승됨으로써 (동기가 전혀 없는 선택 의지는 규정될 수 없으므로) 주관은 악마적 존재로 되어 버릴 것이기 때문이다. 그러나 이 둘 중의 어느 것도 인간에게는 적용될 수 없는 것이다. 『종교론』, 43쪽.

356

"인간이 선한가 또는 악한가의 차이는 그가 준칙 안에 채용하는 동기들의 차이에 있는 것이 아니라(동기의 실질적인 내용에 있는 것이 아니라) 오히려 그가 이 둘 중의 어느 것을 다른 것의 조건으로 종속시키는 관계(준칙의 형식)에 있는 것이다. 따라서 인간이 (가장 선한 인간이라도) 악한 것은 다만 그가 동기를 그의 준칙 안에 채용할 때 동기들의 도덕적 질서를 전도시키는 것에 의해서뿐인 것이다. 즉 도덕법칙을 자기애와 나란히 그의 준칙 안에 채용함으로써만 악한 것이다."[37]

칸트에게 있어 '의지'는 일종의 '능력'이며, 아울러 그것은 "형식적인, 그것의 선험적인 원리와 질료적인, 그것의 후험적인 동기 사이의 한가운데에, 말하자면 갈림길에 서 있는 것"으로 "무엇인가에 의해 결정되어야만 하는 것"[38]이다. 칸트는 동기(動機)를 "그의 이성이 본성상 이미 객관적 법칙을 반드시 좇지는 않는 어떤 존재자의 의지를 주관적으로 규정하는 근거"[39]라고 설명하였다. 칸트에게 있어 우리의 행위를 유발하는 동기는 '의무에서 우러나온 동기'와 '쾌락에서 우러나온 동기'로 구분된다.[40] 의지와 동기의 관계에 대해, 칸트는 "선택 의지의 자유는 매우 독특한 성질의 것이어서 오직 인간이 자기의 준칙 안에 받아들인 동기(인간이 그의 행위의 보편적인 규칙으로 삼은 동기) 이외에는 어떤 다른 동기에 의해서도 인간의 선택 의지는 규정되지 않는다",[41] "동기가 전혀 없이는 선택 의지는 규정될 수

---

37) 『종교론』, 44쪽.
38) 『윤리형이상학 정초』, 90쪽.
39) 『실천이성비판』, 166쪽.
40) 강영안, 앞의 책, 28쪽.

없다"[42]라고 생각하였다. 즉 의지는 동기에 의해 규정되는 것이라고 볼 수 있다.

위의 글에서 인간이 선한가 악한가의 차이는 궁극적으로 '동기들의 도덕적 질서를 전도시킴'에 있다고 볼 수 있다. 칸트에 의하면 '동기들의 도덕적 질서'는 본래 "도덕법칙이 자기애의 만족의 최고 조건으로서 유일의 동기로서 선택 의지의 보편적 준칙 안에 채용되어야 하는 것"[43]이다.

그리고 '도덕적 질서를 전도'시킴은 "도덕법칙과 자기애의 법칙이 동등하게 양립할 수 있는 것이 아니라 오히려 하나가 최고의 조건으로서의 다른 하나에게 종속되어야 함을 깨닫게 될 때 그는 도덕법칙, 자기애 및 경향성들을 도덕법칙의 수행 조건으로 삼는 것"[44]이다.

  "도덕법칙을 위해서, 그리고 도덕법칙이 의지에 대해 영향력을 행사하게 하기 위해서는 도덕법칙이 없어도 되는 어떤 다른 동기를 구해서는 안 된다. 왜냐하면, 그럴 경우에는 갖가지 순전히 위선적인 것들이 영속성 없이 작용할 것이고, 심지어는 도덕법칙과 나란히 (이익의 동기와 같은) 여타 다른 동기들을 함께 작동시킬 우려 또한 있기 때문이다."[45]

위에서 언급한 것과 같이, '동기들의 도덕적 질서'는 도덕법

---

41) 『종교론』, 29쪽.
42) 『종교론』, 43쪽.
43) 『종교론』, 44쪽.
44) 『종교론』, 44쪽.
45) 『실천이성비판』, 167쪽.

칙이 선택 의지의 준칙으로 채용되는 것이며, 이러한 경우 동기로서의 도덕법칙이 의지를 규정하는 즉, '의지에 대해 영향력을 행사'하는 것이라고 말할 수 있다. 이와 관련해 칸트는 "도덕법칙은 이성의 판단에서는 그 자체로서 동기가 되며, 도덕법칙을 그의 준칙으로 삼는 자는 선"[46]하며, "행위들의 모든 도덕적 가치의 본질적인 면은 도덕법칙이 의지를 직접적으로 규정하는 점에 있다"[47]고 말하였다. 다시 말해, 자기애·쾌락·경향성에서 비롯된 동기들이 도덕법칙·의무에서 비롯된 동기에 종속되어야 함에도 불구하고, 양자를 모두 자신의 준칙 안에 수용하는 것이라고 할 수 있다. 그리고 '도덕법칙이 없어도 되는 어떤 다른 동기를 구함'은 "법칙에 대립하는 어떤 다른 동기가 그 사람의 선택 의지에 영향을 주는 것"[48]이다. 나아가 '도덕법칙과 나란히 다른 동기들을 함께 작동시킬 우려'라는 것은 바로 위에서 언급한 '도덕적 질서를 전도'시키는 것이라고 할 수 있다.

　　"이러한 전도(轉倒)에의 성향이 인간의 본성 안에 놓여 있다면, 인간 안에는 악에의 자연적 성향이 존재한다고 볼 수 있다. 그리고 이 성향 자체는 결국 자유로운 선택 의지 안에서 구해지지 않으면 안 되고, 따라서 그에 대해 책임을 물을 수 있는 것이므로 도덕적으로 악한 것이다. 이 악은 모든 준칙들의 근거를 부패시키는 것이기 때문에 근본적(radikal)인 것이다. 또한 그것은 자연적 성향으로서 인간의 힘으로는 근절시킬 수 없는 것이다."[49]

---

46) 『종교론』, 29쪽.
47) 『실천이성비판』, 166쪽.
48) 『종교론』, 29쪽.
49) 『종교론』, 45쪽.

칸트가 말한 '악에의 자연적 성향' 또는 '도덕적 악에의 성향(Hang zum Bösen)'은 그의 다른 표현에 의하면, '전도된 사고방식을 지닌 악의 성향',[50] '우리의 선택 의지의 준칙 안에서 동기를 전도시키는 생래적인 성향들'[51] 또는 '그의 준칙을 근원적인 도덕적 소질에 거역해 채택하는 선택 의지의 사악성'[52] 등이라고 할 수 있다.

그리고 '악에의 자연적 성향'은 심정의 사악성 · 부패성이라고도 부를 수 있는데, 그것은 "도덕법칙에서 나오는 동기를 (도덕적이 아닌) 다른 동기들의 뒤에 놓은 방식으로 준칙들을 채용하는 선택 의지의 성향이다. 그것은 또한 인간적 심정의 전도성(轉倒性)이라고도 불릴 수 있다. 왜냐하면 그것은 자유로운 선택 의지의 동기에서 도덕적 질서를 거꾸로 뒤집어 놓기 때문이다. 더욱이 그런 방식으로 항상 법칙적으로 선한 (합법적) 행위가 성립될 수 있다고 치더라도 사고방식은 근원적으로 (도덕적 심성에 관한 한) 부패되어 있는 것"[53]이기 때문이다.

칸트에 의하면 이러한 악의 성향은 '선택 의지 안에서 구해지는' 즉 "악의 성향은 선택 의지 안에 깊이 뿌리박혀 있는 것"[54]이며 "악의 성향은 오직 선택 의지의 도덕적 능력에만 부착되어 있는 것"[55]이다. 또한 도덕적 악의 성향은 '자유로부터 발생하

---

50) 『종교론』, 59쪽.
51) 『종교론』, 61쪽.
52) 『종교론』, 62쪽.
53) 『종교론』, 62쪽.
54) 『종교론』, 42쪽.
55) 『종교론』, 38쪽.

는 것'이지 '자연적 소질'이 아니다.[56] 따라서 칸트는 "이 성향은 항상 스스로 책임을 짊어져야 하는 것이므로, 그 성향 자체를 우리 인간 본성 안에 있는 근본적이며 생득적인 (그럼에도 불구하고 우리 자신에 의해서 초래된) 악이라고 부를 수 있다"[57]고 보았다. 그리고 칸트는 악에의 자연적 성향은 근절시킬 수는 없을지라도 그것이 "자유롭게 행위하는 존재로서의 인간 안에서 발견되는 것이므로 그 극복은 가능하다"[58]라고 주장함으로써 '심성의 혁명'으로 통하는 문을 열어 놓았다.

2) 기질(氣質)과 선악(善惡)

주희의 견해에 의하면, 인간과 만물(萬物)은 '이'(理)와 '기'(氣)로 이루어진 것이다. 즉, 이와 기는 모두 인간과 만물을 생성하는 불가결한 요소이다. 인간과 만물이 품수(稟受)받은 '이'는 인간과 만물의 성(性)이 된다. 주희는 이러한 성(性)을 천지지성(天地之性)으로 간주하였다. 기(氣)와 만물의 생성에 대해, 주희는 "물(物)이 생김에 반드시 기(氣)가 응취(凝聚)함으로 말미암은 이후에 형(形)이 있으니, 기(氣)의 청(淸)한 것을 얻으면 사람이 되고 탁(濁)한 것을 얻으면 물(物)이 된다"[59]라고 말하

---

56) 칸트에 의하면, 성향이라는 것은 인간에 대해 우연적인 것으로서 경향성을 가능케 하는 주관적 근거로 이해된다. 성향은 생래적인 것일 수는 있으나, 그런 것으로 생각해서는 안 된다. 오히려 그것은 (그 성향이 선한 것이라면) 획득된 것으로서, 또는 (그 성향이 악한 것이라면) 인간이 스스로 자기 자신에게 초래한 것으로서 생각될 수 있다는 점에서 소질(Anlage)과 구별된다. 『종교론』, 35쪽.

57) 『종교론』, 40쪽.

58) 『종교론』, 45쪽.

였다. 주희는 만물은 모두 '기'의 응취로 말미암아 각기 구체적 형상을 구비하며, '기'는 청탁(淸濁)·혼명(昏明)·후박(厚薄) 등의 차별성을 지니고 있다고 생각하였다. 주희는 또 천지지성(天地之性)은 품수받은 '기' 안에 있으며, 그리고 성(性)과 '기'는 분리될 수 없는 것이라고도 생각하였다. 다시 말해, '기'가 없다면 성(性) 역시 '편안하게 머무를 곳(安頓處)', '의지하여 붙어 있을 곳(所寄搭)'이 없다.

그러나 '기'는 성(性)의 '안돈처(安頓處)'인 동시에 성(性)을 가려 성(性)의 고유한 선(善)을 완전하게 현현(顯現)하지 못하게끔 한다. 마음속에서 천리와 인욕이 교전(交戰)하는 가운데, 청명(淸明)한 기(氣)를 품수받은 사람의 본성은 기(氣)에 의해 가려짐이 비교적 적기 때문에 청기(淸氣)가 천리(天理)의 현현을 방해하지 못하며 천리가 우세를 점하고 있다. 이와는 반대로, 혼탁(昏濁)한 기(氣)를 품수받은 사람은 그의 본성이 기(氣)에 의해 거의 모두 가려지게 되어 인간의 선성(善性)을 발휘할 수 없으며 사욕(私欲)이 우위를 차지한다.

> "天地之性을 논하자면 오로지 理만을 가리켜 말함이고, 氣質 之性을 논하자면 理와 氣를 섞어서 말함이다."60)

> "氣質은 陰陽五行이 하는 바이고 性은 太極의 全體이다. 그 러나 氣質之性을 논하자면 이 全體가 氣質의 속에 있을 뿐이지,

---

59) 『朱子語類』 卷17, 375쪽. 物之生, 必因氣之聚而後有形, 得其淸者爲人, 得其濁者爲物.

60) 『朱子語類』 卷4, 67쪽. 論天地之性, 則專指理言; 論氣質之性, 則以理 與氣雜而言之.

따로 하나의 性이 있는 것이 아니다."61)

"氣를 性命이라 말할 수 없지만 性命은 氣로 말미암아 선다. 그러므로 天地之性을 논할 때는 오로지 理를 가리켜 말하는 것이고, 氣質之性을 논할 때는 理와 氣를 섞어서 말하는 것이다."62)

주희는 기질지성(氣質之性)은 본연지성(本然之性) 혹은 천지지성(天地之性)이 기질 속에 떨어져 있음을 가리킨다고 말하였다. 그러므로 주희는 비록 '태극(太極)의 전체'로써의 '천지지성'과 그것이 기질 속에 떨어져 있는 것으로써의 '기질지성'이 결코 동일한 성(性)은 아니라고 할지라도 그러나 만물이 모두 완전히 상이한 두 종류의 성(性)을 구비하고 있는 것은 아니라고 생각하였다. 주희의 주장에 따르면, '천지지성'은 '오로지 이(理)를 가리켜 말한' 것이고, '기질지성'은 '이(理)와 기(氣)를 섞어서 말한' 것이다. 그리고 '천지지성'은 인간과 만물이 공유한 성(性)이지만, 품수받은 기질의 상이(相異)함으로 말미암아 인간과 만물, 인간과 인간 사이의 다름과 차이를 생산한다.

"한 번 음이 되고 한 번 양이 되는 道는 사람이 될지 物이 될지 모르지만 이미 이 네 가지 덕을 갖추고 있다. 비록 일반적인 곤충의 무리라도 모두 그것이 있다고 하지만 단지 치우치고 온전하지 못함은 濁氣가 間隔해서이다."63)

---

61) 『朱子語類』 卷94, 2379쪽. 氣質是陰陽五行所爲, 性則太極之全體. 但論氣質之性, 則此全體在氣質之中耳, 非別有一性也.

62) 『朱熹集』 卷56. 「答鄭子上」, 2872쪽. 氣不可謂之性命, 但性命因此而立耳. 故論天地之性則是專指理言, 論氣質之性則以理與氣雜而言之, 非以氣爲性命也.

"단지 이 陰陽五行의 기가 천지 중에 흐르고 있다가 精英한 것은 사람이 되고 찌꺼기는 물건이 되는데, 精英한 것 중에 더 精英한 것은 성현이 되고 精英한 것 중에 조잡한 찌꺼기는 어리석거나 불초한 사람이 된다."[64]

"氣의 精英함을 얻은 자는 사람이 되고 氣의 찌꺼기(渣滓)를 얻은 것은 物이 된다. 生氣가 流行함에 한꺼번에 혼합(滾)되어 나오지 처음부터 그 온전한 氣를 사람에게 부여하고 한 등급 떨어지는 氣를 物에게 준다고 말함이 아니지만, 그러나 그 稟受는 그 얻은 바를 따른다. 物은 본래 어둡고 막혔지만, 어둡고 막힘 속에도 또한 輕重이 있다. 어둡고 막힘이 더욱 심한 것은 氣의 찌꺼기 중에서도 다시 가장 심한 찌꺼기를 稟受받았을 따름이다."[65]

주희의 견해에 따르면, 만물은 천도(天道)의 유행으로 인하여 각기 성(性)과 기질을 품수받는다. 어떠한 종류의 기질을 품수받는가를 막론하고 만물은 모두 사덕(四德)으로써의 본성을 구비하고 있다. 주희가 보기에, 천도는 본래 아무런 의지를 지니고 있지 않다. 주희가 위에서 말한 '사람이 될지 물(物)이 될지 모름', '처음부터 그 온전한 기(氣)를 사람에게 부여하고 한 등

---

63) 『朱子語類』 卷4, 56쪽. 只一陰一陽之道, 未知做人做物, 已具是四者. 雖尋常昆虫之類皆有之, 只偏而不全, 濁氣間隔.

64) 『朱子語類』 卷14, 259쪽. 只是一箇陰陽五行之氣, 滾在天地中, 精英者 爲人, 渣滓者爲物; 精英之中又精英者, 爲聖, 爲賢; 精英之中渣滓者, 爲愚, 爲不肖.

65) 『朱子語類』 卷94, 2379쪽. 得其氣之精英者爲人, 得其渣滓者爲物. 生氣流行, 一滾而出, 初不道付其全氣與人, 減下一等與物也, 但稟受隨其所得. 物固昏塞矣, 而昏塞之中, 亦有輕重者. 昏塞尤甚者, 於氣之渣滓中又復稟得渣滓之甚者爾.

급 떨어지는 기를 물(物)에게 준다고 말함이 아님'이란 어떤 종류의 기를 품수받는가의 문제는 품수자에 의해 결정되는 것이 아니며, 또한 의지를 지닌 절대자가 이러한 문제를 결정하는 것도 아니라는 것을 의미한다. 주희의 설명에 따르면, 사람이 되는가 아니면 물이 되는가는 모두 품수받은 '기'에 달려 있다. 다시 말해, 기의 정영(精英)한 것을 품수받으면 사람이 되고, 기의 찌꺼기를 품수받은 것은 물이 된다. 아울러 '정영한 것 중에 더 정영한 것'을 품수받은 사람은 성인(聖人)·현인(賢人)의 자질을 구비하지만, 그러나 '정영한 것 가운데도 조잡한 찌꺼기'를 품수받은 사람은 우불초자(愚不肖者)가 된다. 그러므로 인간과 인간 사이에 성현(聖賢)·우불초(愚不肖)의 차이가 생긴다.

"본성은 만물의 근원이지만, 품부받은 기운은 맑거나 흐린 차이가 있다. 그런 까닭에 성인과 어리석은 사람의 차이가 있게 된다. 하늘의 명령은 만물이 함께 부여받았지만, 음의 기운과 양의 기운이 번갈아 바뀌며 한결같지 않은 차이가 생기기 때문에 다섯 가지 행복과 여섯 가지 불행을 만나는 것도 한결같지 않다."[66]

앞에서 서술한 바와 같이, 주희는 기품(氣稟)의 다름(不同)에 따라 '오복(五福)'·'육극(六極)'과 같은 운명이 결정된다고 생각하였다. 그리고 그는 또한 가치의 문제와 관련이 있는 선악·성우(聖愚)의 방면도 역시 기품의 영향을 받는다고 생각하였다. '맑고 밝으며 혼연히 두터운 기', '기(氣)의 정(正)'을 품수받은

---

66) 『朱子語類』卷4, 76쪽. 性者萬物之原, 而氣稟則有淸濁, 是以有聖愚之異. 命者萬物之所同受, 而陰陽交運, 參差不齊, 是以五福□六極, 值遇不一.

사람은 착한 사람, 품행이 단정한 사람이 되기 쉽고, 이와는 반대로 '천지의 여기(戾氣)', '기(氣)의 부정(不正)'을 품수받은 사람은 좋지 않은 사람, 불초한 사람이 될 가능성이 높다. 사람마다 각기 품수받은 기가 다른 까닭은 '음의 기운과 양의 기운이 번갈아 바뀌며 한결같지 않은 차이' 때문이다. 바꾸어 말하자면, 이기오행(二氣五行)이 뒤섞여 운행할 때 청(淸)과 탁(濁)의 다름이 있기에 태어날 때 청기(淸氣)를 부여받는 사람이 있을 수 있고, 또한 탁기(濁氣)를 부여받는 사람도 있을 수 있다. 이에 대해, 주희는 또 다음과 같이 말하였다.

"사람이 품부받은 氣가 비록 모두 天地의 正氣라고 할지라도 그러나 끝없이 뒤섞이기에 곧 昏明·厚薄의 差異가 있게 된다."67)

"陰陽二氣와 五行이 어찌 처음부터 바르지 않았겠는가. 끝없이 뒤섞임에 곧 바르지 못함이 있다."68)

"造化에도 역시 잘못된 곳이 있으니, 예컨대 겨울에 덥고 여름에 춥거나, 人物을 낳음에 厚薄이 있고, 善惡이 있음과 같은 것이다."69)

"물었다. '氣의 稟受는 偶然한 것이 아닙니까?' 말씀하셨다. '우연히 서로 만나 드러난 것이지 인위적으로 안배하여 균등하게

---

67) 『朱子語類』 卷4, 68쪽. 人所禀之氣, 雖皆是天地之正氣, 但袞來袞去, 便有昏明厚薄之異.
68) 『朱子語類』 卷4, 68쪽. 二氣五行, 始何嘗不正. 只袞來袞去, 便有不正.
69) 『朱子語類』 卷94, 2376쪽. 造化亦有差處, 如冬熱夏寒, 所生人物有厚薄, 有善惡.

한 것이 아니다.' "[70]

주희가 여기서 말한 '끝없이 뒤섞인다'는 것은 음양이기(陰陽二氣)와 오행(五行)의 끊임없는 교제와 운행을 가리킨다. 그러나 이러한 교제의 과정 가운데, 우연히 이루어진 가지런하지 못한 상황으로 말미암아 사람과 물(物) 사이에 정영(精英)함과 찌꺼기의 다름이 있고, 나아가 사람과 사람 사이에 혼명(昏明)·후박(厚薄) 등의 차이가 있게 된다. 이로부터 만약 사람과 만물이 모두 천지지성(天地之性)을 구비함이 필연적인 것이라고 한다면, 어떤 것은 기의 정영함을 품수받아 사람이 되고, 어떤 것은 기의 찌꺼기를 품수받아 물이 되며, 어떤 사람은 청명하고 혼후(渾厚)한 기를 품수받아 좋은 사람이 되고, 어떤 사람은 혼탁한 기를 품수받아 좋지 않은 사람이 되는데 이러한 것들은 모두 우연(偶然)의 결과이다.

주희는 인간이 선함도 있고 불선(不善)함도 있는 까닭은 품수한 기질이 각기 청탁·미악(美惡) 등의 차이가 있기 때문이라고 생각하였다. 그리고 이러한 차이로 말미암아 지혜롭지만 어질지 못하고, 어질지만 지혜롭지 못한 자 등등 서로 다른 기질을 구유(具有)한 인간이 현실 세계 속에 존재할 수 있다. 이러한 기질의 다름은 도덕적 선악의 문제에까지 연관된다. 주희의 견해에 따르면, 도덕의 실천과 도덕 원리를 파악하는 자질에 있어 우불초자(愚不肖者)가 품수한 기질은 지혜롭고 어진 사람에 비해 좋지 못하기에 그 능력에 있어서도 차이가 없을 수 없다. 비

---

70) 『朱子語類』 卷55, 1307쪽. 問: "氣稟是偶然否?" 曰: "是偶然相值著, 非是有安排等待."

록 이와 같을지라도, 그러나 '성즉리(性卽理)'의 각도로부터 보자면, 사람들은 모두 도덕실천의 내재적 근거로써의 천지지성(天地之性)을 선천적으로 구유하고 있기에, 학문과 수양을 통하여 자신이 품수한 불량한 기질을 변화시킬 수 있다.

3. 심성의 혁명과 기질의 변화

칸트에 의하면, "인간이 본성적으로 선하다든가 혹은 악하다고 말할 때 그 말이 의미하는 것은 인간 안에 선한 준칙 또는 악한(법칙에 어긋나는) 준칙을 채용하는 최초의 근거(우리가 알 수 없는)가 내재한다는 것이다. 그리고 이 근거는 모든 인간에게 보편적으로 주어져 있는 것이므로 이것을 통해서 인간은 그의 종족 전체의 본성을 나타낸다고 하는 것이다"[71]라고 생각하였다. '준칙을 채용하는 최초의 근거'가 단순한 '자연 본능'이거나 '자연적인 동기' 안에 있다면, 그것은 인간의 자유와 모순이 된다. 그래서 칸트는 "인간 안에 있는 선 또는 악이 생득적이라고 함은 단지 그것이 경험 속에 나타나는 자유 사용에(출생기까지 소급되는 유년기에서의) 대해서 기초가 된다는 것, 그리고 그것이 출생과 동시에 인간에게 나타나는 것으로 여겨진다는 것"[72]만을 의미할 뿐이며, 오히려 인간은 "스스로가 그의 성격의 창시자라는 사실을 감수해야 하는 것"[73]이라고 생각했다.

---

71) 『종교론』, 26쪽.
72) 『종교론』, 27쪽.
73) 『종교론』, 26쪽.

"심성(Gesinnung), 즉 준칙을 채용하는 최초의 주관적 근거는 오직 하나이며 자유 사용 일반에 보편적으로 관계하는 것이다. 그러나 심성 자체는 자유로운 선택 의지에 의해서 채용된 것이 아니면 안 된다. 왜냐하면 그렇지 않다고 한다면 그 심성에 대해서 책임을 물을 수가 없기 때문이다."74)

여기에서, '준칙을 채용하는 최초의 주관적 근거'로서의 '심성'은 또한 '선택 의지에 본성적으로 속하는 성질'75)이라 불린다. 그리고 선한 심성이든 악한 심성이든, 심성은 인간에 의해 획득되는 것이며, 인간은 그것의 창시자이다. 칸트는 이러한 심성은 선하지도 않고 악하지도 않은 일은 결코 있을 수 없다고 생각하였다. 따라서 인간은 '악한 심정'에 의해 초래된 악에 대해서는 책임을 져야 한다.

1) 심성의 혁명

앞에서 살펴본 바와 같이, 칸트는 '악에의 성향'이 비록 '근절'될 수는 없지만, '극복'될 수는 있다고 생각하였다. 이러한 악에의 성향을 극복함과 관련하여, 칸트의 표현에 따르면, 선으로부터 악으로 타락함도 악으로부터 선으로의 진행만큼이나 이해하기 힘든 것이지만, 악으로부터 선으로 돌아갈 수 있는 가능성도 역시 반박될 수 없는 것이다.76) 그리고 이처럼 근절될 수 없는 악의 성향이나, 그것이 극복될 수 있는 가능성 역시 모두

---

74) 『종교론』, 30쪽.
75) 『종교론』, 31쪽.
76) 『종교론』, 55쪽.

인간의 '심성'과 깊은 관계가 있다.

　"어떤 사람이 비단 법적으로(gesetzlich) 뿐만 아니라 도덕적으로(moraiisch) 선한 (신의 마음에 드는) 인간, 즉 예지적인 성품(virtus noumenon)에 따라서 덕이 있는 사람, 즉 어떤 것을 의무로 인식했을 때 의무의 표상 이외의 어떤 다른 동기도 더 필요로 하지 않는 그런 사람이 된다는 것은 준칙의 기초가 불순한 한 점차적인 개선을 통해 가능한 것이 아니라 인간 안에 있는 심성(Gesinnung im menschen)의 혁명(심성의 신성성의 준칙으로의 이행)을 통해서 일어나지 않으면 안 된다. 그리고 오직 새로운 창조(요한복음 3:5, 창세기 1:2 참조)와도 같은 일종의 재생을 통해서 그리고 심정의 변화를 통해서 새로운 인간이 될 수 있는 것이다."77)

　여기에서 칸트가 말한 '법적으로 뿐만 아니라 도덕적으로 선한 인간', '예지적인 성품에 따라서 덕이 있는 사람' 그리고 '어떤 것을 의무로 생각했을 때 의무의 표상 이외에 어떤 다른 동기도 더 필요하지 않은 사람'이란, 그 실질적인 의미에 있어 궁극적으로는 '도덕적으로 선한 인간'을 가리키며, 이처럼 '도덕적으로 선한 인간'이 되기 위해서는 무엇보다도 '심성의 혁명', '심정의 변화'를 통해 '새로운 인간'으로 재생될 필요가 있다.
　칸트에 의하면, 만약 행위가 합법칙적이기는 하지만, 그것이 법칙을 위해서 또는 법칙 때문에 일어난 것이 아니라면, 그러한 행위는 문자적으로는 도덕적으로 선하지만, 그러나 정신(마음씨)의 면에서는 도덕적으로 선한 것이 아니라고 할 수 있다.78) 그

---

77) 『종교론』, 58쪽.

리고 그러한 행위를 하는 사람은 "그의 경험적 성격은 선하다고 하더라도 그의 예지적 성격은 여전히 악하다"[79]고도 볼 수 있을 것이다.

"우리가 아무리 일찍 우리의 도덕적 상태에 주목하든지 간에 우리는 의지가 이미 죄 없는 것(res integra)이 아니라는 것과 또한 우리는 이미 마음속에 자리 잡고 있는 악(그러나 이 악은 우리가 그것을 우리의 준칙 안에 채용하지 않았다면 우리의 마음에 자리를 잡지 않았을 것이다)을 그의 거처에서 몰아내는 일로부터 시작하지 않으면 안 된다는 것, 즉 인간이 행할 수 있는 최초의 참된 선은 경향성 안에서가 아니라, 전도된 준칙과 자유 자체 안에서 찾아지는 악에서부터 벗어나는 일이라는 것을 속히 발견하게 되기 때문이다. 경향성은 단지 그에 대립하는 선한 준칙의 수행을 방해할 뿐이다. 그러나 본래적인 악은 경향성이 법칙을 위반하도록 자극할 때, 그것에 저항하기를 원치 않는 데 있다. 그리고 이러한 심성이 사실 진짜 적인 것이다."[80]

칸트는 '인간이 행할 수 있는 최초의 참된 선'은 '전도된 준칙과 자유 자체 안에서 찾아지는 악'으로부터 벗어나는 것이라고 주장하였다. 그리고 칸트는 우리의 마음속에 자리하고 있는 본래적인 악, 악에의 성향이 우리의 근본적인 적임에도 불구하고 사람들은 "보통 이와는 다르게 행동하며, 개개의 악덕들과 싸우면서, 악덕들의 보편적인 뿌리는 그대로 남겨둔다"[81]고 생

---

78) 『실천이성비판』, 166쪽.
79) 『종교론』, 45쪽.
80) 『종교론』, 67쪽.
81) 『종교론』, 59쪽.

각하였다. 그러므로 칸트는 "인간이 단 한 번의 유일한 결단을 내림으로써 그를 악한 인간이 되도록 한 그의 준칙의 최고 근거를 역전"[82]시켜야 하며, 또한 "인간의 도덕적 도야는 도덕적 실천의 개선으로부터 시작하는 것이 아니라, 오히려 사고방식 및 성격의 기반을 변혁시키는 데에서 시작하지 않으면 안 된다"[83]라고 주장하였다.

칸트에 의하면, '심성의 혁명', '심정의 변화' 또는 '악한 인간의 심성으로부터 선한 인간의 심성으로의 변화'는 "도덕법칙에 합당하게 그의 모든 준칙을 채용하는 최고의 내적 근거의 변화 안에서 일어나게 된다."[84] 그러나 칸트는 "심정의 깊이(그의 준칙들의 최고의 주관적 근거)는 그 자신에게조차도 규명 불가능한 것"이기 때문에 변화에 대한 확신에는 도달할 수 없지만 '기대'할 수는 있다[85]고 생각하였다. 이러한 비관적인 전망 속에서, 악으로부터 선으로의 진행 또는 심성의 혁명, 심정의 변화를 어떻게 '기대'할 수 있는가?

"그러한 타락에도 불구하고 '우리는 좀더 선한 인간이 되지 않으면 안 된다'고 하는 명령이 이전과 다름없이 우리의 영혼 속에서 울려 나오고 있기 때문이다. 따라서 우리는 선한 인간이 되려고 노력하지 않을 수 없는 것이다. 비록 우리의 능력만 가지고는 불충분하고 그 때문에 불가사의한 높은 차원의 도움에 마음이 쏠리게 되기는 하지만, 물론 여기서 전제가 되어야 할 것은

---

82) 『종교론』, 58쪽.
83) 『종교론』, 59쪽.
84) 『종교론』, 62쪽.
85) 『종교론』, 62쪽.

우리 속에 있는 선에의 소질이 그 순수성을 그대로 간직하고 있
다는 것이다. 즉 그것은 근절될 수도 없고 부패될 수도 없으며
또한 그것은 자기애도 아니다."[86]

칸트에 의하면, 인간이 선한 인간이 되기 위해 노력해야 하는
원인은 바로 자신의 영혼 속에서 '좀더 선한 인간이 되지 않으
면 안 된다'는 명령이 울려 나오고 있기 때문이다. 그러나 이것
은 인간만의 능력만으로는 불충분하기에 불가사의한 높은 차원
의 도움에 관심을 두게 되는데, 칸트는 이러한 초자연적인 도움
을 강조하기에 앞서 "자기를 먼저 이런 도움을 받을 만한 (이것
은 결코 적은 것이 아니다) 가치가 있는 존재로 만들어야 한
다"[87]는 점을 강조하였다. 그리고 칸트는 "도움을 받을 만한 존
재가 되기 위해 자기 자신이 무엇을 행해야 하는가를 아는 것이
누구에게나 필요한 것"[88]이라고 생각하였다. 칸트는 이러한 도
움을 받기 위한 기독교의 근본 원칙은 "더욱 더 선한 인간이 되
기 위해 각자가 자기의 힘이 미치는 만큼 최선을 다하지 않으면
안 된다는 것, 그리고 오직 자기가 타고난 소질을 묻어두지 않
을 때만(누가복음 19:12-16), 즉 선에의 근원적 소질을 좀더 선
한 인간이 되기 위해 사용했을 때에만, 인간은 그의 능력으로는
될 수 없는 것이 더 높은 도움에 의해서 보충될 것을 바랄 수
있다는 것이다. 더 나아가서 이 도움이 어디서 오는 것인지에
대해서 인간이 꼭 알 필요는 없는 것이다"[89]라고 보았다.

---

86) 『종교론』, 59쪽.
87) 『종교론』, 55쪽.
88) 『종교론』, 64쪽.

앞글에서 칸트가 선한 인간이 되려고 노력함에 있어 '선에의 소질이 그 순수성을 간직하고 있음'이 전제가 되어야 한다고 생각했듯이, 여기에서도 '선한 인간이 되기 위해 최선을 다한다'는 것은 '선에의 도덕적 소질'과 밀접한 관계가 있음을 볼 수 있다. 칸트는 " '인간은 선하게 태어났다'고 말할 때 그것은 인간이 선을 지향하도록 창조되었으며, 인간에 있는 근원적 소질이 선하다는 것만을 의미할 뿐"이지 인간이 선하게 되는가의 여부는 "이 소질이 내포하는 동기들을 자신의 준칙 안에 채용하는가 하지 않는가"[90]에 달려 있다고 보았다. 칸트는 도덕법칙의 순수성을 확립함으로써 '선에의 소질'이 회복되어야 하며, 이러한 회복을 통해 "법칙은 다른 동기들과 결합되거나 또는 그 동기들을 조건으로 하여 다른 동기들 밑에 종속되지 않고 자기의 완전한 순수성에 의해서 선택 의지를 규정하는 자족적인 동기로서 받아들여지게 된다"[91]라고 생각하였다. 종합하자면, 칸트에게 있어, '심성의 혁명' 또는 '심정의 변화'는 인간의 이러한 도덕적인 노력을 전제로 하며, 신의 도움, 신의 은총을 통한 보충을 통해 '기대'될 수 있는 것이라고 볼 수 있다.

2) 기질의 변화

주희는 "도(道)를 잇는 것은 선(善)이고, 도를 이루는 것은 성(性)이다"와 '성즉리(性卽理)'의 명제로써 인성(人性)의 내원(來源), 인성의 본선(本善) 및 도덕 실천의 내재적 근거에 관한 문

---

89) 『종교론』, 63쪽.
90) 『종교론』, 54쪽
91) 『종교론』, 57쪽

제를 설명하였다. 그리고 주희는 장재(張載)와 이정(二程)의 '기질지성(氣質之性)'에 관한 사상을 수용하여, 인간과 만물 사이의 다른 점과 사람과 사람 사이의 차이 및 선악의 문제를 설명하였다. 선진시대(先秦時代)에 "배움을 통하여 성인이 된다(學做聖人)"는 전통이 수립된 이래로, 유가(儒家)는 모두 '배움(學)'을 통하여 성인의 경지에 도달할 수 있다고 굳게 믿었다. 북송시대에 장재가 '기질을 변화시킴(變化氣質)'이란 사상을 제기한 이래로, '배움'과 '기질의 변화' 사이에는 밀접한 관계가 성립되었다. 이것은 이학가(理學家)들이 '배움'을 통하여 자신이 품수받은 좋지 않은 기질을 변화시킬 수 있으며, 점진적으로 완선(完善)한 인격에 접근할 수 있다고 생각했음을 말한다.

"사람이 학문을 함은 氣稟을 변화시키려는 것이지만 그러나 (그것을) 변화시키기는 대단히 어렵다."[92]

"생각건대 理가 비록 나에게 있다고 할지라도 간혹 기품과 물욕의 사사로움에 가리어져 스스로 드러나지 못하기 때문이며, 배움이 비록 외부에서 비롯될지라도, 그러나 모두 이 理의 실제 내용을 講究하는 것이니 두루 미치고 貫通함에 이르러 스스로 (理를) 얻는다면, 또한 처음부터 內外精粗의 間隔이 없다."[93]

"學者의 공부는 오로지 居敬, 窮理 두 가지 일에 있을 뿐이다. 이 두 가지 일은 서로 發明한다. 窮理할 수 있다면 居敬 공

---

92) 『朱子語類』 卷4, 69쪽. 人之爲學, 却是要變化氣稟, 然極難變化.
93) 『朱熹集』 卷80, 「鄂州州學稽古閣記」, 4138쪽, 蓋理雖在我, 而或蔽於氣稟物欲之私, 則不能以自見; 學雖在外, 然皆所以講乎此理之實, 及其浹洽貫通而自得之, 則又初無內外精粗之間也.

부는 나날이 더욱 진보하고, 居敬할 수 있다면 窮理 공부가 나날이 더욱 엄밀해진다."94)

주희에게 있어 기질, 기품(氣稟)의 변화는 '학문함(爲學)'의 주요 목적 가운데 하나라고 말할 수 있다. 주희는 인간의 고유한 선한 본성은 기품과 물욕(物欲)에 가려지기에, 그 자체의 가치를 온전하게 드러내 보일 수 없다고 생각하였다. 그러므로 주희는 기품과 물욕에 의해 가려진 장막을 점진적으로 제거해 가야 한다고 주장하였다. 이를 위하여, 주희는 주로 정이(程頤)의 수양론을 계승하여 '거경(居敬)'과 '궁리(窮理)'의 수양방법을 견지하였다. 주희는 인간은 마땅히 '학문'을 통하여 이(理)를 파악해야 하며, 또한 응당 융회관통(融會貫通)하여 자득(自得)하는 단계에까지 배워야 한다고 생각하였다. 동시에 마음가짐과 몸가짐의 양 방면에 있어 시종 '경(敬)'의 상태를 유지해야 한다. '거경'과 '궁리'의 수양은 돈교(頓敎)와 같은 방식이 아니라, 순서에 따라 점차적으로 나아가는 방식이다.

  "窮理라는 것은 사물의 所以然과 그 所當然을 알고자 하는 것일 뿐이다. 事物의 所以然을 알기에 志가 迷惑됨이 없고, 事物의 所當然을 알기에 실천에 잘못됨이 없다."95)

  "무릇 格物이란 窮理를 일컫는 것입니다. 대개 物이 있으면

---

94) 『朱子語類』 卷9, 150쪽. 學者工夫, 唯在居敬窮理二事. 此二事互相發. 能窮理, 則居敬工夫日益進; 能居敬, 則窮理工夫日益密.
95) 『朱熹集』 卷64. 「答或人」, 3391쪽. 窮理者, 欲知事物之所以然與其所當然者而已. 知其所以然, 故志不惑; 知其所當然, 故行不謬.

376

거기에는 반드시 그 理가 있는데, 理는 형체가 없으므로 알기 어렵지만 物은 모습이 있어서 쉽게 볼 수 있습니다. 그러므로 이 物로써 理를 구하면 理가 마음속에서(心目之間) 명료하게 되고 터럭만큼의 차이도 없게 되어 일에 응함에 저절로 조금의 잘못도 없게 될 것입니다."[96]

"생각건대 窮理의 學은 단지 어째서 옳고 어째서 그른지를 알아서 事物이 옴에 疑惑되는 바가 없게 하고자 할 뿐이다. 이 마음으로써 또 하나의 마음을 안 뒤라야 窮理하였다고 할 수 있는 것이 아니다."[97]

주희에 의하면, 격물·궁리의 목적은 '사물의 소이연(所以然)과 그 소당연(所當然)을 알고자 함', '마음속에서 명료하게 되고 터럭만큼의 차이도 없게 됨', '어째서 옳고 어째서 그른지를 앎'에 있다. 나아가 주희는 사물의 소이연을 깨달음으로 말미암아 마음이 향하는 바에 조금도 의혹됨이 없을 수 있다고 생각하였다. 그리고 실천이나 사물에 응대할 때, 마음이 이미 사물의 소당연을 이해하였기에 어떠한 잘못이나 착오도 없게 될 수 있다. 주희는 만물의 소이연과 소당연에 대한 이해를 통하여 '지(志)에 의혹됨이 없고(志不惑)', '실천함에 잘못이 없는(行不謬)' 경지에 도달할 수 있다고 생각하였다. 주희에게 있어 격물궁리(格物窮理)란 구체적인 사물과 마주하기 전에 그것에 대해 내가

---

96) 『朱熹集』 卷13. 「癸未垂拱奏箚」, 505쪽. 夫格物者, 窮理之謂也. 蓋有是物必有是理, 然理無形而難知, 物有跡而易睹, 故因是物以求之, 使是理瞭然心目之間而無毫髮之差, 則應乎事者自無毫髮之繆.

97) 『朱熹集』 卷49. 「答王子合」, 2359쪽. 蓋窮理之學只是要識如何爲是, 如何爲非, 事物之來, 無所疑惑耳, 非以此心又識一心, 然後得爲窮理也.

응당 어떻게 해야 하는가를 반성하는 것이라고 할 수 있다. 이러한 반성을 통해 도덕법칙 즉 이(理)를 파악하게 되는 것이다.

"敬하면 모든 邪愿함을 이긴다."[98]

이 구절은 경(敬)과 마음의 관계를 드러낸다. 주희에 의하면, 마음의 작용이 아직 발동하지 않았을 때(未發) 마음의 본래 상태가 선하다고 할지라도, 마음의 작용이 이미 발동한 때(已發)에 그 마음이 필연적으로 선한 것은 아니다. 이것은 마음이 발동하기 전의 상태에서 발동하는 상태로 옮아오는 과정에 있어 기질과 인욕 등의 불량한 영향으로 말미암아 선한 마음의 상태가 온전하게 발휘될 수 없음을 의미한다. 더구나 마음의 작용이 아직 발동하기도 전에 마음의 본래 상태를 이미 상실하였다면, 마음의 작용이 발동한 뒤에는 그 마음이 자연히 불선(不善)한 방향으로 흐르게 된다. 주희의 주장에 따르면, 마음의 작용이 발동하기 전이나 발동한 후를 막론하고, 경(敬)의 수양을 통해 항상 마음의 본래 상태를 유지할 수 있다면 인간은 어떤 사악함이라도 극복할 수 있다.

주희는 경(敬)과 궁리의 관계를 수레의 두 바퀴와 새의 양 날개에 비유하며 두 가지가 모두 불가결한 수양공부라고 보았다. 기질·물욕과 경(敬)의 관계에 대해 살펴보면, 경(敬)의 실천은 기질과 물욕의 영향을 극복하고 선한 마음의 본체를 실현하는 데 있다. 주희에 따르면 경(敬)의 실천을 통하여 기질과 물욕의

---

98) 『朱子語類』卷12, 210쪽. 敬勝百邪.

좋지 않은 영향을 미연에 방비(防備)하며 나아가 점진적으로 기질을 변화시켜 개선해야 한다. 이러한 경(敬)을 실천하는 방법에 있어, 주희는 정이천(程伊川)과 그의 제자들의 사상을 종합하고 계승하여 주일무적(主一無適), 정제엄숙(整齊嚴肅), 상성성(常惺惺), 수렴(收斂), 경외(敬畏), 계신공구(戒愼恐懼) 등의 구체적인 방법을 제시하였다. 이는 주로 마음의 각성(覺醒)을 통하여 몸가짐과 마음가짐이 모두 절도(節度)에서 벗어나지 않고 도리에 부합되게 하기 위함이다. 총괄하여 말하자면, 주희에게 있어 수양공부의 궁극적 목적은 인간의 도덕적 주체성을 확립하고 도덕 실천의 역량을 배양하기 위한 것이라고 말할 수 있다.

4. 맺는 말

이상의 논의에 근거해 보면, 악에 관한 칸트와 주희의 이론에는 비록 구체적인 개념의 정의와 사용에 있어 다른 점이 있지만, 그 설명체계와 실질적인 의미에서는 유사한 점이 없지 않다.
칸트는 악의 근원을 인간이 지닌 '악에의 성향'에 두었고, 주희는 악의 가능성을 인간이 선천적으로 부여받은 '기질'에 두고 있다. 칸트에게 있어 악은 인간의 자유와 관계가 있고, 주희에게 있어 악은 기질, 인욕의 방해에 대한 극복 여부에 달려 있다. 이러한 차이점에도 불구하고, 칸트와 주희는 모두 인간 내면에 도사리고 있는 악의 근거를 완전히 제거할 수는 없지만, 극복할 수는 있는 것으로 보고 있다. 칸트가 말한 사악함 또는 부패성은 주희에게 있어 마음의 작용이 기질에 의해 불량한 영향을 받는다는 설명방식과 유사한 점이 있다. 그리고 칸트가 말한 심정의 전도는 주희에게 있어 인욕이 천리를 이기거나, 인심(人心)이 도심(道心)을 이기는 경우에 해당한다고 할 수 있다. 아울러 칸트가 말한 '선에의 도덕적 소질'은 주희에게 있어 인간이 품부한 천리 즉, '본연지성'에 상당한다고 말할 수 있다.

칸트가 말한 '심성의 혁명'이나 주희가 말한 '거경궁리(居敬窮理)'는 인간의 정신이나 마음의 순수성을 확보하기 위한 절실한 노력이라고 할 수 있다. 주희의 관점에서 보자면, 칸트가 말한 '심성의 혁명'은 그 내용에 있어 '기질의 변화'와 매우 흡사하다고 할 수 있다. 나아가 심성의 변화나 기질의 변화가 비록 쉬운 일은 아닐지라도, 인간이 최대한의 노력을 기울여야 한다는 것은 두 철학자들 사이에 일치하는 주장이라고 할 수 있다.

칸트가 말하는 의지, 동기 등은 주희 철학에서 마음(心)과 관련되는 개념이라고 볼 수 있다. 칸트의 관점에서 보자면, 도덕법칙을 실제로 실천하는가의 문제는 의지의 자유와 밀접한 관계가 있는데, 주희에게 있어서는 그것이 의지를 포함하는 마음의 문제와 직결된다. 주희에게 있어 이(理)를 실천할 것인가 아닌가는 그것을 파악하고 실현할 수 있는 마음에 달려 있는 것이다. 따라서 칸트가 말한 '자유'의 문제를 주희 철학에서도 논의해 볼 수 있는 공간이 열려 있다고 할 수 있다.

칸트의 철학으로 주희의 철학을 설명하거나 주희의 철학으로 칸트의 철학을 설명하는 것은 매우 어렵고, 어쩌면 오해를 불러올 수도 있는 작업이라고 하겠다. 그러나 이러한 비교를 통해 동서의 철학의 차이를 이해하고, 나아가 칸트 철학 자체, 주희 철학 자체를 더 명확하게 이해할 수 있는 계기로 삼을 수 있을 것이다.

글쓴이 소개

(가나다 순)

강순전 독일 보쿰대학교 박사. 현재 명지대학교 철학과 교수.
주요 저서 및 논문 : *Reflexion und Widerspruch*, 『정신현상학』,
『철학탐구 — 철학용어와 이론의 간략한 해설』, 『하이데거와 철학
자들』(공저), 『인간에 대한 철학적 성찰』(공저), 『철학대사전』(공
역), 「헤겔의 전통 형이상학 비판」, 「헤겔 철학에서 반성의 전개와
변증법의 형성」, 「선험적 인식과 사변적 인식」, 「사회적 통합의
두 변증법적 모델 — 헤겔과 아도르노」, 「포스트구조주의의 헤겔
변증법 비판에 대한 응답」, 「아도르노의 부정변증법」 등.

김석수 서강대학교 박사. 현재 경북대학교 철학과 교수.
주요 저서 및 논문 : 『현실 속의 철학, 철학 속의 현실』, 『칸트와
현대 사회 철학』, 『순수이성비판 서문』(역), 『정치윤리학의 합리적
모색』(공역), 「칸트의 반성적 판단력과 현대철학」, 「칸트, 아렌트,
그리고 포스트모더니즘」, 「칸트와 피히테 법철학의 상호 연관성에
대한 고찰」, 「국가, 시민사회, 그리고 공공영역으로서의 복지」 등.

김준수 독일 프랑크푸르트대학교 박사. 현재 부산대학교 철학과 교수.
주요 저서 및 논문 : *Der Begriff der Freiheit bei Hegel*, 『정치와
운명』(역), 『자연법』(역), 「세네카의 소유론」, 「권위와 권위주의」,
「헤겔의 시민사회론」 등.

맹 주 만 중앙대학교 박사. 현재 중앙대학교 철학과 교수.

주요 저서 및 논문 : 『서양근대철학의 열 가지 쟁점』(공저), 『칸트의 순수이성비판 읽기』(공역), 「칸트의 판단력비판에서의 최고선」, 「칸트와 루소의 공동체론」, 「도덕적 감정 — 후설의 칸트 비판」, 「원초적 계약과 정의의 원리」, 「합법적 권위와 시민불복종」, 「칸트와 생물학적 유기체주의」, 「하이데거의 자유론」 등.

박 영 선 독일 튀빙엔대학교 박사. 현재 중앙대학교 교양학부 교수.

주요 저서 및 논문 : 『칸트와 미학』(공저), 『오늘의 철학적 인간학』(공저), 「배제의 미학으로서의 모더니즘과 전통의 회복」, 「아도르노의 예술적 천재 개념 — 칸트와 셸링의 천재 개념과 아도르노의 비판」, 「아도르노의 칸트미학 읽기」, 「문화의 과정으로서의 자연미」 등.

백 훈 승 독일 지겐대학교 박사. 현재 전북대학교 철학과 교수.

주요 저서 및 논문 : *Selbstbewußtsein und Begierde. Eine Untersuchung zur Struktur, Entstehung und Entwicklung der Begierde bei Hegel*, 『피히테의 자아론: 피히테 철학 입문』, 『시간과 시간의 식』(역, 근간), 「헤겔 『정신현상학』의 생 개념」, 「자연변증법 비판: F. 엥겔스의 『자연변증법』과 『반뒤링론』을 중심으로」, 「누가 구체적으로 사유하는가?」, 「헤겔과 절대자」 등.

연 재 흠 중국 북경대학교 박사. 현재 중앙대학교 철학과 강사.

주요 저서 및 논문 : 『國譯習齋先生文集 1』(공역), 「孔子之心論」, 「北宋諸儒關於中和論之簡述」, 「朱熹 哲學에 있어 '知覺'의 意義」 등.

이 광 모 독일 빌레펠트대학교 박사. 현재 숙명여자대학교 리더십교양학부 교수.

주요 저서 및 논문 : 『헤겔 철학과 학문의 본질』, 『토론과 논증』, 「악에 관한 형이상학적 고찰」, 「자연의 원리로서의 생명」, 「자유와 체계」, 「이성의 한계로부터 종교에 관한 철학으로」, 「자연, 자립적 주체인가 아니면 이념의 외화인가?」 등.

이　엽　독일 트리어대학교 박사. 현재 청주대학교 철학과 교수.

주요 저서 및 논문 :『악(惡)이란 무엇인가』(공저),『인간성 회복』
(공저),『현대에 도전하는 칸트』(공역), "Vom Typologie- zum
Kampfbegriff. Zur Untersuchung des Begriffs Dogmatisch bei
Kant",「칸트 철학의 출발점. 처녀작에 등장하는 칸트 철학의 근
본 문제들」,「오성 개념의 원천적 획득과 칸트 존재론의 출발점」,
「윤리학의 새로운 명칭으로서 도덕 형이상학과 칸트 윤리학의 근
본 동기」,「플라톤의 숨은 계승자로서의 칸트」,「독일 계몽주의의
보편적 인간 이성의 이념과 그 전개」 등.

최성환　독일 본대학교 박사. 현재 중앙대학교 철학과 교수.

주요 저서 및 논문 :『역사와 이성』(공저),『오늘 우리는 왜 니체
를 읽는가』(공저),『니체 유고』11집(역),「칸트와 헤르더의 역사개
념」,「칸트와 셸링의 역사구상」,「칸트와 해석학」,「딜타이 철학에
서의 심리학적 연구의 의의」,「해석과 체계」,「문화 해석과 해석
문화」,「해석학과 수사학」 등.

최신한　독일 튀빙엔대학교 박사. 현재 한남대학교 철학과 교수.

주요 저서 및 역서 : *Vermitteltes und unmittelbares Selbstbewusst-
sein*,『헤겔 철학과 종교적 이념』,『독백의 철학에서 대화의 철학으
로』,『슐라이어마허. 감동과 대화의 사상가』,『자연은 말하는가』
(역),『종교론』(역),『종교철학』(역),『인간적 자유의 본질 외』(역),
『해석학과 비평』(역),『성탄 축제』(역),『현대의 조건』(역) 등.

홍병선　중앙대학교 박사. 현재 중앙대학교 교양학부 교수.

주요 저서 및 논문 :『열 가지 주제로 읽는 그리스로마신화 이야
기』,『합리적 사고와 논리』(공저),『서양근대철학의 열 가지 쟁점』
(공저),「교양교육의 방법론적 출구로서의 사이버강좌」,「과학에서
의 권위와 반-과학으로서의 권위」,「인식, 인식규범, 자연화」,「인
식적 내재주의와 무한소급의 문제」,「인식론에서의 자연화 그 철
학적 함축」,「인식적 합리성의 가능 근거와 제약」 등.

이성과 비판의 철학
·
2006년 8월 20일 1판 1쇄 인쇄
2006년 8월 25일 1판 1쇄 발행

지은이 / 강순전 외
발행인 / 전 춘 호
발행처 / 철학과현실사
서울시 서초구 양재동 338-10
전화 579-5908 · 5909
등록 / 1987.12.15.제1-583호

ISBN 89-7775-598-0 03160
값 15,000원